Ein ganzes Ja

Luisa Sturm

Luisa Sturm

Ein ganzes Ja

Dezemberkind Verlag

Besuchen Sie mich im Internet:
luisasturm.de
www.facebook/Luisa.Sturm.Autorin

Deutsche Erstausgabe 2014

Inhaber: Manfred Ziegler, Hiltenfingen

Umschlaggestaltung: Stephanie Hampp, Schwabmünchen
Umschlagabbildung: © Stephanie Hampp, Schwabmünchen
Lektorat: Ph. Bobrowski, M. Ziegler

ISBN: 978-1499537871

Prolog

In der Brusttasche seines Fliegerkombis ist ein Bild seiner Kinder.

„Cleared for line up."

„Es wird wohl heute ziemlich herausfordernd werden."

„Ja, was für ein Wetter! Jetzt geht's los."

Verdammt! Alles ist weiß um ihn herum! Er sieht nur weiß. Rechts und links und über ihm und unter ihm. Alles weiß! Das gibt's doch gar nicht. Was ist das denn für ein Scheißwetter! Er muss sich konzentrieren. Höllisch aufpassen! Jetzt nur keinen Fehler machen. Auf gar keinen Fall. Nicht hier! Das geht alles so schnell. Er ist so wahnsinnig schnell. Dieser verdammte Nebel! Die totale Suppe da draußen. Weiße Schwaden ziehen an ihm vorbei. So etwas hat er noch nie erlebt. Völlig verrückt. Was für ein seltsamer Tag …

Gleich ist er aus dem Nebel draußen. Gleich hat er es geschafft. Endlich! Der Nebel wird durchsichtiger, lichter. Er kann wieder Umrisse erkennen. Wo ist der andere Jet? Der war doch gerade noch da! Oh nein, verdammte Scheiße! Nein!

„Lost wing man!"

Wie konnte das passieren? Nicht! Um Gottes Willen! Er zieht am Steuerknüppel. Zu spät! Überall Bäume, so viele Bäume …

Er ist zu schnell, viel zu schnell, was soll er jetzt noch tun …

„Oh shit!"

„Pull up!"

Für meinen Mann
Liebe meines Lebens

„Liebe darf nicht nur geben und schenken.
Liebe muss tausend Mal verzeihen.“
(Zitat: Gertrud Maassen)

ERSTER TEIL

1989 – 1996

Ich spanne meine Flügel aus
Und fliege.
So glücklich bin ich
Hier zu sein.
An keinem anderen Ort
Möcht ich weilen
Als mit Dir, bei Dir
Ganz allein.

Kapitel 1

September 1989

Wir werfen lange, lustige Schatten auf den Gehsteig. „Wer ist das?“, frage ich fasziniert und deute vorsichtig mit dem Zeigefinger zur Hofeinfahrt. Dort steht ein großer Junge mit braunen Haaren und wirft ein kleines Baby immer wieder in die Luft. Das Baby jauchzt und gluckst. Die Sonne brennt heiß herunter.

Gott sei Dank, es ist vorbei! Diana und ich kommen gerade vom Kirchgottesdienst, der wie immer stinklangweilig war. In der Kirche habe ich natürlich nicht dem dürren Pfarrer zugehört, sondern bin abgeschweift, habe mir die Bilder von den Heiligen angeschaut oder bin den zackigen Rissen im Putz bis zum bunten Kirchenfenster hinunter gefolgt. Und heute war es wieder besonders öde!

Aber eines habe ich beim Figurenangucken und Herumträumen mitbekommen: Der Pfarrer hat von irgendeinem Korintherbrief gesprochen, und von der Liebe.

Diana, das einzige Mädchen, das ich bisher vom Dorf kenne, weil sie nur zwei Straßen weiter wohnt, lacht fröhlich und antwortet: „Das ist Paul. Paul Blumfeld.“ Es scheint, sie findet ihn ziemlich cool, zumindest kann sie ihren Blick nicht von ihm abwenden.

„Und er ist schon Vater? Wie alt ist er denn?“, frage ich und blicke verwirrt auf das glückliche Baby, das er jetzt nicht mehr in die Luft wirft, sondern ihm seine übergroße Sonnenbrille aufsetzt.

„Paul? Siebzehn, glaube ich. Und das Baby ist sein Bruder. Seine Eltern haben ganz spät noch ein Kind bekommen. Er hat, glaube ich, noch zwei ältere Brüder.“

Ich bleibe kurz stehen und sehe Paul an. Dann schieben wir unsere Fahrräder weiter, viel zu langsam, eigentlich.

„Becca, hast du alles? Du musst los, sonst kommst du gleich am ersten Schultag zu spät."

Ich schwinge meine Schultasche über die Schulter. Gefrühstückt habe ich nicht, dafür bin ich viel zu aufgeregt. Die letzten vier Jahre bin ich auf das Mariengymnasium gegangen, eine schicke Privatschule nur für Mädchen im Herzen Augsburgs. Für Mädchen, deren Eltern Geld haben. Meine Eltern sind nicht reich, aber das Schulgeld kriegen sie zusammen. Denn Sparen steht bei uns ganz oben auf der Liste, vor allem bei Papa. Wenn er 5 kg Zucchini für 1,50 DM kaufen kann, läuft er uns freudestrahlend entgegen, so als wäre er ein tapferer Ritter und hätte völlig allein in einer sauerstoffarmen Erdspalte den heiligen Gral entdeckt! Dass wir dann wochenlang dieses grüne Gemüse essen müssen, bis es uns in Lebensgröße wieder aus den Ohren herauswächst, kommentiert er nur mit einem gleichgültigen Achselzucken.

Meine alte Schule! Wie gern ich dort war. Doch durch den Umzug aufs Land muss ich nun auf dieses doofe Landgymnasium wechseln. In der Kleinstadt Schwabmünchen statt in Augsburg. Echt total ätzend! Gleich werde ich wie ein Forschungsinsekt vor eine neue, fremde Klasse gestellt. Seht her, das ist eure neue Klassenkameradin Rebecca Santini. Heißt sie willkommen und zeigt ihr alles. Was für ein Graus! So begafft zu werden von allen. Und all die Freundinnen, die ich jetzt nicht mehr sehen kann. Ich vermisse Simona und Martine jetzt schon.

Augsburg! Ah, das war der Klang des Kopfsteinpflasters, des Läuten von Sankt Ulrich, das Glockenspiel auf dem Rathausplatz, der Spaziergang an der alten Stadtmauer entlang, die große Jakob Fugger Statue in der Philippine-Welser-Straße, die erhabene Maximilianstraße, die geschäftige Annapassage, das staubige Plärrergelände, der quirlige Königsplatz, das majestätische Stadttheater und natürlich der mächtige Dom.

Verdammt noch mal, wieso hat mich keiner gefragt, ob ich in einem Kuhkaff namens Hilberg mitten in der hintersten Pampa wohnen möchte! Was kann mich hier schon erwarten! Außer dem Anblick von ungeteerten, holprigen Feldwegen und dem penetranten Gestank von Kuhmist auf den Feldern. Prima, was für ein Abstieg! Widerwillig schlüpfe ich in meine schwarzen Schuhe mit kleinem Absatz.

„Becca, jetzt musst du wirklich gehen, der Bus wartet nicht auf dich."

Ich nehme den Wangenkuss meiner Mama niedergeschlagen hin und gehe klopfenden Herzens zur Bushaltestelle. In einem nichtssagenden Niemandsdorf am Arsch der Welt!

„Ist dieser Platz frei?"

Ein molliger, mittelgroßer Junge mit roten Backen verzieht auffällig das Gesicht, als er mich sieht. *„Noi, derr isch `bsetzt!"*

Bitte, was? Können die hier nicht normal sprechen? Du liebe Güte, das scheint ja lustig zu werden! Ein paar andere Schüler lachen gemein und sehen verstohlen in meine Richtung. Also gehe ich ein paar Reihen weiter. „Ist dieser Platz frei?", frage ich nun leise, aber immer noch höflich. Es sind Mädchen in meinem Alter, das wird schon gut gehen.

„Für dich nicht!" Ah, zumindest sprechen diese hier normal und ich habe sie verstanden.

Der Bus setzt sich in Bewegung. Ich frage weiter, aber keiner will mir einen Sitzplatz anbieten. Mir ist ganz komisch und meine Beine fühlen sich zittrig an. Obwohl überall freie Plätze sind, will mich keiner dieser Idioten vom Land hinsetzen lassen. Sehr freundlich! Danke auch! An meiner alten Schule war ich bekannt und beliebt. Ein Star der Schulmannschaft Schwimmen. Wir haben alle Pokale der letzten Meisterschaften gewonnen. Zeitungsartikel der Augsburger Allgemeine wurden in der Aula ausgestellt. Ich vorne mit drauf. In den Durchsagen vor der Pause wurde mein Name genannt.

Ich stehe immer noch im Gang des Busses wie ein Stück Holz ohne Halterung. Der Bus fährt in eine Kurve und ich stolpere. Fast der gesamte Bus wiegt sich vor Lachen. Mein Herz krampft sich zusammen. Bis nach Schwabmünchen sind es nur zehn Minuten, das schaffe ich schon. Ich rappele mich wieder auf. Keine Tränen, niemand bringt mich so einfach zum Weinen, auch keine bescheuerten fremden Dorfkinder im hintersten Niemandsland.

„Möchtest du neben mir sitzen?" Ein hoch aufgeschossener Junge bietet mir einen Platz neben sich an. Er hat ein sympathisches Gesicht, einen dunklen Teint und Locken, die in alle Himmelsrichtungen entfliehen wollen. Er sieht lustig aus, so lockig und schlaksig.

Erleichtert setze ich mich dankbar, stelle mich vor und strecke ihm meine rechte Hand hin. „Ich heiße Rebecca, aber alle nennen mich nur Becca, und du?"

Er sieht verwundert aus, wegen meiner förmlichen Begrüßung oder wegen der Spitznamenserklärung, und gibt mir zögernd die Hand. „Ich heiße Manuel. Ich habe schon von dir gehört. Du bist die Neue hier. Du gehst auch in die 9. Klasse, stimmt's?" Seine lederne Schultasche ist über und über mit Zeichnungen und Sprüchen versehen, die meisten davon definitiv nicht jugendfrei. Die Worte ‚fuck off' und ‚real bitch' sind in schwarzen Großbuchstaben geschrieben. Für ‚eat my ass' hat er einen dicken roten Edding verwendet.

„Äh, ja, das stimmt."

„Echt nur Becca?"

„Ja, bitte. Wenn jemand Rebecca zu mir sagt, denke ich immer die Person hinter mir ist gemeint."

„Na gut, ungewöhnlich", sagt er und schmunzelt. „Das hier ist Paul. Mein bester Freund", sagt er ruhig und deutet mit seinem Daumen auf den gegenüberliegenden Platz. Paul lächelt in meine Richtung und hebt spöttisch eine Augenbraue. Er ist groß und sportlich, mit braunen Haaren und tiefblauen Augen. Wir sehen uns lange an und Pauls Blick irritiert mich, aber er sagt keinen Ton.

Manuel mustert mich neugierig. „Ich zeige dir, wo das Sekretariat ist. Wenn wir da sind, natürlich. In fünf Minuten oder so."

„Danke", murmele ich. Das flaue Gefühl in meinem Magen hat sich leider noch nicht verabschiedet. Dann werfe ich Paul einen letzten Blick zu. Er schaut zurück, mit einem schiefen Grinsen und ohne ein Wort.

Ich sehe aus dem Busfenster und die vorbeiziehenden Felder verschwimmen vor meinen Augen. Vor zwei Tagen sollte ich bei unserem Nachbarn klingeln und eine Bohrmaschine ausleihen. Obwohl ich mich mehrfach gewehrt habe, kannte mein Papa keine Gnade. Dabei sagt man doch von Italienern, sie seien besonders warmherzig! „Du gehst jetzt da rüber und fragst einfach. Ich brauche jetzt eine. *Per favore!*" Ich hasse solche Aufträge! Bei fremden Menschen klingeln und dann noch irgendwas ausleihen müssen. Ätzend! Schlimmer, als bei der Matheabfrage vorne an der Tafel rechnen zu müssen!

Langsam drücke ich die Klingel, die mit „Sonnberg" beschriftet ist. Keine Reaktion, niemand kommt. Ich will schon gehen, da drücke ich aus einem unerwarteten Impuls noch einmal. Ein Junge nur in Jeans und ohne Oberteil reißt die Haustür in einem Ruck auf, sieht mich verwirrt an. Er ist leicht gebräunt, muskulös.

„Ja, was ist?" Er klingt gestresst, wenig einladend.

„Ich … äh … wollte … äh …"

Er sieht mich fragend an, wartet auf einen zusammenhängenden deutschen Satz und runzelt die Stirn.

„Ich … äh … also … mein Vater …"

„Ist irgendetwas mit dir? Geht's dir schlecht?", fragt er genervt.

„Nein! Nein, ich wollte … mein Vater wollte fragen, ob er, also … ich uns eine Bohrmaschine ausleihen könnte? Er hatte das mit deinem Vater so ausgemacht."

Der Junge geht ohne ein weiteres Wort wieder hinein. Stimmengewirr ist zu hören. Ich tipple nervös von einem Fuß auf den anderen. Dann höre ich wieder Schritte.

„Die hier? Papa hat sie mir gerade gegeben. Noch was?"

Er sieht wirklich gut aus. Braune Augen, stufig geschnittene, dunkelbraune Haare, breite, sportliche Schultern, freier Oberkörper, eine große gerade Nase mit einer kleinen waagrechten Narbe darauf.

„Ist noch was?" Die Stirn in Falten legend sieht er mich an und wartet ungeduldig.

Ach, warum bin ich nur so verdammt uncool! Das ist doch nur eine blöde Bohrmaschine.

„Äh, nein, danke fürs Ausleihen. Also dann …" Ich drehe mich um, spüre wie mir literweise heißes Blut in meine Wangen schießt, und ich will einfach nur so schnell wie möglich wegrennen. Aber ich zwinge mich normal zu gehen. Ich höre noch, wie er ‚Ciao dann' sagt und ‚bis bald', aber ich drehe mich nicht mehr um. Und das ist also Erik Sonnberg!

„Becca, wir sind da! Komm, ich zeige dir jetzt, wo das Sekretariat ist.“ Manuel schiebt mich sanft aus dem Bus, Paul berührt mich leicht von hinten, und die anderen Schüler tuscheln angeregt hinter unseren Rücken. Wieder durchzieht ein schmerzender Stich meinen Bauch. Mit einem weiteren Blick bringt Paul die tuschelnden Dorfkinder zum Verstummen. Wow, wie hat er das so schnell gemacht?

Eine schreckliche, nicht enden wollende Busfahrt, ein Gespräch mit dem Sekretariat und eine absolut fremde Klasse, vor die ich mich gleich stellen muss. Mir ist total übel!

„Und hast du Erik Sonnberg, unseren Schulschwarm aus der 11B, schon kennen gelernt?“, fragt mich Bille, meine neue beste Banknachbarin, seit genau drei Tagen, die eigentlich Sybille heißt. Bille sieht mich von der Seite an. Wir stehen gerade hektisch vor dem Spiegel auf dem Schulklo, und die große Pause ist gleich zu Ende.

„Ja.“

Bille zupft schmunzelnd ihre Levis Jeans an ihrem Po zurecht. „Er ist echt süß. Über eins achtzig, dunkelbraune, wuschlige Haare und tolle braune Augen. War er nicht dieses Jahr Jugendmeister im Tennis?“ Bille trägt noch einmal etwas blauen Lidschatten auf ihre Augen auf.

„Ja, habe ich gehört“, murmele ich. „Es gongt gleich. Wir müssen los. Mach mal fertig. Hast du die Vokabeln gelernt? Meier wollte abfragen.“ Ich sehe mich noch einmal kurz im Schulklospiegel an, der an zwei Stellen schon dunkelbraune Flecken hat.

„Ach, der Meier. Das Schuljahr hat gerade erst begonnen und schon quetscht er uns nach Vokabeln aus!“

„Tja, so sind sie die Lehrer. Die sind wirklich unglaublich fies!“, stelle ich fest.

Bille zieht kurz eine Schnute vor dem Spiegel und betrachtet ihre blauen Lider. „Du hast so ein Glück. Erik wohnt direkt gegenüber von dir. Wir sind alle neidisch auf dich.“

Ich fühle ein leichtes, unbekanntes Kribbeln im Bauch, wenn ich an die Sache mit der Bohrmaschine denke. „Am schönsten sieht er aus, wenn er lacht." Ich habe ihn heimlich an der Haltestelle beobachtet, als er mit Kumpels über Fußball gesprochen hat, mich dann aber blitzartig weggedreht, als er zu mir herübersah.

Bille seufzt. „Ja, das stimmt. Er hat ein sympathisches und ansteckendes Lachen. Wenn er in einen Raum kommt, geht die Sonne auf. Und er ist wahnsinnig hilfsbereit."

„Echt?", frage ich neugierig. Oh Himmel, ich muss unbedingt mehr über ihn erfahren!

„Ja. Er hat bei dem Umzug seines Freundes Magnus geholfen und stundenlang Kisten geschleppt. Als die Eltern ihm etwas Geld geben wollten, hat er nur lachend abgelehnt."

„Das würde nicht jeder machen", sage ich anerkennend und ertappe mich dabei, dass ich es wundervoll finde, dass er so hilfsbereit ist.

„Magnus und Erik verbringen viel Zeit miteinander."

„Ja, das stimmt. Sie hängen oft zusammen ab."

„Bist du in Magnus verknallt?", frage ich sie direkt.

„Ich? Was? Nein!" Ihre Antwort kommt prompt und etwas zu schnell. „OK, na ja. Ein bisschen vielleicht. Mal sehen, was sich ergibt." Bille sieht mich an. „Was ich dir schon längst sagen wollte. Du hast tolle lange, blonde Haare. So dick und glatt. Eine Million Mark würde ich dafür zahlen." Bille' s Haare sind schulterlang und knallrot getönt.

Und ich würde eine Million Mark zahlen, wenn Erik mich toll finden würde, denke ich. „Danke, aber dafür bin ich klein wie ein Schlumpf. Nur 1,64 Meter, obwohl ich mir bei jeder Sternschnuppe heimlich wünsche *‚Lieber Gott, lass mich wachsen und mindestens 1,75 Meter groß werden, dann bete ich auch jeden Tag ein ‚Vater Unser' oder zwei.'* Glaube nicht, dass das was bringt, meine Mama ist nur 1,57 m. Auch ein Bonsai. Aber vielleicht sollte ich noch ein paar *‚Ave Marias'* drauflegen? Komm, wir müssen jetzt wirklich los!"

Bille lacht kurz, stellt sich andächtig ins Profil und begutachtet ihre Oberweite. Neidvoll muss ich mir eingestehen, dass es mindestens eine 80 C ist. Geknickt schaue ich an mir herunter und schätze meine Größe auf 75 Doppel A. Gibt es spezielle Lebensmittel gegen verzögertes Brustwachstum? Nein, ich glaube nicht. Ach, dabei haben alle Frauen unserer Familie einen tollen

Busen. Oder vielleicht sollte ich zusätzlich ein paar ‚Busen-Vater-Unser' sprechen? Natürlich teilt Mama meine ‚Oberweitensorge' überhaupt nicht, sondern meinte nur, ich müsste einfach etwas Geduld haben.

„Deine Sommersprossen sind echt lustig. So viele und alle auf der Nase und den Wangen", bemerkt Bille in die Stille meiner Gedanken hinein.

„Ach die, ja, bekomme ich immer, wenn die Sonne scheint. Ein Fünkchen Sonnenschein und schon sind sie da." Und ehrlich gesagt, hasse ich meine Sommersprossen total!

„Und dein Mund ist echt klasse", fügt Bille hinzu und trägt andächtig rosafarbenen Labello auf.

„Was? Echt? Du findest meine Unterlippe nicht zu groß?"

„Bist du verrückt? Deine Lippen sind toll!"

Nein, sind sie nicht, denke ich, überhaupt nicht. „Na, wenn du meinst. Hörst du, jetzt gongt es. Mist! Lass uns endlich losgehen. Ich habe keine Lust, beim Meier zu spät zu kommen. Der nimmt die Gelegenheit beim Schopf und fragt uns aus."

Bille zuckt gleichgültig mit den Schultern. „Na gut, also los. Aber wen interessiert schon der gallische Krieg von Caesar? Sind doch alle schon mausetot. Ach, und Becca …?"

„Ja?"

„Schlag dir den Erik Sonnberg aus dem Kopf."

„Was meinst du?"

„Erik ist wirklich toll, aber keines der Mädchen konnte ihn auf Dauer halten. Er ist ein Sunnyboy und ich glaube, er hat es bisher nie ernst genommen. Er meint es noch nicht mal böse, er ist einfach so. Und weißt du was? Die Mädchen tragen ihm nie etwas nach. Selbst wenn er Schluss gemacht hat, bleiben sie Freunde."

„Becca, es hat geklingelt. Machst du bitte auf?", ruft Mama aus dem Wohnzimmer. Ihre Stimme hat einen dringlichen, selbstbewussten Unterton. Seit wir in diesem neuen großen Haus mit Garten wohnen, ist sie fröhlicher geworden und pflanzt zehn Blumen pro Quadratzentimeter Grün. „Becca, hörst du?"

Nein, ich will nicht! Ich liege gerade quer auf meinem Bett und habe die Beine an der Wand hoch gestreckt, weil es wahnsinnig bequem und ultracool ist, und weil meine Eltern es hassen, natürlich. Ich höre Madonnas neue Kassette „Like a prayer" und stelle mir vor, wie mutig es wäre vor einem übergroßen Spiegel verrückt dazu zu tanzen.

Ach, ich muss meine Gedanken sammeln. So viele neue Eindrücke in den letzten Tagen! Die neue Schule ist riesig im Vergleich zum kleinen Mädchengymnasium in Augsburg. Es gibt allein 12 Haltestellen für die Schulbusse, voll beladen mit Schülern aus den tiefsten Tiefen des schwäbischen Urwaldes, die man hier Stauden nennt, die ihre menschliche Fracht direkt vor dem riesigen quadratischen 70er-Jahre-Betonklotzbau wieder ausspucken. Als ich dann in die Klasse 9c kam, flankiert mit dem Konrektor an meiner Seite, als wäre er mein Bodyguard oder meine richterliche Begleitperson, starrten mich alle Schüler mit großen Augen neugierig an und ich wusste sofort *‚Jetzt bist du die Neue, die anders aussieht, die einen anderen Namen hat und anders spricht.'* In der zweiten Reihe war noch ein Platz frei, neben einem Mädchen mit katzenhaften grünen Augen und knallroten Haaren. Sie hat mein panisches Gesicht gesehen, mir aufmunternd zugezwinkert und ich wusste binnen Sekunden, dass wir gute Freundinnen werden.

„Becca! Gehst du?", ruft Mama jetzt lauter. „Es hat schon wieder geklingelt!"

Nein, ich will immer noch nicht!

„Ist es denn so schlimm hier?", fragt sie vorsichtig, als sie ihren roten Lockenkopf in meine Tür steckt.

„Mama, die sagen hier *‚Hascht du Zeit?'* oder *‚Woisch, des get ned'!*"

Mama versucht für eine paar Sekunden ihre Belustigung zu unterdrücken, aber dann prustet sie los und hört gar nicht mehr auf zu lachen.

„Mama! Echt! Sie sagen auch Sachen wie, *‚Da dinna kansch dei Zoig schtau lau'*! Wer bitte soll das verstehen!"

Sie muss sich kichernd die Tränen aus den Augenwinkeln wischen. Jetzt klingelt es schon wieder! „*Magsch* du vielleicht die Tür öffnen?", säuselt sie und zwinkert theatralisch.

Hahaha, sehr witzig! Aber na gut, was soll's. Becca, der

Türöffnungsdiener, klar. Ich schwinge mich hoch, schlurfe genervt zur Tür, setze mein Spaßgesicht auf und öffne. Oh nein! Nicht jetzt! Verdammt! Meine Haare sind ein einziges Chaos. Scheiße, warum habe ich diese kindische lila Jogginghose an?

„Hallo Rebecca."

In meinem Magen steigen tausend Schmetterlinge auf. „Hallo Erik." Er lehnt lässig an unserer Hauswand, so als wohne er hier und die Wand gehöre selbstverständlich ihm. Er lächelt mich an. Mein Herz macht einen viel zu großen Sprung. Nervös spiele ich an meinen Haaren herum.

„Ich wollte ... äh ... fragen, ob ihr die Bohrmaschine noch braucht. Sonst nehme ich sie wieder mit." Erik spricht ganz normal, ganz ohne die ‚schs' am Wortende. Und seine Augen sind braun mit faszinierenden Sprenkeln in der Iris.

Ich versuche normal zu atmen und rufe in den Gang: „Mama, haben wir die Bohrmaschine von den Sonnbergs noch?"

„Hat Papa schon zurückgebracht", ruft Mama zurück. Unbeholfen zucke ich mit den Schultern. Schade, dass er nur wegen dieser blöden Bohrmaschine hier ist. Bille' s Worte fallen mir wieder ein: „Erik ist wirklich toll, aber keines der Mädchen konnte ihn auf Dauer halten. Er ist ein Sunnyboy und ich glaube, er hat es bisher nie ernst genommen." Eine Weile stehen wir schweigend da. Ein schwacher Lufthauch weht vorbei, ein paar Birkenblätter tänzeln im Wind und ich spüre die kühle Brise auf meinen Armen.

Endlich durchbricht Erik die Stille und sagt: „Ja, dann."

Mir fällt überhaupt nichts Intelligentes oder Cooles ein und so sage auch ich: „Ja, dann." Als die Haustür wieder zu ist, lehne ich mich mit dem Rücken dagegen und rutsche langsam auf den Boden. Hilfe, was ist nur mit mir los? Ich muss krank sein. Mir ist ganz komisch. Mein Magen, mein Herz, meine Beine ...

Eine Einladunng zum Essen bei den Sonnbergs, hat mir gerade noch gefehlt!

Eriks Mutter öffnet uns freudestrahlend die Tür. Sie hat braune, schulterlange Haare, ist nicht besonders groß, sonnengebräunt und hat warmherzige Augen. Mama überreicht Eriks Mutter einen kleinen Blumenstrauß. Ganz wild gemixt, alle Farben, typisch Mama eben. Alte Fotoalben aus den 70ern verraten, dass sie ein wilder, langhaariger Blumenhippie war. „Schön, dass ihr kommt, Ingrid. Und danke für die hübschen Blumen! Dort drüben könnt ihr eure Jacken aufhängen.“ Eriks Vater nimmt sie uns freundlich ab, bevor wir selber tätig werden können.

„Hallo, ich bin Isabella“, sagt eine große junge Frau Anfang zwanzig mit langen dunklen Locken, „und Eriks Schwester.“ Sie ist mir auf Anhieb total sympathisch. Ihre Augen sind stark dunkelbraun geschminkt, was super aussieht, ich mich aber niemals trauen würde.

„Und das ist also eure Rebecca“, fragt Conrad, Eriks Vater, und lächelt mich aufmunternd an.

Am liebsten wäre ich zu Hause geblieben. Mir ist ganz unwohl und ich lächle gequält zurück. Ausgerechnet die Sonnbergs und meine Eltern, neue beste Freunde!

„Si, das ist Becca“, antwortet Papa grinsend.

„Na, da musst du aber mächtig stolz sein, Giovanni. Sie ist ein schönes Mädchen“, scherzt Conrad, der meinen Vater einen halben Kopf überragt. Mir fällt sofort auf, dass Erik seinem Vater sehr ähnlich sieht. Groß, dunkelhaarig, markante Nase und sympathisches Gesicht. Aber er hat auch etwas von den Gesichtszügen seiner Mutter, die Augen vielleicht.

Papa hebt stolz mein Kinn an. „Si, meine Becca … ist hübsch.“

Oh Gott! Nein! Sind die alle blind! Es gibt mindestens 15 Mädchen in meiner Klasse, die viel, viel hübscher sind als ich! Was würde ich dafür geben, wenn meine Nase kleiner wäre. So wie die von Kristin, klein und niedlich. Meine Nase ist überhaupt nicht niedlich, sie ist groß und aristokratisch, wie Mama meint. Und meine Wimpern sind hellblond. Ohne Mascara würde man überhaupt nicht sehen, dass ich Wimpern habe! Es ist echt gemein! Da hat man einen rassigen, italienischen Vollblutnamen und sieht aus wie eine unscheinbare, normannische Schwedin.

„Die Jungs werden hinter ihr her sein“, bemerkt Conrad mit einem verschwörerischen Augenzwinkern.

„Becca interessiert sich überhaupt nicht für Jungs, sondern nur für die Schule und ihren Sport. Sie ist ein Schatz, mein Schatz", antwortet Papa trocken. Oh Mann Papa, hör auf damit. Am liebsten möchte ich vor Scham im Boden versinken. Gott, wo ist die spontane Erdspaltenöffnung, die mich verschlingt? Jetzt genau wäre der passende Augenblick!

In diesem Moment taucht Erik auf. In hellblauen Jeans und bunten T-Shirt mit Heavy Metal Aufdruck.

„Ich glaube, unsere Tochter hat einen Verehrer", fügt meine Mama plötzlich an, „dauernd ruft ein Robert bei uns an." Die Augen meines Papas verengen sich zu kleinen Schlitzen und sein Gesichtsausdruck verwandelt sich von freundlich rosa zu grimmig weiß. Hilfe, können wir nicht endlich über etwas anderes als mich sprechen? Erik sieht mir in die Augen, aber er lächelt nicht, im Gegenteil.

„Robert ist nur unser Klassensprecher", verteidige ich mich und winke ab. Sichtlich erleichtert und in seiner Meinung bestätigt nickt Papa mir zu. Eriks Augen bleiben ausdruckslos.

„Erik, das Essen ist noch nicht fertig. Möchtest du Rebecca nicht dein Zimmer zeigen?", fragt Maria, Eriks Mama.

„Klar", sagt er ruhig und ich folge ihm.

Nur nicht nervös werden. Er ist nur irgendein Nachbarsjunge, beruhige ich mich. Oben angekommen, schließt er die Tür und legt eine CD ein. Er hat natürlich CDs, diese kleinen neuen Musikscheiben. Über 30 Mark kosten die! Ich besitze noch keine einzige! Die Musik läuft an und spielt „Nothing Else Matters" von Metallica. Alle sind gerade verrückt nach diesem Lied. Es kommt andauernd im Radio und ich mag es sehr. Wir gehen auf den Balkon, aber die Musik ist noch gut zu hören. Die Nachtluft ist recht warm und es riecht nach frisch gemähtem Gras. Herrlich, ich liebe diesen Duft. Wir vermeiden es uns anzusehen und schauen einfach nur auf die Maisfelder vor uns.

„Robert …", beginnt er.

„Ist nur der Klassensprecher", falle ich ihm ins Wort. Warum tue ich das? Was geht ihn das schon an? Ich kann reden mit wem ich will, oder nicht?

„Du magst ihn?" Jetzt dreht er sich zu mir um. Himmel, er ist einen ganzen Kopf größer als ich. Seine warmen braunen Augen sehen mich lange an. Seine Wimpern sind dicht. Die kleine Narbe auf der Nase, wo er sie wohl her hat? Ich fühle mich seltsamerweise sehr geborgen in seiner Gegenwart. Mein Herz schlägt zu schnell, ich muss schlucken und mein Mund fühlt sich plötzlich so trocken an, als hätte ich eine Schaufel Sand verschluckt, den grobkörnigen.

„Er ist nett."

„Aha." Er blickt mich eindringlich an. Ich habe das Gefühl meine Antwort gefällt ihm nicht besonders. Dann sagen wir erst einmal gar nichts mehr und das ‚neue Gefühl in mir' wird so groß, dass ich am liebsten auf der Stelle gehen möchte. Gleichzeitig möchte ich aber lieber bleiben. Was ist nur los? Viele Augenblicke stehen wir schweigend da. „Deine Eltern sind nett", meint er irgendwann.

„Deine auch", sage ich kurz. „Deine Schwester macht gerade eine Ausbildung?", frage ich höflich.

„Ja, im Oberjoch. Zur Hotelkauffrau."

„Ihr versteht euch gut?"

„Ja? Wieso?"

„Das sieht man irgendwie. Ihr habt so eine nette Art miteinander." Erik nickt in meine Richtung und ein warmes Strahlen geht jetzt von ihm aus.

„Wo kommen deine Eltern her?", fragt er und lehnt nun lässig mit dem Rücken am Balkongeländer. Ich glaube, er ist mir ein bisschen näher gekommen. Oder nein, das bilde ich mir nur ein …

„Mama kommt aus Augsburg und Papa kommt aus einem winzig kleinen Bergdorf aus Sizilien."

„Dein Papa hat einen lustigen italienischen Akzent. Er sagt ‚die Auto' und ‚Aus statt Haus'."

Ich muss lachen. „Ja, das stimmt. Das höre ich schon gar nicht mehr! Papa sagt auch ‚die Mond' und ‚Ich habe fertig'. Er hat schon immer so gesprochen. Na ja, deutsche Sprache schwere Sprache."

Erik lacht schallend auf. „Ja, das sagt mein Deutschlehrer auch immer zu mir." Sein Lachen ist einzigartig schräg und irgendwie ansteckend. Ein Lachen, das man sofort aus dreißig Menschen heraushört, schießt es mir in den Sinn. Mit ihm gemeinsam zu lachen, fühlt sich großartig an.

Ich drehe mich nun auch mit dem Rücken zum Balkongeländer, streife dabei aber leider einen leeren Blumentopf, der prompt mit einem lauten Scheppern umfällt. Oh nein, wie peinlich! Ich will mich gerade bücken, da hat Erik ihn schon wieder aufgestellt und unsere Hände berühren sich kurz. Ein kribbeliges, zischendes Gefühl saust in Lichtgeschwindigkeit durch meinen Bauch. „'Tschuldigung", nuschele ich nervös.

„Ach der, ist eh schon alt. Der wartet nur darauf, dass man ihn umwirft, so hässlich wie er ist", erklärt er mir mit einem Augenzwinkern. „Dann hat Mama endlich einen Grund einen neuen zu kaufen." Erik mustert mich von der Seite und tritt dann etwas näher. „Deine Augen sind gar nicht blau", beginnt er. „Sie sind blaugrau. Das sieht sehr …"

„Rebecca? Erik? Essen ist fertig. Kommt ihr herunter?", ruft Isabella plötzlich nach oben.

Erleichtert und nervös gehe ich zur Tür und lege meine Hand auf die Türklinke. Die Anlage ist immer noch an und spielt jetzt „Wind of Change" von den Scorpions. Im gleichen Augenblick legt Erik seine Hand auf meine. Sie ist warm und fest und ich habe das Gefühl sie überträgt unsichtbare Funken in meine Finger und von dort in meinen gesamten Unterbauch, in meine Beine, in meine Zehen, einfach überall hin. Oh nein! Nicht! Jetzt hat mein Herz vollständig aufgehört zu schlagen. Wieso kann ich nicht einfach cool bleiben! Also Bitte! Er ist nur ein siebzehnjähriger Nachbarsjunge und kein amerikanischer Filmstar! Dann öffnen wir die Tür gleichzeitig.

„Ich gehe vor", sagt Erik freundlich.

Ich folge ihm unsicher und rieche schon den herrlichen Duft von gebratenem Fleisch und Nudeln. Oh, Eriks Mama muss eine tolle Köchin sein, aber Hunger fühle ich gerade gar keinen! Im Gegenteil, ich fühle mich, als könnte ich monatelang überhaupt nichts mehr essen. Bedacht nicht zu stolpern, was mir sonst andauernd passiert, gehe ich Stufe für Stufe nach unten. Ich zähle die Stufen, um mein Stolperrisiko zu minimieren. Fünf, sechs, sieben, acht, neun …

Er dreht sich noch einmal um und lässt seinen Blick lange auf mir ruhen. Seine braunen Augen mustern mich, von unten bis oben, mit einer Mischung aus Neugier und irgendetwas Neuem, etwas, das ich noch nicht kenne. Gott, ich finde ihn total süß, aber das fühlt sich alles so neu an! Bisher war mir doch jeder Junge zu laut, zu grob und zu doof. Jungs waren bescheuerte Wesen! Sie spuckten beim Fußball eklige, weißschleimige Speichelklumpen auf den Boden, feuerten sich in der Pause leidenschaftlich beim Rülpswettbewerb an und schlugen sich am Rande der Tartanbahn zum Spaß blaue Flecken auf den Oberarm. Jungs waren total dämlich!

Aber bei Erik ist alles so anders. Ich finde ihn überhaupt nicht bescheuert. Hm, ich finde ihn so wahnsinnig ... ach, was soll's! Ich werde Bille' s Rat befolgen, denke ich, als ich wieder hinter ihm gehe, diese seltsamen Gefühle verwirren mich total. Alle Mädchen sind verliebt in ihn und ich bin nur ein winziger, hässlicher, flachbrüstiger, sommersprossiger Niemand.

Kapitel 2

September 1990

Ich sitze im Bus nach Hause und draußen prasselt der Regen nur so ans Fenster. Die Felder wiegen sacht im Wind hin und her. Überall sind große Pfützen entstanden. Mist, ich habe wie immer keinen Schirm dabei, und bis nach Hause sind es mindestens acht Minuten von der Bushaltestelle. Manuel, mein Retter, der bestimmt einen überdimensionalen Schirm gehabt hätte, hat heute Nachmittag Sport. So eine Scheiße! Und dann auch noch das. Direkt zwei Reihen hinter mir sitzt Erik neben Paul.

Ich habe Bille' s Rat befolgt und bin ihm aus dem Weg gegangen. Ein ganzes Jahr lang! Inzwischen ist die Mauer in Berlin gefallen, was alle Menschen aus der Nachbarschaft dazu gebracht hat sich in die Arme zu nehmen und vor Freude und Erstaunen zu weinen, und wir sind Fußballweltmeister, sehr zum Ärger von Papa, der im Schlafzimmer wütend vor dem kleinen Fernseher dem Kollaps nahe hin und her gesprungen ist, als Italien gegen Argentinien, natürlich unfairerweise, im Elfmeterschiessen verlor.

Ein ganzes Jahr habe ich einen Bogen um Erik gemacht! Das war viel schwieriger gewesen, als zunächst gedacht. Aber, wir hatten zum Glück komplett andere Buszeiten, sein Klassenzimmer lag auf der anderen Seite des Schulgebäudes und wenn Mama und Papa mit den Sonnbergs jeden Mittwoch zum Pizzaessen gingen, hatte ich ‚überhaupt keinen Hunger' oder ‚ganz schlimmes Kopfweh'. Aber dieses Schuljahr ist plötzlich alles anders. Mindestens drei Mal die Woche haben wir zur selben Zeit Schulschluss! Das passt mir überhaupt nicht! Ich hatte inständig gehofft diese neuen Gefühle in mir würden von selbst wieder verschwinden, wenn man sie nur lange genug ignoriert, so wie lästiges Jucken auf der Haut nach einem fiesen Mückenstich. Aber im Gegenteil! Erik war der schlimmste Mückenstich von allen! Es wollte gar nicht aufhören zu jucken, vor allem in meinem Bauch! Jedes Mal, wenn er mich ansah, fühlte ich mich wie eine hässliche Außerirdische mit Produktionsfehler: Wackelkontakt im Sprachmodus, problematische Motorik und Niedrigenergieleistung im Gehirn!

Der Bus hält endlich an und ich laufe los. Natürlich hat der Regen nicht aufgehört, und ich hätte mich genauso gut mit kompletten Klamotten unter die Dusche stellen können. Meine schöne Frisur, voll im Eimer! Plötzlich höre ich ein schnelles Atmen hinter mir und drehe mich um. Es ist Erik. Mist, den wollte ich doch abhängen!

„Warum rennst du denn so? Ich habe doch einen Schirm. Möchtest du nicht mit darunter? Schließlich haben wir exakt denselben Heimweg?"

Oh Hilfe, mein Herz macht einen Sprung, immer noch. Mist! „Äh, ja danke." Mit einem kräftigen Ruck und einem Lächeln zieht Erik mich unter seinen Schirm.

„So ist es schon viel besser."

Ich versuche ihn nicht anzustarren oder dümmlich zu grinsen, obwohl sein energischer Ruck mich überrumpelt hat. Nein, nein, nein. Ich will ihn nicht gut finden. Gott, ich muss an irgendetwas Negatives denken: Die Erderwärmung, das Ozonloch, der Anstieg des Meeresspiegels, Tschernobyl …

„Wir haben uns ja ziemlich lange nicht mehr gesehen. Hast du dich gut eingelebt?"

Die Umweltverschmutzung, Chemiestunden bei Dr. Fehmann, das Aussterben der Wale, Lippenherpes … Sein Lächeln dringt direkt in meinen kribbeligen nervösen Magen.

„Ja, denke schon." Wir stehen immer noch wie angewurzelt da. Der Bus ist inzwischen weggefahren.

„Tja, da sind wir Nachbarn und haben uns bisher kaum unterhalten."

Erdbeben, Bürgerkrieg, Rosenkohl, Lateinhausaufgaben … „Tja …" Ach, es funktioniert überhaupt nicht!

„`Tschuldigung, dass ich bei unserer allerersten Begegnung so schroff war. Die Sache mit der Bohrmaschine. Ich bin manchmal ein ziemlicher Holzklotz." Er legt seinen Kopf schief und beugt sich leicht zu mir herunter. Lieber Gott! Blitzende Funken wirbeln in meinem Unterbauch aneinander und mir ist so schwindlig wie auf einem Boot. Hilfe, kann man auch an Land seekrank werden?

„Ist schon OK." Der Regen ist noch heftiger geworden. Warum gehen wir nicht endlich los?

„Es sieht süß aus."

„Was?"

„Wie du dir auf deine Unterlippe beißt." Tue ich das? Ich erröte schlagartig. Jesusmariaundjosef!

Plötzlich sieht er mich ziemlich streng an: „Warum nimmst du denn keinen Regenschirm mit, hm?"

„Äh, ich … lasse die immer irgendwo stehen. Im Bus, im Klassenzimmer, in der Straßenbahn, im Schwimmbad, im Zug…"

„Du vergisst andauernd Regenschirme?", unterbricht er mich jäh und schüttelt stirnrunzelnd den Kopf. Seine braunen Augen sehen mich lange belustigt an.

Oh Mann! Ich rede total doofes Zeug! Mist! Mist! Mist! Warum erzähle ich ihm nicht gleich, dass ich in der 6. Klasse glitzernde Glücksbärchi-Aufkleber gesammelt habe? „Wollen wir losgehen?", werfe ich ein, um den peinlichen Moment zu überspielen.

Erik wirft einen kritischen Blick in den graunassen Himmel. „Ja, lass uns gehen. Aber wir müssen uns beeilen, es wird gleich noch heftiger regnen." Dann nimmt er meine Hand – Hilfe mein Herz! - und wir laufen los.

Erik sitzt genau zwei Plätze von mir entfernt und hält eine große, blonde Schönheit in den Armen. Sie strahlt ihn an und präsentiert zwei Reihen makelloser Zähne. Von der hundsgemeinen Art wie man sie von der blend-a-med Werbung aus dem Fernsehen kennt, bei der man am Schluss kraftvoll zubeißen kann. Niemand hat solche Zähne! Noch nicht mal der liebe Gott!

Sie küssen sich auffällig immer wieder und ich frage mich, wie lange ein normaler Zungenkuss wohl dauert. 10 Sekunden? 2 Minuten? Bille ist sich sicher, dass ein guter Kuss mindestens 5 Minuten dauern muss. So lang! Oh je, das muss aber eine feuchte und matschige Angelegenheit sein … Aber ich habe keine Ahnung und das, obwohl Bille mir ständig die Dr. Sommerseite der Bravo vorliest.

Das Straßenfest ist ein voller Erfolg. Alle Bänke sind voll besetzt, die Luft ist lauwarm. Eriks Vater steht am Grill und alle haben Salate mitgebracht. Papa hat gegrillte Paprika alla Siciliana gemacht, die großen Anklang finden. Musik dröhnt aus den Boxen: Lambada. Oh nein, wer hat das denn bitte aufgelegt?

Irgendwann habe ich genug Zungensport gesehen – es stört ihn gar nicht, dass die gesamte Nachbarschaft zusieht - und stehe auf. Erik küsst die hübsche Blonde immer noch. Wieso ärgert es mich? Bille hat mich doch gewarnt. „Er hat ständig neue Freundinnen. Keine länger als zwei Wochen." Also, wirklich! Erik Sonnberg, muss das sein?

„Becca, wohin gehst du?", fragt Papa besorgt, als er sieht, dass ich gehen möchte.

„Nur ein paar Schritte die Straße entlang. Meine Füße vertreten", beruhige ich ihn und schenke ihm ein nettes unschuldiges Tochterlächeln mit Rehaugenblick.

„Va bene, aber nicht allzu lang."

„Si, si", antworte ich ohne mich umzudrehen und laufe los. Ah, herrlich, die Luft ist wunderbar. Ich laufe die Straße hinunter und biege rechts ab. Es ist immer noch seltsam jetzt auf dem Land zu leben, ein eigenes Haus zu haben, einen großen Garten. Ganz zu schweigen von den fehlenden Hupen der Hauptstraße, den wogenden Maisfeldern neben unserem Haus, der riesigen, neuen Schule, den vielen, neuen Lehrern und den neuen Gefühlen in meinem Bauch. Verdammt, wieso ist es mir nicht egal, was ein blöder Nachbarsjunge macht und wen er küsst? Ärgerlich kicke ich einen Kieselstein zur Seite. Ich laufe noch eine Straße weiter und sehe mir meine neue Umgebung an. Wieso bin ich die ersten Monate hier nicht lang gelaufen? Seltsam. War wahrscheinlich nur mit Schule und Schwimmtraining beschäftig. Ich bin wirklich in den B-Kader Bayerns aufgenommen worden! Vor allem auf meine Zeit über die 100 Meter Kraul bin ich stolz wie Oskar: 1,06 Min! Ich laufe weiter und weiter. Wie groß diese Häuser sind! Irre, wenn ich an unsere kleine 3-Zimmer-Wohnung in Augsburg zurückdenke. Wir sind erst ein Jahr hier und es scheint mir hundert Jahre her zu sein.

Plötzlich höre ich Schritte hinter mir. Sie nähern sich schnell. Die Schritte werden immer lauter und mein Herz fängt an zu hämmern.

Irgendetwas in mir schlägt Alarm und meine Schritte werden auf einmal größer. Eine imaginäre Hand umfasst plötzlich meinen Magen und zerquetscht ihn. Mir wird ganz komisch zumute. Plötzlich sehe ich Bilder aus der Fernsehsendung „Aktenzeichen XY ungelöst" szenenartig vor meinem inneren Auge ablaufen. Fünfzehnjähriges Mädchen spurlos verschwunden. Einsatzkräfte suchen vergeblich nach dem Mädchen. Die Polizei geht davon aus, dass es sich hierbei um ein Verbrechen handelt. Wir bitten dringend um Ihre Mithilfe. Sie trug an jenem Abend eine hellblaue Jeans und ein rotes …

„Hallo Becca", ruft Erik etwas atemlos.

Ich wirbele nervös herum und schnappe überrascht nach Luft. Was macht der denn hier? Oh, mein Gott! Und ich hatte so eine Angst. „Hallo Erik."

„Wo läufst du denn hin?"

Was geht dich das an, denke ich genervt. Warst du nicht mit Küssen beschäftigt? „Nur ein bisschen die Beine vertreten." Ich bin viel zu nett zu ihm. Aber hätte ich denn einen Grund sauer auf ihn zu sein?

„Ganz allein? Es ist schon dunkel."

Sehr gut erkannt. „Ich denke nicht, dass wir hier in diesem Kuhkaff eine hohe Kriminalitätsrate haben oder täusche ich mich?"

„Nein, ich meine nur … allein als Mädchen."

Also bitte, wir sind doch hier nicht in New York! „Musst du nicht zurück? Du warst doch … beschäftigt?" Meine Stimme klingt etwas heiser.

„Nein, sie wurde abgeholt."

„Oh, wie schade für dich." Ich will und ich muss kratzbürstig sein!

Er bemüht sich seine plötzliche Verärgerung zu unterdrücken. „Ach, sie bedeutet mir nichts."

Perplex schnappe ich nach Luft, mache den Mund auf, um etwas zu sagen, schließe ihn aber wieder. Du bist ein gemeiner Blödmann, möchte ich ihm ins Gesicht sagen, verkneife es mir aber. Und so sage ich nur: „Sie tut mir leid."

„Braucht sie nicht", blafft er und geht einen weiteren Schritt auf mich zu. Ein seltsamer Schauer überfällt mich, aber ich weiche nicht zurück. Die Straßenlampe flackert und summt vor sich hin. Von weit weg, vermischt mit dem Gewirr vieler Stimmen, höre ich ein langsames Liebeslied … Plötzlich kommt er mir ganz nahe. Ich habe Mühe ruhig zu atmen. Er steht viel zu nah und weil es mir unangenehm ist, blicke ich auf einmal auf den Boden. Er sagt nichts mehr und berührt mich zuerst sanft dann fest an beiden Schultern. Du meine Güte, was fällt ihm ein mich anzufassen? Ein ungewohntes Kribbeln geht wie ein Flächenbrand durch meinen gesamten Körper und endet irgendwo kurz über meinem Bauchnabel.

„Rebecca, ich möchte …“, beginnt er und zieht mich in einem zärtlichen Ruck zu sich. Du liebe Güte! Warum tut er das? Er hebt mein Kinn an und sein Blick verhakt sich in meinem. Mein Puls steigt. Was soll ich nur mit meinen Händen machen? Seine Hand liebkost meinen Hinterkopf. Dann beugt er sich zu mir herunter. Mein Atem stockt. Mir ist plötzlich furchtbar heiß. Seine Augen blitzen mich an und er kommt noch näher. Seine Lippen berühren ganz zart die meinen, federleicht. Mit seinem Daumen öffnet er ganz vorsichtig meine Lippen und sanft forschend gleitet seine Zunge in meinen Mund. Seine Zungenspitze schiebt sich vorsichtig tastend über meine Lippen. Wir atmen schneller. Viel schneller. Hunderttausend Schmetterlinge rocken in meinem Magen herum. Wo kommen die denn alle her?

Ach du Scheiße! Hat er nicht gerade noch vor einer halben Stunde ein anderes Mädchen geküsst? Ist er verrückt? Geschockt und verärgert stoße ich ihn plötzlich von mir, hole aus und schlage ihm mit voller Wucht ins Gesicht. Wie kann er es wagen? Zuerst küsst er die blonde Barbie und dann mich? Meine Handinnenfläche brennt. Aua, das war fest! Ach du liebe Güte, ich habe ihm eine Ohrfeige gegeben! Erik sieht mich völlig überrumpelt an und hält sich die linke Wange.

„Entschuldigung, ich …“

„Du bist ein Idiot! Tue das nie wieder“, fauche ich fassungslos. Am liebsten möchte ich ihm noch einmal ins Gesicht schlagen, entscheide mich dann aber für die Flucht. Ich renne wie von der Tarantel gestochen los. Bloß weg, nach Hause! Und bloß nichts Papa erzählen!

Himmel, Herr Gott, mein erster Kuss! So habe ich mir ihn nicht vorgestellt. So sollte es doch nicht sein, oder? Nur eine Nummer Zwei zu sein am selben Abend … aber warum fühlte sich das dann so verdammt gut an? Sein Mund auf meinem …

„Rebecca, ich muss mit dir reden." Die Stimme meines Papas klingt tief und so ernst, als wäre jemand schwer erkrankt oder gestorben. Ich merke ihm sein Unbehagen deutlich an. Er deutet vielsagend auf den Stuhl in der Küche und schließt alle anderen Türen. Seine dunklen Locken sind etwas zu lang und stehen in alle Richtungen ab. Er müsste dringend zum Friseur! Die Art wie er mich ansieht erinnert mich stark an den Blick einer dieser fiesen Mafiabosse, wie aus dem Film ‚Der Pate', wenn sie in einem abgedunkelten Hinterzimmer den klapprigen Holzstuhl für ihr Opfer zurecht rücken.

„Was gibt's?" Seit einiger Zeit geht mir mein Papa extrem auf die Nerven. Früher haben wir uns immer sehr gut verstanden. Wir haben zusammen Mathe gemacht, nicht gerade mein Lieblingsfach, oder zusammen Weitsprung trainiert, weil ich unbedingt eine Ehrenurkunde bei den Bundesjugendspielen haben wollte und meine Wurfkompetenz sehr zu wünschen übrig lässt. Einmal habe ich es doch glatt geschafft minus drei Meter zu werfen, weil mir der blöde Ball zur Seite nach hinten ausgekommen ist. Papa! Seit Wochen nervt mich allein sein Anblick. „Was gibt's?", frage ich noch mal gedehnt.

„Du bist erst fünfzehn. Und ich denke, du bist noch zu jung, um …", er sucht nach den richtigen Worten, „um einen festen Freund zu haben."

Verdammt! Woher weiß er von Erik 's Kuss? Ich habe niemanden etwas erzählt. Alles für mich behalten. Das kann er unmöglich wissen. Hat er mir nachspioniert? Oh Mann, wir sind doch nicht im mittelalterlichen Sizilien! „Ich habe keinen Freund", sage ich sauer und merke, wie sehr es mich stört, dass er sich in meine Angelegenheiten einmischt. Bin ich jetzt in einem verdammten Verhör, oder was! Ich bin kein schwaches, bereits aus den Mundwinkeln blutendes Opfer und er nicht Don Corleone!

„Der hier lag im Briefkasten." Mit einem bedeutungsvollen Blick streckt er mir einen Brief hin und ich komme mir vor, als hätte man mich bei irgendeinem schrecklichen Verbrechen erwischt. Ungläubig und neugierig hole ich ein kariertes, verknicktes Blatt aus dem Umschlag hervor. Darauf steht: *„Liebe Becca, ich finde dich total süß und hätte Lust dich kennen zu lernen. Ich würde mich sehr freuen, dich einmal zu treffen. Hättest du Lust und Zeit? Stefan.“* Wer soll das denn sein? Ich überlege fieberhaft und dann fällt mir plötzlich ein, um wen es sich handelt. Stefan: klein, blass und ungelenk. Viele Pickel im Gesicht. Habe ich ein paar Mal im Bus gesehen und nicht beachtet. Spinnt der? Was fällt dem ein, hier aufzukreuzen? Was fällt meinem Vater ein, meine Post zu lesen? Was fällt ihm ein, zu glauben, ich könnte mich für einen hässlichen Gnom interessieren? Sind denn alle verrückt?

Ich stoße die Luft aus. Mir ist nicht klar gewesen, das ich den Atem angehalten habe. „Ich habe keinen Freund!“, sage ich anklagend, wütend und auch etwas enttäuscht. Was hätte ich dafür gegeben, wenn der Brief von Erik gewesen wäre. Aber für Mister Supertennis bin ich natürlich unsichtbar.

„Dann ist es ja gut“, raunt Papa und ich fühle wie überflüssig es ist noch weiter zu sprechen. Wir stehen beide bockig auf und verlassen ohne ein weiteres Wort die Küche.

Die Sonne scheint und schickt uns warme, angenehme Strahlen nach unten. Ein leichter Wind streicht über die Maisfelder und kleine bauschige Wolken hängen wie angepinnt im Himmel. Mein Papa und ich joggen die 45-Minuten-Runde um die Felder Richtung Schwabmünchen. Ich möchte meine Kondition steigern, in ein paar Wochen sind die Sprintmeisterschaften und Papa hat sich als Laufpartner regelrecht aufgedrängt! Na gut, was soll' s. Beim Laufen kann er zumindest nicht reden.

„Hallo, was dagegen, wenn ich mitlaufe?“ Erik erreicht uns an der Abzweigung eines Feldweges, genau an der Stelle zum Wasserschutzgebiet.

Ich drehe mich um und unterdrücke ein lautes Stöhnen.

Mein Vater bleibt abrupt stehen. „Ah, Erik! Was für ein Zufall, dass du auch hier entlang joggst. Natürlich kannst du mit uns laufen, aber wir laufen die große Runde, so acht bis zehn

Kilometer.“

„Schön, dann laufe ich gern mit!“

Erik sieht mir direkt in die Augen. Schlagartig fühle ich mich seltsam, versuche aber neutral und unverfänglich zu schauen. Super! Klasse! Auf den habe ich ja voll Lust! Himmel, wo kommt der denn plötzlich her? Kann er nicht woanders joggen? Auf dem Mond oder auf dem Mars vielleicht! Oder so ein paar Außerirdische, die ihn hochbeamen und als Arbeitssklaven auf ihr Raumschiff entführen wären mir jetzt auch recht …

Wir laufen los. Rechts ich, in der Mitte mein Vater und links Erik. Immer wieder blickt er kurz zu mir herüber. Ich sehe nicht zu ihm hinüber, spüre aber seinen Blick auf mir. Es fällt mir unglaublich schwer, ihn nicht anzusehen. Mein Puls ist gleichmäßig, aber ich habe das Gefühl alle meine inneren Organe befinden sich im Schleudergang einer Waschmaschine! Unsere Joggingstrecke, sie kommt mir heute viel länger vor als sonst. Sie muss sich durch irgendeine kosmische Strahlung verdoppelt haben! Wir laufen weiter, und jetzt sieht Erik mich wieder an. Er lächelt. Meine Güte! Bei unserer ersten Begegnung war er total unfreundlich, dann reden wir ein Jahr kaum miteinander, dann will er mich küssen und jetzt lächelt er mich an. Aus dem soll mal einer schlau werden. Der ist doch komplett verrückt! Ich nicke ihm brummig zu und dann traue ich mich nicht mehr, in seine Richtung zu sehen bis wir wieder zu Hause sind.

„Toll, Erik, gut mitgehalten. Man merkt sofort, dass du viel Tennis spielst.“

Erik gibt meinem Papa lässig die Hand – sie ist sonnengebräunt, was unverschämt sexy aussieht – und verabschiedet sich freundlich.

„Wenn du magst, kannst du ja wieder einmal mit uns laufen.“

„Können wir wiederholen, sehr gern“, antwortet Erik mit einem langen Blick auf mich. Dass Papa überhaupt nichts checkt! Hat der Tomaten auf den Augen? Mindestens auf jedem Auge zwei …

Ich sage nichts, drehe mich ruckartig um und sperre die Haustür auf. Gott, ist mir komisch, so als hätte ich hundert Umdrehungen auf einem Bürostuhl hinter mir. Also, von mir aus soll er doch um die halbe Welt joggen! Oder nach Timbuktu laufen. Dort wo der Pfeffer wächst, würden sie ihn bestimmt auch nehmen. Auf dem Saturn wäre definitiv auch noch Platz …

Gott sei Dank ist heute Freitag! Ich liebe Freitage! Zwei freie Tage bis Montag, herrlich! Im Fernsehen kommt dauernd Politik. Das geht schon seit Monaten so. Es geht um den Einigungsvertrag zwischen uns, also der Bundesrepublik Deutschland, und diesen anderen Deutschen, denen aus der DDR. Ich finde es immer noch krass, dass die alle 100 DM geschenkt bekommen haben. So viel Geld. Und seltsame Klamotten haben die auch alle an, sehen irgendwie altmodisch aus. Aber alle Nachbarn sind froh, dass die Mauer weg ist, also beschließe ich auch froh zu sein.

„Telefon, Becca", ruft meine Mutter und steckt ihren Kopf in mein Zimmer. Ihre halblangen roten Locken leuchten in vielen unterschiedlichen Farben, als sich die Nachmittagssonne einen Weg durchs Fenster bahnt.

Wer will denn jetzt noch was von mir? Es ist gleich sieben, und ich stehe mit meiner Schwimmtasche im Gang und warte auf Papa. „Hallo?", frage ich in den Hörer unseres neuen bordeauxfarbenen Tastentelefons, auf das Mama so stolz ist.

„Hallo, ich bin's, Erik."

Oh nein, nicht der schon wieder! Ich unterdrücke ein innerliches und äußerliches Stöhnen. „Ja, hallo."

„Hey, ich wollte dich fragen, ob du morgen Abend Lust hast, mit mir auf den Michaelimarkt zu gehen? Wir könnten zusammen mit dem Rad hinfahren. Laut Wetterbericht soll es morgen Abend schon lau werden." Seine Stimme klingt locker und leicht und einladend. Überhaupt nicht so, als ob ich ihn geschlagen hätte!

Der hat Nerven! Ich verpasse ihm eine Ohrfeige und jetzt tut er so, als ob nichts passiert wäre. Der spinnt, eindeutig.

„Becca, bist du noch dran?", fragt er und der reine Klang seiner Stimme lässt mich ganz mulmig werden.

OK, Fakt ist: Er ist ein Idiot. Ein Idiot, der mir völlig gleichgültig ist. Ein Idiot, der viele Mädchen küsst. Ein Idiot, der zwei Jahre älter ist, als ich. Ein Idiot, der gerade Jugendmeister im Tennis wurde. Ein Idiot, der gleich nebenan wohnt. Ein Idiot, der wahnsinnig toll aussieht. Ein Idiot, der mir liebenswerterweise einen Regenschirm angeboten hat. Ein gut gebauter Idiot, der stundenlang für andere Umzugskisten schleppt. Ein extrem cooler Idiot mit warmen braunen Augen und einer kleinen Narbe auf der Nase, die …

„Ja, äh … das müsste klappen. Um wie viel Uhr?“ Ist das etwa meine Stimme? Ich habe gerade zugesagt! Oh je! Nein! Nein! Nein!

„Super, ich hole dich dann so gegen 18 Uhr ab, wenn es dir recht ist.“

„Ja, 18 Uhr ist super.“

„Dann bis morgen“, sagt er souverän, legt auf und schon wieder zündet der Klang seiner Stimme Funken in meinem Unterbauch.

Ich fasse mir an die Stirn. Wie bescheuert! Nein, wie konnte ich nur zusagen?

Papa legt mir fürsorglich die Hand auf die Schulter, er kommt gerade aus dem kleinen Klo. Seiner Raucherhöhle, der einzige Ort, an dem Mama ihm erlaubt hat seine Pfeife mit Kirschtabak zu schmauchen, zusammen mit der intensiven Lektüre von Donald Duck Heften. „Was ist mit dir los? Hast du Fieber? Geht’s dir nicht gut? Sollen wir das Training heute ausfallen lassen?“

Ja, am liebsten schon! Wie soll ich denn jetzt noch 200 Bahnen schwimmen? Mein Herz klopft rasend gegen meine Rippen, genauso wie am Startblock vor den 200 Meter Schmetterling, meiner Angststrecke. Meine Knie sind geleeweich. „Nein, alles in Ordnung. Wir können los, Papa. Andiamo.“ Gott, nichts ist in Ordnung, überhaupt nichts!

„Mama, woher weiß man eigentlich, dass man sich verliebt hat?“

Meine Mutter schiebt die Zeitung zur Seite und blickt mich schief an. Ihre Locken berühren ihre Schultern, und sie steckt sie hinter ein Ohr. Mama ist wie immer dezent geschminkt, was schön zu ihrem blassen, sommersprossigen Teint passt. Sie ist sehr schlank und sieht viel jünger aus, als 36. Eigentlich wird sie immer für meine große Schwester gehalten. Wie üblich ist der runde Esstisch mit einer rosafarbenen Blümchendecke aus abwischbarer Folie bedeckt, die ich furchtbar kitschig finde, aber das würde ich ihr niemals sagen. „Sie sieht toll aus, Mama!“ Ich fahre die Blütenstiele auf der Tischdecke mit dem Zeigefinger nach.

„Bist du etwa verliebt?"

„Ich? Nein! Niemals! Ich finde alle Jungs ziemlich doof. Ich frage nur wegen … wegen … Bille … die findet einen Jungen aus der Kollegstufe ganz toll."

„Aha, Bille. Also, das mit dem Verliebtsein ist so eine Sache."

„Wie war das denn bei dir?" Es ist das erste Mal, dass ich sie etwas Derartiges frage und ich versuche so beiläufig wie möglich zu klingen.

Mama schaut aus dem Erkerfenster und überlegt lange. Ihr Blick hängt irgendwo fest. „Das ist so lange her. Man denkt immerzu an den Menschen. Man bekommt Herzklopfen, und man möchte gut dastehen. Also sagt man Dinge, um auf sich aufmerksam zu machen, aber gleichzeitig fühlt man sich irgendwie unwohl und nervös. Ein ziemlich komisches Gefühl. Auch im Bauch, so als ob tausend Ameisenarmeen hin- und herwandern."

„Hm, wie alt warst du, als du dich das erste Mal verliebt hast?"

„Oh je, vierzehn glaube ich, so alt wie du jetzt.

„Ich bin fünfzehn, Mama!", protestiere ich.

„Natürlich."

Im Radio singen Roxette *„It must have been love"*, und ich nehme meinen ganzen Mut zusammen. „Ein paar Leute aus meiner Klasse treffen sich heute auf dem Michaelimarkt. Ich würde sehr gern hingehen. Kann ich?" OK, nicht ganz die Wahrheit. Eigentlich will sich der coole, gut aussehende Nachbarsjunge mit mir treffen. Eine ganz, ganz klitzekleine Abwandlung der Realität, nichts weiter.

„Klar, willst du nachher mit dem Rad dorthin fahren?"

Jetzt ganz gelassen bleiben. Kinn raus. „Wir treffen uns erst um halb sieben". Ich versuche meine Stimme klar und tief klingen zu lassen. Eine erwachsene Stimme und keine Kleinmädchenstimme. Ich mag meine Stimme nicht. Sie ist hoch und überhaupt nicht cool. Am schlimmsten ist es, wenn wir unsere Stimmen auf dem Kassettenrekorder aufnehmen. Ich finde es schrecklich, dass ich mich wirklich so anhöre. Das ist eine Gemeinheit. Bei der Verteilung der schönen Stimmen hat Gott mich eindeutig benachteiligt. Und bei der Körpergröße natürlich.

„Um halb sieben? Aber das ist ja schon spät. Da wird es ja schon bald dunkel.“

Oh Mann, Mama, da ist ja der Sinn der Sache. „Macht doch nichts. Heute ist Samstag.“

„Ich weiß nicht, das ist doch recht spät.“

„Aber ich bin doch kein Kind mehr. Das ist voll peinlich!“ Ich dachte, meine Mutter würde eher zusagen, deshalb habe ich sie zuerst gefragt. Das war wohl doch ein Fehler. Blöder Mist!

„Na gut, aber nur, wenn du nicht allein dorthin gehst. Kennst du jemanden, der mit dir dorthin radelt?“

War das ein ja? Sie hat Papa gar nicht nach seiner Meinung gefragt. Ist sie krank? Sie muss krank sein, ganz bestimmt. Egal, jetzt nur nicht nervös werden. „Erik könnte mit mir fahren. Außerdem verbringt ihr sowieso jeden zweiten Tag entweder bei seinen Eltern oder sie bei euch.“

Mama wendet sich wieder ihrer Zeitung zu und blättert langsam um. „Na gut. Er scheint ganz in Ordnung zu sein. Du findest ihn nicht mehr blöd, weil er doch anfangs so komisch war?“

„Er ist, glaube ich, nicht so doof, wie ich zuerst dachte.“ Das hoffe ich zumindest stark!

„In Ordnung.“

Ich freue mich und könnte durch die Küche hüpfen wie ein Flummi, zwinge mich aber, ruhig und gelassen auszusehen.

„Um zehn bist du zurück“, sagt Mama.

Oder fliegen. Ich fliege! Ich fliege in mein Zimmer, direkt vor meinen Kleiderschrank.

„Viel Spaß! Und kommt pünktlich“, ruft meine Mutter aus dem Hintergrund. Himmel! Es ist halb sechs. Nur noch eine halbe Stunde und ich habe meine Wimpern noch nicht getuscht! Und ich habe keine Ahnung, was ich anziehen soll!

Es dämmert gerade ein bisschen, als Erik und ich gemeinsam mit unseren Rädern losfahren. Obwohl meine Gangschaltung kaputt ist, gebe ich mir große Mühe, mit ihm Schritt zu halten. Auch der Wind hat heute ein Einsehen und kämpft nicht wie üblich gegen mich an. Danke, lieber Gott des Windes! Erik fährt nicht zu schnell und dreht sich immer wieder besorgt nach mir um. Ich habe mich für meine hellblaue Jeans und eine weiße Bluse entschieden. Meine Haare habe ich offen gelassen. So sehe ich älter aus als mit Pferdeschwanz. Mein Wimperntuschprogramm hat gut funktioniert, meine blauen Augen sehen, so viel ich beurteilen kann, toll aus. An einen Lidstrich habe ich mich aber noch nicht gewagt. Man soll sein Glück ja nicht allzu sehr herausfordern. Erik trägt ebenfalls eine hellblaue Jeans. Allerdings ist sein T-Shirt nicht ganz jugendfrei. Eine graue Comicmaus mit Riesenpenis verübt mit einer anderen Maus einen Kopulationsversuch von hinten. Darüber steht in dicken Buchstaben, Komm Pussy, komm. Gott sei Dank, hatte er die Jeansjacke zugeknöpft, als er bei uns geklingelt hat!

Auf dem Markt ist die Hölle los, und wir quetschen unsere Räder durch die Menschenmassen. Hinter dem letzten Stand, der „Süße Versuchung" heißt, finden wir einen guten Platz für unsere Räder. Direkt unter zwei großen Ahornbäumen. Ich spüre, wie der Wind mir über meine Arme fährt und mir eine Gänsehaut macht. Also ziehe ich meine hellblaue Jeansjacke an, die hinten auf meinem Gepäckträger eingeklemmt ist. Voller freudiger Erwartung gehe ich neben Erik zurück auf die Feststraße. Mein Herz hämmert so laut, dass er es eigentlich hören müsste.

Er sieht mich auf einmal ganz lange an, so als müsste er mich studieren oder als tue ihm vielleicht etwas weh. „Also Becca, ich treffe mich dann mit meinen Kumpels im Zelt. Wir wollen ein paar Maß trinken. Ich denke, wir sitzen so im vorderen Drittel, wenn was ist. Wir treffen uns dann so um neun wieder." Erik gibt mir einen freundschaftlichen Klaps auf meine linke Schulter und geht dann schnellen Schrittes zum Zelteingang.

Ich stehe da wie eine kleine blonde Salzsäule. Er ist tatsächlich gegangen und hat mich allein gelassen! Scheiße! Wie konnte ich nur denken, er würde den Abend tatsächlich mit mir verbringen? Alle Mädchen sind in ihn verliebt, und ich bin nur ein Niemand. Ein zu klein geratener Niemand. Ein Niemand mit viel zu kleinem Busen! Mit einem Gesicht wie eine Dreizehnjährige! Ich verstehe gar nichts mehr. Warum ist er dann überhaupt mit mir hierhergefahren? Enttäuschung steigt in mir auf. Einen kurzen Augenblick kämpfe ich mit den Tränen, die sich viel zu schnell ankündigen, aber würge sie herunter. Der kann mich mal! Ist mir doch egal. Ich werde ganz bestimmt nicht um neun Uhr im Zelt bei ihm vorbeischauen. Nein, das kann er total vergessen. Schließlich bin ich schon fast sechzehn.

Plötzlich ruft jemand meinen Namen. „Mensch, Becca! Das ist ja schön, dich zu sehen. Hat dein Alter dich auch mal weggehen lassen?"

Ich schlucke etwas bei dem Wort ‚Alter', womit wohl mein Vater gemeint ist. „Hallo, Robert. Ja, ich habe heute Ausgang." Er lächelt mich an und hakt sich bei mir unter. Obwohl ich Robert, unseren Klassensprecher, nur wenig kenne, fühlt es sich richtig gut an ihn zu sehen.

„Bist du allein unterwegs?"

„Ja, klar", lüge ich und versuche nicht an Erik zu denken.

Ein Fragezeichen erscheint in Roberts Gesicht und ich werde unsicher, aber er geht nicht näher darauf ein. „Was wollen wir als Erstes machen? Leopardenspur fahren oder Autoscooter?"

„Eindeutig Leopardenspur!" Ich schlucke den Unmut und die Enttäuschung herunter. Große Mädchen lassen sich nichts mehr anmerken. Und plötzlich fühlt sich dieser Abend gut an.

„Ach ja, und Becca?"

„Was ist?"

„Es ist wirklich toll, dass wir uns so zufällig getroffen haben. Du siehst heute Abend sehr hübsch aus, das wollte ich noch sagen."

Jetzt fühlt sich dieser Abend noch besser an. Ich merke, wie mein Mund von einem Ohr zum anderen grinst. „Danke."

In der Leopardenspur sitze ich innen, so dass die Drehgeschwindigkeit mich an Roberts Körper presst. Wir lachen laut und haben viel Spaß. Beim Autoscooter sitzt jeder in seinem eigenen Wagen, und wir liefern uns harte Kämpfe. Bon Jovis „*Run away*" dröhnt aus den Boxen, und ich sehe viele meiner Klassenkameraden oder Schüler aus Parallelklassen. Wir haben riesigen Spaß und kaufen uns später eine große Portion klebrige Zuckerwatte, die wir gemeinsam vertilgen, während wir dabei ständig versuchen, dem anderen eine Portion weiße Zuckerwatte an die Wange zu kleben. Herrlich! Da ich nicht so groß bin, muss ich mich ganz schön strecken, damit ich Roberts Gesicht treffe. Der wiederum duckt sich und greift mich dann von unten an. Danach holen wir uns noch gebrannte Mandeln. Robert versucht geschickt die Mandel in die Höhe zu werfen und mit seinem offenen Mund wieder zu fangen. Da ich in so einer Geschicklichkeitsübung total versagen würde, lasse ich ihm den Vortritt und jubele bei jedem Treffer.

Es ist jetzt schon ganz dunkel, und der Wind hat ein bisschen zugenommen.

„Lass uns ins Zelt gehen und was trinken“, schlägt er vor. Drinnen ist es pudelwarm, und ich bin froh, mich aufwärmen zu können. „Wie wäre es mit einem Radler?“ Robert eilt davon und kommt mit einem Maßkrug wieder.

Wir sitzen uns gegenüber und jeder nimmt einen großen Schluck. Er erzählt mir von seinen letzten Schulaufgaben und wie sehr er Englisch hasst. Ich sage ihm wohl besser nicht, dass das eines meiner Lieblingsfächer ist. Dafür liebt er Mathe und Physik! Na ja, es muss wohl auch solche Menschen geben.

Wir machen uns wieder auf den Weg nach draußen und schwingen die Zeltplane weg, als plötzlich Erik vor uns steht. Wütend sieht er zuerst mich an, dann Robert, dann wieder mich.

„Wo warst du die ganze Zeit, verdammt? Ich habe dich überall gesucht!“ Erik fixiert Robert mit funkelnden Blicken.

„Ist das etwa dein Freund?“, fragt Robert höflich. Er wirkt gelassen und ruhig, ist jedoch sichtlich überrascht.

„Nein!“, schießt es unwirsch aus meinem Mund. „Er ist nur … nur … mein … Nachbar.“ Ich versuche, unbeeindruckt zu klingen und meiner Stimme einen verächtlichen Unterton zu verleihen.

„Becca, weißt du eigentlich, wie viel Uhr es ist?“ Erik deutet wutschnaubend auf seine digitale Armbanduhr. Ohne meine Antwort abzuwarten, donnert er los: „Es ist gleich viertel vor zehn!“

Jetzt blickt Robert verständnislos zwischen Erik und mir hin und her. Dann lässt er meinen Arm los und meint: „Äh, ich glaube, ihr zwei müsst da irgendetwas klären. Ich gehe dann mal. Ist eh schon spät. Becca, du kannst mich ja anrufen? Würde mich sehr freuen.“ Und dann ist er auch schon weg, und Erik und ich stehen uns aufgebracht gegenüber.

„Du musst mich nicht nach Hause begleiten“, knurre ich. „Ich kenne den Weg auch allein“. Dann mache ich kehrt und gehe voller

Zorn zu meinem Fahrrad. Der Wind ist inzwischen sehr stark und die ersten Regentropfen fallen vom Himmel. Egal, der Abend ist jetzt gelaufen, und ich muss heim. Wenn ich schnell in die Pedale trete, schaffe ich es vielleicht noch pünktlich zu sein. Meine Schritte werden immer schneller. Dann höre ich Erik hinter mir, und seine Schritte klingen laut und entschlossen. Also gehe ich noch schneller, denn ich habe keine Lust, mit ihm zusammen nach Hause zu radeln. Als ich unter den Ahornbäumen ankomme, reißt Erik mich unsanft herum und hält meine beiden Arme mit seinen Händen fest.

„Aua, das tut weh! Lass mich los! Was soll das?"

Erik lässt mich nicht los, sondern drückt seine Hände noch fester in meine Arme. „Wir hatten abgemacht, dass du um neun ins Zelt kommst", schnaubt er, und seine Augen funkeln böse in der Dunkelheit.

„Ja, und?" Ich bin sehr stolz auf den festen Klang meiner Stimme.

„Ich habe dich überall gesucht! Es war schon dunkel und ich konnte dich nirgendwo finden. Ich habe mir wirklich Sorgen gemacht, verdammt!"

„Sorgen? Dass ich nicht lache! Du warst doch bei deinen Freunden im Zelt."

„Nicht lange, Becca. Dann bin ich los, um nach dir zu sehen. Schon lange vor neun Uhr."

„Das ist dein Pech. Und überhaupt, wieso hast du mich heute Abend mitgenommen und dann stehen lassen? Das war echt gemein von dir! Du hast dich benommen wie ein Arsch." OK, wie ein gutaussehender Arsch, aber Arsch bleibt Arsch!

„Ich habe mich bescheuert verhalten", jetzt werden seine Augen sanfter, „und das tut mir echt leid, war blöd von mir. Aber warum bist du nicht um neun ins Zelt gekommen?"

Ich habe keine Lust, mich zurechtfertigen. Ich hatte einen tollen Abend, auch ohne ihn. „Geht dich einen Scheißdreck an!"

Oh Gott, ich habe noch nie vorher Scheißdreck gesagt! Ein paar Augenblicke sagen wir nichts. Erik Sonnberg, du kannst mir in Zukunft gestohlen bleiben!

Dann atmet er tief ein. Plötzlich lässt er meine Arme los und nimmt stattdessen meine rechte Hand. Ich habe das Gefühl er ringt mit sich. Er schaut zur Seite, schnaubt laut und fährt sich mit der freien Hand durch seine braunen, stufig geschnittenen Haare. „Tut mir leid, Becca. Ich wollte nicht, dass der Abend so läuft. Ich hatte mir das ganz anders vorgestellt. Ich wollte den Abend wirklich mit dir verbringen …" Seine Stimme wird weicher und leiser. „Oh Mann! Du bist die Tochter unserer Nachbarn. Ein kleines Ding. Du wirkst noch so jung. Aber dann, wenn ich dich mit einem anderen Jungen reden sehe, könnte ich durchdrehen. Du ziehst mich magisch an. Immer wieder. Ich muss dauernd an dich denken. In der Schule, beim Tennisspielen, beim Aufwachen, beim Einschlafen. Gott, Einschlafen klappt überhaupt nicht mehr! Ich bin seit Wochen völlig durch den Wind. Keine Ahnung, Scheiße verdammt! Du bist so anders, sagst, was du denkst. Und wenn du wütend bist, beben deine Nasenflügel, wie gerade jetzt. Deine Füße sind winzig und du hast Sommersprossen auf der Nase. Bisher hatte ich mich immer gut im Griff, war nicht leicht aus der Ruhe zu bringen, bis du kamst. Becca, ich glaube, ich habe mich total in dich verliebt!"

Ich traue meinen Ohren nicht! Mein ultracooler Nachbar hat sich verliebt? In mich? Sommersprossigen, flachbrüstigen, winzigen Niemand? Das ist nicht wahr. Erik Sonnberg empfindet etwas … für mich!?

Jetzt fängt es richtig an zu regnen. Die Ahornblätter über uns rascheln wild gegen den Wind an, und die Menschen rennen blitzschnell über den Festplatz, um noch einen trockenen Unterstand zu finden. Ein paar Mädchen kreischen wie wild gewordene Hühner. Überall ist Fußgetrappel zu hören und das Geräusch von Regenschirmen, die aufgespannt werden. Wir bleiben beide regungslos unter dem Ahornbaum stehen. Der Regen prasselt auf uns nieder, unsere Füße stehen bald bis über die Sohlen im Regenwasser, meine Bluse ist durch und durch nass, und ich spüre, wie meine perfekt geschminkten Wimpern einen schmierigen Abgang über meine Wangen machen. Mist, ich hätte doch die wasserfeste Tusche nehmen sollen! Ich muss fürchterlich aussehen, denke ich, während Erik immer noch meine Hand hält und mich immer noch wutentbrannt ansieht. Jungen und Mädchen rasen an uns vorbei, mit und ohne Schirm. Einige halten sich Plastiktüten über ihre Köpfe. Ältere Pärchen ziehen schnellen

Schrittes zum Parkplatz. Aber wir bleiben stehen.

Plötzlich zieht mich Erik zu sich und beugt seinen Kopf zu mir herunter. Wieder durchzuckt dieses Stechen meinen Magen. Wie viele kleine Blitze. Er nimmt meinen Kopf in seine Hände, sieht mich sehr lange an und küsst mich sanft auf den Mund. Unsere Gesichter sind nass vom Regen und eigentlich ist mir total kalt. Das Geräusch der vorbeieilenden Menschen verstummt. Der Regen verliert seine Kälte. Ich spüre wie mein Herz gegen meine Rippen hämmert und dann öffnen wir unsere Lippen. Schnelle und langsame Tropfen fließen an unseren Wangen herunter. Seine Zunge gleitet langsam über meine und lässt tausend heiße Funken in mir aufsprühen. Dann zieht er mich plötzlich heftig zu sich und sein Kuss wird fordernder und wilder und tiefer. Berauschende Gefühle explodieren wie kleine Bläschen in mir und wir fangen leise zu stöhnen an, kaum hörbar. So fühlt sich also ein Kuss an! Herrlich, himmlisch, gigantisch, phantastisch, wunderbar, neu. Er hält meinen Kopf viele Minuten in seinen Händen und seine Finger graben sich in meinen Nacken.

„Du machst mich völlig verrückt", haucht er schließlich und seine Nasenspitze berührt sanft meine Stirn.

„Das war mein erster Kuss", flüstere ich in seine Lippen, völlig überwältigt von den in mir erwachenden, neuen, intensiven Gefühlen.

Eriks Augen sehen mich nun verschmitzt an. „Nein, dein zweiter. Bei deinem ersten hast du dich ziemlich gewehrt."

Kapitel 3

Oktober 1990

Wie schnell mein Leben sich gerade ändert! „Mein Papa ist total eifersüchtig auf dich."

„Ja, das Gefühl habe ich auch. Er sieht mich immer so grimmig an. Dabei mochte er mich anfangs so gern." Erik steht hinter mir, schlingt seine Arme leidenschaftlich um meine Taille und ich schließe für einen Moment die Augen.

„Er hasst es, wenn ich bei dir bin. Und er hasst es, dass du mich vor seinen Augen küsst."

„Tja, dabei bin ich ein so sympathischer Nachbarsjunge", scherzt er in mein rechtes Ohr.

„Stimmt, meine Mama fand dich von Anfang an klasse", entgegne ich schmunzelnd. Sein Zimmer ist sehr groß und über und über mit Postern von Iron Maiden, Guns 'n' Roses und Metallica beklebt. Ein schwarzer Regenschirm hängt aufgespannt von der Decke und im Bücherregal stehen Klassiker wie ‚Die Blechtrommel' und ‚Der Untertan' neben Slayer und Bon Jovi CDs. In jeder Ecke baumeln graue und tarnfarbene Modelljets von der Decke. Kampfflugzeuge, überall. Ich deute mit dem Zeigefinger auf eines. „Was ist das für ein Jet?"

„Eine F 18 Hornet. Ein amerikanischer Kampfjet", antwortet er und ein leises, wissendes Lächeln huscht über sein Gesicht.

„Und der Jet da drüben?"

„Eine F 16 Fighting Falcon. Sie ist ein kleiner wendiger Jet. Man nennt sie auch Viper."

Beeindruckt drehe ich mich um und küsse ihn auf die Nase, genau auf die Stelle seiner kleinen Narbe. „Und du möchtest auch Kampfpilot werden? So wie in Top Gun?"

„Ja, ist mein absoluter Traum. Tornadopilot bei der Luftwaffe. Und du, möchtest du die Freundin eines Piloten werden?"

Die Titelmelodie von Top Gun spielt plötzlich in meinem inneren Ohr und ich erinnere mich, wie ich den Film mit Freundinnen zum ersten Mal gesehen habe. Wir haben gelacht und waren gebannt, wie Maverick, Goose und Iceman ihre Manöver flogen. Sehnsüchtig haben wir dem ersten Kuss von Maverick und Charlie entgegengefiebert. „Habe ich denn eine Wahl?“, frage ich und male mit meinen Fingern Gänsefüßchen in die Luft.

„Nein“, lacht er und schlingt seine Arme fester um mich.

„Hilfe, ich bekomme keine Luft mehr! Hör auf, bitte“, japse ich.

„Piloten sind einfach wild und ungestüm“, raunt er.

„Noch bist du keiner“, werfe ich ihm lachend entgegen.

„Was? Du zweifelst an mir?“, braust er spaßeshalber auf, nimmt mich in seine Arme und wirft mich neckisch lachend auf sein Bett. Wir küssen uns lange und meine Welt beginnt sich zu drehen. Seine Küsse werden wilder und energischer und Erik schiebt langsam seine Hand unter meinen Pullover. Ich zucke zusammen.

„Was ist?“, flüstert er.

„Ich … äh … noch nie hat mich jemand dort berührt.“

„Wirklich nicht?“

„Nein.“

„Gut. Ich werde dieses wundervolle Gebiet langsam erkunden.“

Unwohl rutsche ich ein bisschen zurück. „Können wir nicht noch etwas warten?“

„Becca, ich bin ganz sanft, vertrau mir. Komm lass uns unter der Decke kuscheln.“

Unter der Decke! Hilfe, das geht mir alles zu schnell! „Ich möchte lieber noch etwas warten.“

„Bitte Becca, wir kuscheln nur, nicht mehr. Ich möchte dich einfach bei mir spüren.“

„Also gut, du hast gewonnen.“ Nervös krabbele ich unter die Bettdecke und fühle mich irgendwie unwohl. Mein ganzer Körper fühlt sich plötzlich ganz steif an, so als wäre er ein frisch geschlagener Ast. Ich versuche ruhig zu atmen. Becca, was soll schon sein? Du liegst angezogen unter einer Decke, sonst nichts. Jetzt stell dich doch nicht so an!

Plötzlich schwingt die Tür auf und Eriks Vater steckt seinen Kopf in das Zimmer. Verwundert reißt er beide Augen auf und stockt für einen Augenblick. Dann findet er jedoch seine Sprache wieder, leider: „Bumst ihr hier oder was?“, schießt es aus ihm heraus.

Erik und ich sehen uns zögerlich an und schütteln vehement den Kopf. Schlagartig spüre ich, wie ich von meinen Wangen bis zu den Haarwurzeln tiefrot werde. Dann schließt er die Tür mit einem Ruck wieder.

Oh mein Gott, kann mich jemand unsichtbar machen oder wegbeamen wie in Raumschiff Enterprise? Bitte jetzt, sofort! Wie furchtbar! Wie peinlich! Um Himmels Willen! Eine Weile liegen wir einfach nur da. Dann bricht Erik die unerträgliche Stille.

„Es tut mir leid. Mein Vater hat das bestimmt nicht so gemeint. Er ist eben manchmal ein Holzklotz, aber er ist wirklich in Ordnung.“

Auf einmal fange ich an zu weinen. „Doch, er hat es so gemeint! Es ist furchtbar peinlich. Was, wenn er es meiner Mutter erzählt? Oder noch schlimmer, meinem Vater?“

Erik springt mit einem Satz aus dem Bett. „Ich spreche mit ihm. Jetzt sofort.“

„Nein! Das macht alles nur noch schlimmer.“ Auch ich stehe auf, mit wackligen Beinen und einem nicht endenden wollendem Gefühl von Scham. Tränen laufen mir plötzlich herunter und ich verberge mein Gesicht hinter meinen Händen.

Erik kommt auf mich zu, nimmt meine Hände herunter und streichelt mir über die Wange. „Bitte Becca, sieh mich an. Es tut mir leid. Ich wollte nicht, dass es so ausgeht. Das musst du mir glauben. Ich bringe das wieder in Ordnung. Ich spreche jetzt mit meinem Vater. Er kann nicht einfach so in mein Zimmer platzen.“

„Du kommst über eine Stunde zu spät!“, donnert Papa. Es scheint, als hätte er hinter der Haustür auf mich gelauert. So als wäre ich ein Einbrecher und er vom Secret Service. Noch bevor ich den Schlüssel im Schloss hatte, riss er die Tür so heftig auf, dass ich den Luftzug zischen hören konnte. Nicht das auch noch.

„Ist doch nicht so schlimm“, maule ich patzig zurück.

Papa schnaubt wie ein Walross. „Non é possibile. Du musst dich an die vereinbarten Zeiten halten!“, brüllt er.

Meine Güte! Spinnt der so einen Aufstand zu machen? „Ich war nur nebenan.“

„Darum geht es nicht!“

„Ja und?“, kontere ich gedehnt.

Papa wird immer wütender. „Du benimmst dich wie ein … ein leichtes Mädchen!“

Jetzt spüre auch ich langsam Wut in mir hoch kochen. Wie kann er so etwas behaupten? Das hat mir gerade noch gefehlt! Erst Eriks Vater und jetzt meiner. „Das stimmt nicht!“

„Was machst du mit ihm?“

„Papa, das geht dich gar nichts an!“

„Und ob, du bist minderjährig!“

„Was denkst du denn, dass wir machen?“, frage ich und will ihn auf einmal schockieren. „Wir haben Spaß!“

Jetzt wechselt Papas Gesichtsfarbe von dunkelrot zu schneeweiß.

„Was ist? Schockiert dich das?“

Urplötzlich holt Papa aus und versetzt mir eine heftige Ohrfeige. Mama kommt angerannt.

„Aber Giovanni, was machst du denn? Du darfst Becca nicht schlagen!“ Sie ist den Tränen nahe. Fassungslos und geschockt halte ich mir meine brennende Wange.

„Geh in dein Zimmer!“, poltert er.

„Nichts lieber als das“, speie ich ihm entgegen, „du bist ein gemeiner Idiot!“ Dann rausche ich in mein Zimmer und schließe ab, Papas polternde Schritte hinter mir. Er will die Tür öffnen.

„Mach die Tür auf! Sofort!“

„Nein! Geh weg!“, schreie ich zurück. Die Tränen, die ich gerade erst bekämpft und heruntergeschluckt hatte, schießen mir jetzt wieder aus den Augen. Ich wische sie schnell mit dem Handrücken weg.

„Mach die Tür auf!“

„Nein!“ Papa schlägt plötzlich mit seiner Hand gegen die Tür, Mama fängt an zu weinen. Mein Atem geht schneller und ich wische mir immer wieder die Tränen ab. Dann höre ich auf einmal ein Klopfen am Fenster. Überrascht schaue ich nach, wer es ist. Ich öffne es leise. Auch das noch? Kann es noch schlimmer kommen? „Was machst du denn hier, Erik?“

„Ich wollte dich noch einmal sehen. Tiefe Sehnsucht. Tut mir leid, dass mein Pa gerade eben so doof war. Er hat sich bei mir entschuldigt. Aber wie siehst du denn aus? Ist alles in Ordnung?“

Papa hat inzwischen aufgehört wie ein schäumender King Kong gegen die Tür zu schlagen. Danke Mama. Aber ich kann ihre Stimmen heftig diskutieren hören. Er ist noch viel wütender als damals, als ich mit Chris, dem Jungen vom zweiten Stock, für drei Stunden allein um die Häuser gezogen bin, dabei hatte ich die Situation völlig im Griff, schließlich war ich schon viereinhalb.

„Äh, nein“, antworte ich leise und hoffe, dass meine brennende Wange mich nicht verrät. „Mein Papa ist etwas durchgedreht, wegen … uns.“

Erik blickt mich verständnisvoll an und streckt mir eine Hand entgegen. „Komm, wollen wir in die alte Scheune gehen?“ Ich schüttele ängstlich den Kopf.

„Wenn ich jetzt auch noch abhaue, flippt er völlig aus.“

„Er muss ja nichts merken.“

„Ich weiß nicht.“

„Komm, Becca.“

Ich denke fieberhaft nach. Mein Zimmer ist im Erdgeschoss zum Garten. Die Zimmertür ist abgeschlossen und das Licht der Nachttischlampe ist an. Dann atme ich sehr tief aus. „Gut, lass uns abhauen“, flüstere ich und springe aus dem Fenster. Erik fängt mich gekonnt auf, lächelt mich aufmunternd an, gibt mir einen Stups auf die Nase und küsst mich dann zärtlich auf den Mund. Schlagartig fühle ich mich sicher und geborgen. So wie Jennifer Grey aus Dirty Dancing, als Johnny am letzten Abend der Saison zurückkehrt, um den abschließenden Tanz zu ‚The Time of My Life’ mit ‚seinem Baby’ zu tanzen. Dann nimmt Erik meine Hand ganz fest in seine und rennen wir los.

Weihnachten 1990

Es schneit wie verrückt. Die Luft ist in ein zauberndes, glitzerndes Licht gehüllt und so klar, als könnte man sie in Scheiben schneiden. Ich laufe so schnell ich kann und meine Lunge schmerzt schon von der stechend kalten Atemluft. Erik ist direkt hinter mir. Seine Schritte knirschen im Schnee. „Gleich habe ich dich“, ruft er schnaufend und siegessicher.

„Niemals!“, schmettere ich ihm entgegen. Ich biege in den kleinen Waldweg ab und renne zu den großen Tannen. Sie werfen lange Schatten in den Schnee, was zauberhaft aussieht.

„Ein großer Fehler. Jetzt bist du mir ausgeliefert.“

Wir lachen und laufen und ich bekomme schlimmes Seitenstechen. Ich brauche eine Pause! Sofort! Also, verstecke ich mich hinter den Bäumen, versuche mich so dünn zu machen wie ein Blatt Papier und immer wenn Erik mich entdeckt hat, laufe ich kichernd einen Baum weiter.

„Becca? Wo bist du? Ich komme …“

Ich muss wieder ein Kichern unterdrücken und versuche mich ganz schmal zu machen. Nicht bewegen, nicht atmen. Ganz klein machen! Plötzlich schnellt er um den Stamm, erschrickt mich und drückt meinen Körper mit beiden Händen gegen die Tanne.

„Hey, das ist unfair“, beschwere ich mich schmollend.

„Nichts da. Ich habe gewonnen.“ Er beugt sich zu mir herunter und seine Lippen berühren ganz sanft die meinen. Sie sind warm und ihre Berührung prickelt.

„Gut, du hast gewonnen.“

„Das könnte ich ewig machen“, flüstert er in meinen Hals.

„Ja, ich auch.“

„Weißt du, was ich wirklich gut finde?“, haucht er.

„Nein, verrate es mir.“

„Dass ich dein erster Freund bin. Ich bin der Erste, der dich berühren darf.“

„Und ich? Das ist gemein. Du hast schon einige Mädchen vor mir geküsst …“

„Aber mit noch keinem geschlafen."

„Na immerhin", necke ich ihn.

„Andere Mädchen sind mir alle scheißegal."

„Oh, ihr Vokabular ist bewundernswert, Herr Sonnberg. Sehr kreative Wortwahl."

Erik nimmt seine Hände herunter, mit denen er mich gegen den Baum gedrückt hat. „Oh, ich liebe es, wenn du mich bewunderst."

„Du bist total unmöglich!", lache ich.

„Dann haben wir ja etwas gemeinsam ...", flüstert er in meinen Nacken.

„Hahaha." Die Sonne schickt ihre Strahlen direkt auf sein Gesicht, was es leuchten lässt. „Weißt du, was ich mich frage?"

„Nein ...?"

„Wie lange wir wohl zusammen bleiben." Ich stupse ihn mit dem Fuß an. Seine braunen Augen blicken mich lange an und sein warmer Atem stößt kleine Dampfwölkchen in die Luft.

„So lange du mich willst ...", antwortet er trocken und hebt eine Augenbraue.

„Mir ist kalt und außerdem müssen wir zurück."

Er nimmt meine Hände in seine und pustet seinen warmen Atem langsam darauf. „Besser?"

Ich drücke ihm einen Kuss auf den Mund. „Ja, viel besser, Herr Sonnberg."

„Komm, lass uns zurückgehen. Die anderen werden schon auf uns warten. Nicht dass Weihnachten ohne uns beginnt."

Mai 1991

„Ich verstehe nicht ganz, was wir hier auf einer Bank in Lagerlechfeld machen, nachmittags um halb drei?"

„Ich möchte dir etwas schenken."

„Also, ich hatte aber im Dezember Geburtstag", antworte ich skeptisch schmunzelnd.

„Ich weiß."

„Aha und warum ausgerechnet hier?"

„Das wirst du gleich sehen. Ich habe diesen Ort bewusst ausgewählt."

Jetzt verstehe ich nur noch Bahnhof? Was hat Lagerlechfeld mit uns zu tun? „Jetzt sag mir doch endlich, was los ist! Langsam finde ich es echt merkwürdig."

Gerade als Erik antworten will, starten zwei Jets des Jagdbombergeschwaders gleichzeitig in die Luft und fliegen eine Linkskurve. Der Abgasstrahl ist deutlich zu sehen und es ist ziemlich laut.

„Sieht das nicht großartig aus, Becca? Da möchte ich auch einmal drinsitzen."

„Sind das Tornados?"

„Ja und sie fliegen im *low level two ship*."

„Hä?"

„Tiefflug Zweier Formation."

„Und das wolltest du mir zeigen? Ich meine, das sieht schon cool aus, aber …"

„Fliegen ist mein Traum. Es wäre schön, wenn du ihn mit mir teilst. Aber ich habe noch einen Traum."

„Aha und welchen?" Jetzt holt er eine kleine Schmuckschatulle hervor. Er will mir Ohrringe schenken! Oder eine Kette? Eine Uhr? Wie schön! Aber Weihnachten war doch schon. Ich verstehe gar nichts.

„Bei dir zu sein. Ich möchte uns beiden das hier schenken."

Er schiebt mir die Schatulle hin und ich öffne sie zögerlich. Ach du liebe Güte! Einen kleinen Augenblick bin ich sprachlos. Damit habe ich nicht gerechnet. Wir sind doch erst neun Monate zusammen. Ungläubig blicke ich ihn an. Ringe! Sie sind wunderschön silbern und glatt.

„Ich habe unsere beiden Namen eingravieren lassen." Langsam und andächtig streift Erik mir meinen Ring über den linken Ringfinger und nimmt meine Hand.

Dann ziehe ich seinen Kopf zu mir und küsse ihn. „Danke! Er ist sehr, sehr schön, wirklich." Dann nehme ich seinen Ring und streife ihn über seinen linken Ringfinger. Er grinst von einem Ohr zum anderen. „Aber wir sind jetzt nicht verlobt oder so?", frage ich vorsichtig. Irgendwie macht mich die Sache ein klein wenig nervös.

Erik lacht schallend. „Nein. Ich wollte uns beiden einfach nur eine Freude machen. Außerdem wollte ich etwas haben, das uns beide immer verbindet."

„Ah, gut. Ich dachte schon ..."

„Sieh ihn einfach als Geschenk." Er blickt wieder nach oben. „Weißt du was, vielleicht siehst du mich ja mal in einem Tornado Richtung Himmel fliegen?"

„Ja, das wäre richtig cool. Aber noch bist du kein Pilot und das Auswahlverfahren soll ziemlich hart sein", entgegne ich mit einem nachdenklichen Blick auf meinen Ring. Er ist schlicht und edel.

„Du wirst schon sehen", kontert er verschmitzt und zwinkert schlitzohrig mit einem Auge. „Das schaffe ich schon."

Während er lange völlig fasziniert in den Himmel sieht, erfasst mich ein seltsames Gefühl. Ein Gefühl, das Adrenalin durch meinen Körper schießen lässt. So, als ob man mit einem Fahrrad zu schnell einen extrem steilen Berg hinunterfährt, auf dem nasses Laub liegt. Und plötzlich kann man nicht mehr bremsen ...

Kapitel 4

Juni 1992

Ich schrecke nervös hoch. „Da war ein Geräusch."

„Das war nur der Wind", antwortet Erik.

Die alte Scheune am Wasserschutzgebiet. Unsere Scheune … Wir liegen in Unterwäsche auf einer alten Decke im Halbdunkel und es riecht etwas muffig nach altem Stroh.

„Becca, komm her." Zärtlich streicht er mit dem Fingerknöchel über meine Wange. Er schließt die Augen mit einem Seufzen. „Ich brauche dich."

„Ich dich auch." Er drückt meinen Kopf wieder auf seine Brust. Er riecht so gut und ich kann kaum glauben, dass wir schon bald zwei Jahre zusammen sind.

„Becca, ich will dich. Ich kann nicht länger warten. Ich will dich endlich spüren."

„Ich weiß. Alle anderen in unserem Alter haben es schon getan. Nur du und ich noch nicht. Ich habe nur so große Angst davor."

„Wovor denn? Ich würde dir niemals wehtun." Nachdenklich male ich kleine Kreise auf seinen nackten, flachen Bauch. Ich fahre mit meinem Finger die kleinen Wellen seiner Bauchmuskeln ab, bis hinunter zu der Stelle, wo kleine Härchen eine Bahn nach unten ziehen. Ich habe ihn dort schon oft berührt. Langsam lasse ich meine Hand weiter nach unten gleiten und Erik stöhnt hörbar auf. „Oh Becca …"

„Ich habe Angst davor, dass es wehtut, nicht, dass du mir wehtust", wispere ich.

„Ich werde ganz vorsichtig sein. Versprochen."

„Du kennst doch jeden Zentimeter meines Körpers."

„Na ja, nicht ganz. Ein paar Zentimeter kenne ich noch nicht." Er drückt leichte Küsse auf meine Schulter. Sein Daumen fährt über meine linke Brust und ein Schauer überkommt mich. Ich bekomme eine Gänsehaut und meine Haut prickelt am ganzen Körper.

„Sie sind wunderschön, deine Brüste. So rund und fest ... und sie passen genau in meine Hand."

„Erik, ich weiß nicht, ob ..."

Erik bringt mich mit einem Kuss zum Schweigen. „Psst." Er packt mich mit beiden Händen am Po und zieht mich ganz zu sich. Ganz langsam schiebt er meinen Slip an den Beinen hinunter. Mich überläuft ein wohliger Schauer. Oh Himmel! Das fühlt sich so fantastisch an. Seine Nase berührt die meine. Sein Atem geht schneller und ich kann seine Erregung spüren. Plötzlich liegt er auf mir und seine Hände gleiten langsam an meiner Hüfte entlang. Ich habe angefangen leise zu stöhnen. Er presst seine Hüften gegen meine und wir beginnen uns langsam rhythmisch zu bewegen. Ich schnappe nach Luft. Jede Bewegung löst ein inneres Erdbeben aus, er öffnet meinen BH ...

„Ich möchte dich endlich spüren. Voll und ganz. Ich will dich. Jetzt", flüstert er in meinen Nacken.

Urplötzlich bekomme ich Panik, meine Gedanken wirbeln herum wie Federn aus einem aufgeschlitzten Kissen und ich stoße ihn heftig zur Seite. Mir ist ganz komisch und ich habe auf einmal Angst. Fröstelnd suche ich hektisch meinen BH.

„Becca, was ist? Habe ich etwas falsch gemacht?", fragt er bestürzt.

Keine Ahnung? Woher soll ich das wissen? Oder doch? „Ja, du bedrängst mich. Ich bin noch nicht so weit."

„Becca, es tut mir leid. Natürlich kann ich noch etwas warten. Wir machen es nur, wenn du es wirklich willst. Wenn wir beide bereit sind. Es gibt keinen Grund zur Eile. Irgendwann ist der richtige Moment, wenn nicht heute, dann vielleicht in ein paar Wochen oder Monaten. Oder erst in einem Jahr oder keine Ahnung ..." Er streichelt meinen Rücken und ich fange an zu schluchzen. „Bitte nicht weinen! Alles ist gut. Ich bin ein Hornochse, ein tierisch verliebter Hornochse. Es tut mir leid."

Scheiße! Ich fühle mich furchtbar. Wie ein Versager. Ich wollte es doch auch, oder nicht? Wir haben doch schon so lange gewartet. Ach, ich tue ihm Unrecht! Wie verwirrend das alles ist.

Juli 1992

Ich schalte die Stereoanlage in meinem Zimmer aus, obwohl gerade echt gute Musik läuft: Nirvana, „Smells Like Teen Spirit". Ich liebe dieses Lied. Natürlich hassen meine Eltern diesen Sound. Dabei ist Grunge gerade total in. Aber sie denken, es sei fürchterlicher Krach. Aber was soll man schon von Menschen erwarten, die Peter, Paul and Mary's ‚Puff the Magic Dragon' hören, freiwillig.

Nirvana. Es ist Eriks CD. Wahnsinn, dass man jetzt nur noch eine so kleine Scheibe braucht und keine Vinylplatten mehr! Es erstaunt mich immer noch, dass da so viel Musik draufpasst.

„Erik, es ist schon Morgen. Du musst jetzt gehen. Ich muss gleich zum Frühstück."

„Hm, warum nimmst du mich nicht einfach mit zum Frühstück?" Erik zieht sich seine 501 Jeans hoch und schlüpft in ein graues Poloshirt. Er sieht unglaublich sexy aus.

Seit Wochen und Monaten klettert Erik nachts über mein Fenster in mein Zimmer und bleibt bis zum Morgengrauen. Es hat was von Romeo und Julia und es ist herrlich, mit ihm zusammen zu sein. Er kitzelt mich durch bis ich nach Luft japse, hört sich mein Referat über Reiner Maria Rilke an und schleudert mit mir im Doppel Tennisbälle übers Netz - wir haben tatsächlich den 3. Platz bei den Mixed Meisterschaften im Verein gewonnen. Zuerst war er natürlich etwas zerknirscht, weil er natürlich unbedingt gewinnen wollte. Aber dann er hat sich sehr gefreut. Jeder von uns bekam einen großen Pokal und unsere beiden Namen wurden nebeneinander eingraviert. Nach der Siegerehrung wirbelte er mich überglücklich im Kreis herum.

„Ach Erik, bist du wahnsinnig? Du hast hier offiziell gar nicht übernachtet. Du bist praktisch bei dir drüben. In deinem Zimmer, bei deinen Eltern. Hast du das vergessen?"

„Deine Eltern sind doch nicht doof. Meinst du nicht, sie wissen, dass ich fast jede Nacht hier schlafe? Nur, um mich dann wie ein Räuber über dein Fenster davonzustehlen. Ich finde das langsam albern. Hab echt keinen Bock mehr drauf!", protestiert er und stemmt seine Hände in die Hüfte.

„Ich bin froh, dass mein Vater inzwischen akzeptiert hat, dass ich einen Freund habe. Weißt du noch, wie er sich am Anfang aufgeführt hat? Ich will einfach nicht mehr riskieren. Er ist ziemlich schwierig in der Beziehung."

„Immerhin redet ihr wieder miteinander. Er schleppt dich nicht mehr ins Schwimmtraining, und ich glaube, er mag mich sehr." Erik fährt sich lächelnd durch seine wuschelig braunen Haare und blinzelt mir mit einem Auge zu.

Es stimmt, ich habe tatsächlich mit dem Schwimmen aufgehört. Aber nicht wegen Papa, sondern wegen mir. Bei den letzten Langstreckenmeisterschaften stand ich für die 800 Kraul vor dem Startblock und etwas Seltsames ist passiert. Das ganze Schwimmbad war voller jubelnder Menschen und Fähnchen und die Atmosphäre war zum Zerreißen gespannt. Sonst schlug mir das Herz immer bis zum Hals, wenn ich vor dem Block stand und wusste der Kampfrichter pfeift gleich zum Start. Aber dieses Mal spürte ich nichts. Keine Aufregung, kein Kribbeln in den Beinen, nichts. Die ersten Meter im Wasser kamen mir fremd vor und ich spürte keinen Drang schnell zu schwimmen. Im Gegenteil. Ich badete die Bahnen herunter, als wäre ich an einem sonnigen Tag im Baggersee. Mein Wille zu siegen war weg. Auf einmal, nach 12 Jahren Leistungssport! Als ich mit einer völlig inakzeptablen Zeit, die meinen Verein bestimmt jede Menge Bußgeld kostete, anschlug, beschloss ich das Schwimmen an den Nagel zu hängen. Alle waren schockiert. Mein Trainer Gerry, meine Schwimmerfreundin Melanie, aber vor allem Papa. Wochenlang haben wir kein Wort miteinander gesprochen. Wäre es nach ihm gegangen, dann wäre ich bis zu meinem 30. Geburtstag Wettkämpfe geschwommen, er hätte am Beckenrand gestanden und hätte mich mit ‚Go Becca!' lauthals angefeuert. Aber damit ist jetzt Schluss.

„Er mag dich, sonst hätte er dich schon längst getötet."

Jetzt müssen wir beide lachen, aber nur kurz, dann verlangt Eriks Blick eine Entscheidung. Mir ist ganz mulmig zumute.

„Also, ich schleiche mich nicht wieder weg. Das ist doch echt lächerlich. Wir leben doch nicht mehr im Mittelalter." Erik streckt seine Hand nach mir aus und sieht mich mit einem Lächeln souverän an.

„Hm, ich weiß nicht. Ich habe ein bisschen Angst. Was, wenn er ausflippt? Rumschreit oder so?“ Ich fühle leichte Panik in mir aufsteigen.

„Glaube ich nicht. Außerdem bin ich größer als dein Papa. Jung, dynamisch und stark.“ Erik zeigt mir spaßeshalber seinen linken Bizeps, und der kann sich wirklich sehen lassen.

„Ich halte das für keine gute Idee, ehrlich nicht.“

„Wir sind seit anderthalb Jahren ein Paar. Wir sind jeden Tag zusammen, wir rauchen nicht, wir nehmen keine Drogen, wir lassen uns kein Tattoo stechen, obwohl das gerade so ziemlich jeder macht.“

„Aber eine offizielle Übernachtung ist etwas anderes! Mein Papa ist Sizilianer, da kommt so etwas einer Verlobung gleich!“

Erik sieht mich selbstsicher an, sagt aber nichts. Er scheint offensichtlich großen Spaß an unserer Diskussion zu haben.

„Weißt du, es ist nach dem Motto: Du hast meine Tochter verführt und jetzt kommst du auch noch zum Frühstück!“, füge ich hilflos erklärend hinzu.

Erik lehnt mit dem Rücken an meinem Kleiderschrank und hat die Arme locker verschränkt. Ein belustigter Zug auf seinem Gesicht sagt mir, dass er mich überhaupt nicht ernst nimmt.

„Punkt 1 ist richtig. Ich habe seine Tochter verführt und es war der Wahnsinn. Sie endlich voll zu spüren und ihr Laute zu entlocken, die ich bei ihr noch nie gehört habe, bringen mich fast auf die Idee es gleich wieder zu tun, wenn ich nicht gerade Bärenhunger hätte. Und Punkt 2, das Frühstück … tja, daran arbeite ich gerade.“

Wie kann man nur so frech sein! OK, bitte schön! Ich hole tief Luft und atme aus. „Also gut, du hast gewonnen. Wir gehen gemeinsam in die Küche. Sie werden wissen, dass du hier übernachtet hast und werden sonst was denken. Oh, mein Gott. Meine Knie!“

„Genau so machen wir es. Sie wissen sowieso, dass ich die ganze Nacht hier bin, also kann ich auch gleich mitfrühstücken. Vielleicht hole ich beim nächsten Mal sogar Semmeln und Brezen?“ Erik nimmt meine Hand fest in die seine, und gemeinsam gehen wir

Richtung Küche. Ich hole noch mal tief Luft, und dann öffnet Erik die Tür. Er hat überhaupt keine Angst. Im Gegenteil, er sieht fast so aus, als hätte er ein schelmisches Grinsen im Gesicht!

Einen Moment lang herrscht entsetzliches Schweigen. Mein Papa fixiert uns beide schweigend, dann nur Erik. Mein Herz klopft so sehr, dass ich Angst habe, es könnte aus meinem Hals heraushüpfen und nie mehr zurückkehren. Mit den Augen hat Papa Erik brutal erdolcht. Ich kann das Blut in großen Fontänen an unsere Küchenwand spritzen sehen.

Erik bleibt cool, unbekümmert und gelassen. Sein „guten Morgen“ klingt lässig, charmant, fröhlich und selbstbewusst. Mama springt auf und rettet die Situation. Das Rutschen ihres Küchenstuhls durchdringt als einziges Geräusch die lähmende Stille.

„Also, dann lege ich noch ein Gedeck hin. Setzt euch doch. Es ist genug da.“

Und dann geschieht ein Wunder! Papa zuckt kurz mit den Mundwinkeln, rutscht einen Stuhl für Erik zurecht und knurrt mit dem Hauch eines Lächelns in seinen Mundwinkeln: „Buon giorno.“

August 1992

„Becca?“ Erik zupft mir zärtlich eine Haarsträhne aus der Stirn.

„Ja, Erik?“

„Ich möchte mit dir schlafen.“ Sein Blick ist intensiv und glühend.

„Hier? Wirklich?“ Das kann er nicht ernst meinen! Wir sind an einem öffentlichen Baggersee. Dem kleinen Waldsee bei Langenhof.

„Es ist perfekt hier, nur du und ich, der See und die Felder und die Vögel. Es ist spät, die Sonne geht schon fast unter. Die letzten Leute sind gerade weggefahren.“

„Eben, es ist ein öffentlicher See, und wir haben nur unsere Badesachen an. Wenn doch noch jemand kommt?“ Wir liegen auf dem Kies und beobachten die letzten verstohlenen Sonnenstrahlen. Die Blätter rascheln sanft im lauen Wind. Unser erstes Mal ist noch gar nicht lange her, die totale Katastrophe! Ich schüttele diese unangenehme Erinnerung ab. Aber unser zweites Mal war einfach himmlisch. Und unser drittes Mal! Ein wohliges Schauern durchfährt mich. „Ich weiß nicht Erik, das ist hier so öffentlich, meinst du nicht? So etwas haben wir noch nie gemacht."

„Stimmt. Aber der See liegt inmitten von vielen Feldern, nur ein alter Feldweg führt hierher. Und wir sind allein. Jetzt kommt niemand mehr. Nur du und ich. Ich beschütze dich", sagt er mit einem Auge zwinkernd und grinst mich teuflisch an.

„Wovor? Vor dir?" Lachend kneife ich ihm fest in den Oberarm, was er sich natürlich nicht gefallen lässt. Er springt auf, um mich zu fangen. Ich laufe weg, so schnell ich kann. Wir müssen beide lachen, immer wieder. Nach ein paar atemlosen Runden um die leere Liegewiese hat er mich gefangen. Es war herrlich, albern und schön. Dann trägt Erik mich plötzlich auf Händen und schreitet würdevoll langsam zum Wasser. Ich lasse es geschehen. Einfach so. Wir sind allein.

„Becca Santini. Bekennen Sie sich schuldig, mich tätlich angegriffen zu haben?" Er macht ein gespielt ernstes Polizeigesicht und ich spüre seine kräftigen, warmen Arme an meinem Körper.

„Niemals! Das war eine Provokation Ihrerseits, jawohl!"

Kopfschüttelnd watet Erik mit mir ins Wasser. Ich fürchte die Kälte, aber es ist wohlig warm, viel wärmer als gedacht, und bald umgibt uns nur noch die untergehende Sonne und das wärmende Nass.

„Becca Santini, Ihre Schuld ist unabwendbar. Hiermit verurteile ich Sie zur völligen Unterwerfung unter meine Person."

„Auf keinen Fall! Sie sind ein Tyrann. Das hätten Sie wohl gerne!", schimpfe ich lachend. Dann hebt er mein Kinn, küsst mich lange und trägt mich weiter ins Wasser hinein.

„Ja, das hätte ich gerne. Sehr gerne sogar."

„Warum liebst du mich?", frage ich ihn flüsternd. Das Wasser berührt nun unsere Schultern und fühlt sich weich und warm an, irgendwie beschützend.

„Oh, das würdes du jetzt wohl gerne wissen, aber das ist top secret. Wenn ich dir das verrate, müsste ich dich hinterher töten", antwortet er augenzwinkernd.

„Oh Erik, du bist einfach verrückt." Wir lachen beide laut und sind bald bis zu den Köpfen ins Wasser eingetaucht.

September 1992, Auensfeld

Mir ist schwindlig, laute Musik dröhnt wummernd von der Tanzfläche. Es ist total überfüllt, wie immer im Schlossbergkeller, und ich werde von der tobenden Masse nach rechts und links geschubst. Außerdem ist es viel zu heiß. Erik ist noch beim Kellnern in der Pizzeria „Da Giovanni". Das macht er jetzt schon seit Wochen, seit er sein Abitur hat. Und in ein paar Tagen muss er zur Grundausbildung nach Roth … Er hat tatsächlich alle Eignungstests für die fliegerische Laufbahn der Luftwaffe bestanden. Und jetzt wird er Soldat! Ein seltsamer Gedanke. Erik in Uniform …

Jetzt kommt gerade „Losing My Religion" von R.E.M. und alle strömen zur Tanzfläche. Diese Band ist gerade total angesagt, ein völlig neuer Sound. Ich lasse mich mitreißen, und meine langen Haare fallen mir ins Gesicht, während ich mich zur Musik bewege. Bille tanzt auch mit. Meine und Bille' s Jackcola stelle ich vor der Box beim DJ ab. Eigentlich mag ich keinen Jack Daniel' s, ich mag überhaupt keinen Whiskey. Na ja, aber alle trinken ihn. Plötzlich schlingen sich von hinten zwei Arme um mich. Kräftige Arme und ich spüre warmen Atem in meinem Nacken. Ein prickelndes, angenehmes Gefühl, wunderbar. Ich drehe mich um. Es ist Robert, mein Klassenkamerad. Lachend schubse ich ihn zur Seite. Also, wirklich! „Such dir jemand anderen", schimpfe ich ihn.

„Schade, ich wollte aber dich." Schmollend zieht er weiter und wirft mir einen Luftkuss zu.

„Mensch Becca, komm lass uns weiter tanzen. So richtig wild!", ruft Bille kichernd, „gerade läuft ‚Jump' von Kris Kross." Wir lachen, tanzen, springen und grölen den Text mit.

Plötzlich sehe ich ihn: Erik. Sein Blick ist finster. Er nimmt meine Hand, zerrt mich von der Tanzfläche weg und bahnt uns einen Weg nach draußen. Er drückt bestimmend Leute zur Seite, nickt Bekannten kurz zu und winkt Einladungen an die Bar unwirsch ab. Er blickt einfach geradeaus und zieht mich immer weiter. Er sagt nichts. Einfach nichts. Ich fühle mich elendig und schuldig, aber ich habe doch gar nichts getan! Ich habe doch nur getanzt und klar … ein wenig getrunken. Erik war häufig auf Partys viel betrunkener gewesen als ich. Wer ist er? Mein großer Bruder?

„Was ist los mit dir? Was soll das?“, frage ich, als wir schon fast an seinem Auto sind. Ein alter dunkelgrüner BMW, geparkt auf einer Wiese neben hunderten von anderen Autos.

„Wir fahren nach Hause, ganz einfach!“

„Es war nichts, du hast da was falsch verstanden!“, verteidige ich mich und versuche meine Hand wegzuziehen.

„Ich habe dich gesehen. Ja, und es war nichts. Du hast ihn weggestoßen. Ich weiß.“

„Ja, warum dann dieser Auftritt? Warum müssen wir jetzt gehen? Es ist gerade mal Mitternacht. Meine Eltern haben mir heute ausnahmsweise erlaubt, bis eins zu bleiben …“

„Er hätte dich beinahe geküsst!“ Wütend steigen wir beide ein und Erik lässt den BMW an.

„Ich habe mich so auf dich gefreut. Heute Abend war verdammt viel los, die totale Hektik. Viele Gäste. Dann noch Kasse machen. Endlich bin ich bei dir, und dann sehe ich diesen Typen aus deinem Jahrgang, wie er … Lass uns nach Hause fahren, jetzt!“

„Das stimmt nicht! Robert weiß doch, dass wir zusammen sind! Er war halt etwas angetrunken! Und jetzt lass mich sofort wieder aussteigen! Halt an!“

„Nein, wir fahren nach Hause.“

„Halt das verdammte Auto an!“

„Nein, ich möchte jetzt nach Hause fahren. Mir ist die Lust auf Party machen völlig vergangen. Es tut mir leid, Becca, ich weiß, du wolltest Spaß haben und tanzen. Vielleicht ist alles ein bisschen viel zurzeit. Gerade eben noch Abi, jetzt der Job beim Italiener, die vielen Tests für die Luftwaffe …“

„Bitte halt endlich an!“

„Nein." Das letzte ‚Nein' kommt jetzt ruhiger und er blickt stur gerade aus. Er tritt aufs Gaspedal, die Felder ziehen im Dunkeln an uns vorbei und ich wüsste zu gern, was er wohl denkt. Irgendwann dreht er das Radio auf. Es läuft ‚Losing My Religion', schon wieder! Ich versuche vor lauter Wut nicht zu schreien und beiße mir auf die Innenseiten meiner Wangen. Mir ist heiß und unwohl und ich könnte aus der Haut fahren.

Irgendwann legt Erik seine Hand auf meinen Oberschenkel. Wie kann er es wagen! Am liebsten würde ich sie brutal wegschieben, aber ich kann nicht. Seine Berührung fühlt sich gut an, warm und vertraut. Scheiße, wieso reagiert mein Körper immer so extrem auf seine Berührungen! Das ist völlig unpassend, aber seine Hand schickt kleine Stromschläge durch meinen Bauch. Ich kämpfe dagegen an. Zwecklos. Es wird immer schlimmer. Ich halte diese Spannung kaum noch aus! Ich muss etwas tun.

„Erik?", frage ich nervös, ohne ihn anzusehen.

„Ja?" Seine Stimme klingt zärtlich, aber an seinem Ausdruck hat sich nichts verändert.

„Halt an und küss mich."

Erst jetzt dreht er den Kopf zu mir herüber, verzieht aber keine Miene und wirkt ungerührt. Ruckartig tritt er auf die Bremse, setzt den Blinker und fährt auf einen verlassenen Feldweg, genau zwischen zwei Maisfelder. Mein Herz schlägt wild gegen meine Rippen und ich bin noch immer extrem wütend auf ihn.

Plötzlich wird sein Blick weicher, viel weicher. So warm, so weich und heiß wie eine volle Tasse Schokolade. „Gut, genau das möchte ich auch, Baby." Seine Stimme ist dunkel und fest, aber voller Verlangen, so gut kenne ich ihn schon. Erik beugt sich zu mir herüber und seine Lippen treffen die meinen. Heftig und wild und schaudernd und intensiv und fordernd und tief. Ein großer Schauder überfällt mich und hält mich gefangen, wie das Seil eines gordischen Knotens, der sich nie wieder lösen lässt.

Viele Augenblicke später fährt Erik wieder an. Meine Wut ist gänzlich verraucht und dieses Mal lehne ich mich an seine Schulter. Geborgen und sicher.

„Und du meinst, orange ist die richtige Farbe?" Bille lackiert sich die Fingernägel, sitzt im Schneidersitz auf dem Bett und sieht mich fragend an. Orange ist nicht gerade meine Lieblingsfarbe, aber das würde ich Bille jetzt nicht sagen. In diesem Punkt ist sie zu sensibel.

„Ja, orange ist cool!"

Bille spreizt ihre Finger aus und betrachtet ihr Werk, während sie gleichzeitig auf ihre Nägel pustet.

„Na Becca, jetzt bist du die Freundin eines Offiziersanwärters", sagt Bille hochoffiziell und kneift mich in die Seite.

„Ja. Er hat die Aufnahmeprüfungen alle bestanden."

„Tja, und jetzt?"

„Seine blaue Luftwaffenuniform steht ihm ziemlich gut. Keine Ahnung warum, aber so eine Uniform ist doch recht anziehend. Bei seiner Vereidigung stand er mit vielen Soldaten in einer Reihe und wirkte so stolz, weil er endlich die Ausbildung zum Jetpiloten machen kann. Maria und Conrad haben mich mitgenommen, das fand er total cool. Er hat sich wahnsinnig gefreut."

„Hat der Bund ihn schon irgendwie verändert?"

„Charakterlich nicht, nur seine Haare! Ratzeputz kurz haben sie sie geschoren. Er sieht wirklich ganz anders aus, aber gut."

„So wie in Top Gun?"

„Ja genau so! Er sieht exakt so aus, wie einer dieser Jetpiloten. Und Top Gun ist sein absoluter Lieblingsfilm. Ich musste ihn schon mindestens sechs Mal mit ihm ansehen. Inzwischen kann ich die meisten Passagen synchron mitsprechen." Ich spiele ihr die Szene von der ersten Flugbesprechung vor, wie die blonde, sexy Ausbilderin den Gebrauch des Mittelfingers diskutiert.

Bille bekommt einen langen hysterischen Lachanfall. „Oh je, du Arme!"

Ich grinse kurz zurück, zucke mit den Schultern und schaue dann aber nachdenklich aus dem Fenster.

„Hey Becca, was ist?"

„Weißt du, auf der Schlossbergkeller Party ist etwas passiert, das mich verwirrt."

Bille nimmt besorgt meine Hand. „Was hast du denn? Was Schlimmes?“

Plötzlich werde ich ganz leise. „Robert hat kurz seine Arme um mich geschlungen.“

„Habe ich gesehen. Ja und?“

„Ich fand das Gefühl toll.“

„Aber du stehst doch nicht auf ihn?“

„Nein! Um Gottes Willen! Gar nicht. Das ist es ja! Aber warum hat es mir trotzdem gefallen?“

„Vielleicht weil du noch nie etwas mit einem anderen hattest? Vielleicht musst du dich austoben?“

„Nein, das ist es nicht.“

„Ihr seid immer zusammen, seit über zwei Jahren. Er wohnt bei euch. Ich meine, er ist tatsächlich bei euch eingezogen. Mit Schrank und Ordnern und Pullis und allem Drum und Dran. Erik repariert die kaputten Küchenregale deiner Mum, kocht für alle Nudelauflauf und geht mit deinem Pa in den Baumarkt. Und ja, er bringt dich zum Lachen. Aber euch gibt es nur im Doppelpack. Es gibt kein anderes Thema als ihn! Erik, Erik, Erik! Du bist 17 und lebst wie in einer Ehe. Und wenn wir Freundinnen weggehen, klinkst du dich immer aus!“

„Aber das stimmt doch gar nicht!“

„Oh doch, das stimmt!“

„So ein Quatsch“, zische ich wütend und springe auf. „Du übertreibst völlig!“

Bille bleibt sitzen, dreht den Nagellack zu und sagt: „Ihr seid viel zu eng! Ja, er ist ein toller Freund, aber es ist ein Wunder, dass ihr dem anderen überhaupt erlaubt, allein zu atmen.“

„Allein zu atmen? Was? Das ist nicht wahr! Spinnst du? Nimm das zurück!“

„Nein, das nehme ich nicht zurück! Genau so ist es.“ Jetzt steht sie demonstrativ auf, ihr Kinn in die Höhe gereckt, packt die schmutzigen und stinkenden Nagellack-Wattebäusche und rauscht aus ihrem Zimmer.

Ach Quatsch, sie hat unrecht, das ist überhaupt nicht wahr! Aber gut, ich werde ihr hinterherlaufen. Sie beruhigt sich schon wieder. Aber ein seltsames Gefühl überkommt mich, wie ein unheilvoller böiger Wind, der einem um die Beine streicht kurz bevor der Himmel gewitterschwarz wird.

„Na, stehst du wieder im Gang mit all den anderen Soldaten, die telefonieren wollen?"

„Ja, Becca", seine Stimme klingt sehr, sehr müde. Vor meinem inneren Auge sehe ich ihn mit dem Rücken an der Wand lehnen, in grüner Tarnuniform, das Schiffchen in eine Brusttasche gestopft. Die linke Hand am Hörer, die rechte ganz locker in der Hosentasche.

„Und wie läuft' s?"

„Wieder ein Scheißtag – ohne dich! Gestern hatten wir Geländetag, das heißt den ganzen Tag auf den Füßen und mit dem schweren Gepäck marschieren: Rucksack, Essbesteck, Essgeschirr, ABC-Tasche, Helm, Spaten, 4 Magazine und G3. Wir armen Schweine durften natürlich gleich 20 km zum Eingewöhnen laufen, während die normalen W12er nur 7-8 km unterwegs waren. Ganz schön gemein."

„Oh mein Gott! Das wäre die Hölle für mich!"

„Ist es. Ich habe an beiden Fersen Blasen. Das würdest Du bestimmt gerne mal sehen wollen, wenn fast jeder, der herumläuft, irgendwie humpelt, hinkt, stöhnt, jammert und wie auf Eiern geht. Die blöden Stiefel sind so was von unbequem."

„Oh je, du tust mir so leid. Das klingt echt hart."

„Heute steht auf dem Dienstplan auch noch ‚Dauerlauftraining bzw. 5000 m-Lauf', aber ich glaube das müssen die wieder streichen, da keiner richtig laufen kann."

„Oh nein. Das musst du alles in deiner Grundausbildung machen?"

„Sieht so aus. Ach Becca, ich möchte dich so gerne spüren, dich halten, riechen, küssen und schmecken, dir den Rücken massieren, dich streicheln und dir leise und zärtlich ins Ohr flüstern, wie sehr ich dich ..."

„Ich vermisse dich auch sehr“, unterbreche ich ihn. „Ist ganz komisch dich nur noch am Wochenende zu sehen. Dein Soldatenbild habe ich jetzt immer in meinen Geldbeutel dabei.“

„Echt?“

„Ja. Es ist die kleine, schwarz-weiße Fotografie, auf der du so ernst gucken musstest.“

„Oh Becca, ich muss Schluss machen, die anderen schauen schon ganz ungeduldig.“

„Na gut. Ach ja, und danke.“

„Wofür?“, fragt er ahnungslos.

„Dafür, dass du mit mir vier Stunden Integrale für diese blöde Matheklausur gerechnet hast.“

„Gern geschehen. Mathe ist wichtig.“

„Ist es nicht!“

„Doch. Der Lehrer fragt: Becca, wie viel ist vier und vier? Becca: Acht. Richtig, zur Belohnung bekommst du acht Bonbons von mir. Wenn ich das gewusst hätte, entgegnet Becca, hätte ich hundert gesagt!”

„Hahaha, sehr lustig“, antworte ich kichernd und gespielt beleidigt. „Kreativer Mathewitz, Herr Sonnberg. Sie waren übrigens ein ganz strenger Mathelehrer! Viel schlimmer als mein Grundkursleiter. Und vor dem haben alle Mädchen Angst.“

Er lacht kurz: „Dachte meine Schülerin brauchte das so. Sie war am Anfang recht begriffsstutzig.“

„Pfff!“ Ich und begriffsstutzig! „Nur weil ich wissen wollte, wofür man diese vermaledeiten Nullstellen überhaupt ausrechnen muss!“ Gut OK, ich habe für die Infinitesimalrechnung stolze 14 Punkte bekommen, eigentlich Eriks Verdienst.

„Becca?“, sagt er nun leise. „Ich möchte dich an meiner Seite haben. Immer.“

„Ich bin doch immer an deiner Seite. Auch jetzt. Und so oft in Gedanken.“

„Das ist so schön. Wenn ich am Wochenende wieder da bin, koche ich uns was Leckeres. Lass dich überraschen. Ich muss jetzt auflegen. Die anderen Jungs hier killen mich schon mit Blicken.“

„Na gut, wenn's sein muss. Ich freue mich auch aufs Wochenende. Du kochst so lecker! Und dein Salatdressing, hmmm! Wenn du nicht Pilot werden würdest, müsstest du Koch werden."

Er lacht laut auf und ich muss sofort mitlachen. Sein Lachen ist unverkennbar und ansteckend. Er kann gar nicht mehr aufhören.

„Wieso lachst du denn so lange?"

„Ich habe mir gerade vorgestellt", beginnt er, „wie ich mit Schürze und Kochmütze aussehen würde."

Jetzt müssen wir wieder beide noch mehr lachen und mir kommen schon fast die Tränen.

„Becca, ich muss Schluss machen. Die anderen haben gerade angedeutet mich gnadenlos an die Wand zu tackern, wenn ich nicht sofort auflege. Bis zum Wochenende, meine Süße. Ich vermisse dich abartig."

Wir legen auf. Es war herrlich seine Stimme zu hören und sein Lachen, das so ansteckend wie einzigartig ist. Leider ist er jetzt so oft weg. Ich fühle mich schrecklich allein, so ohne ihn. Erik - mit dem verschmitzen Lächeln auf dem Gesicht, das Schiffchen auf dem Kopf, breite sportliche Schultern in Uniform, das passt einfach zu ihm. Gäbe es im Duden neben jedem Begriff ein Bild, müsste sein Foto neben dem Wort ‚Pilot' stehen. Die Bundeswehr und sein Traum – sie trennen uns! Aber hatte er nicht schon immer gesagt, er ginge zur Luftwaffe und würde Jets fliegen?

Kapitel 5

März 1993

Freiheit! Die große Freiheit! Endlich habe ich meinen Führerschein! Seit einem Monat. Es ist früher Abend und die Sonne wagt schon einen vorsichtigen Ausflug über die Felder. Ich düse durch Kaltenberg, drehe das Radio auf volle Lautstärke, und Haddaway und ich singen in Dauerschleife *‚What is love?'*. Dann nehme ich die Ausfahrt Fürstenfeldbruck/Fliegerhorst, und wenig später stehe ich mit dem braunen Wagen meiner Eltern vor der Kaserne. Der Schlagbaum ist unten, und überall stehen Männer in Uniform. Ein kleines Wachhäuschen gibt es auch.

Ich gebe brav meinen Personalausweis an der Pforte ab, und der Mann in Uniform erfährt von mir, wen ich besuchen will. Er notiert sich meinen und Eriks Namen und beschreibt mir den Weg zu seiner Stube. Bereits am Schlagbaum merke ich, dass ich offen angestarrt werde. Überall drehen sich die Köpfe der Männer um, als ich langsam, den Weg suchend vorbeifahre. Eine völlig andere Welt ist das hier.

Ich fühle mich etwas unwohl, so direkt angegafft zu werden. Egal! Hauptsache, ich kann Erik überraschen. Der denkt nämlich, ich muss für die Französischklausur lernen. Müsste ich auch, aber mache ich später. *Pardon Monsieur Bachmann, aber die Liebe geht vor!* Das Kasernengelände ist riesig, wie eine kleine Stadt. So groß hatte ich mir das gar nicht vorgestellt. Als ich vor dem großen, grauen Gebäude aussteige und versuche, die Stubennummer nicht zu vergessen, laufen ein Hauptmann und ein Oberstleutnant lächelnd an mir vorbei und tippen sich dabei kurz an ihre Kopfbedeckung. Ich habe die Dienstgrade auswendig gelernt und Erik damit eine Freude gemacht. Überrascht als Zivilist so offiziell begrüßt zu werden, laufe ich weiter und gehe durch die Eingangstür. Ein paar dunkle Gänge, Stubennummern und Treppenstufen später stehe ich endlich vor der richtigen Tür. Ich klopfe drei Mal.

„Becca?" Erik schaut verdutzt und überglücklich zugleich.

„Schön dich zu sehen! Komm rein, was für eine wunderschöne Überraschung! Ich dachte du hättest keine Zeit? Müsstest du nicht Französisch lernen?“ Erik zieht mich in seine Stube und küsst überschwänglich meinen Nacken. Gleichzeitig dreht er den Schlüssel im Schloss um.

„Du sperrst ab?“

„Tja, Becca Santini, warum auch immer Sie jetzt doch Zeit haben, Sie sind jetzt meine Gefangene und müssen mir vollends zu Willen sein.“ Seine Hände wandern zu meiner Taille.

„Was habe ich denn verbrochen?“

„Oh, da fällt mir viel ein. Sie sind stur, Sie sind unpünktlich, ein Morgenmuffel dazu, rechthaberisch ohne Ende, Sie machen immer das, was Sie wollen, Sie gehorchen mir überhaupt nicht und …“

„Dir gehorchen? Warum sollte ich?“, kontere ich lachend und versuche mich aus seinem festen Griff zu winden.

„Ganz einfach, die Frau muss dem Manne untertan sein.“ Er drückt mich jetzt ganz plötzlich und heftig gegen seinen Spind, wodurch ein metallenes Klappern ertönt. Meine Hände hält er verschlungen mit seinen über meinem Kopf fest. Ein wohliges, funkendes, warmes Zucken geht durch meinen Unterleib.

„Findest du das nicht etwas altmodisch?“, flüstere ich in sein Ohr während er mich festhält.

„Och, ich habe noch nie etwas so modern gefunden wie das“, flüstert er zurück und küsst mich verlangend und viel zu wild. Was für ein herrliches Gefühl! Meine Hände lässt er nicht mehr los.

„Lass mich los, bitte“, bettele ich gespielt.

„Niemals. Jetzt gehörst du mir.“ Sein Gesicht spricht tausend süße Bände und schon wieder klappert der Spind laut und metallisch. „Ach ja und Becca, versprich mir, dass du später deine Französischsachen noch anschaust, schließlich ist es dein Leistungskurs“, haucht er in meinen Hals.

„Schön, dass Sie sich so um mich sorgen, Herr Sonnberg“, wispere ich zurück.

„Immer, Frau Santini, ich sorge mich immer um sie.“

„Erik, was sind AWACS?“

Auf seinem Schreibtisch türmen sich hohe, unstrukturierte

Papierstapel und unzählige graue Leitz-Ordner. Ein Schubs, und alles würde krachend in sich zusammenfallen. Typisch Erik! Ganz oben liegt ein handschriftlicher Zettel auf kariertem Papier mit dem Titel „AWACS".

„Ich muss morgen in meinem Kurs über die Flugzeuge der Luftwaffe ein Referat halten. Mein Thema sind AWACS. Eine Folie brauche ich auch!"

„Du hast meine Frage nicht beantwortet", beschwere ich mich grinsend und wickele Haarsträhnen mit meinem Zeigefinger auf.

Erik liegt auf seinem Bett und sieht mich an. Wir haben das Zimmer wieder aufgesperrt, es ist schließlich ein Zweierzimmer, und sein Zimmergenosse könnte jeden Augenblick wiederkommen. Der Kuss war Wahnsinn gewesen, und ich weiß, ich werde mich noch lange daran erinnern.

„AWACS sind Aufklärungsflugzeuge. Die Abkürzung steht für Air Warning And Control System. Warum?" Er zieht mich zu sich hinunter und küsst mich noch einmal.

Ich löse mich widerwillig, weil es eigentlich zu schön ist, um aufzuhören. „So, Erik Sonnberg! Jetzt gehorchen Sie mir. Stehen Sie auf! Stramm stehen. Schneller!"

Zögernd steht er auf, sieht fragend auf mich herab und tätschelt meinen Po.

„Na, na, na, was sind denn das für Manieren, Flieger Sonnberg? Wo bleibt der militärische Gruß?"

Spaßeshalber salutiert Erik kurz vor mir, nimmt die Hand wieder herunter und berührt zärtlich meinen Bauch.

„Unterdrücken Sie Ihre niederen Triebe. Wir haben jetzt etwas Höheres vor. Wir machen Ihr Referat zusammen. Sie arbeiten sich in die Thematik von AWACS ein und ich mache die Folie mit einer großen AWACS-Maschine drauf. Los, los, keine Müdigkeit vorschützen!"

Wir setzen uns gemeinsam vor den Papierberg und fangen an zu arbeiten. Dann hält Erik plötzlich inne, nimmt meine Hand und sagt: „Becca, du bist toll!"

Ein ganz warmes Gefühl breitet sich in meinem Bauch aus und alles fühlt sich so richtig an.

„Du auch“, flüstere ich zurück.

„Erik? Am Freitagabend bin ich nicht da. Bille und ich wollen ins Enchilada nach Augsburg gehen.“ Ich schiebe die fertige Folie zur Seite und lege den Stift hin. Wow, die Maschine ist echt gut geworden. Überrascht über meine zeichnerischen Fähigkeiten bezüglich militärischen Flugzeugen, halte ich die Folie in die Luft.

„Das geht nicht. Da gehen wir zusammen ins Kino. Wir wollten einen Actionfilm anschauen.“

„Oh, das habe ich völlig vergessen. Können wir das mit dem Kino nicht verschieben?“

„Ich sehe dich die ganze Woche nicht und dann willst du am Freitagabend ohne mich weggehen?“, fragt er Augenbrauen hochziehend.

„Wir können doch am Samstag ins Kino gehen?“

„Nein!“, kontert er.

„Willst du mir das etwa verbieten?“ Meine Stimme wird auf einmal lauter.

Erik seufzt tief. „Nein, es ist deine Entscheidung.“

„Aber du siehst mich so an, als ob ich etwas verbrochen hätte“, werfe ich genervt ein.

„Hast du das denn vor, etwas verbrechen?“ Er sieht mich kritisch an.

„Nein, verdammt noch mal. Wir wollen nur einen Mädchenabend machen!“, schreie ich plötzlich. Seine dämliche Anspielung macht mich rasend.

„Dann ist ja alles gut.“

„Nein, nichts ist gut. Du bist sauer auf mich.“

„Du bist diejenige, die herumschreit“, entgegnet Erik relativ ruhig.

Wie kann er nur so ruhig bleiben und mir das Gefühl geben etwas falsch zu machen? Er ist wirklich unglaublich! Wütend stehe ich vom Schreibtisch auf und stoße ihn heftig zur Seite. Erik lässt es geschehen.

„Immer soll ich das machen, was du willst!“, schleudere ich ihm entgegen.

„Ich würde mich sehr freuen dich am Freitag zu sehen, wenn du aber nicht willst, ist das deine Sache", bemerkt er gespielt gelassen.

„Ich will dich doch auch sehen."

„Anscheinend nicht."

Langsam platzt mir der Kragen. „Wieso bin ich überhaupt hierher gekommen?"

„Das frage ich mich langsam auch. Vielleicht wärst du besser nicht gekommen?"

„Du bist so ein Idiot, Erik Sonnberg!"

Gerade als er etwas antworten möchte, geht die Stubentür auf und sein Kamerad Axel Sommer kommt herein. Die beiden kennen sich schon von der Grundausbildung in Roth und sind inzwischen dicke Freunde geworden. Axel ist ein sehr ruhiger Typ, aber mit einem trockeneren Humor als Woody Allen. Er kann den ganzen Abend kaum fünf Sätze sprechen, aber wenn er etwas sagt, dann hat es Hand und Fuß. Sein Gesicht strahlt innere Ruhe und Wärme aus, während sein Verstand messerscharfe Bemerkungen hervorbringt. Er schenkt uns beiden ein verblüfftes, aber breites Lächeln. Ich mag Axel sehr, nur leider ist er in einem äußerst ungünstigen Augenblick aufgetaucht.

Ich packe meine Handtasche mit einem schnellen Griff und stehe abrupt auf. „Hier, die Folie über die AWACS ist fertig. Den Rest kannst du allein machen!" Dann nicke ich nur noch kurz in Axels Richtung, rausche zur Tür, knalle sie laut hinter mir zu – wohl wissend, dass Erik das absolut hasst - und stürze den Gang hinaus.

Doch plötzlich höre ich Schritte hinter mir. „Becca, bitte bleib stehen. Es tut mir leid! Ich möchte nicht, dass du gehst. Bitte!"

Ich wirbele herum und schaue in sein trauriges besorgtes Gesicht. Seine Augen flehen mich an nicht weiter zu laufen. Für einen Moment vergesse ich doch glatt, dass ich gerade total wütend bin. „Bitte, Kleine. Natürlich kannst du einen Mädchenabend machen. Ich war bescheuert! Verzeih mir. Keine Ahnung, vielleicht bin ich einfach viel zu viel mit Soldaten zusammen? Coole Sprüche, hartes Rumgetue, der ganze blöde Testosteron-Bundeswehrscheiß."

Ich sehe zu ihm auf und erkenne den Anflug eines reumütigen verschmitzen Lächelns in seinen Augenwinkeln.

„Erik Sonnberg. Wenn ich dich nicht so verdammt lieben würde dann ....“

Im Bruchteil einer Sekunde drückt er mich unerwartet gegen die Wand und küsst mich sanft auf dem Mund. Unsere Lippen berühren sich kitzelnd und fordernd und tausendfach Funken sprühend. Unfähig unseren Kuss zu beenden, lasse ich es zu, dass er meine beiden Hände in seine nimmt und nun fester und leidenschaftlicher gegen die Wand drückt. Fast verzweifelt schmiegt er seinen Kopf in meine Halsbeuge und atmet ‚mich' in tiefen Zügen immer wieder ein.

Juni 1993

Mir ist kalt! Unendlich kalt! Es schüttet wie aus Kübeln. Ich habe mal wieder den blöden Bus verpasst, und jetzt laufe ich nach Hause. So ein Mist! Dass diese doofen Schulbusse auch immer auf die Sekunde genau abfahren müssen! Bis nach Hilberg brauche ich mindestens eine Dreiviertelstunde zu Fuß. Allein der Gedanke an diesen Fußmarsch lässt mich innerlich aufstöhnen. Natürlich habe ich keinen Schirm dabei! Heute Morgen war bester Sonnenschein. Ich mache einen Bogen um die großen Pfützen. Über die kleinen steige ich drüber. Als ich in die Fuggerstraße einbiege, spiele ich instinktiv mit dem Gedanken, mich kurz beim Modegeschäft Schöffel aufzuwärmen - die haben da so eine tolle Esprit-Abteilung – oder einen Abstecher in die Buchhandlung Schmid zu machen, verwerfe ihn aber schnell. Ich bin bis auf die Unterhose durchnässt und ich habe Hunger. Ich muss sofort etwas essen, sonst sterbe ich! Oh Mann, es ist noch so weit bis nach Hause!

Plötzlich hält ein Motorrad, eine schwarzgelbe Enduro, direkt neben mir, der Fahrer schiebt sein dunkles Visier hoch und blickt mich an. Überrascht bleibe ich stehen, mit beiden Füßen in einer großen Pfütze.

„Hallo, Becca. Du bist ja schon völlig durchnässt. Soll ich dich mitnehmen?“

Verwirrt trete ich etwas näher. „Oh, hallo, Paul! Das ist ja eine Überraschung. Mich mitnehmen? Das ist aber nett! Aber du hast ja gar keinen zweiten Helm dabei.“ Am liebsten würde ich sofort auf seine Maschine hüpfen, aber mein Anstand hält mich zurück.

Paul nimmt seinen Helm ab und hält ihn mir hin. „Du kannst meinen haben." Der Helm ist schwarz mit weißen Streifen darauf und sieht sehr cool aus.

„Aber dann hast du ja keinen Helm mehr. Das kann ich nicht annehmen, Paul."

Paul atmet tief aus, seine Haare sind inzwischen schon ganz nass, und kleine Wassertropfen hängen in seinen dichten Wimpern. Er hält mir immer noch den Helm hin. „Also, Becca. Ich gebe dir zwei Möglichkeiten. Möglichkeit A: Du nimmst meinen Helm, setzt dich auf mein Motorrad, und ich fahre dich nach Hause. Möglichkeit B: Ich setze dir meinen Helm auf, setze dich auf mein Motorrad und fahre dich nach Hause. Für welche entscheidest du dich?" Seine Stimme hat einen warmen Unterton, aber lässt keinen Raum für Widerspruch.

Zögerlich und dankbar nehme ich den schicken Helm und sage: „Dann nehme ich Möglichkeit A, Paul."

Paul lässt sein Motorrad wieder an, ein angenehmes, lautes Brummen ertönt, und wir fahren los. Ich rutsche ganz dicht an ihn heran, umfasse seine Taille mit meinen Armen und lege meinen Kopf dankbar auf seinen Rücken.

Jetzt, auf den vertrauten Straßen, schweifen meine Gedanken ab. Verwirrt erinnere ich mich an das spöttische Funkeln um seine Mundwinkel, als Paul mich zum ersten Mal ansah, damals im Schulbus. Und ich erinnere mich an sein Gesicht, wie er mit einem Blick alle tuschelnden Stimmen zum Schweigen gebracht hat. Der Regen klatscht nass und grau auf mein Visier, die Sicht verschwimmt und ich fühle plötzlich ganz intensiv die Dankbarkeit dafür, dass er mich damals völlig ohne Worte vor den anderen Kindern in Schutz genommen hat. Nur durch den Ausdruck seiner Augen.

Juli 1993

Der Saal ist elegant und modern zugleich. Festlich geschmückt, da hat sich die Luftwaffe nicht lumpen lassen. Überall stehen große, runde Tische, mit weißen Tischdecken bis zum Boden. Im Hintergrund spielt leise Pianomusik, und alle Offiziersanwärter tragen ihre blauen Ausgehuniformen. Die meisten Mädchen haben schwarze Abendkleider an. Ich auch. Mein Kleid ist schulterfrei, tailliert und mit einem dezenten Petticoat. Als einer der Ausbilder aufsteht - wir Zivilisten mussten alle auch aufstehen! - und eine Rede über die Tugenden der Offiziere, ihre Wirkung nach außen und die ihnen bevorstehende noch härtere Jet-Ausbildung in den USA hält, nimmt Erik meine Hand und drückt sie ganz fest.

„Du siehst bezaubernd aus, Becca", flüsterte er in mein Ohr, wodurch sofort alle meine Nackenhärchen strammstehen.

„Und du bist jetzt Offizier", wispere ich zurück. Ich komme mir eigentlich komisch vor in diesem Abendkleid. Es fühlt sich so offiziell an und außerdem trage ich nie Kleider, aber es gehört wohl dazu.

Alle Absolventen beginnen den Ball gleichzeitig mit einem Walzer. Es ist großartig in dieser wogenden Masse mit zu schweben, ein Teil davon zu sein. Erik und ich schwingen über das Parkett, und obwohl er mir immer wieder versehentlich auf den Fuß steigt, lasse ich mir nichts anmerken. Als ein Mädchen neben uns strauchelt und beinahe rückwärts hinfällt, fängt Erik sie blitzschnell auf.

„Danke", murmelt sie schüchtern und begibt sich wieder in die Arme ihres verdutzten Tanzpartners.

„Wie hast du das so schnell gesehen?" frage ich ihn überrascht.

„Ach, sie war mir aufgefallen, weil sie auch so schlecht tanzt wie ich", lacht er.

Wir tanzen nur kurz. Dann bringt Erik mich an unseren Tisch zurück und rutscht einen Stuhl für mich zurecht. Dort sitzt auch eine junge Frau, Ann-Kathrin. Sie ist schlank und recht hübsch, wobei mich ihr Gesicht ein bisschen an das eines Windhundes erinnert. Als nach einiger Zeit alle Offiziersanwärter unseres Tisches die Damen für einen Besuch an der Bar allein lassen, fragt sie mich direkt: „Warum liebst du Erik?"

„Äh? Wie bitte?" Habe ich mich verhört? Das hat sie nicht wirklich gefragt! „Wie meinst du das?" Mir war aufgefallen, dass sie ihren Freund anschmachtet wie ein kleines Kind, das vor einem Zuckerbäcker steht, ihr Freund allerdings nur dann und wann ein Lächeln für sie übrig hat. Sie ist mir total unsympathisch und ich wünschte, Erik würde sofort wieder zurückkommen!

Sie lehnt sich nach vorn und sagt: „Ich finde es toll, dass Alex Jetpilot wird. Ich wollte schon immer mit einem Piloten zusammen sein. Das hat so etwas Heldenhaftes, findest du nicht?“

Jetzt bin ich total sprachlos. Was für eine Schnepfe! Heldenhaftes!

„Und du, findest du nicht, es ist der Wahnsinn, einen Piloten als Freund zu haben?“

„Äh, also … ich … äh … noch ist er ja gar kein Pilot, sondern Offiziersanwärter. Keine Ahnung … als Pilot wird er viel unterwegs sein, und ich bleibe allein zurück. Er muss dann in die USA, nach Kanada oder nach Italien. Das macht mir Sorgen, so ohne ihn zu sein. Abgesehen davon, ist Jetfliegen gefährlich.“

Verständnislos blickt Ann-Kathrin auf mich herab. Sie ist auch im Sitzen mindestens fünf Zentimeter größer als ich, was mich sehr ärgert. Lieber Gott, mach mich doch im nächsten Leben etwas größer, das wäre nett! „Tsssss! Das ist doch kein Problem. Du kommst eben mit und lebst dort, wo er stationiert ist.“

„Aber ich möchte studieren, da kann ich nicht einfach umherreisen. Ich muss lernen und Klausuren schreiben.“

Ihr Blick wird noch abwertender, und sie fächert sich mit ihrer Serviette in gespielter Langsamkeit Luft zu. Ihre Haut ist leicht gebräunt, ihr Make up dezent, aber ihr Mund hat etwas Verbissenes an sich.

„Schätzchen, wenn du mit einem Piloten zusammen bist, brauchst du keinen eigenen Beruf. Er verdient genug für euch beide.“

Nun werde ich langsam ungehalten. „Es geht doch nicht ums Geld. Ich möchte doch einen eigenen Beruf haben. Wofür mache ich denn Abitur?“

„Was willst du denn studieren?“, bohrt sie nach.

Eine Frage, mit der mich meine Eltern neuerdings auch immer nerven. „Äh … das weiß ich jetzt noch nicht. Vielleicht Lehramt?“

Ihr Blick bleibt weiterhin fragend und herablassend an mir und meinem Kleid hängen. Ihres war natürlich auch schwarz. Plötzlich schlingt Erik beide Arme von hinten um mich und dreht meinen Kopf zu sich herüber. Danke! Endlich! Er strahlt mich an und augenblicklich überschwemmt Wärme meinen ganzen Körper.

Ann-Kathrins Freund setzt sich nach seinem Ausflug an die Bar neben sie und tätschelt ihr nur kurz die linke Hand. Sie starrt verbissen nach vorn. Ich spüre Ann-Kathrins eiskalten Blicke in meinem Rücken, als Erik mich auffordert: „Los, Becca, lass uns noch einmal tanzen!"

Ich seufze leise in mich hinein und wünsche mir für einen kurzen Augenblick, Erik hätte den Wehrdienst verweigert, anstatt mit vollen Segeln seine gesamte Zukunft diesem uniformierten Verein zu schenken. Lieber Gott, wird das alles gut gehen? Mit uns?

Juli 1994

„Weißt du, was ich wirklich fantastisch finde?", fragt Erik und lässt sich schwungvoll auf sein Sofa fallen. Wir sind zur Abwechslung mal bei seinen Eltern. Es ist schön hier zu sein, nach all den Jahren ist es wie ein zweites Zuhause für mich geworden und ich besitze sogar einen eigenen Hausschlüssel.

„Nein, verrate es mir."

„Dass ich nicht nur eine Freundin habe, die total süß aussieht, sondern eine Freundin, die in wenigen Tagen ihr Abiturzeugnis bekommt."

„Was?", kommentiere ich gespielt geschockt, „du hast zwei Frauen?" Jetzt müssen wir beide laut lachen und ich lasse mich auf seinen Schoß fallen.

„Stell dir vor", schmunzele ich verschwörerisch, „ich habe einen Freund, der verdammt gut aussieht und einen, der gerade Jetpilot wird."

Erik sieht mich nickend mit einem bedeutungsschweren Blick an und grinst schelmisch: „Dann würde ich sagen, passen wir perfekt zusammen."

„Ja, das könnte sein, wenn du auch so gut bist wie er. Er hat gerade das Screening in Phoenix überstanden. Viele sind ausgeschieden. Viele, von denen er gedacht hätte, dass sie es schaffen. Er ist zum ersten Mal geflogen. Zwar noch keinen Jet, aber ein Propellerflugzeug. Er meinte, das war so cool!"

„Das hat er dir erzählt? Was für ein Angeber!", kontert er

verschmitzt und wir müssen kichern.

Als wir endlich ausgekichert haben, werde ich plötzlich ernst und drehe seinen Kopf zu mir. „Ich liebe es dich zu unterstützen, das weißt du. Aber für mich ist es überhaupt nicht wichtig, dass du Pilot wirst, du könntest auch etwas anderes machen, Schreiner, Schornsteinfeger, Banker oder Koch, und ich würde es toll finden, verstehst du?"

„Ja, ich weiß, was du meinst."

„Mit deiner Fliegerei bist du so viel unterwegs. Jetzt waren es zwei Monate Arizona. Ich vermisse dich. Ich bin so oft allein. Ich werde mich nie daran gewöhnen. Du gehst weg und ich bleibe allein zurück." Ich bin aufgestanden, warum auch immer und habe angefangen im Zimmer hin und her zu tigern.

„Fliegen ist mir wichtig, aber du bist mir wichtiger. Das musst du mir glauben. Meine Liebe zu dir ist viel stärker, als mein Wunsch zu fliegen."

„Ja, das glaube ich dir. Es ist nur schwer für mich. Du gehst und ich mache mir Sorgen."

„Dass ich was mit einer anderen anfangen würde?"

„Nein! Du Idiot! Dass dir etwas passieren könnte. Schon mal daran gedacht? Flugzeuge können abstürzen." Warum versteht er das nicht? Es ist zum Haareraufen! Ich habe Angst um ihn. Genervt drehe ich mich zu seinem großen Bücherregal und fange an, wahllos Bücher herauszunehmen und wieder einzusortieren, ohne auf die Titel zu achten.

Erik steht vom Sofa auf und stellt sich hinter mich, drückt seinen Körper sanft an mich und haucht in meinen Nacken. Er weiß, dass mir das eine Gänsehaut macht! „Mir kann gar nichts passieren. Ich trage immer deinen ‚Glücksbringerbrief' in der linken Brusttasche von meinem Fliegerkombi."

„Den Brief, den ich dir zu deinem allerersten Flug geschrieben habe?"

„Ja, genau den. Ich weiß nicht warum, es ist nur ein Stück Papier mit Worten … deinen wunderschönen Worten und er gibt mir Sicherheit."

Jetzt drehe ich mich zu ihm herum und berühre seinen Nacken mit meinen Fingern.

„Du siehst gut aus in deinem Fliegerkombi“, bemerke ich und denke an das Bild, das ich von seinem ersten Soloflug auf meinem Schreibtisch stehen habe. Es hat den Moment festgehalten, als er die Hand seines Fluglehrers schüttelt und übers ganze Gesicht strahlt.

„Du sähest viel besser darin aus.“ Er überlegt kurz. „Zieh dich aus.“

„Was?“

„Zieh dich aus, Becca!“

„Ist das ein Befehl?“

„Ja, ein klitzekleiner. Und mein Dienstgrad ist höher als deiner. Also, los!“

Bitte! Ich habe gar keinen Dienstgrad, Witzbold! Unschlüssig ziehe ich mich bis auf die Unterwäsche aus und hoffe, dass Eriks Papa nicht ins Zimmer kommt. Er hat so ein Talent, in den unmöglichsten Augenblicken im Türrahmen zu stehen.

„Hier, zieh ihn an, bitte.“ Erik hält mir einen grauen Ganzkörperanzug mit runden Fliegerpatches hin.

„Ich soll ihn wirklich anziehen? Der ist mir doch viel zu groß.“

„Ja, bitte.“

Na gut, der kommt auf Ideen! Ich schlüpfe hinein. Die Ärmel hängen mir natürlich weit über die Handgelenke. Ich muss lustig aussehen. Wie ein Kind in einem Riesenoverall.

Erik strahlt mich an. „Das sieht so süß aus! Der Kombi steht dir echt gut. Schade, dass Frauen keine Jets fliegen dürfen. Diesen Anblick werde ich nie vergessen. Du in meinem Fliegerkombi. Ich muss ein Foto von dir machen. Das klebe ich an meinen Spind. Die anderen Jungs werden mich beneiden.“ Erik saust davon und kommt mit einer Kamera bewaffnet zurück. Dann macht es auch schon Klick.

Während Erik die Kamera wegbringt, lasse ich gedankenverloren meine Hand wieder langsam über die Buchrücken gleiten, aber plötzlich rutscht ein Buch nach vorn und reißt ein paar Taschenbücher mit sich. Diese schmalen Gelben mit dem schwarzen Aufdruck, von Geschichten, die schon viele Jahrzehnte alt sind. Dazwischen liegt ein Brief.

Er ist nicht von mir. Ich hebe ihn auf. Er ist an Erik adressiert. Auf einmal klopft mein Herz stärker. Eine hässliche Angst lässt meine Hände zittern. Der Poststempel ist von August 1991. Ich drehe den Brief um. Absender: Svea Walzmann aus Lollar. Lollar in Hessen? Erik war vor drei Jahren dort. Zur Ferienarbeit im August. Svea? Wer ist Svea? Mein Magen zieht sich zusammen. Ein Brief von einem anderen Mädchen an meinen Freund? Es muss nichts bedeuten. Rein gar nichts. Vielleicht nur eine Bekannte oder eine Schulfreundin. Aber er hat mir nichts von einer Svea erzählt … Ich sollte ihn einfach wieder zwischen die Bücher stecken. So, als wäre nichts gewesen. Mir ist ganz komisch und mir wird heiß. Unwohl heiß. Eine hässliche Hitze überzieht meinen Körper. Ich kann nicht anders. Ich muss ihn öffnen. Ich nehme ihn heraus und stecke ihn wieder zurück. Lass das, Becca! Man liest keine fremde Post. Erik würde dich nie betrügen. Doch plötzlich übernimmt meine Hand das Kommando und überstimmt mein Herz. Nervös und wohl wissend einen Fehler zu machen, falte ich die Blätter auf und ich beginne zu lesen …

Lieber Erik,

nun bist Du schon seit zwei Wochen fort, und ich kann Dich nicht vergessen. Ich denke jeden Tag an Dich. Am liebsten würde ich mich in den Zug setzen und dich besuchen. Es war wunderbar, Dich kennenlernen zu dürfen. Der Abend mit Dir war wunderschön. Unvergesslich schön. Weißt Du noch wie wir über den Jahrmarkt gelaufen sind? Und all die Lichter des Riesenrads! Schade, dass Du so weit weg wohnst und eine Freundin hast. Ich muss immer wieder daran denken, wie wir … na ja du weißt schon. Vielleicht könntest Du …

Mein Herz rast, Tränen tropfen auf einmal auf die handschriftlichen Zeilen, die nur mit blauer Tinte geschrieben sind und nun leicht verschmieren. Ich kann nicht weiterlesen. Mir ist auf einmal ganz schwindlig. Ich halte mich am Bücherregal fest. Mehrere Bücher fallen heraus, aber ich hebe sie nicht auf.

Dann steht Erik vor mir. Er sieht mich hilflos an und sagt: „Du musst ihn zu Ende lesen."

Mehr nicht? Mehr hat er nicht zu sagen? Bille' s Worte hallen in meinem Gedächtnis wider: „Erik ist wirklich toll, aber keines der

Mädchen konnte ihn auf Dauer halten. Er ist ein Sunnyboy und ich glaube, er hat es bisher nie ernst gemeint. Er meint es noch nicht mal böse, er ist einfach so."

Ich muss weg von hier! Wie konnte er? Ich renne zur Tür und falle hin. Erik fängt mich auf und ich spüre den festen Griff um meinen Körper. „Bitte, Becca. Es ist nicht so, wie du denkst." Er hält mich mit beiden Armen und lässt mich nicht los. Sein Blick strahlt unendliche Hilflosigkeit aus.

„Ich brauche nichts mehr zu Ende lesen. Ich habe genug gelesen. Lass mich los! Du hast was mit einem anderen Mädchen gehabt und es mir die ganze Zeit verschwiegen!"

„Nein! Das habe ich nicht! Das würde ich nie tun!"

„Was ist mit dieser … dieser Svea? Was für ein Scheißname!"

„Nichts. Ich wusste, du würdest so reagieren, deshalb habe ich dir nichts erzählt."

„Was? Geht das schon länger?"

„Nein!", schreit er.

„Doch!", brülle ich.

Ich will mich losreißen, aber er hält mich immer noch fest. „Bitte, Becca! So ist das nicht. Du verstehst das völlig falsch."

„Wie dann?"

„Es war vor drei Jahren, als ich zu Ferienarbeiten in Lollar war. Sie ist die beste Freundin von Claudia, der Tochter der Freunde meiner Eltern. Sie hatte sich in mich verliebt. Aber ich mich nicht in sie!"

Ich versuche immer noch, mich freizukämpfen, aber Eriks Arme umschlingen mich wie ein Schraubstock. „Lass mich los! Du warst mit ihr auf einem Jahrmarkt?", würge ich hervor.

„Ja", antwortet er knapp.

„Wie romantisch!"

„Bitte nicht."

„Hast du sie geküsst?"

„Ja." Ich muss nach Luft schnappen und versuche meine Atmung zu kontrollieren. Oh mein Gott! Er hat ein anderes Mädchen geküsst!

„Du hast mich betrogen … Schon vor drei Jahren! Wie konntest du das tun!“ Bäche von Tränen strömen wie auf Kommando meine Wangen hinab und ich fühle mich hässlich und schwach.

„Nein, das habe ich nicht! Sie hat sich so verzweifelt in mich verliebt, da bin ich eines Abends mit ihr auf die Kirmes gegangen und habe ihr erklärt, dass ich meine Freundin über alles liebe. Dann hat sie furchtbar geweint, und ich habe sie in den Arm genommen.“

„Wie ritterlich von dir. Und dazu brauchst du die glitzernde Kulisse eines Riesenrads? Lass mich jetzt gehen!“

„Ich habe sie nur kurz gedrückt, und sie wollte mich küssen. Da habe ich ihr einen Kuss auf die Wange gegeben. Rein freundschaftlich. Tröstend. Das war alles!“

Ich winde mich, und das raubt mir wirklich die letzte Kraft. Verdammt, er ist so viel stärker als ich. Und diese blöde Bundeswehr hat ihn noch fitter gemacht. Mir ist heiß, und mein Magen ist höchstens so groß wie eine Faust. „Das glaube ich dir nicht. Du hast mich die ganze Zeit belogen. Warum schreibt sie dir Briefe? Oh, mein Gott. Du schreibst ihr Briefe, nicht wahr?“ Diese plötzliche Erkenntnis trifft mich wie ein Boxschlag in die Magengrube.

„Ja. Nein. Oh Mann! Also, sie schrieb mir und ich habe ihr geantwortet. Da ist nichts dahinter. Das musst du mir glauben!“

„Ich glaube dir rein gar nichts mehr! Nie mehr! Vor drei Jahren! Vor drei Jahren, Erik! Was würdest du denken? Du würdest vor Eifersucht völlig explodieren! Würdest total ausrasten! Und ich soll ruhig bleiben? Sie schreibt dir und du behältst ihren Brief? Versteckst ihren Brief vor mir! Erzähl mir nichts! Geh weg und fass mich nicht an! Jetzt lass mich los!“

Erik schüttelt immer wieder den Kopf und drückt mich viel zu fest. „Nein, ich lasse dich nicht los. Nie! Wir gehören zusammen! Es war völlig bescheuert, ihr zu antworten. Nur ein Fehler! Ein bescheuerter Fehler!“ Dann ganz plötzlich, völlig unerwartet, lässt Erik meine Arme und meinen Oberkörper los. „Bitte, Becca, geh nicht“, flüstert er.

Ich stoße ihn mit aller Kraft zur Seite und hoffe sehr ihm dabei weh zu tun. „Ich will dich nie wiedersehen. Nie wieder! Geh mir aus dem Weg!“ Ich ziehe den viel zu großen Fliegerkombi aus, schnell und hektisch, stolpere in meine Jeans, nehme meine Jacke und stürme zur Tür. Dann renne ich die Treppe hinunter, Eriks Mutter Maria kommt mir mit einem besorgten Fragezeichen im Gesicht entgegen. Die Haustür fällt krachend hinter mir ins Schloss. Ich möchte niemanden sehen, mit niemanden reden.

Ich renne über die Straße und stolpere fast über die Bordsteinkante. Mein Herz schlägt schmerzhaft schnell, als ich vor der Haustür meiner Eltern stehe. Ich sperre auf, aber der verdammte Schlüssel will nicht ins Loch passen! Endlich der Schlüssel dreht sich. Ich stürze hinein und laufe in mein Zimmer. Sperre ab. Oh nein, unser Zimmer! Überall Bilder von uns. Ich werfe mich auf unser Bett. Vergrabe mein Gesicht im Kopfkissen. Ich möchte allein sein. Ich hasse ihn. Ich möchte ihn nie mehr wiedersehen! Wie konnte er mir das antun?

Kapitel 6

August 1994, Augsburg

Er steht an der Maschine gegenüber. „Du bist von ihm weggelaufen?“, schreit Wolfgang.

Am Fließband von Karton International in der Klebehalle. Die Halle ist unglaublich groß und laut, und es stinkt fürchterlich nach Kleber. Ich kenne ihn nun seit knapp sechs Wochen, seit ich diese beschissene Fließbandarbeit mache. Was macht man nicht alles für Geld? Schließlich möchte ich unabhängiger werden, von meinen Eltern, von Erik, von allen. Papa meinte, ich halte das keinen einzigen Tag aus. Er hatte recht, schon nach zwei Stunden wollte ich alles hinschmeißen. Aber Papa sollte eben nicht recht haben! Also stehe ich immer noch hier. Wolfgang ist ganz nett, Ende 40, ein Schulabbrecher, hat er mir gestanden. Er hilft mir, die Geschwindigkeit an der Maschine zu halten. In Sekundenschnelle sausen gerade geklebte Pappvorlagen für Pommes, Zigaretten und Steinofenpizza vorbei und müssen in der gleichen Zeit genau abgezählt in einen Karton verpackt werden. Grässlich! Ich habe mir unendlich viele Schnitte an beiden Unterarmen zugezogen – durch die neuen, messerscharfen Kartons –, und der Schweiß tropft brennend immer wieder hinein, was sie nicht heilen lässt. Ich sehe aus wie ein Selbstmörder! Meine zerschnittenen Handgelenke würden auf zahlreiche Suizidversuche schließen lassen, für einen Außenstehenden zumindest. Wolfgang bringt mich gegen meinen Willen zum Erzählen. Keine Ahnung wie er das schafft, er hätte Psychologe werden sollen, oder Journalist.

„Ja.“

„Und fühlst du dich jetzt besser? Ohne ihn?“

„Nein!“, schreie ich. Es ist zu laut. „Ich fühle mich elend. Ich kann nicht essen, nicht schlafen, nicht reden, nicht denken. Tausend Gedanken verwirren mich. Und ich mache lauter blöde Sachen.“

„Was denn?“

„Ich gehe weg, trinke und lasse mich von Typen anmachen."

„Klingt nach Spaß", meint er trocken.

„Ja, eigentlich, aber es macht überhaupt keinen Spaß. Ich habe mich zum ersten Mal von einem anderen Jungen küssen lassen."

„Und wie war es?"

„Schwer zu sagen. Keine Ahnung. Mir fehlt der Vergleich. Aber ich glaube, es war komisch." Wolfgang lacht kurz auf.

„Aha. Wie sah er denn aus, der junge Mann mit dem komischen Kuss?"

„Anders als mein Freund. Groß, blond, mit längeren Haaren. So eine Art Surfertyp, aber eigentlich gar nicht mein Typ. Anfangs war es schön zu flirten, aber als wir uns draußen küssten, da wollte ich plötzlich aufhören, was er gar nicht verstand. Es fühlte sich einfach falsch an! Er war ziemlich sauer, meinte, ich sei ein kleines, unreifes Mädchen, und ich solle doch mit meinen Puppen spielen."

„Oh Mann. Das tut mir leid. Du bist noch so jung, da macht man viele Fehler. Du solltest noch mal mit deinem Freund reden. Mir scheint, du magst ihn noch sehr."

„Ich weiß nicht. Wirklich?" Ein mulmiges Gefühl breitet sich in meinem Bauch aus, nur weil wir von ihm gesprochen haben. Wie sehr er mir fehlt, verdammt! Vielleicht hätte ich den Brief doch zu Ende lesen sollen und alles ist ganz anders.

Es ist schon kurz nach 23 Uhr, als ich endlich die nach beißendem Kleber stinkende Halle verlasse. Draußen ist es dunkel und kalt. Ich hätte eine lange Hose und einen Pulli mitnehmen sollen! Ich bin müde und froh, dass heute mein letzter Arbeitstag war. Sechs lange furchtbare, schreckliche, einsame Wochen liegen hinter mir.

Das Auto steht in einer Seitengasse entfernt, und ich muss mich erinnern, wo ich es abgestellt habe. Erschöpft versuche ich, mir den Weg ins Gedächtnis zu rufen. Plötzlich stolpere ich über eine kleine Welle im Asphalt – gerade als ich um die Ecke biegen will – und stürze auf mein linkes Knie. Auch das noch! Typisch! Alles nur, weil ich immer so tollpatschig bin. Ich untersuche mein Knie in der Dunkelheit. Hilfe, das brennt! Ich pule kleine Kieselsteinchen aus meiner Haut. Blut rinnt in kleinen Bahnen mein Schienbein hinunter. Hätte ich nur eine Jeans angehabt! Als ich denke, es geht nicht mehr schlimmer, fängt es an zu regnen. Ein schneller heftiger Regenschauer, ohne Vorankündigung. Der kleine Klappregenschirm liegt natürlich hinten im Kofferraum. Zuerst will ich so schnell wie möglich zu meinem alten braunen Wagen spurten, doch ich bin zu müde. Acht Stunden Fließbandarbeit am Stück, und meine müden Beine streiken. Müde, verschwitzt, verdreckt, ein blutiges linkes Knie und jetzt auch noch bis auf die Unterhose durchnässt. Prima! Was für ein Scheißtag! Ich beschließe, nie wieder Fließbandarbeit zu machen. Es muss andere Jobs geben, um Geld fürs Studium zu verdienen. Ich habe vor kurzem einen Aushang an der Uni gesehen: Studentische Hilfskraft im Sprachenzentrum gesucht! Das muss es sein!

Gerädert und nass hinke ich zu meinem fahrbaren Untersatz. Innerlich freue ich mich darauf, mich einfach in den Fahrersitz plumpsen zu lassen und vielleicht kurz zu schlafen, bevor ich heimfahre. Doch plötzlich entdecke ich einen kleinen Zettel an der Windschutzscheibe: Ein Strafzettel! Gemeine Welt! Jetzt muss ich das sauer verdiente Geld gleich wieder der örtlichen Polizei in den Rachen schmeißen. Hier war doch gar kein Halteverbot! Scheiß Politessen! Es gibt Berufsgruppen, für die würde ich es mir wünschen, das öffentliche Teeren und Federn wieder einzuführen. Wütend hinke ich zur Windschutzscheibe und reiße den Zettel aus dem Scheibenwischer. Scheiße! Dann halte ich kurz inne. Der Regen prasselt jetzt noch heftiger auf mich und die parkenden Autos, der Geruch nassen Teers drängt sich in meine Nase, und ich kann mich kaum rühren. Es ist gar kein Strafzettel. Mein Herz fängt an, ganz wild gegen meine Rippen zu schlagen. Es ist ein Brief.

Wieder und wieder lese ich die kurzen Zeilen. Dann sinke ich langsam zu Boden, mit dem Rücken zu den Reifen. Mein Knie spüre ich kaum mehr und lächle in den dunklen, schwarzgrauen Nachthimmel. Regentropfen laufen über mein Gesicht. Er war hier und hat mein Auto gesucht. Was für ein wunderschönes Gefühl …

„Dich kann man wohl nicht allein lassen“, sagt eine Stimme besorgt. Plötzlich steht ein Schatten vor mir, schaut auf mich herab und hält mir eine Hand hin. „Komm, steh auf. Der Boden ist nass und kalt. Was ist mit deinem Knie passiert? Du blutest. Wie siehst du überhaupt aus? Ich mag nicht, dass du dein Auto in einer dunklen Seitengasse parkst. Das ist zu gefährlich.“ Erik zieht mich mit einem Ruck hoch und sieht dann nachdenklich auf mich herab. Er ist gefasst, aber innerlich brodelt es in ihm, das spüre ich deutlich. Er ist glücklich, mich zu sehen, aber auch wütend. Seine Mimik kämpft mit beiden Emotionen. „Ich habe ewig dein Auto gesucht! Es ist wirklich zu gefährlich, in einer dunklen Seitengasse zu parken. Du musst mir versprechen, dass du …“

Ich lege meinen Finger auf seine Lippen. „Ich liebe dich und ich hasse dich und ich habe dich vermisst.“ Dann sehe ich zu ihm auf und erkenne den Sturm in seinen Augen.

„Becca, ich … ich … es tut mir leid. Es war falsch, ihr zu antworten. Ich an deiner Stelle wäre auch wütend gewesen. Ziemlich wütend. Ich wäre total ausgerastet! Bitte verzeih mir. Ich war ein Esel.“

„Ich glaube, ich habe zu heftig reagiert. Aber es tat verdammt weh den Brief zu lesen. Ich war so eifersüchtig.“

Dann nimmt Erik mir den Zettel aus der Hand und liest ihn mir vor, mitten im Regen, in einer dunklen Seitengasse in der Nähe dieser ätzenden, stinkenden Fabrik.

„Becca, ich liebe dich. Bis in die Ewigkeit.“

Januar 1995

Es ist noch sehr früh und ein schmaler Streifen der Morgendämmerung steht blassrosa über dem Himmel Augsburgs. Das sandfarbene Gebäude des Bahnhofs mit den dunklen Rundbogenfenstern strahlt ein Gefühl von Wärme und Heimat aus.

„15 Monate Jet-Ausbildung in Texas“, murmele ich traurig. „Ich hasse, dass du gehst. Immer lässt du mich allein.“

Erik sieht mich verständnisvoll an. Er hat seine blaue Luftwaffenuniform mit Schiffchen an und einen Seesack dabei. Sein Blick gibt mir Trost, Sicherheit und Liebe. Wir stehen auf Gleis drei, und eine Lautsprecherstimme verkündet blechern: „Der ICE Richtung Frankfurt fährt in Kürze auf Gleis drei ein. Vorsicht bei der Einfahrt.“ Wir haben beide Tränen in den Augen, schlucken sie aber tapfer hinunter. Ich weiß, es wird ein denkwürdiger, bittersüßer Abschied werden. Unsere letzten gemeinsamen Minuten und dann wird der Atlantik zwischen uns liegen.

„Du kommst mich besuchen und wir telefonieren jeden Tag. Ich brauche dich so sehr."

Ein dicker Kloß ist in meinem Hals, als ich versuche zu sprechen. „Es ist nur so lange dieses Mal. Wie sollen wir das durchstehen? 15 Monate USA!"

„Ja, es ist eine lange Zeit, aber ich bin mir sicher, wir schaffen das. Du und ich. Wenn ich die ersten schwierigen Monate hinter mir habe und Land sehe, kommst du mich besuchen, okay?"

Ich nicke traurig.

„Hey, soll ich dich aufheitern?"

„Ja, gern. Das wäre gut."

„Also, sitzen zwei Toaster auf dem Baum. Fliegt ein Fön vorbei. Sagt der eine Toaster zum anderen. Sachen gibt's!"

Ich muss kichern. „Haha. Wo hast du denn den Witz her? Der ist echt doof."

„Aber du hast gelacht", kontert er verschmitzt.

Ich seufze und sehe ihn an. „Was ist, wenn du dich in eine andere verliebst? Dort gibt es bestimmt auch tolle Mädchen."

„Kein Mädel könnte so sein wie du."

Der Zug fährt ein und das Quietschen der Gleise ist ohrenbetäubend. Schrill und hoch. Menschen drängeln sich an uns vorbei, hektisch, mit Fahrkarten in der Hand und ihre Koffer hinter sich her rollend. Ich versuche, gefasst zu sein. Dann hole ich ein graues Paket hervor und gebe es ihm. „Hier, das ist für dich."

Erik macht große Augen und öffnet es. „Ein Modellbausatz für einen Jet?"

„Nicht irgendeinen Jet, du Dummkopf. Für einen Tornado."

Gerührt streichelt er meine Wange. Erik sieht mich an, hält meine Hände fest in seinen. „Ich werde ihn sofort zusammen bauen, wenn ich drüben bin. Oh Mann! Ich vermisse dich jetzt schon, Becca. Komm mich besuchen, bald!" Die letzten Passagiere eilen an uns vorbei, der Schaffner kontrolliert das Gleis und greift zu seiner Pfeife.

„Ich wünsche dir alles Glück der Welt, damit dein Traum in Erfüllung geht. Du schaffst das."

„Alles einsteigen!", ruft der Schaffner, der nun ungeduldig in unsere Richtung sieht. Das Gleis ist leer. Mit einem auffordernden und strengen Blick auf uns pfeift er einen schrillen Ton an.

„Weißt du, was ich gedacht habe, als wir damals bei uns auf der Treppe standen? Dein erster offizieller Besuch bei mir?" Sein Blick ist voll wärmender Sanftheit, sanfter als das teuerste Daunenkissen der Welt. „Ich möchte sie halten, fest und vorsichtig. Und für immer beschützen." Der Zug setzt sich in Bewegung.

„Vergiss nicht, Becca, du und ich!" Erik spurtet mit seinem Seesack zur letzten offenen Tür und bleibt in der Öffnung stehen. Ich laufe mit.

„Ich werde dich vermissen!", rufe ich ihm zu und versuche nicht zu stolpern.

„Du und ich", schreit er noch einmal zurück. Ich bin am Ende des Gleises angelangt. Der Zug braust in Windeseile davon und wird immer kleiner. Ich schaue so lange hinter her bis er nur noch ein winziger Punkt ist.

Mai 1995, Texas, Wichita Falls, Sheppard Air Force Base

„Wohin gehen wir?", frage ich lachend und merke, dass wir zu viel getrunken haben. Wir torkeln ein bisschen und kichern zu laut.

„Wirst du schon sehen. Es wird dir gefallen", haucht er in mein Ohr. Die Nacht ist sehr warm und überall zirpen Grillen um die Wette. Das Zirpen ist laut und aufdringlich. Scheint, als seien amerikanische Grillen noch lauter als deutsche! Wir laufen eingehakt und lachend an vielen hässlichen Militärbungalows vorbei. Das Gelände ist riesig und überall weht die amerikanische Flagge. Typisch Amerika, die haben hier wohl Dauernationalfeiertag. Ich versuche mir in Erinnerung zu rufen, wann wir in Deutschland so viele Flaggen aufhängen, aber mir fällt nichts ein. Dann laufen wir über einen ausgedörrten Rasen. „Dort drüben ist es."

Ich bin irritiert. „Ein altes Flugzeug?"

„Ja, eine alte Propellermaschine. Sie fliegt nicht mehr, aber ihre Flügel bieten einen herrlichen Liegeplatz."

Als ich umständlich hinaufklettern will, hebt Erik mich mit einer gekonnt schwungvollen Bewegung hoch und setzt mich sanft auf einer der Tragflächen ab. Dann klettert er hinterher und wir legen uns hin. „Komm, kuschle dich an mich." Ich lege meinen Kopf an seine Schulter und wir sehen in den texanischen Sternenhimmel hinauf. Es glitzert und funkelt. Herrlich!

„Ich glaube mir ist schwindlig."

„Long Island Ice Tea ist zu stark für dich, aber du wolltest ja nicht hören."

„Ich kann für mich selbst entscheiden."

„Hm, anscheinend nicht."

„Ich bin fast 21, also hör auf."

„Sag mal, was machst du eigentlich die ganze Zeit in Deutschland, jetzt wo ich nicht da bin?"

„Das weißt du doch. Wir telefonieren täglich."

„Du gehst aus, oder? Trinkst? Tanzt?"

Der Moment war gerade noch so schön. Wieso muss er jetzt damit anfangen. „Ich studiere Englisch und Geschichte."

„Du weichst mir aus."

„Was soll das? Klar, Bille und ich gehen tanzen. Ab und zu."

Er drückt mir langsam einen Kuss auf den Kopf. Gott sei Dank, ich möchte nicht streiten. Ich schließe die Augen und genieße die Berührung. Er streichelt meinen Rücken, drückt die Nase in meine Haare und atmet meinen Duft ein.

„Ich brauche dich so sehr. Du hast keine Ahnung wie sehr." Plötzlich zieht er mich zu sich, küsst meine Stirn und rollt sich über mich. Begierig suchen seine Lippen meinen Mund, während seine Zunge wieder und wieder in meinen Mund stößt. Völlig verblüfft von der Heftigkeit lasse ich mich mitreißen und küsse ihn heftig zurück, beiße in seinen Hals und greife fest in sein kurzes Haar. „Becca, bitte sag mir, dass du mich brauchst."

„Ich brauche dich."

„Sag mir, dass du ohne mich nicht leben kannst."

Ich fahre die Form seiner Lippen mit meinem Finger nach. „Ich kann ohne dich nicht leben."

„Sag mir, dass du niemals einen anderen lieben wirst."

„Ich werde niemals einen anderen lieben."

Seufzend fährt er sich durch die Haare. „Was soll ich nur machen. Du machst mich verrückt, Becca! Schon vom ersten Tag an, als du vor unserer Haustür standst."

„Aber du warst total unfreundlich zu mir", protestiere ich.

„Ja, weil ich in Eile war und weil du mich verwirrt hast. Du, mit deinen blaugrauen Augen und den Sommersprossen."

Jetzt bin ich überrascht. Ich dachte, er fand mich peinlich! Ich drehe den Spies um und setze mich auf ihn. Eriks Hände gleiten vorsichtig unter mein rotweiß geblümtes Sommerkleid. Er hat es mir zu meiner Ankunft am Flughafen in Texas geschenkt. Ein kleines Paket mit silberner Schleife. Das Kleid passt wie angegossen. Wie macht er das nur? Seine Hände gleiten weiter und seine Berührung ist sehr zärtlich. Ich schnappe leise nach Luft. Langsam setzt er seine kreisenden Bewegungen fort und schiebt seine Hand weiter unter mein Kleid. Doch irgendetwas ist passiert. Spannung liegt auf einmal in der Luft. Erik mustert mich kühl und lehnt sich auf einmal zurück.

„Hast du jemals einen anderen geküsst?"

Die Frage kommt völlig unerwartet und ich zucke zusammen. Erik beobachtet mich mit ausdruckslosem Blick. Woher kommt diese seltsame Stimmung?

„Möchtest du nicht antworten?"

„Nein."

Er hebt seine Augenbrauen. „Ist das ein ‚Ja'?"

„Hör auf damit." Ich muss mich zusammenreißen, ganz normal bleiben und sehe auf meine Fußspitzen.

„Sieh mich an", sagt er. „Ich möchte dein Gesicht sehen."

„Was soll das, verdammt! Ich bin zehntausende Meilen geflogen, um bei dir zu sein."

„Vielleicht hast du meine Frage nicht verstanden. Hast du jemals einen anderen geküsst?“ Er hat sich aufgesetzt, mich zur Seite geschoben und lehnt seinen Rücken nun an das alte Flugzeug. Er hat seine Hand jetzt am Kinn und seine Augen glühen. „Antworte mir, Becca!“

Mein Herz setzt einen Schlag aus. Verdammt, ich will nicht, dass er mich verhört. Ich bin doch nicht mehr 15! Wütend stehe ich auf und muss aufpassen nicht von der Tragfläche zu stolpern. „Wenn du es genau wissen willst, ‚Ja', ich habe einen anderen geküsst.“

Geschockt springt er auf und starrt mich fassungslos an. „Wann?“

„Letztes Jahr im August. Nach unserem Streit wegen des Briefes.“

„Du küsst einfach einen anderen!“, herrscht er mich an.

„Ja, und? Du hast viele Mädchen vor mir geküsst. Und diese Svea auch!“

„Nur auf die Wange!“

„Du reagierst über.“

„Ich reagiere über? Du schmeißt dich mir nichts dir nichts einem anderen an den Hals!“, schreit er viel zu laut.

„Du reagierst total über!“

„Willst du sehen, wie es ist, wenn ich tatsächlich überreagiere?“ Er ballt seine Hand zu einer Faust. Mein Herz hämmert gegen meine Rippen und ich mache einen Schritt zurück. Will er mich schlagen? Nein, das würde er niemals tun. Oder doch? Er dreht sich um und lässt seine Faust auf dem Flugzeug nieder. Ein lauter, dumpfer Schlag ertönt. Dann noch einer. Wieder einer. Urplötzlich hält er inne und dreht sich wieder zu mir. „Wie hieß er?“

„Keine Ahnung“, flüstere ich. Mein Selbstbewusstsein wird gerade schlagartig kleiner.

„Wo?“, brüllt er.

„Vor ... dem Clubhaus.“ Ich habe Angst. Meine Stimme ist nur noch ein Hauchen.

„War es schön?“

„Nein!“ Ich fange an zu weinen und hasse mich dafür. Wieso kann ich jetzt nicht stark bleiben?

„Wieso hast du es dann gemacht?", donnert er.

„Weiß ich nicht! Ich war wütend auf dich wegen dieser Svea. Es tut mir leid. Es war ein Fehler", schluchze ich.

Er atmet tief aus und beobachtet mich immer noch mit diesem ausdruckslosen Blick. Hat er Tränen in den Augen?

„Bitte verzeih mir!" Am liebsten würde ich mich in seine Arme schmeißen, aber das wäre jetzt keine gute Idee. Er kocht. „Wir waren für ein paar Wochen getrennt und es hat mir nichts bedeutet. Ich kann verstehen, dass du ziemlich wütend bist", flehe ich und möchte auf ihn zukommen, traue mich aber nicht.

Er zieht mich mit einem heftigen Ruck zu sich, umfasst mein Kinn und hebt es an. „Wütend? Nein, Becca. Ich bin viel mehr als das!" Dann macht er plötzlich eine Pause. „Aber vielleicht habe ich das sogar verdient", schlussfolgert er auf einmal, „durch diesen blöden Brief haben wir uns getrennt. Du warst verletzt und hast neue Dinge ausprobiert. Eigentlich habe ich kein Recht darauf, dir Vorwürfe zu machen."

„Es hat nichts bedeutet", erkläre ich kleinlaut.

Wieder seufzt er. Dieses Mal klang es fast traurig. „Becca. Was soll ich bloß mit dir machen?" Vorsichtig schlinge ich meine Arme um seinen Nacken. Er kocht nicht mehr ganz so stark, sieht mich aber mit fragendem Blick an. „Lass uns gehen. Dort vorne läuft die *military police* Streife." Er hebt mich von der Tragfläche herunter und drückt meine Hand fest, bleibt aber noch etwas abweisend. Schweigend gehen wir zu seinem Apartment und es macht mich noch ganz verrückt, dass er nichts mehr sagt. Das Zirpen der Grillen dringt wieder in mein Bewusstsein. Ich fühle mich schrecklich.

Dort angekommen, macht er nicht das Licht an, sondern führt mich in die Mitte des Raumes. Mir ist ganz komisch. Was hat er jetzt wieder vor? „Beweg dich nicht." Er legt die CD von ‚Berlin' ein und ich höre den Anfang von „take my breath away". Plötzlich steht er hinter mir, schlingt seine Arme um meinen Bauch, drückt sein Becken gegen meins. „Ich bin immer noch stinksauer", flüstert er.

„Es war blöd von mir. Ich hätte nicht …"

„Ich möchte dich an etwas erinnern", unterbricht er mich abrupt, aber sanft. Wir bewegen uns langsam zur Musik und mein Verlangen nach ihm erwacht. Dabei haben wir uns nicht mal versöhnt! Ich kann mich nicht wehren, sobald er mich berührt, ist es um mich geschehen. Und er riecht so gut. Nach Erik und Duschgel und irgendwie nach Flugzeugen.

„An was?“

„Der Einzige, der dich küssen darf ...“, dann greift er mit einer Hand in mein Haar, zieht es etwas zu fest nach hinten und beginnt Küsse auf meinen Hals zu tupfen. „Bin ich.“

Kapitel 7

Juni 1995, irgendwo zwischen Wichita Falls und Dallas

Oh Mann! „Und wenn keiner rangeht?“, frage ich.

„Da wird schon einer rangehen. Es ist jetzt schließlich Abend dort“, erklärt Erik ruhig. Ich weiß, er will mir Mut machen.

Wir sind an irgendeiner Tankstelle mitten im Niemandsland von Texas. Es ist sauheiß. Eriks Auto, ein Ford Lincoln in dunkelbeige – einer ziemlich beschissenen Farbe, ehrlich gesagt –, steht am Rand des Highways. Das Rufzeichen ertönt. Ich bin etwas nervös. Endlich geht einer an den Apparat.

„Ja, hier Santini?“

Einen kurzen Augenblick zögere ich noch. Erik sieht mich zuversichtlich an und nickt mir aufmunternd zu.

„Ja, hallo, ich bin’s, Becca.“

„Becca, Kind. Ist alles in Ordnung? Du klingst so seltsam?“

„Nein, Mama. Es ist alles gut. Äh, es gibt da nur ein klitzekleines Problem.“

„Aha?“

„Ja, äh … also … wir, also Erik und ich, sind hier auf dem Highway Richtung Dallas mit diesem riesigen Amischlitten von Erik …“

„Aha, ja … und?“

„Äh, hm … ja, also …“

„Was ist denn, Becca?“

„Also, das Auto hat den Geist aufgegeben. Es raucht wie verrückt aus der Motorhaube. Wir mussten hier irgendwo in der Pampa zwischen Wichita und Dallas anhalten. Ein Truckerfahrer hat unseren Schlitten bis zu dieser Tankstelle mitgenommen.“

„Oh je, könnt ihr das Auto dort reparieren lassen?“

„Nein, keine Ahnung. Wir wissen ja nicht einmal, was kaputt ist. Mama, was ich eigentlich sagen wollte … ich verpasse den Flug nach London. Und damit natürlich den von London nach Frankfurt.“

„Was? Oh nein!“

„Doch, weil ich hier in der Pampa festsitze und nicht nach Dallas fahren kann.“

„Könnt ihr nicht irgendwie anders nach Dallas fahren?“

„Womit denn? Mit dem Fahrrad?“ Jetzt werde ich langsam genervt.

„Becca!“

„Ich verpasse den Flug und damit basta. Ich komme nicht nach Hause.“

„Aber Becca, dein Semester beginnt. Da kannst du doch nicht einfach fehlen!“

„Doch, Mama. Die Telefonkarte ist leer. Ich lege jetzt auf und melde mich wieder.“

Klack, ich stehe in dieser halboffenen Telefonzelle im texanischen Nirgendwo. Gott bin ich dankbar, dass die Telefonkarte so schnell leer war! Es gibt Situationen, in denen man so etwas wirklich braucht.

Erik steht neben mir grinst mich schelmisch an. „Tut es dir leid den Flug zu verpassen?“

Ich überlege ganz kurz. Zuerst war ich ziemlich aufgebracht, als das Auto plötzlich weißgraue Rauchwolken von sich gab, mein Ticket in der Handtasche. Wir waren schon spät dran. Der Verkehr floss zäh. Aber jetzt, wo ich Erik vor mir stehen sehe, der mich charmant fragend und fordernd zugleich ansieht, denke ich plötzlich anders.

Noch nie habe ich anders gehandelt, als meine Eltern es wollten. Es wurde Zeit, meine eigenen Entscheidungen zu treffen. Ich nehme Eriks Hand und führe ihn zu der Wiese neben der Tankstelle. Überall rote kleine Blumen – so weit das Auge reicht. „Nein, es tut mir nicht leid. Ehrlich gesagt, ich freue mich sogar.“

Erik nimmt meine Hand, und wir rennen wie Wilde in diese

große rote Blumenpracht, lassen uns überglücklich rückwärts ins Gras fallen. Es riecht herrlich. „Becca?

„Ja?“

„Ich möchte dich als festen Teil in meinem Leben haben. Für immer.“

„Verstehe ich nicht. Das bin ich doch schon.“

„Ich meine etwas anderes.“

„Was denn?“

„Könntest du dir vorstellen mich zu heiraten?“

Überrascht und geschockt sehe ich ihn an. Sein Gesicht ist ganz ernst. Das war wohl kein Witz. Wow, er macht mir einen Antrag! Auf einer riesigen Blumenwiese in Texas! Wie wunderschön. Ich strahle ihn an und möchte am liebsten ‚Ja' rufen, springen und tanzen, ihn zu mir ziehen und festhalten, aber irgendetwas lässt mich zögern. Eigentlich freue ich mich riesig, aber gleichzeitig fühle ich mich komisch. Ein Gefühl der Beklemmung macht sich breit. Mir wird ganz heiß. „Ist das ein Antrag?“, frage ich leise.

„Nur ein inoffizieller ohne Ring.“

„Dann muss ich dir ja auch noch nicht antworten, oder?“

„Also kannst du es dir nicht vorstellen?“, fragt er enttäuscht.

„Bisher habe ich nie übers Heiraten nachgedacht. Die Ehe meiner Eltern ist nicht gerade das beste Vorbild.“

„Ich wollte schon immer heiraten. Und du bist das einzige Mädchen, das ich möchte.“

Ich sehe ihn lange an. Die Sonne brennt auf uns herab und kleine Schweißperlen bilden sich auf seiner Nase. Ich fühle mich wahnsinnig geborgen in seiner Gegenwart, geborgen und sicher. Schon immer. „Wieso kann denn nicht alles so bleiben, wie es ist?“

„Wenn ich zurück nach Deutschland komme, werde ich bestimmt nicht sofort zum Jagdbombergeschwader nach Lagerlechfeld kommen. Sie könnten mich nach Jever schicken, nach Jagl oder Ramstein. Ich will dich an meiner Seite haben. Als meine Ehefrau.“

Ach Gott! Daran habe ich noch gar nicht gedacht! Jever? Ramstein? Dort will ich nicht wohnen! Und heiraten? Mit 21

Jahren? „Äh … ja … ich weiß nicht. Findest du nicht, dass wir etwas zu jung sind, um zu heiraten?“

Erik zupft ein paar rote Blumen ab und lässt sie langsam auf meinen Bauch regnen. Es ist angenehm und kitzelt leicht. „Nein. Ich weiß genau, was ich will und das bist du.“

Vielleicht hätte ich besser doch nicht den Flug verpasst? Was soll ich denn jetzt antworten?

„Du müsstest natürlich meinen Nachnamen annehmen: Becca Sonnberg. Das klingt wunderschön“, überlegt er laut, nimmt eine rote Blume und fährt mit ihr langsam meine Stirn entlang. Es kribbelt und kitzelt.

Ich habe das Gefühl ich bekomme rote Panikflecken im Gesicht. Seinen Namen annehmen … „Ich … äh … würde meinen Namen gern behalten, eigentlich.“

Er schüttelt lächelnd den Kopf und legt sanft eine Blüte in meinen Bauchnabel. „Auf keinen Fall. Ich möchte, dass du so heißt wie ich.“

Erik und ich spielen Shuffle Board, in Toby's Bar, wo es von angehenden coolen Jetpiloten nur so wimmelt. Fast habe ich das Gefühl, jemand hätte den Film „Ein Offizier und Gentleman“ zum Leben erweckt und alle Schauspieler und Statisten sind samt Fliegerklamotten in diese Bar gebeamt worden. Shuffleboard, das ist so eine Art Lufthockey mit einem Puck auf einem billardähnlichem Tisch und zwei Plastikscheiben. Der Puck schwebt durch Luftgebläse in rasender Geschwindigkeit hin und her und muss in ein Tor geschossen werden. Erik gewinnt natürlich. Alanis Morissette's Stimme singt ‚*You ought to know*'.

„Du spielst unfair!“

„Du bist zu langsam“, kontert er, „du musst dein Tor besser verteidigen.“

Ich äffe ihn nach, „bla, bla, bla.“

Erik schüttelt genervt den Kopf. „Du benimmst dich wie ein Kind.“

„Und du benimmst dich wie ein großer Bruder. Außerdem spiele ich zum ersten Mal und ist es hier viel zu voll. Wie soll ich da gut am Tisch stehen und den Puck treffen?“

„Faule Ausrede.“

Er bringt mich noch zur Weißglut! „Another long island ice tea, please“, bestelle ich an der Bar und ernte Eriks kritischen Blick.

Er schüttelt den Kopf und gibt mir so einen blöden überlegenen Gesichtsausdruck. „Es reicht. Wir sollten heimgehen, Becca.“

„Ich möchte hier bleiben.“

„Wir gehen jetzt.“

„Nein. Mein Drink ist da.“

„Ich muss morgen wieder früh raus und *navigation* lernen.“

„Dann geh doch. Axel fährt mich heim. Der ist nicht so ein Langweiler wie du.“

Er schnaubt verächtlich und schüttelt heftig den Kopf. „Wir sind zusammen gekommen und wir gehen zusammen.“

„Die Musik ist gut und ich habe keine Lust zu gehen.“ Immer muss er lernen. Immer muss ich Rücksicht nehmen. Den ganzen Tag bin ich allein. Auf einer Militärbasis im texanischen Nirgendwo! Ich sehe mich um. „Ist es hier immer so?“, frage ich provokant.

„Was meinst du?“

„Du weißt genau, was ich meine.“

„Klär mich auf!“, knurrt er und schiebt mir meinen Drink widerwillig hin. Vielleicht ist er wirklich nur müde?

„Es wimmelt hier von jungen Frauen in kurzen Röcken, hohen Stiefeln und Tonnen von Make-up. Was sie wollen, ist offensichtlich.“

„Und das wäre?“

„Sie sind auf Pilotenfang“, würge ich verächtlich hervor, „die Dunkelhaarige dort drüben meinte vorhin: „Is that your boyfriend over there? Well, then I won’t try on him”.

Erik lächelt mich zweideutig an. „Tja, dann würde ich sagen, möchte sie etwas, das du hast, aber nicht möchtest.“

Ich nehme einen großen Schluck von meinem Drink, bewusst

langsam. Wie kommt er dazu so etwas zu sagen! Dass ich ihn nicht möchte! Ich will ihn wütend machen. Richtig wütend! Natürlich will ich ihn. Warum ist gerade alles so schwierig? Nur weil ich seine Frage noch nicht beantwortet habe?

„Ich möchte eine Zigarette rauchen."

Eriks Gesichtsausdruck wechselt nun von wütend zu fassungslos. „Seit wann rauchst du?"

„Seit genau jetzt!"

Einen kurzen Augenblick ist er sprachlos, fängt sich dann aber wieder. „Becca, lass uns nach Hause gehen, bitte. Ich habe morgen harte Testflüge vor mir. Und rauchen? Was soll das denn?"

„Do you have a cigarette for me?", frage ich den Barkeeper mit einem koketten Lächeln. Er zückt seine Schachtel aus der Brusttasche, zwinkert mich an, säuselt: „Of course, my dear", und gibt mir Feuer. Erik ist jetzt kurz vorm Platzen. Ich nehme einen Zug – den ersten meines Lebens! - und muss heftig husten. Scheiße, so war das nicht geplant! Schmeckt das widerlich!

Eriks Gesichtsausdruck ist inzwischen ausdruckslos, nur seine Augen verraten seine wahre Stimmung. Er lehnt an der Bar und beobachtet mich skeptisch, ohne ein Wort. Nach meinem dritten oder vierten Zug nimmt er mir die Zigarette aus der Hand, steckt sie in den Mund und macht einen tiefen Zug. Natürlich ohne zu husten. Ich wette das war nicht seine erste. Dann drückt er sie in einer gekonnten Drehbewegung aus. „So Becca, können wir jetzt bitte endlich nach Hause gehen?"

Wir mussten eine Schranke passieren, um in das noblere Viertel von Wichita Falls zu gelangen. Ein Pförtner meldete uns an! Ich kann es kaum glauben. Ein in sich abgeschlossenes und überwachtes Wohngebiet.

Es sieht aus wie ein typisches amerikanisches Haus in einer typisch amerikanischen Siedlung der wohlhabenden Schicht aus dem Fernsehen, nicht ganz so pompös wie die Ranch der Ewings aus der Fernsehserie Dallas, aber so ähnlich. Ziemlich groß und weiß mit Vordächern und Veranda. Es gibt keinen Zaun, dafür aber einen großen ovalen Pool, in den zwei kleine braunhaarige

Jungs springen. Die Sonne knallt herunter und am Himmel gibt es tatsächlich keine einzige Wolke.

„Maurice und Jean! Nicht so wild", ruft Claudia, die Frau von Eriks Fluglehrer. Sie lächelt mich an und fragt: „Und du bist also Becca?" Erik und Tom sind im Büro verschwunden, um über Flugzeuge zu sprechen.

„Sie haben von mir gehört?", frage ich etwas befangen.

„Du kannst mich ruhig duzen. Ja, Erik ist oft hier und er spricht dauernd über dich."

Plötzlich werde ich verlegen. Claudia ist klein, zierlich und hat brünettes, welliges Haar, fast ein bisschen so wie Sue Ellen aus Dallas.

„Keine Angst. Er schwärmt von dir."

So viel wie wir zurzeit streiten, kann ich das gar nicht glauben … Ich blicke kurz zu Boden. Mein schlechtes Gewissen meldet sich. Mit hochgerecktem Zeigefinger, wie ein Streber aus der ersten Bank.

„Ist alles in Ordnung?"

„Ja, alles gut." Wir beobachten die Jungen beim Springen. Sie kreischen und nehmen Anlauf.

„Erik hat uns geholfen die komplette Veranda abzuschleifen. Jeden Tag stand er da, in Arbeitsklamotten mit einem Lächeln im Gesicht. Unglaublich! Das war eine Arbeit! All die Bretter neu zu montieren. Echt toll. Erik hat geschuftet wie ein Ackergaul. Er war so wahnsinnig hilfsbereit."

„Das wusste ich gar nicht", sage ich völlig überrascht. „Davon hat er mir gar nichts erzählt."

„Erik war großartig und meine beiden Jungs lieben ihn."

„Ja, er kann ziemlich gut mit Kindern. Zu Hause in Deutschland gibt er den Kleinen Tennisunterricht. Sie sind ganz vernarrt in ihn", erkläre ich.

„Möchtest du auch mal Kinder?"

Kinder? Himmel! Keine Ahnung? Überfordert zucke ich mit den Schultern. „Weiß nicht." Claudia sieht mich an und ich habe das Gefühl ihr Blick dringt in mein Innerstes.

„Erik möchte später auch Fluglehrer werden und hier in Wichita Falls leben. Zumindest für ein paar Jahre. Hat er dir das schon erzählt?“ Sie lächelt mich aufmunternd an und hält mir ein Glas Sodawasser hin. Völlig überrascht, dass sie mehr über die Zukunftspläne meines Freundes weiß als ich, stelle ich das Glas mit einem lauten Klack ab.

„Was?“

„OK, er hat es dir nicht erzählt.“

„Nein!“

„Das wird er bestimmt noch tun. Erik ist ein toller Junge.“

Baff und überrumpelt komme ich mir wie eine komplette Idiotin vor! Hier leben? Niemals! Hier ist nichts! Totale Einöde! Hier gibt es nur die internationale Militärbasis, riesige Malls mit zwanzig Reihen Toastbrot, Milch kauft man in Kanistern, die Menschen tragen Cowboyhüte und in den Bars tanzen sie Two Step – irgend so einen traditionellen Paartanz mit Aufstampfen und Klatschen. Oh Mann, das kann nicht sein Ernst sein! Ich versuche ruhig zu bleiben.

„Was studierst du?“, versucht Claudia die heikle Situation zu überspielen. Ich glaube, ich finde sie wirklich sympathisch.

„Englisch und Geschichte. Ich möchte Lehrerin werden. Und was machst du?“

Jetzt lacht sie laut. „Becca, ich bin Mutter von zwei Kindern und Hausfrau. Das ist mein Job.“

„Äh … natürlich. Was hast du früher gemacht?“

„Früher war ich Krankenschwester, aber das musste ich bald aufgeben.“

„Aber wieso? Hat es dir keinen Spaß gemacht?“

„Doch sehr! Es war mein Traumberuf, aber als Frau eines Piloten hat das mit dem eigenen Beruf nicht mehr geklappt.“

„Aber wieso denn?“, frage ich ahnungslos.

„Na, man zieht viel um. Je nachdem wo die Luftwaffe einen hinschickt. Und an einem neuen Ort wieder Arbeit zu finden, ist mühselig. Dann kamen die Kinder und wir zogen nach Texas. Als Ausländerin hier Arbeit zu finden, ist schwierig. Wie soll man sich selbst verwirklichen, wenn man immer wieder umzieht? Zumindest war das bei uns so."

„Oh, ich verstehe." Plötzlich wird mir das Ausmaß von Eriks Traumberuf bewusst. Wieso habe ich nie darüber nachgedacht? Will ich so leben wie Claudia? Als Ehefrau und Mutter? Hier im texanischen Hinterland? Eine heiße Panikwelle durchläuft meinen ganzen Körper. Ich nehme einen großen Schluck Soda.

Erik und Tom kommen zurück. Mit Rayban Sonnenbrillen und einem Grinsen im Gesicht. Über Flugzeuge zu reden muss wirklich Spaß machen. Erik küsst mich zärtlich auf den Mund und fragt fürsorglich: „Na, habt ihr euch gut unterhalten?"

„Was hast du vor?", frage ich ihn verwundert, als wir vor einem kleinen Flugplatz halten. Wir sind über eine Stunde hierher gefahren, was sich aber wie zwei Tage angefühlt hat, weil die Höchstgeschwindigkeit nur bei mickrigen 75 Meilen in der Stunde liegt. Wie schaffen es die Amis nur in diesen Riesenschlitten auf diesen breiten Straßen so unendlich langsam zu fahren?

Wir steigen aus und laufen in Richtung einer großen weißen Halle. Dort stehen ein paar kleine Propellermaschinen, weiß mit blauen Streifen. Ich vermute Cessnas. Ein zotteliger rotbrauner Collie liegt in einer Hütte und döst.

„Ich möchte dir etwas schenken. Zum Abschied." Er nimmt meine Hand.

„Aha."

Ein freundlicher Mann mit Baseballmütze kommt auf uns zu und begrüßt uns. „Hey, Erik. How are you?"

„Fine thanks, Tom."

„Everything is prepared. You can start right away."

Der Mann mit der Mütze gibt mir die Hand und zwinkert mich an. Er ist braun gebrannt mit vielen Fältchen um die Augen. „How you are you? You must be Becca."

„Oh, I'm fine. And yes, I am Becca. Nice to meet you." Er lächelt aufmunternd und vielsagend. Es scheint die beiden kennen sich schon eine Weile. Dann führt Erik mich zu dem Flugzeug, das vor der weißen Halle steht.

„Wir gehen fliegen?“, frage ich, als Erik die Beifahrertür für mich öffnet.

„Du musst dich anschnallen. Hier siehst du?“ Da ich völlig überrumpelt bin, übernimmt Erik das Anschnallen für mich und setzt mir Kopfhörer mit Mikrofon auf.

„Ich muss noch ein paar Checks durchführen“, erklärt er und steigt wieder aus. Ich sehe ihn um das Flugzeug laufen und sämtliche bewegliche Teile checken. Aus seiner Ausbildung weiß ich, dass er flaps, rudder und elevator überprüft. Dann steigt er selbst auf der anderen Seite wieder ein. Er nickt dem Mann zu und setzt sich die Kopfhörer auf. „Yes, VFR. About 2 hours or more“, spricht er in sein Mikrofon.

Zwei junge Männer vom Bodenpersonal mit Feuerlöscher springen herum und entfernen die Bremsklötze vor den Reifen. Erik beginnt sämtliche Knöpfe vor sich zu drücken. Ein paar kommen mir bekannt vor, von dem Papiercockpit bei uns zu Hause, der Höhenmesser zum Beispiel oder die Halbkugel mit dem Horizont. Die anderen Knöpfe sind böhmische Dörfer für mich. Und es sind so viele! Er schnallt sich an und lässt die Maschine an. Augenblicklich rattert, knattert und vibriert es. Es ist ziemlich laut, aber wir haben ja die Kopfhörer auf. Die Jungs vom Bodenpersonal geben uns mit ihrem Daumen ein Zeichen, dass alles in Ordnung ist. Wir rollen langsam zur Startbahn vor.

Erik beginnt seltsame englische Wortfetzen über sein Funkgerät im Kopfhörer zu sprechen. „Clearance taxi.“

Ich verstehe absolut nur Bahnhof.

„... Colt 32, ramp 17, request taxi runway 22.“

Dann sind wir da, am Beginn der Startbahn. Wow, die ist ja unendlich lang!

„Du schenkst mir einen Flug?“, frage ich ihn. Die Propeller machen einen Höllenlärm.

„Ja. Ich möchte mit dir fliegen“, antwortet er mit klarer Stimme.

„War das nicht schwierig? All das hier vorzubereiten?“

„Ist doch nicht wichtig. Für dich habe ich es gern getan. Bist du bereit?“ Jetzt werde ich doch langsam nervös. Ein Blick aus dem Fenster sagt mir, dass es auch heute sehr heiß ist. Keine einzige Wolke am Himmel. Erik setzt sich seine Sonnenbrille auf und grinst mich schief an. „Wenn irgendetwas ist, sag sofort Bescheid, OK?“

„Ja.“

„Hast du Angst?“ Erik sieht mich lächelnd an. Er wirkt zufrieden und es gefällt ihm unglaublich gut hier zu sein, in diesem Cockpit.

„Ein bisschen“, antworte ich ehrlich. Wie er es nur immer wieder schafft, mich so zu überraschen. Ein Flug. Mit ihm. Mein erster, abgesehen von den Flügen mit der Lufthansa.

„Vertraust du mir?“ Er rückt seine Kopfhörer zurecht und strahlt mich an.

Und obwohl er eine Sonnenbrille trägt, weiß ich, dass sein Blick durch alle meine Körperschichten geht. Ich muss schlucken. „Ja.“

Dann lächelt er, sieht nach vorn und spricht mit dem Tower. „Colt 32 cleared for take off. Runway 22 report exit west.“

Die Antwort vom Tower erfolgt prompt: „Colt 32 this is copied. Have a nice trip.“ Er legt seine Hand auf den Steuerknüppel und drückt ihn ganz nach vorn. Die Maschine fährt schnell an. Wird immer schneller. Und schneller. Noch schneller. Ich werde in meinen Sitz gedrückt. Ein kitzliges Gefühl in meinem Magen, das immer intensiver wird, macht sich breit. Dann heben wir ab. Ganz leicht, ganz plötzlich und die Landebahn wird kleiner und kleiner und kleiner …

Juni 1995, Texas, Flughafen Dallas

Ein kleiner blonder Junge von vielleicht sechs Jahren weint hemmungslos. Er hält eine grüne Baseballmütze in der Hand und sieht panisch umher. Erik beugt sich zu ihm herunter. „Everything OK?“

„I lost my mom!“, schluchzt er. Erik streicht ihm kurz liebevoll über den Kopf.

„What’s your name?“

Er schnieft laut. „Tyler.“

Erik sieht sich suchend um und entdeckt eine kleine rothaarige Frau mit verzweifeltem Blick neben dem Informationsschalter. „Ist that your mom over there?", fragt er Tyler fürsorglich und dreht ihn sanft in ihre Richtung. Plötzlich schießt der Kleine los und rennt seiner Mutter überglücklich in die Arme. Sie umarmt ihn fest, küsst ihn immer wieder auf die Stirn und ruft: „Thank you. Thank you so much."

Erik winkt Kopf nickend zurück und nimmt dann meine Hand. „Jetzt fliegst du gleich weg." Wir stehen direkt unter der Anzeigetafel für die Abflüge. Die klimatisierte Abflughalle ist sehr kühl und mich fröstelt ein bisschen. Menschen drängeln sich rechts und links an uns vorbei. Eine weibliche Lautsprecherstimme ruft den Flug nach Washington auf.

„Ja."

„Die letzten Wochen waren ein bisschen schwierig." Er hat seine Uniform an und sieht einfach umwerfend gut aus.

„Hm."

„Becca, du wirst mir total fehlen."

Ich schlucke den Kloß in meinem Hals herunter. Die letzten Wochen waren so kompliziert gewesen. Und ich glaube, es lag an mir. „Ich brauche dich auch. Es tut mir leid, dass wir so viel …"

„Schsch, nicht", flüstert er. Er umfasst mein Kinn, hebt es an und sieht mir direkt in die Augen. Plötzlich fließen Tränen an meinen Wangen herunter. Ich kämpfe dagegen an, aber es nützt nichts. Er wischt sie vorsichtig mit seinem Zeigefinger weg, sagt aber nichts. Ich kann mir nicht vorstellen jetzt allein nach Deutschland zu fliegen. Ich hasse Abschiede. Ich hasse es ohne ihn zu sein. Ich hasse seinen Traumberuf. Nein, ich hasse seinen Traumberuf nicht. Ich hasse es, dass sein Traumberuf uns dauernd trennt! Und ich hasse es, dass sein Traumberuf mich vor Entscheidungen stellt. Entscheidungen, die mein komplettes Leben verändern.

„Es war ein bisschen schwierig mit uns", flüstere ich. Er nickt und schweigt. Ich habe seine Frage immer noch nicht beantwortet. Inoffiziell hin oder her. Aber ich weiß nicht, was ich antworten soll. Heiraten!? Ich kann mir niemand anderen vorstellen als ihn, aber heiraten? Jetzt? Ich fühle mich zu jung, um zu heiraten. Allein der Gedanke daran macht mich furchtbar nervös. Es ist, als ob eine Alarmglocke in meinem Kopf klingelt, noch viel lauter als der Feueralarm in der Schule und ich werde aufgefordert sofort alles stehen und liegen zu lassen und rauszulaufen.

Mein Flug wird aufgerufen. Eine weibliche Lautsprecherstimme hallt durch die viel zu klimatisierte Abflughalle. Mir ist kalt und ich muss gehen. Erik zieht mich zu sich und küsst mich heftig auf den Mund. Sofort spielt mein Magen wieder verrückt und tausend Schmetterlinge fliegen chaotisch darin herum. Diese Macht hatte er schon immer über mich. Viel zu lange stehen wir da und küssen uns. Mein Flug wird wieder aufgerufen. „Ich muss gehen“, wiederhole ich flüsternd.

Er lässt mich zögernd los und sagt mit fester Stimme: „Ja, ich weiß.“ Er drückt mich gegen seinen Willen langsam weg. „Jetzt geh schon.“

Ich umarme ihn noch einmal ganz fest. Er drückt mich wieder langsam und sanft weg. „Du musst los. Sonst fliegen sie ohne dich.“

„Na gut, dann geh ich.“ Ich löse mich unfreiwillig und schwinge meine Handtasche über die Schulter. Gerade als ich gehen möchte, hält er mich zurück und küsst mich. Sein Kuss ist warm, liebevoll und ganz sanft. Dann drückt er mir etwas in die Hand. Klein, aus Metall mit einer Kette daran. Ungläubig blicke ich darauf. „Militärische Erkennungsmarken?“

„Ja, du musst genauer hinsehen.“ Ich halte sie direkt unter meine Augen. Sie sind geprägt: ‚Becca und Erik’ steht darauf. Gott, wie süß! Wie in einem Film!

„Danke, die sind wunderschön. Wann hast du die denn machen lassen?“

Erik zuckt nur schmunzelnd mit den Schultern und deutet mir zu gehen. Mein Flug wird noch einmal aufgerufen. „Becca, du musst los!“

Jetzt muss ich mich aber wirklich beeilen! Es ist verdammt spät. Also fange ich an zu laufen. Dort drüben links ist der Schalter. Dort muss ich hin. „Bitte sag Isabella schöne Grüße von mir und drück sie ganz fest“, ruft er mir hinterher und ich drehe mich im Laufschritt um. „Und meinen Eltern auch.“

„Ja, werde ich machen. Sie werden sich freuen. Bis dann.“

Kapitel 8

Juli 1995

Wir stecken unsere Füße in den See und ich werfe Kieselsteine ins Wasser. Ich beobachte die kleinen Wellen, die dadurch entstehen. Das Wetter ist phantastisch und die kleine Wiese am See ist rappelvoll. Bille wirft ihren kinnkurzen roten Bob zurück. Sie trägt einen knappen lilafarbenen Bikini und ist braun gebrannt. Ihre Sonnenbrille ist totschick und natürlich von Ray Ban. Bille kauft wahnsinnig gern Markensachen. „Du hast abgenommen, Becca."

„Ja, kann sein. Habe mich nicht gewogen."

„Und das im Land von Burger und Pommes!"

„Ach, Bille."

„Könntest du mir endlich verraten, was los ist?" Ich lasse die Kieselsteine durch meine Finger rieseln, sage aber nichts. „OK, was hat Mister Traummann angestellt?", fragt Bille, setzt sich auf und nimmt ihre Sonnenbrille ab.

Ich denke an unsere Wochen auf der Militärbasis zurück. An unseren Abend auf dem alten Flugzeug, an unseren unfreiwilligen Ausflug in die rote Blumenwiese. An Eriks Frage. An unseren Abend in Toby' s. Bar. An den wunderschönen Flug. Es war überwältigend und er war total in seinem Element. Souverän und glücklich. „Es liegt an mir. Nur an mir."

„Könntest du etwas genauer werden?"

„Wenn ich nur wüsste, was ich habe!"

„Becca, was ist los?"

„Wir haben uns dauernd gestritten. Und ich wollte ihn wütend machen. So richtig."

„Aha."

„Ich wollte ihn provozieren. Ich wollte ausgehen. Er wollte zu Hause bleiben. Ich wollte tanzen. Er musste lernen. Was stimmt nur nicht mit mir?“

„Becca, darf ich dir mal was sagen?“

„Ja.“

„Ich mag Erik sehr. Er ist nun schon seit fünf Jahren dein Freund, er ist cool, warmherzig, unglaublich hilfsbereit, intelligent, lustig, aber er ist auch sehr … dominant. Seit Jahren lebst du sein Leben.“

„Was genau meinst du?“

„Na, wie viele Kasernen hast du bereits von innen gesehen? Wie viele Flugzeugmodelle kennst du? Wie oft bist du allein?“ Bille betrachtet ausführlich ihre Fingernägel. Sie sind in demselben Lila lackiert wie ihr Bikini.

„Bille, ich liebe ihn, über alles.“

„Ja, das sieht man, aber vielleicht möchtest du einfach mal dein Ding machen? Oder frei sein?“

„Frei?“ Auf der gegenüberliegenden Seite vom See springen Teenager an einem Seil, das sie um einen großen Ast geschlungen haben, ins Wasser. Sie jauchzen und versuchen so weit wir möglich zu springen. Sie schreien albern herum und scheinen einen Riesenspaß zu haben. Und irgendwie erinnert mich dieses Schreien und Jauchzen an die Fernsehserie Tom Sawyer und Huckleberry Finn, die ich als Kind so gern gesehen habe.

„Ja, frei zu tun, was du möchtest. In jeder Beziehung. Ja, vielleicht brauchst du mal eine Auszeit von Erik?“

Ihr Vorschlag trifft mich wie ein rasender Pfeil mitten ins Herz. Tiefrote Blutfontänen schießen imaginär aus meinem klaffenden Brustkorb. „Nein! Ohne Erik zu sein, kann ich mir überhaupt nicht vorstellen. Spinnst du?“

„Weil du nichts anderes kennst. Er wohnt bei euch seit du 17 bist! Du hast mit ihm Integrale für die Matheklausuren gerechnet, du spielst mit ihm Tennis Mixed Meisterschaften, du legst seine Wäsche zusammen.“

„Frei“, wiederhole ich leise und werfe wieder Kieselsteine ins Wasser. „Nein, ich gehöre doch zu ihm.“

„Ach, vergiss es, Becca. Ich habe Blödsinn erzählt. Du und Erik, ihr seid ein tolles Paar. Weißt du noch, wie er mich den ganzen

Weg vom Sommerfest in Graben nach Hause getragen hat?“

Ich muss lächeln. „Ja, du hattest dir den Knöchel verstaucht.“

„Hey, dass mit euch wird schon wieder. Vielleicht tut euch der räumliche Abstand sogar gut?“

Nachdenklich drehe ich an meinem Ring, in dem sein Name steht. Ich habe ihn noch nie abgenommen, noch nicht mal zum Sport. Ich muss seufzen, aus den tiefsten Tiefen meines Körpers, irgendwo zwischen Magen und Blinddarm. Was ist eigentlich mit mir los? Frei …

„Becca, ich habe Neuigkeiten“, ruft sie plötzlich in meine Gedanken hinein. „Ich habe einen neuen Freund. Er heißt Jörg.“

Furchtbar erleichtert nicht mehr über mich sprechen zu müssen, frage ich: „Aussehen? Alter? Beruf?“

Bille strahlt über beide Wangen: „Dunkelhaarig, 24, Jurastudent.“

August 1995

Mir ist schlecht. Ich hätte die Bowle auf gar keinen Fall trinken dürfen! Mir wird eigentlich immer schlecht von Bowle. Außerdem ist das doch ein typisches Sylvestergetränk, und wir haben Sommer. Bille ist gut gelaunt. Unglaublich, heute wird sie schon 21! Sie trägt ein enges Jeanskleid und sieht echt süß aus. Laute Musik dröhnt aus den Boxen, irgendwas von den Cranberries. Bille schmachtet ihren neuen Freund an und gibt mir noch ein neues Glas Bowle in die Hand. Jörg sieht aus wie ein Jurist: Adrett, korrekt, arrogant. Seine leichte Hakennase verleiht ihm etwas Unstetes. „Na, Becca, wie läuft es an der Uni?“, fragt er mich und zieht seinen Hemdkragen zurecht.

„Gut. Ich mache Scheine in Sprachwissenschaft, Literaturwissenschaft, Didaktik, Phonetik und Phonologie.“

„So was braucht man, um Kinder zu unterrichten?“ Er sieht mich von oben herab an.

Ich zucke mit den Schultern, weil ich keine Lust auf ein Gespräch habe. Er ist mir auf Anhieb unsympathisch. Was findet Bille nur an diesem Schaumschläger?

„Bille hat erzählt, dein Freund ist Jetpilot?“

„Ja, das heißt, er ist auf dem Weg dazu einer zu werden.“

„Da wird er viel unterwegs sein.“

„Ja.“

„Wo ist er jetzt?“

„In Texas.“

Was soll diese blöde Fragerei?

Er kommt mir einen Schritt näher. „Heißt es nicht, Piloten seien wie Seemänner? In jedem Hafen eine Andere?“ Jetzt lacht er laut und findet seinen eigenen Witz ziemlich gut.

„Heißt es das?“, entgegne ich kalt.

Er nimmt einen langen Schluck aus seiner Bierflasche. „Männer sind eben nur Männer. Piloten haben viel Stress und es gibt genug Frauen, die genau diesen Stress, sagen wir mal, abbauen.“ Dabei zieht er seine Augenbrauen vielsagend hoch und versucht ein unschuldiges Gesicht zu machen.

Ich seufze tief. Bille, dein Freund ist ein Arschloch, sollte ich dir das nicht sagen? In diesem Augenblick sieht Bille zu uns herüber und wirft Jörg einen leidenschaftlichen Luftkuss zu.

„Ist das deine Methode?“, antworte ich trocken und beobachte Bille.

Er lacht spöttisch. „Darin bin ich Profi.“

OK Bille, dein Freund ist ein Schwein. Ich muss mit dir sprechen.

„Mach dir doch nichts vor, Becca. Du bist hier und er ist dort. Und irgendwann muss auch er mal Stress abbauen.“

Eriks Satz aus Toby’ s Bar schießt in mein Gedächtnis: „Tja, dann würde ich sagen, möchte sie etwas, das du hast, aber nicht möchtest.“ Wütend starre ich ihn an. Was für ein Arschloch!

„Ihr Frauen, seid so blind“, fährt er unbeeindruckt fort.

Urplötzlich schütte ich ihm das komplette Glas Bowle über den Kopf. „Und du bist ein Vollidiot!“

Völlig geschockt zuckt er zusammen und wischt sich die rote Flüssigkeit aus den Haaren und aus den Augen. „Hast du sie noch alle!“, brüllt er mich an. „Sie ist völlig übergeschnappt!“, schreit er und deutet auf mich.

Bille kommt auf uns zugerast. „Was ist denn passiert? Was soll das Becca? Das kannst du doch nicht machen? Spinnst du?“

„Er hat mich provoziert!“

„Bist du verrückt? Nur weil du mit Erik Probleme hast, brauchst du das nicht an meinem Freund auslassen!“

Alle stehen inzwischen um uns herum. Irgendjemand hat die Musik ausgeschaltet. Beschwichtigend gehe ich auf sie zu, aber sie wehrt mich ab. „Bitte! Es war ganz anders. Dein Freund … er meinte, er sei ein Profi darin untreu zu sein!“

Bille schüttelt energisch den Kopf. „Du tickst doch nicht mehr ganz richtig.“

Fassungslos schüttele ich meinen Kopf. Wie lange kennt sie diesen Jörg überhaupt? Warum glaubt sie mir nicht?

„Am besten, du gehst jetzt“, presst sie hervor. Verzweifelt schüttele ich den Kopf. „Doch, geh jetzt!“

Panisch versuche ich auf sie zuzugehen, sie weicht aber zurück. Verletzt, geschockt. Sprachlos laufe ich zur Tür, und draußen lässt mich die Abendkühle den Alkohol deutlicher spüren. Mir ist schlecht. Scheiße, verdammt! Bille ist meine beste Freundin! Dieser Jörg ist ein Arschloch! Das muss sie doch sehen! Verwirrt und voller Zweifel denke ich über seine Worte nach. Männer sind eben nur Männer. Stress abbauen … Das würde Erik doch niemals tun, oder?

An der Hauptstraße angekommen, halte ich meinen Daumen raus. Per Anhalter nach Hause stoppen, das auch noch. Meine Eltern würden durchdrehen! Eigentlich wollte ich bei Bille übernachten. Mir ist kalt und ich fühle mich schrecklich allein. Taumelnd gehe ich am Fahrbandrand entlang. Ich trinke nie wieder Bowle! Mir ist furchtbar übel. Am besten ziehe ich meine Pumps aus und laufe barfuss weiter. Aua, die kleinen Steine auf dem Asphalt pieksen furchtbar! Ich halte meinen Daumen raus, aber das Auto – ein blauer Audi - fährt weiter. Mist! Normalerweise muss ich nicht lange warten. Heute ist definitiv ein Scheißtag! Das nächste Auto lasse ich einfach vorbeifahren ohne den Daumen rauszuhalten. Ich muss nachdenken. Was ist nur los? Warum läuft gerade alles schief? Scheiße Erik, jetzt, wo ich dich so sehr brauche, bist du nicht da. Du bist tausend Meilen über dem Atlantik von mir entfernt. Bei irgendwelchen dämlichen Flugzeugen.

Die Übelkeit wird schlimmer. Mir wird schwarz vor Augen und ich krümme mich nach vorn. Mein Bauch krampft sich zusammen und ich übergebe mich in den Straßengraben.

Kapitel 9

August 1995

Schüchtern stelle ich meinen schweren, schwarzen Koffer vor ihm ab. „Hier bin ich wieder", sage ich. Über einen Monat habe ich Ferienarbeit in der staubigen Werkzeugabteilung eines stinklangweiligen Baumarktes gemacht, um mir den Flug in die USA leisten zu können. Dabei kenne ich gerade mal den Unterschied zwischen einer Schraube und einem Nagel! Gott sei Dank hat Erik mir die Hälfte des Flugs bezahlt! Er wollte ihn mir ganz bezahlen, aber das konnte ich nicht annehmen.

So viele Wochen ohne ihn. Der Wartebereich des Flughafens von Dallas ist voller Menschen, die bangend, hoffend und ungeduldig von einem Fuß auf den anderen tippeln. Die Schlangen am Einreiseschalter waren lang gewesen und bewegten sich nur zäh voran. Vielleicht war ich an einem ungünstigen Tag geflogen. Ich kann es kaum noch abwarten wieder bei ihm zu sein und bin sehr nervös.

Erik sticht mit seiner Uniform heraus. Zuerst sagt er gar nichts, als er mich in der Masse der ankommenden Passagiere entdeckt, steht breitbeinig da – wie ein Soldat eben - und sieht mich an. Dann atmet er aus. „Ich habe dich vermisst." Dann umarmt er mich so heftig, dass ich kaum noch Luft bekomme.

„Ich dich auch."

Er hebt mich an der Hüfte hoch und schwingt mich im Kreis herum.

„Lass mich runter, bitte."

„Nein!"

„Doch!" Endlich stellt er mich wieder auf dem Boden ab. Seltsam? Warum bin ich nicht so glücklich wie ich dachte? Es ist, als wäre plötzlich eine unsichtbare Glaswand zwischen mir und ihm. Nein, das bilde ich mir nur ein. Ich war so viele Wochen allein, dass ich mich erst wieder an ihn gewöhnen muss. Er sieht so gut aus, braun gebrannt, athletisch, mit seinen warmen braunen Augen. Wie einer dieser sagenhaften und coolen Actionhelden aus dem Fernsehen, wenn er aus seiner Metall glänzenden Science Fiction Flugmaschine steigt. Ich freue mich unglaublich ihn zu sehen, aber ich fühle mich auch irgendwie fremd. So viele Wochen ohne ihn zu sein. Es ist so ungewohnt jetzt wieder hier zu sein …

Erik sieht mich besorgt an. „Alles klar bei dir?"

Oh nein, bitte nicht so anfangen. Nicht am Flughafen. Nicht nach den Wochen der Trennung. „Ja, alles klar."

Urplötzlich runzelt er die Stirn und hebt mein Kinn an. „Wieder einen Anderen geküsst?" Er mustert mich mit vorsichtigen Seitenblicken.

Wie bitte? Was soll das? Wie kann er mir so etwas zutrauen! Ich beiße die Zähne aufeinander und schlucke. Er macht mich schon wieder wütend. Ist das zu fassen! Keine fünf Minuten bin ich da! Stundenlang saß ich im Flieger, bin total erledigt, wünsche mir nur noch eine Dusche und Bett und er kommt mit so etwas! OK, wenn du es so haben willst. „Ja, klar. Jeden Abend. Tim, Tom, Tobias, Thorsten."

Er sieht mich absichtlich nicht an, presst die Lippen aufeinander, stemmt beide Hände in die Hüfte und atmet tief aus. Selbst in all dem Lärm der Flughafenhalle höre ich das kurze Schweigen, das meine Worte hervorrufen. Ich wollte ihn auf die Palme bringen und ich sehe, dass ich es geschafft habe. „Scheint du hast eine Vorliebe für den Buchstaben ‚T'", presst er hervor.

Himmel Herr Gott noch mal, das war ein blöder Witz! Wo hat er seinen Humor gelassen? Im Cockpit? Tja, wenn er Streit haben will, kann er ihn gerne haben. Ich treibe es auf die Spitze. „Ach, ich hatte auch etwas mit Marcus, Martin und Manuel."

Erik schnaubt verächtlich, packt meinen Koffer, als wöge er nur wenige Hundert Gramm und wir preschen Richtung Auto. Was ist passiert? Ich wollte ihn schon wieder provozieren. Auf der Fahrt zur Base sitzen wir schweigend nebeneinander und die Atmosphäre ist elektrisch aufgeladen. Es ist unerträglich! Drei Stunden ohne ein einziges Wort. Am liebsten würde ich ihn anschreien! Aus voller Kehle! Ich halte es nicht mehr aus. Ich muss ihn anschreien. Ich muss. Ich hole tief Luft und mein Herz hämmert wie wild gegen meine Brust.

„Das war ein Witz! Ein verdammter Witz!“

Erik reagiert nicht, nicht einen Millimeter.

„Hast du mich gehört?“ Wieder nichts. Ich koche gleich über. „Bist du taub oder was?“

Er legt seine Stirn in Falten und schreit urplötzlich zurück: „Hörst du mich lachen? Verdammt noch mal? Über so etwas macht man keine Witze! Seit Monaten schufte ich wie ein Irrer in dieser Ausbildung. 14-Stunden-Tage, Prüfungen, Auswahlverfahren, Testflüge und das Einzige, das mich hier am Leben hält, ist der Gedanke an dich! Du bist mein Rettungsanker! Scheiße!“

Er klingt wirklich verzweifelt. „Ach, jetzt bin ich schuld?“, schreie ich zurück und drehe mich dann zum Seitenfenster. Ich habe ihn so sehr vermisst und jetzt streiten wir uns. Ausgetrocknete, texanische Steppe, kaum ein Baum, nichts. Ich sehe schweigend aus dem Fenster hinaus, stundenlang. Alles sieht gleich aus und saust an meinen Augen vorbei, so als würden wir an der immergleichen Tapete entlang fahren.

Irgendwann sind wir da und passieren den Haupteingang von Sheppard Air Force Base. Erik zeigt seinen Ausweis und grüßt die wachhabenden Soldaten, indem er seine Hand an seine Schläfe hält. Dann fahren wir zu den backsteinfarbenen Bungalows, steigen wortlos aus und gehen zum ersten Stockwerk hinauf. Erik sperrt auf und wir treten ein. Entsetzlich müde setze ich mich auf sein Bett. Ich sehne mich so nach seiner Nähe, dass ich ihn am liebsten ganz fest zu mir ziehen würde. Aber ich mache nichts.

Er kommt auf mich zu, bleibt direkt vor mir stehen, beugt sich zu mir herunter und flüstert: „Ein verdammt schlechter Witz.“

Ein rabenschwarzes schlechtes Gewissen überkommt mich und überschwemmt meinen ganzen Körper mit einer sintflutartigen Welle. Seine Augen funkeln mich dunkel an. Ich möchte ihm sagen, dass es mir leid tut, bleibe aber stumm, reagiere nicht, fühle mich leblos und leer. Dann dreht Erik sich weg, wirft schäumend Klamotten in eine Tasche und geht zur Tür.

„Du lässt mich allein?“, frage ich leise und unglücklich.

„Ich geh Sport machen. Du brauchst nicht auf mich zu warten.“

Er macht auf dem Absatz kehrt, dann fällt die Tür laut ins Schloss. Seine Schritte hallen auf dem Flur draußen wider. Er hat mich einfach allein gelassen. Oh mein Gott! Ein schrecklicher Schauer überläuft mich beim Anblick der geschlossenen Wohnungstür. Ich fühle mich hundsmiserabel.

Ich habe mich aus meiner Starre gelöst, geduscht, mich umgezogen und bin losgegangen. Irgendwo muss diese verdammte Sporthalle ja sein. Ich muss mich entschuldigen. Ich habe mich wirklich wie eine Idiotin benommen. Am liebsten würde ich mich sofort in seine Arme werfen und ihn ganz lange festhalten. Ich passiere viele Backsteingebäude, aber von einer Sporthalle keine Spur. So wird das nichts. Ich könnte aus der Haut fahren. Auf der Hauptstraße begegnet mir ein Trupp im Chor singender US-Soldatinnen. Sie marschieren im Gleichschritt, singen und haben grünbraun gefleckte Tarnklamotten an. Frauen in Uniform, ein völlig ungewöhnlicher Anblick für mich.

Da ich keine Ahnung habe wo ich ihn suchen soll, gehe ich in das nächste Gebäude, flach, weißgrau, mit vielen Flaggen sämtlicher europäischer Nationen davor. Auf einem großen Schild steht: ENJJPT, Euro Nato Joint Jet Pilot Training. Scheint ein wichtiges Gebäude zu sein. Vielleicht kann mir hier jemand helfen. Drinnen ist es klimatisiert, überall hängen Bilder von Jets und ich laufe einen langen, schmalen Gang entlang. An den Wänden hängen auch Bilder von Piloten, die ihren Sauerstoffhelm unter dem Arm tragen und fest entschlossen in die Kamera schauen.

„Can I help you?“ Plötzlich steht ein großer kräftiger Mann um die 40 vor mir, mit grauen Schläfen und vielen Fliegerpatches auf seinem Anzug.“

„Sorry, I am looking for Erik Sonnberg. He wanted to do sports and I don’t know where I can find him.”

Er lächelt verständnisvoll. „So you must be Becca, his girl?“

Schlagartig erröte ich. “Yes, that’s me.”

“Just wait for one second.” Dann verschwindet er kurz und kommt mit einem extrem großen Soldaten zurück.

„This is Pascal. He is German, too. I’m sure he can help you“, erklärt er und entschuldigt sich. Pascal erinnert mich irgendwie sehr an Iceman aus Top Gun.

„Hallo, ich bin … “, beginne ich.

„Becca. Ich weiß. Habe schon viel von dir gehört.“ Scheint, dass mich hier sämtliche Leute kennen, aber ich kenne niemanden. Was für ein blödes Gefühl.

„Dir ist dein Freund abhanden gekommen?“, beginnt er scherzhaft. Pascals Schultern sind breit und ziemlich sportlich. Er ist braun gebrannt und seine Haare sind strohblond.

„Äh, ja. Er ist zum Sport und ich möchte zu ihm.“

„Verstehe. Sehnsucht?“

„Ja.“

„Da bist du hier völlig falsch.“

„Das habe ich mir schon gedacht.“

„Soll ich dich zu ihm fahren? Die Sporthallen sind auf der anderen Seite der Base.“

Ich überlege. Das wäre Erik bestimmt nicht recht, aber ich möchte unbedingt zu ihm. Also ja. „Das wäre nett. Hast du denn überhaupt Zeit?“

Jetzt lacht er erleichtert auf. „Oh, ja. Endlich wieder. Ich bin schon fertig mit der Ausbildung. In wenigen Wochen feiere ich hier meine Abschlussfeier – Graduation - mit allem militärischen Drum und Dran.“

„Oh, das ist toll.“ Ich gebe ihm zum Zeichen meiner Anerkennung die Hand. „Und dann?“

„Fürstenfeldbruck. Schulung auf den Alpha-Jet.“

„Nicht Tornado?“

„Nein, zuerst die Alpha-Jet Ausbildung und dann die Schulung auf den Tornado in Cottesmore, England.“

„Aha. Da kommst du viel rum.“

„Ja, so ist das Leben als Pilot eben.“

„Was ist denn eigentlich mit diesen Piloten hier an der Wand. Haben sie eine besondere Auszeichnung bekommen?“, frage ich neugierig.

Pascal wird kurz still und nachdenklich. „Nein. Diese Jungs hier sind alle … abgestürzt. Zu ihren Ehren wurden allerdings ihre Bilder hier aufgehängt."

Oh mein Gott! Vor Bestürzung schlage ich mir die Hand vor dem Mund. Daran hätte ich niemals gedacht. „Das ist ja furchtbar."

Pascal fährt sich kurz durch seine blonden Haare. „Ja, so ist das. Das bringt unser Job eben mit sich", erklärt er trocken und ohne mit der Wimper zu zucken. „Also, fahren wir los. Möchtest du vielleicht noch die Runway und den Tower sehen? Da kommen heute Jungs rein, die ihren ersten Soloflug hinter sich haben?", fragt er und zwinkert mich an.

Eigentlich nicht, aber ich will nicht unhöflich sein. „Na, gut", antworte ich und folge ihm nach draußen. Es ist erdrückend heiß und die texanische Sonne wirkt wie eine Betonwand, gegen die man anläuft. Ich setze mich in sein Auto und bin dankbar, dass er mich zu Erik bringt. Er fährt los und wir passieren unzählige hässliche Bungalows und Hallen. Dann fahren wir zur Start- und Landebahn. Der Bereich hier ist riesengroß. Wir steigen aus und bleiben vor der Absperrung stehen. Ein großer Haufen Piloten empfängt zwei Piloten in ihrer Mitte, schüttelt deren Hände und klopft auf deren Schulter. Dann werden die zwei allerdings gegen ihren Willen gepackt, und unter großem Gejohle in ein großes Wasserbecken geworfen. Sie wehren sich, werden aber immer wieder unter Wasser gedrückt.

„Die Taufe. Da muss jeder durch, wenn er seinen ersten Soloflug hinter sich hat", erklärt Pascal lachend und sichtlich schadenfroh.

Ich nicke lächelnd und denke, um Gottes Willen! Die sind verrückt!

„Und was machst du?", fragt er mich und kratzt sich am Kinn.

„Ich studiere Englisch und Geschichte. Ich möchte Lehrerin werden."

Pascal kratzt sich kurz am Kinn und strahlt mich an. „Das finde ich toll, wirklich. Die meisten Mädels hier wollen einfach nur heiraten und zu Hause bleiben. Das klassische Programm."

„Ich möchte mit Kindern und Jugendlichen arbeiten. Die ersten Schulstunden habe ich schon gehalten und es hat wunderbar funktioniert. Na ja, fast. In meiner 3. Stunde bin ich voll über das

Kabel des Overheads gestolpert. Die Klasse hat gebrüllt vor Lachen."

„Oh je! Das ist meinem Religionslehrer auch schon mal passiert. Ist wohl ein Klassiker. Aber ich kann mir dich prima als Lehrerin vorstellen. Erik muss sehr stolz auf dich sein."

Ich schlucke verlegen. „Keine Ahnung", sage ich leise. Das Gespräch ist mir unangenehm.

Pascal nimmt seine Sonnenbrille ab, sieht mich an und deutet mit dem Zeigefinger nach vorn. „Also, da vorn siehst du unseren Arbeitsplatz."

Ich sehe zur Start- und Landebahn. Eine große Anzahl T 37 und T 38 Maschinen stehen brav aufgereiht auf großen, grauen Betonflächen. Ein imposanter Anblick, aber ich möchte los.

„Können wir weiterfahren?", frage ich ihn.

„Ja, klar."

Als wir endlich vor den Sporthallen ankommen, ist es viel später als ich gedacht habe. „Er ist schon wieder weg", sagt Pascal entschuldigend und steigt wieder ein. „Komm, ich fahre dich heim."

Und schon sitze ich wieder neben ihm im Auto. Voller Unbehagen und mit flauem Magen klingele ich an Eriks Tür. Ich werde sagen, dass ich kurz spazieren war, denke ich. Erik macht auf, sieht mich wütend an, setzt sich schweigend an den Schreibtisch und beugt sich über seine Fliegerunterlagen. Mein großes Vorhaben ist geplatzt.

Unsere Stimmung ist tief im Keller. Ich fühle mich furchtbarer als furchtbar. Erik hat kaum gegessen in den letzten Tagen. Ich auch nicht. Wieso reden wir nicht miteinander? Das haben wir doch immer getan? 5 Jahre lang. Ich stehe in der Nähe der Start- und Landebahn und warte auf ihn. Heute! Heute müssen wir wieder miteinander reden. Ich platze fast vor Unbehagen und Sehnsucht!

Endlich, da kommt er. Oh Gott! Sein Gesichtsausdruck ist ausdruckslos und finster. Er bleibt kurz stehen, unterhält sich mit einem anderen Piloten, nickt, legt den Kopf zur Seite, sieht direkt zu mir herüber, runzelt die Stirn, nickt wieder und kommt dann auf mich zu. Sein Blick ist noch eisiger als vorhin. Was hat dieser Pilot ihm erzählt? Mein ganzer Mut fällt in sich zusammen wie ein Kartenhaus.

„Hallo, Becca."

„Hallo."

Er atmet tief aus und zündet sich eine Zigarette an. Himmel! Seit wann hat er denn angefangen zu rauchen? Ich beschließe nichts zu sagen. Dann sieht er mich an, mit Augen wie aus Stein.

„Es scheint, du hast nun auch eine Vorliebe für den Buchstaben ‚P' entwickelt", beginnt er und sieht kritisch auf mich herab.

Hä? Wie bitte? Ich verstehe nur Bahnhof?

„'P' wie Pascal", hilft er mir auf die Sprünge.

Ach bitte! Das darf doch wohl jetzt nicht wahr sein! „Willst du mir nun verbieten mit sämtlichen männlichen Wesen zu sprechen?", antworte ich gereizt. Schon wieder macht er mich wütend.

„Sprich doch mit wem du willst", kontert er und nimmt einen weiteren tiefen Zug. Er raucht! Ein völlig verstörender Anblick.

„Ja, das werde ich auch tun. Vielleicht kennst du noch ein paar Piloten, deren Namen auch mit ‚P' beginnen, vielleicht … Pepe, Patrick, Philipp …"

Jetzt habe ich es wieder geschafft. Er kocht! Wütend nimmt er einen weiteren Zug und zerdrückt die Kippe dann mit seinem Schuh.

„Oder wie wäre es mit Pablo, Pawel, Peter …", mache ich weiter. Oh Mann! Ich bin so sauer! So wütend!

Zornig kommt er einen Schritt auf mich zu und schüttelt sehr langsam den Kopf. Ich weiß, ich sollte aufhören, aber ich kann nicht.

„Ja, das Alphabet hat viele schöne Buchstaben. Ich könnte sie alle küssen. Am besten sie stellen sich in einer Schlange an, einer nach dem anderen, damit ich auch keinen vergesse. Wäre doch wirklich schade!"

Plötzlich packt mich Erik unwirsch am Arm und führt mich zu seinem Wagen, wirft die Tür auf, setzt mich unsanft hinein und knallt sie demonstrativ laut zu.

Ich bin den Tränen nahe. Scheiße! Ich liebe ihn doch.

Erik fährt nicht los, sondern stützt seinen Kopf mit seinen Händen am Lenkrad ab. Er atmet tief ein, atmet tief aus. Eine ganze Weile sagen wir nichts und die Stille beginnt schwer auf uns zu lasten. Erik sieht mich nicht an, sondern blickt durch die Windschutzscheibe reglos nach vorn. Ich kann nicht mehr. Ich halte diese unerträgliche Stimmung nicht mehr aus. Ich kämpfe gegen den Drang an ihn einfach zu mir zu ziehen und zu küssen. Ich will ihn spüren, will mit meinen Fingern in seine Haare fahren, seine Zunge auf meiner fühlen …

Er dreht sich zu mir um. Sein Blick ist arktisch kalt. „Ich möchte nicht, dass du ihn wiedersiehst."

„Ich habe mich nur unterhalten."

„Noch mal. Ich möchte nicht, dass du ihn wiedersiehst!"

„Ich bin nicht dein Eigentum!"

„Ich weiß. Und dennoch möchte ich nicht, dass du ihn wiedersiehst", schnaubt er laut und ich zucke erschreckt zusammen. In seiner Stimme schwingt der befehlsgewohnte Unterton militärischer Schärfe.

„Ich liebe dich über alles. Das musst du mir glauben. Ich wollte zu dir und Pascal hat mich gefahren. Nichts weiter …"

„Sprich weiter", sagt er.

„Ich bin stundenlang hierher geflogen, um bei dir zu sein. Aber ich kann allein entscheiden mit wem ich spreche oder nicht."

Er seufzt und sein Blick wird weicher, dann steigt er wieder aus und öffnet die Beifahrertür. Ich steige auch aus. Nervös und etwas unbeholfen. Wir bleiben voreinander stehen und sehen uns an, starr und verlegen. Vorsichtig streicht Erik eine Haarsträhne aus meinem Gesicht. Ein wilder Schauer erfasst meinen ganzen Körper. Er berührt mein Kinn mit seiner Hand. Oh Hilfe, wie sehr er mir gefehlt hat! Er beugt sich zu mir, wie in Zeitlupe und seine Lippen berühren die meinen. Hauchzart. Ein schweres Erdbeben geht durch alle meine Körperzellen. „Versprich mir, dass du wenigstens darüber nachdenkst", sagt er auf einmal in die Stille hinein.

Ich streiche mit meinem Finger langsam über seine Stirn. „Du willst ein Versprechen, dass ich jemand nicht wiedersehe, mit dem ich nur spreche?“

„Ja.“

Unwohl nicke ich zustimmend, der Moment ist gerade zu schön und ich möchte ihn nicht zerstören. Erik wirft mir einen durchdringenden Blick zu. „Schon über meine Frage nachgedacht?“

Oh nein, bitte nicht jetzt. Alles ist gerade so zerbrechlich, so hauchdünn, so schwierig. Ich schüttele kaum merklich den Kopf.

Er beäugt mich vorsichtig.

„Nachgedacht ja, aber noch keine Antwort gefunden“, antworte ich glücklich und unglücklich zugleich.

Erik legt die Hand auf den typisch amerikanischen kreisrunden Türknopf und will sie öffnen. Ich stehe neben ihm. Beim Frühstück haben wir wenig geredet. Beim Aufstehen gar nicht. Er war vor dem Frühstück sogar mit Axel beim Laufen. Als er zurückkam war er total ausgepowert, hat nur die Tasche mit voller Wucht in eine Ecke des Zimmers geschleudert und ging wortlos duschen.

„Ja, ich gehe heute mit Pascal in die Mall.“

„Wieso?“

„Wir gehen nur zusammen in die Mall, nichts weiter.“

„Wieso gehst du nicht allein?“

„Allein macht es keinen Spaß.“

„Bald bin ich fertig, dann habe ich mehr Zeit für dich. Versprochen.“

„Das sagst du seit Jahren! Erst Roth, dann Fürstenfeldbruck, dann Phoenix, jetzt Wichita Falls. Ich bin immer allein!“

„Und Pascal ist nur an einer reinen Freundschaft interessiert?“

„Klar, er weiß, dass ich zu dir gehöre. Ich bin deine Freundin, das steht völlig außer Frage.“

„Bist du dir da ganz sicher?“

„Ja."

„Wie ritterlich von ihm."

„Hör endlich auf! Du nervst total! Deine Eifersucht macht alles kaputt. Kann ich nicht ein Mal etwas ohne dich machen?"

„Ich möchte nicht, dass du ihn weiter siehst!" Schon wieder diese Tour.

„Du kannst mir keine Vorschriften machen. Ich bin alt genug, um allein zu entscheiden."

„Es war keine Vorschrift. Es war eine Bitte. Es geht mir dabei um dich. Ich kenne Typen wie ihn."

„Ständig tust du so, als wäre ich dein Eigentum. Hör auf damit!"

„Merkst du denn nicht, dass er etwas von dir will?"

„Das stimmt überhaupt nicht! Er ist einfach nur …"

„… hinter dir her!"

„Nein!"

Ganz in Rage schließt er seinen Fliegerkombi, seine Augen glühen mich an. Mir schießen tausend Sätze durch den Kopf, so dass ich gar nicht weiß, was ich noch sagen soll. Kein Satz scheint der richtige zu sein. Erik kommt auf mich zu und riecht unwiderstehlich nach Männerduschgel und Cool Water und Erik, eben. In der Wohnung neben uns dreht irgendjemand die Anlage auf volle Lautstärke und die Crash Test Dummies singen *„mmm mmm mmm mmm"*. Erik bleibt nur wenige Zentimeter vor mir stehen und ich wünschte, er würde mich einfach überrumpeln und heftig küssen, mich gegen die Wand drücken und mit mir schlafen, wild und leidenschaftlich und alles auflösend. Haben wir so nicht oft kleine Streitereien beendet, ohne zu sprechen? Ohne Worte, ohne Kommunikation, nur unsere Körper? Aber Erik schweigt, mustert mich voll zweifelndem Zorn und geht. Ich bleibe allein zurück und der Blick auf die geschlossene Apartmenttür ist schrecklich.

„Möchtest du mit mir tanzen?"

„Nein, lass mal gut sein. Das möchte ich nicht. Erik kommt bald, und ich warte hier auf ihn", sage ich innerlich die Augen verdrehend zu Pascal. Wir sind auf der baseeigenen kleinen Disco.

Mehrere Pilotenschüler stehen hier in ihren Fliegerkombis an der Bar. Die meisten kommen direkt vom Flug. Ich denke, sie kommen sich sehr cool vor, und ich weiß nicht, ob ich das gut finden soll. Ich habe Erik versprochen, hier auf ihn zu warten. Auch er kommt direkt vom Fliegen. Heute ist unser letzter Abend. Ich möchte heute Abend einiges klären. Er bedeutet mir immer noch so viel. Mein Gott, bin ich aufgeregt!

„Becca, komm, nur ein Tanz. Ich würde mich freuen."

„Nein."

„Bitte."

„Nein."

„Nur einen Tanz, so als Abschied für mich. Schließlich fliegst du morgen nach Deutschland zurück." Er geht feierlich auf die Knie und hält mir offiziell seine rechte Hand hin. Seine Kameraden lachen und nicken uns auffordernd zu. Sie fordern, dass ich seiner Bitte nachgebe. Jetzt beobachten uns alle. Nein, wie ich es hasse so im Mittelpunkt zu stehen, aber Pascal gibt nicht auf und bleibt auf den Knien.

Ich seufze, habe keine Lust, aber dann denke ich, na gut. Hauptsache, er lässt dieses Affentheater! „Okay, nur einen Tanz und dann hörst du auf mit diesem Quatsch. Erik kommt gleich."

„Danke, das freut mich." Er steht endlich auf, nach einer gefühlten Ewigkeit, führt mich zur Tanzfläche, und genau in diesem Augenblick läuft „Fields of Gold" von Sting. „Tja, so ein Zufall. Ein langsamer Tanz. Darf ich bitten?"

Unschlüssig, zögernd und leicht widerwillig lasse ich zu, dass Pascal seine Hände um meine Taille legt, und wir uns langsam zu Sting bewegen. Eigentlich will ich sofort aufhören. Das Ganze behagt mir überhaupt gar nicht. Was für eine Schnapsidee, ich hätte ihn einfach schroff zurückweisen sollen!

Plötzlich steht er im Raum und sieht uns. Erik. Oh nein! „Was soll das, Becca! Was tust du hier? Mit ihm!"

Das wollte ich nicht. „Erik, bitte! Du verstehst das völlig falsch. Es ist nicht so, wie du denkst."

„Kannst du deine Finger nicht von meiner Freundin lassen?", schreit er laut. Er ist völlig außer sich. Hebt seine Faust und schlägt auf Pascal ein. Augenblicklich bildet sich ein Kreis aus Soldaten um uns herum.

„Bist du verrückt?", schreit Pascal überrumpelt zurück. Erik will weiter auf ihn einschlagen, wird aber von den anderen Piloten davon abgehalten. Das gibt es doch nicht! Noch nie habe ich ihn so aggressiv erlebt! Zu zweit bändigen sie ihn, aber plötzlich reißt er sich los und wirft mir einen wütenden Blick zu. „Becca … warum?"

„Es war ganz anders. Das musst du mir glauben", schreie ich panisch.

Verzweifelt schüttelt er den Kopf und rennt los. Völlig in Rage. Ich renne ihm hinterher, aber ich bin nicht schnell genug. Draußen schwingt er sich auf sein Motorrad und braust – viel zu schnell – davon.

„Oh, mein Gott. Bleib hier! Bitte! Nicht so schnell!", rufe ich ihm hinterher. Mein Herz klopft wie wild. Warum habe ich das nur getan? Ich bin so bescheuert. Es tut mir so leid. Dann renne ich los, so schnell ich kann. Bis zur nächsten Kreuzung, wieder zur nächsten, dann nach links, dann vor zum Haupteingang. Eine Gruppe amerikanischer Soldaten stehen an einer Ecke, rauchen und starren mich verständnislos an. Abrupt bleibe ich stehen. „Nein, Scheiße", keuche ich. „Es tut mir so leid." Umsonst. Er ist weg. Einfach weg.

Völlig aufgelöst stehe ich in seinem Apartment auf der Base. Gehe ruhelos hin und her. Wie ein Tiger im Käfig. Sehe auf die Uhr. Es ist fast zwei Uhr nachts. Er ist immer noch nicht da. Tränen schießen mir pausenlos in die Augen. Ich wische sie schnell mit dem Handrücken weg. Plötzlich klingelt es an der Tür. Voller Panik renne ich zum Eingang und reiße die Tür auf. Es ist Pascal. Immer noch in seinem Fliegerkombi. Ausgerechnet! Er sieht sehr mitgenommen und zerknirscht aus. War er die ganze Zeit wach?

„Hallo, darf ich reinkommen?"

Ungläubig starre ich ihn an. Der hat Nerven! „Nein! Was denkst du dir, hierher zu kommen? Bist du verrückt? Reicht es nicht, was passiert ist? Musst du es noch schlimmer machen?" Aus Verzweiflung überschlägt sich meine Stimme.

„Ich … es tut mir leid. Ist Erik noch immer weg?"

Mühsam schlucke ich den viel zu großen Knoten in meinem Hals hinunter. „Ja! Er ist immer noch weg! Verschwinde jetzt! Ich möchte nicht, dass er dich sieht. Hätte ich doch bloß nie mit dir getanzt. Aber du konntest mich ja nicht in Ruhe lassen."

Schuldbewusst kaut Pascal auf seiner Unterlippe herum. „Findest du nicht, dass Erik total überreagiert? Wir haben nur getanzt, Becca." Plötzlich wird seine Stimme lauter und forscher. „Ein Tanz!"

„Geh jetzt endlich!"

Aber Pascals Augen verengen sich, und er tritt einen Schritt vor. „Erik ist völlig verrückt. Bist du sein Eigentum, oder was?"

„Geh jetzt endlich, verdammt noch mal!", schreie ich ihn lauthals an. Es ist immer noch sehr heiß, und ich spüre, wie meine Wangen glühen. Dann höre ich auf einmal Schritte. Schritte, die fest auftreten und laut klingen. Schritte, die wütend klingen. Schritte, die mir Angst machen.

Und dann steht er vor uns. Fassungslos schüttele ich den Kopf, und Tränen laufen meine Wangen hinunter und ich spüre sie salzig auf meiner Zunge.

„Ich bin gekommen, um mit dir zu reden. Becca und ich haben nur getanzt", erklärt Pascal einigermaßen souverän und geht einen Schritt auf Erik zu. Meine Beine werden ganz zittrig. Hilfe! Wie konnte ich nur in diese Situation kommen?

„Geh bitte in die Wohnung, Becca", sagt Erik mit einem unerwartet traurigen Unterton in der Stimme.

Langsam schleiche ich zurück und schließe die Tür. Was hat er vor? Was soll das? Oh mein Gott! Ich fühle mich so elend. Ich stelle mich direkt hinter die Tür und lausche. Ich muss wissen, was er sagt.

„Ich möchte, dass du dich von Becca fernhältst, du bist nicht gerade der beste Umgang. Ich kenne Jungs wie dich."

„Es tut mir leid, aber ich denke du reagierst zu extrem", entgegnet Pascal.

„Mein Ausbruch tut mir leid. Das war falsch. Ich habe überreagiert. Keine Ahnung, vielleicht ist es die enorme

Stresssituation mit dem Fliegen hier? Oder die räumliche Trennung von meiner Freundin. Was auch immer, ich möchte, dass du einen Bogen um sie machst. Verstanden?"

Dann höre ich Schritte, die sich entfernen. Schnell entfernen. Pascals Schritte?

„Ich muss mit dir reden", sagt Erik deutlich ruhiger als vorher. Er hat die Tür hinter sich geschlossen, das Licht jedoch ausgelassen. Sein Profil zeichnet sich deutlich im Schein der Straßenbeleuchtung ab.

„Wo warst du? Wohin bist du gefahren?"

Erik dreht mir bewusst den Rücken zu und sieht starr aus dem Fenster, wo einzelne Lichter zu sehen sind. Er sieht mich nicht an. Sieht stur geradeaus. Atmet tief aus. „Ich habe nachgedacht. Auf dem Highway."

Vorsichtig komme ich auf ihn zu, will mich entschuldigen, aber meine Stimme versagt. Ich will seinen Rücken berühren, traue mich aber nicht. Er ist immer noch wütend, ich kann seinen Zorn spüren, auch wenn er versucht ihn zu unterdrücken.

„Ich liebe dich über alles. Mehr als alles andere. Mehr als mein Leben. Aber ich glaube nicht, dass du mich noch aufrichtig liebst. Vielleicht brauchst du mehr Freiheit? Vielleicht brauchst du mich nicht mehr? Ich liebe dich viel zu extrem. Das ist nicht gut. Überhaupt nicht gut. Nicht für dich und nicht für mich." Plötzlich fasst er mich an den Schultern. Ich bin ganz starr. „Warum bin ich dir nicht genug?"

Ich öffne meinen Mund, um zu antworten, aber sage nichts. Ich bin geschockt.

„Becca", raunt er, „antworte mir!"

Ich hole tief Luft, um etwas zu sagen. Er denkt wirklich, er sei mir nicht genug. Darum geht es doch gar nicht! So ein Unsinn! Nein, ich werde nichts mehr sagen.

„Morgen fliegst du nach Hause, und ich werde dich nicht zum Gate hier auf dem Flughafen bringen. Ich denke, dass es besser so ist. Vielleicht brauchen wir mehr Abstand? Eine Pause. Ich kann es nicht ertragen, dass du …" Dann hört er auf zu sprechen und sieht wieder aus dem Fenster.

Ich bin sprachlos, gelähmt. Ja, morgen fliege ich nach

Deutschland. Aber ich möchte hierbleiben. Bei ihm. Wie kann er nur denken, dass ich ihn nicht mehr liebe? Viele Minuten vergehen, in denen wir beide stumm im Dunklen stehen. Er bevormundet mich.

Meine Verzweiflung schlägt in Protest über. Na, gut! Wenn er meint, er sei mir so wenig wert, dann werde ich morgen ohne Abschied nach Hause fliegen. „Ja, genau. Ich gehe allein zum Gate. Du bist völlig verrückt! Du engst mich ein, nimmst mir die Luft zum Atmen. Du machst mir Angst! Vielleicht ist es besser die Beziehung zu beenden. Ja, das ist das Beste! Wir machen keine Pause, wir machen Schluss! Ich kann das nicht mehr ertragen." Meine Stimme ist erstaunlich fest und ich habe aufgehört zu weinen. Überschäumende Wut erreicht meinen Körper und durchzieht ihn ganz und gar, wie eine Flutwelle, die ganze Dörfer mit sich reißt. Plötzlich möchte ich irgendetwas kaputt machen, klein schlagen. Jetzt. Sofort. In diesem Augenblick sticht mir der Modell Tornado Jet ins Auge, den ich ihm zum Abschied geschenkt habe. Ich nehme ihn von der dunkelbraunen Kommode herunter, blicke Erik wutschnaubend in die Augen und schleudere ihn dann mit voller Wucht an die Wand. Es gibt einen blechernen Knall und er zerbricht in drei Teile. Die Bruchstücke liegen überall verstreut.

Erik lehnt inzwischen an der Wand gegenüber, die Hände auf dem Bauch verschränkt. Fassungslos sehen wir uns an. „Besser?", fragt er ausdruckslos und ich spüre seine Augen mich komplett durchdringen. An seinem Kiefer zuckt ein Muskel, und ich weiß, er reißt sich gerade sehr zusammen.

Ich schüttle zögerlich den Kopf. „Nein."

Irgendwann haben wir uns hingelegt. Der zerbrochene Modelljet liegt immer noch am Boden. Niemand hat ihn aufgehoben. Leider gibt es nur ein Bett. Ein Doppelbett. Ich habe mich an den äußersten rechten Rand gelegt, Erik an den äußersten linken. Meine Augen sind geschlossen, aber ich kann nicht schlafen. Ich höre seinen Atem und weiß, dass auch er nicht schläft. Nicht schlafen kann. Ich würde am liebsten laut schreien, bleibe aber stumm. Er atmet länger aus, als ein. Wie gerne würde ich mich einfach zu ihm umdrehen, aber ich kann nicht. Ich kann einfach nicht. Und plötzlich fängt er an zu weinen, ganz leise, kaum hörbar, nur ein Hauch eines Geräusches. Oh du lieber Himmel, er weint! Die

Muskeln in meiner Brust ziehen sich schmerzhaft zusammen.

Noch als ich durch das Flughafengebäude ging, wusste ich, dass ich das Falsche tat. Ich hätte nicht fliegen sollen. Ich hätte hier bleiben müssen. Mit ihm reden. Ich sollte nicht in dieser verdammten Maschine sein!

„Sie müssen sich jetzt hinsetzen, wir fliegen gleich los." Genervt und die Augen hilflos verdrehend deutet die Stewardess mit ihrem manikürten Zeigefinger auf mich, und eine zweite Flugbegleiterin eilt herbei. „She doesn't listen! Can she speak English?"

Die beiden Damen unterhalten sich über mich in der dritten Person, so als ob ich gar nicht anwesend wäre. Mir auch egal. Das Flugzeug rollt zur Startbahn, und durch die kleinen Fenster sehe ich die Air Force Base immer kleiner werden. Bäche von Tränen fließen mir die Wangen hinab, und ich kann kaum etwas sehen. Das Flugzeug ist rappelvoll, und die Augen aller Fluggäste sind in diesem Augenblick auf mich gerichtet. Heute bin ich die Hauptperson. Niemand will dieses Drama verpassen.

„Miss, please sit down. You have to sit down now. We are about to take off."

Ungläubig und widerwillig lasse ich mir sanft in den Sitz helfen. Umständlich gurte ich mich an, was angesichts der vielen Tränen kaum möglich ist. Ich bin fast wie blind. Erst nach dem vierten oder fünften Versuch klappt es. Das Zeichen für die Sicherheitsgurte leuchtet bedrohlich über mir. Neben mir sitzt ein kleiner Amerikaner mit dunklem Teint und lockigem Pferdeschwanz, der mich aus großen Augen voller Mitleid anblickt. Es ist mir total egal, dass ich gerade beschissen und verheult aussehe, ich möchte nur zurück. Es ist alles ein schrecklicher Fehler!

Aber das kleine, vollbesetzte Flugzeug hebt ab und die Gebäude und Ausbildungsflugzeuge der Base werden immer kleiner. Kurz darauf sind wir über den Wolken. Mit jeder Meile, die ich Richtung nach Hause fliege, wird mir das Herz schwerer. Wie in Trance steige ich in Dallas in die Maschine nach München. Auch jetzt noch überlege ich, einfach hierzubleiben und nicht zu fliegen, aber meine Füße gehorchen mir nicht, und so sitze ich schließlich in einem Flieger nach Deutschland. Ich fühle mich völlig körperlos, so, als ob ich gar nicht selbst handle, sondern mich irgendwie von der Seite oder von oben sehe. Seltsamerweise sitzt der kleine Amerikaner wieder neben mir. Das ist doch nicht möglich, denke ich, aber mache mir weiter keine Gedanken. Ich spreche nicht, esse nicht und verweigere jedes Getränk. Allein der Gedanke daran, etwas meine Kehle hinunterzubringen, lässt mich innerlich würgen. Stunden später, irgendwann über dem Atlantik, stellt er sich vor. Er heißt Arnie Hernandez und ist Tontechniker. Zurzeit arbeitet er für die Band Cranberries und geht mit ihnen auf Tour. Ihr Hit heißt „*Zombie*".

Wie passend, denke ich, genau so fühle ich mich. Wie ein Zombie. Erik und ich haben uns getrennt. An unserem Jahrestag. Alles ist grau und schwarz und leer.

Kapitel 10

September 1995

Ich sitze auf dem Bett in meinem Zimmer, unserem Zimmer. Eriks Sachen sind alle hier. Sein Kleiderschrank, seine Couch, seine CDs, seine Anlage, sein Cockpit aus Papier an der Wand. Der Fernseher läuft ohne Ton. Irgendeine Folge von ‚Eine schrecklich nette Familie' flimmert aus dem schwarzen Kasten. Peggy Bundy rennt mit Trippelschritten, Sturmfrisur und pinken Leggins hinter Al her. Ich schalte den Fernseher aus. An. Aus. An. Aus. An. Ich spüre keinen Hunger, keinen Durst, keine Wut, nichts.

Er hat nicht mehr angerufen. Seit fünf Jahren sprechen wir jeden Tag miteinander. Doch seit zwei Wochen ist Funkstille. Seit zwei Wochen, acht Stunden und drei Minuten. Das Wintersemester hat noch nicht begonnen und ich habe keine Ahnung, was ich mit meiner freien Zeit anstellen soll. Seltsamerweise spüre ich enorme Müdigkeit schon beim Aufwachen und wünsche mir jeden Morgen, der Tag wäre schon vorbei. Ich habe versucht zu joggen, aber schon der Gedanke an Bewegung hat mich gelähmt. Ich habe versucht ein Buch zu lesen, aber die Buchstaben verschwammen vor meinen Augen. Ich habe versucht zu schreiben, aber bereits bei der zweiten Zeile alles zerknüllt. Ich habe Bille angerufen, aber sie ist immer noch sauer auf mich.

Das Telefon klingelt und ich stürze in den Gang, hebe atemlos ab: „Santini? Oh, … ja natürlich. Einen Moment bitte. Mama, für dich."

Mama ist gerade in mein Zimmer gekommen, nimmt den Hörer entgegen und sieht mich besorgt an. „Schön, dass Sie anrufen. Ich habe Ihren Anruf schon erwartet …" Dann schließt sie die Tür.

Das plötzliche Aufspringen gepaart mit großer Hoffnung hat meine ganze Kraft gekostet und ich fühle mich krank und erschöpft. Zurück in meinem Zimmer schalte ich den Fernseher endgültig aus und lege eine CD ein: Metallica, ‚*Nothing Else Matters*'. Ich nehme seinen dunkelblauen Pullover aus dem Schrank, stecke meine Nase dazwischen und atme tief ein. Alle Fasern riechen nach Erik! Oh mein Gott, ich vermisse ihn so. Irgendwann gehe ich ins Bad, ziehe mich aus, drehe das Wasser auf, setze mich unter die Dusche, nehme kein Shampoo. Ich lasse das Wasser auf mich herabprasseln, spüre dessen warmen Druck und hoffe, dass ich mich vollständig auflöse.

Oktober 1995, Universität Augsburg

Der Student neben mir stößt mich in die Seite. Er ist hager mit abstehenden Ohren. Ich schrecke hoch und fühle mich, als hätte ich seit einem Jahr nicht geschlafen. Der Hörsaal ist bis zum letzten Platz belegt. Viele Studenten sitzen auch auf den Stufen des Hörsaals. „Er hat dich was gefragt!", flüstert er eindringlich. „Jetzt sag doch was!"

Verzweifelt blicke ich mich um. Alle starren mich an. Vorne am Pult steht Professor Westerbeck und runzelt die Stirn.

„Frau Santini, würden Sie uns bitte die Ehre erweisen und meine Frage beantworten?" Ich schlucke und fühle mich elend. Ich habe absolut keine Ahnung, wo wir sind.

„Äh, Verzeihung, könnten Sie bitte Ihre Frage wiederholen?" Eine Woge von Gelächter erfüllt den Saal und Professor Westerbeck bittet energisch um Ruhe.

„Natürlich. Sie waren wohl geistig abwesend. Ganz abgesehen von der Tatsache, dass Sie zu spät in meine Vorlesung kamen. Nun ja, kann passieren. Erklären Sie uns doch bitte den Unterschied zwischen endozentrischen Komposita und Bahuvrihikomposita."

Oh Gott! Mein Gehirn fühlt sich an, als wäre jede einzelne Zelle ausgeschaltet. Ich kenne die Antwort, aber sie fällt mir nicht ein. Sie versteckt sich irgendwo in meinem Kopf. Scheiße! Hilflos beiße ich auf meine Unterlippe.

„Frau Santini, von Ihnen bin ich Besseres gewöhnt. Viel Besseres. Wenn Sie unvorbereitet in meine Vorlesung kommen, können Sie sich die Zeit sparen", sagt er vorwurfsvoll mit sonorer Stimme. Nun ist es absolut still, alle kleinen Nebengeräusche haben aufgehört. Kein Schreiben, kein Rascheln, kein Rutschen auf den

Stühlen. Brennende Tränen lauern hinter meinen Augen, aber ich schlucke sie herunter. Scham überfällt meinen Bauch und ich hasse dieses Gefühl. Oh mein Gott, wie peinlich! Das ist mir noch nie passiert.

Unvermittelt stehe ich auf, stopfe meine Schreibsachen in meine Tasche, kämpfe mich durch die vollen Reihen, stoße an Knie, entschuldige mich nicht, renne die abgewetzten Treppen hoch und schlage die olivgrüne Hörsaaltür laut hinter mir zu.

Seit Tagen starre ich die Wände in meinem Zimmer an. Ich habe festgestellt, dass oben links zwei Dellen im Putz sind und dass ich ‚weiß' als Wandfarbe nicht länger akzeptieren kann. Ich brauche etwas Neues: Vielleicht dunkelblau oder schwarz?

Das Telefon klingelt in meiner Hand und irgendwie spüre ich, dass er es ist. Es klingelt weiter, aber ich habe große Angst ranzugehen. Wie soll ich mich bloß verhalten? All die Wochen ohne ihn waren wie ein Marathonlauf. Ich vermisse ihn so sehr. Das Telefon klingelt wieder. Also, gut. Wahrscheinlich ist er es gar nicht. Woher soll ich das denn wissen? Ich werde noch verrückt! So ein Blödsinn, warum sollte ich wissen wer dran ist!

„Santini?", spreche ich nervös, fast atemlos in den Hörer.

„Hallo, ich bin's. Erik."

Schlagartig erhöht sich meine Herzschlagfrequenz. Mein Bauchgefühl hat mich nicht im Stich gelassen, leider. Scheiße, wieso ruft er gerade jetzt an. Ich fühle mich schwach, nervös, unsicher und müde. „Hallo."

„Wie geht's?"

Beschissen, denke ich. Ziemlich beschissen. Schrecklich und furchtbar. „Ganz gut und dir?"

„Passt."

„Was macht das Fliegen?" Ich muss mich beruhigen. Nur ein Gespräch.

„Ja, alles gut. Die letzten Testflüge alle bestanden."

„Das freut mich für dich. Wirklich." Eine Weile höre ich nur unseren gemeinsamen Atem. Ich sollte ihm sagen, dass es ein

Fehler war. Ich sollte ihm sagen, wie sehr er mir fehlt! Ich sollte …

„Becca …“ Jetzt macht er eine kurze Pause. „Ich muss dir etwas sagen. Es ist wichtig.“

Oh bitte, sag, dass du mich unendlich vermisst! Bitte, bitte, bitte!

„Becca. Ich habe eine neue Freundin. Ihr Name ist … Michelle. Ich wollte es dir persönlich sagen, nicht, dass du es von irgendjemand anderem erfährst.“

Zwanzigtausend Pfeile treffen mein Herz und richten ein grausames Blutbad an. Schlimmer als alle Blutbäder aus dem Film ‚Braveheart' mit Mel Gibson zusammen. Verkrampft halte ich den Hörer fest. Nein, nein, nein. Das tut so verdammt weh. Ein anderes Mädchen? Wie kann er das tun? Bin ich so leicht zu ersetzen? Er vermisst mich überhaupt nicht.

„Oh, das freut mich“, antwortet meine Stimme etwas zu hoch für mich. Ich frage nicht, wie sie aussieht. Ich frage nicht, wie alt sie ist. Ich frage nicht, was sie macht. Meine Beine fühlen sich an wie flüssiger alter Pudding, so dass ich mich auf unser Bett setzen muss. Ich ziehe die Knie an und schlinge die Arme darum. Ich wusste es. Ich wusste, dass so etwas passieren würde. Ein bitteres Gefühl, ein demütigendes Gefühl bohrt sich wie ein Dolch in mein Herz. So schnell sucht er sich ein neues Mädchen. Und ich dachte, ich wäre so besonders für ihn.

„Ja, dann“, sagt er ziemlich gefasst und doch irgendwie nervös. „Becca, ich wollte dir noch sagen, dass du immer noch einer der wichtigsten Menschen in meinem Leben bist. Daran hat sich nichts geändert.“

Der wichtigste Mensch? Gott, dieser Satz füllt meinen Körper mit wärmender Liebe und heißen Pech gleichzeitig! „Also, dann, mach's gut“, antworte ich kühl, aber freundlich und lege auf. Eriks Worte aus Toby's Bar hallen in meinem Gedächtnis wider: „Tja, dann würde ich sagen, möchte sie etwas, das du hast, aber nicht möchtest.“ Ich krümme mich nach vorn und spüre den Schmerz grausam tief in meinen Bauch fahren.

Dezember 1995, Augsburg

„Es ist schön, dass du dich bei Jörg entschuldigt hast. Wahrscheinlich warst du einfach nur etwas schlecht drauf wegen … Erik“, flüstert mir Bille laut, aber verständnisvoll zu. Wir sitzen im hinteren Teil des Clubs Aurora. Die Musik dröhnt so wummernd aus den Boxen, dass man sich kaum unterhalten kann und ein stechender Schmerz im Mittelohr entsteht. Bille schmiegt ihren Kopf an Jörgs Schulter. Ich will innerlich aufschreien, sage aber nichts. Bille ist mir wichtig. Nur deshalb habe ich mich bei diesem arroganten, schleimscheißigen Idioten entschuldigt. Er sitzt ganz selbstgefällig da und grinst überlegen in meine Richtung. Sein kariertes Ralph Lauren Hemd ist glatt gebügelt.

„Komm, genieße doch endlich den Abend. Ist es nicht cool hier?“, ruft Bille in meine Ohren.

Die anthrazitfarbene Bar ist mit quadratischen, grünen Glaselementen versehen. Die antiken Mauern der Wand wurden offengelegt und mit einer Glasplatte davor versehen. Ein lilafarbener Lichtkegel beleuchtet in geschwungenen, schnellen Bahnen den Raum. Es ist rappelvoll. Ja, verdammt cool, verdammt voll und verdammt schick, denke ich. Ich hätte zu Hause bleiben sollen. Ich fühle mich leer und extrem gelangweilt. Bille verschwindet kurz auf die Toilette, nicht ohne Jörg mit einem leidenschaftlichen Kuss zu verabschieden. Ich könnte kotzen. Sieht sie denn nicht, dass er es nicht ernst meint?

Sie ist kaum weg, da raunt Jörg mir zu: „Na, wie heißt die neue Freundin deines Freundes … oh, ich meine deines Exfreundes?“

Danke Bille, du musst ihm wohl alles erzählen!

„Also, wie heißt sie?“

Er kann es nicht lassen. Was habe ich ihm eigentlich getan? „Michelle“, würge ich hervor.

„Ein schöner Name, Michelle. Tja, Männer müssen eben immer mal wieder Druck abbauen und … du warst nicht da.“ Er grinst spöttisch und nimmt einen Schluck Bier.

Was für ein Arschloch! „Du bist ein mieses Schwein“, speie ich aus.

„Und du bist naiv!"

„Bille ist meine Freundin, wenn du ihr wehtust dann …"

„Ja, was?" Seine Augen werden tellergroß und er schüttelt gespielt den Kopf.

„Ich werde mit ihr sprechen."

„Hast du bereits. Sie hat mir alles erzählt, aber sie glaubt dir nicht. Seltsam, dabei bist du ihre Freundin."

Bille kommt zurück, in engen Jeans und schwarzem Blazer. Sie sieht uns erschrocken an. „Nicht schon wieder. Du hast dich bei ihm entschuldigt!", bricht es aus ihr heraus und bleibt direkt vor unserem Tisch stehen. Sie stemmt beide Hände in die Hüfte. Ich springe mit einem Satz auf.

Bevor ich etwas antworten kann, sagt Jörg neutral: „Ich habe Becca gesagt, sie soll endlich ihre Hand von meinem Oberschenkel nehmen." Sein Gesichtsausdruck ist der eines unschuldigen Kindes. Dabei breitet er die Arme aus, als sei er sich keiner Schuld bewusst.

„Bitte? Was soll das? Bist du verrückt? Nur weil du jetzt frei bist, brauchst du dich nicht an meinen Freund heranmachen!"

Hilflos schüttele ich heftig den Kopf. „Bille, das ist doch Quatsch! Das habe ich nicht gemacht! Er ist ein Idiot und ein Schwein!"

Fassungslos öffnet Bille ihren Mund, aber es kommen keine Wörter heraus. Jörg eilt auf sie zu und nimmt sie fürsorglich in den Arm.

„Bille, du musst mir glauben. So war es nicht!", rufe ich.

„Hau ab! Hau ab und komme nicht wieder! Dass du so gemein sein kannst, das hätte ich dir nicht zugetraut. So durchtrieben! Erik kann von Glück sprechen, dass er dich los hat!"

Geschockt starre ich in ihr Gesicht. Mein Herz klopft wild. Jörg drückt sie noch fester. Ich kann nicht glauben, was ich gerade gehört habe. Wir kennen uns doch schon so lange!

„Geh, geh endlich! Ich kann dein Gesicht nicht mehr sehen!"

Mit einem heftigen Ruck nehme ich meine Tasche, schlucke den dicken Kloß in meinem Hals herunter und dränge mich nach draußen. Drücke Menschen zur Seite, entschuldige mich barsch.

Fast stolpere ich. Um Himmels Willen, habe ich gerade meine beste Freundin verloren? Wie schrecklich! Ich fühle mich, als ob sich ein schwerer Riese auf meine Brust gesetzt hätte und nicht mehr aufsteht! Ich unterdrücke Tränen, die sich ankündigen und in meinen Augenwinkel warten. Nein, ich werde nicht in der Öffentlichkeit weinen! Scheiße, was ist nur los? Oh Erik, wenn du hier wärst, könntest du mit ihr sprechen! Ich atme tief aus. Nein, du bist nicht hier. Du bist nie hier. Du bist nur bei deinen verdammten Flugzeugen! Ich ziehe meine Mütze tief ins Gesicht, drücke die schwere Glastür nach außen auf und laufe ihm mitten in die Arme.

„Becca! Das ist ja ein Überraschung!"

Ungläubig, ob er es wirklich ist oder nur eine weihnachtliche Fata Morgana, runzle ich die Stirn. Er hat eine elegante graue Winterjacke an. Schneeflocken liegen vereinzelt in seinen Haaren, was sie graublond erscheinen lässt.

„Hallo."

„Das ist ja verrückt. Da fliege ich um die halbe Welt und die erste Frau, die mir in die Arme läuft, bist du!"

Völlig überrascht versuche ich freundlich zu schauen. „Hey, es tut mir leid, wie es in Sheppard gelaufen ist und es tut mir leid, dass ihr euch getrennt habt. Wirklich."

Ich sollte ihm böse sein. Hätte er mich nicht so gedrängt, wäre das alles nicht passiert. Oder lag es gar nicht an ihm? Hat Erik überreagiert? Oder lag es an mir …

„Ach, Pascal."

Er grinst mich schief an. „Es tut mir wirklich leid."

Ich glaube ihm, aus welchem Grund auch immer. Und irgendwie bin ich unendlich froh, dass er jetzt da ist.

„Vor wem wolltest du denn wegrennen?"

Oh, war das so offensichtlich? „Ich … äh … wollte nach Hause."

Pascal sieht mich verständnisvoll an. „Du vermisst ihn wohl sehr?", fragt er besorgt.

„Hm. Kann sein. Und du, willst in Augsburgs coolste Bar?"

„Ja, ich bin mit einem Freund verabredet."

„Tja, dann wünsche ich dir viel Spaß."

Pascal sieht kurz zu Boden. „Hättest du Lust noch ein bisschen Zeit mit mir zu verbringen?"

Ich möchte jetzt auf keinen Fall allein sein. „Und dein Freund?" Aber Pascal, ausgerechnet?

„Er wird es verstehen."

„Ich weiß nicht."

„Hey, hast du plötzlich Angst vor Jet-Piloten?"

Ich schnaube verächtlich. „Nein. So ein Quatsch."

Pascal zieht meine Mütze sanft nach hinten. „So, jetzt kann man dein Gesicht besser sehen. Wäre doch schade drum." Seine Berührung fühlt sich gut an.

„Na, gut, aber ich möchte nicht hier bleiben und ich möchte in keinen Club. Lass uns irgendwo hinfahren." Oh je, habe ich das gerade wirklich gesagt …

Pascals Augen leuchten auf. „Gern."

Ich fahre Pascals Wagen hinterher. Er fährt nicht zu schnell, achtet, dass ich folgen kann. Nach Fürstenfeldbruck! Oh mein Gott, ist das richtig? Die Straßen sind einigermaßen frei, aber etwas glatt. Wie konnte ich nur ‚Ja' sagen? Aber die Vorstellung heute Abend allein nach Hause zu fahren, allein in meinem Zimmer zu sein, allein die Wände anzustarren, löste ein schrecklich beklemmendes Gefühl in meinem Magen aus. Ich schlucke und versuche die Gedanken an Bille und Erik zu vertreiben. Es ist sehr neblig und schon ziemlich spät. Ich muss mich konzentrieren! Endlich kommen wir an der Kaserne an. Mein Magen krampft sich kurz zusammen. Der Schlagbaum, die wachhabenden Soldaten, alles wie damals. Nur, dass ich jetzt mit Pascal hier bin. Ein komisches Gefühl macht sich in mir breit. Das Gefühl vielleicht etwas Falsches zu tun. Ich ignoriere es. Erik und Michelle. Wie kühl er am Telefon war.

Dann stehen wir in seiner Stube. Wir legen unsere Jacken ab. Mir ist unwohl. Auch hier, überall Bilder von Jets an der Wand. Nervös bleibe ich wie ein Möbelstück im Raum stehen, kalt und starr. Pascal legt eine CD ein: Sting, Fields of Gold. Die Musik ist wunderschön, aber ich fühle mich eigenartig fremd. Vielleicht sollte ich wieder gehen?

Pascal zieht mich zärtlich an sich. „Becca, du bist irgendwie anders."

Noch nie hat mich ein anderer Mann auf diese Weise berührt. Ich fühle mich wie gelähmt. „Pascal, ich glaube nicht, dass wir …"

Er nimmt meinen Kopf in seine Hände und küsst mich. Erschreckt weiche ich zurück.

„Nicht, bitte tu das nicht. Ich wollte nur nicht allein sein."

Er kommt einen Schritt auf mich zu. „Lass dich einfach fallen. Schließ die Augen."

Na gut. Ich schließe die Augen und warte. Mein ganzer Magen fühlt sich klein und zerdrückt an. Soll ich das hier geschehen lassen? Könnte ich Erik auf diese Weise vergessen?

Pascal küsst meinen Nacken und ein Schauer läuft mir den Rücken hinunter. „Du riechst so gut." Er zieht mir meinen Pullover über den Kopf. „Küss mich zurück", fordert er flüsternd.

Ich küsse ihn sanft auf den Mund. Er ist weich und seine Bartstoppeln kratzen mich leicht. Er fühlt sich anders an als … Urplötzlich sehe ich Eriks Gesicht vor mir, seine schelmisches Grinsen, seine braunen Augen, die große Nase mit der Narbe, spüre seine Lippen auf meinen, rieche seinen Duft … „Es geht nicht! Bitte, hör sofort auf! Ich kann das nicht. Das geht mir alles viel zu schnell", bricht es aus mir heraus. Ich stoße Pascal heftig von mir. Sein Bedrängen erfüllt mich auf einmal mit Schaudern und seine Präsenz erinnert mich an einen Riesenoktopus, der seine Fangarme nach mir ausstreckt.

„Was?"

„Es geht nicht. Es war ein Fehler von mir hierher zu kommen."

„Das ist nicht dein Ernst!"

„Doch."

„Du hast nur Angst!"

„Nein, das ist es nicht."

„Du brauchst vielleicht etwas Zeit. Jetzt stell dich doch nicht so an."

„Nein, ich will einfach nur weg. Von hier, von dir."

„Du willst jetzt gehen?"

„Ja, ich fühle nichts, wenn du mich küsst."

„Dann geh doch! Was hast du denn gedacht, was wir machen? Reden? Händchenhalten vielleicht?" Er ist außer sich. Er stemmt seine Hände verständnislos in die Hüfte und sieht fassungslos auf mich herab.

Oh je, Erik du hattest vollkommen recht! Ich hätte mich nie auf Pascal einlassen dürfen! Hastig ziehe ich meinen Pullover wieder an, renne zur Tür, sprinte zu meinem Wagen, werfe die Tür auf, fahre los. Ich will nach Hause. Ich hätte niemals, niemals hierher kommen dürfen.

„Was machen Sie hier? Mitten auf der Straße? Sind Sie irre? Ich hätte Sie beinahe totgefahren! Oh mein Gott! Wie sehen Sie überhaupt aus? Sie bluten wie verrückt am Hals!"

Der ältere Mann mit kurzen grauen Haaren zerrt mich von der Straße. Er ist wütend und schreit die ganze Zeit. Es ist sehr finster, und man kann kaum die Hände vor den Augen sehen. An diesem Teil der Strecke gibt es keine Straßenbeleuchtung. Überall sind Bäume. Höhe Bäume.

„Wie sind Sie überhaupt hier hergekommen?"

„Mit dem Auto", stammele ich. Meine Stimme bricht.

„Ich sehe hier kein Auto."

Der Mann ist außer sich. Ich fühle mich wie in Trance.

„Warum sind Sie so seltsam? Haben Sie getrunken?"

Der Mann rüttelt mich unsanft an beiden Schultern. „Nein! Ich trinke nie, wenn ich Auto fahre."

„Ich sehe hier kein Auto! Wollen Sie mich verarschen?" Er wird immer wütender.

„Es ist … mein Auto … das Auto meiner Eltern …" Meine Stimme gehorcht mir nicht. Ich zittere. Mir ist unendlich kalt.

„Nehmen Sie Drogen?"

Die Augen des Mannes durchforschen mein Gesicht. „Ich habe noch nie Drogen genommen. Warum fragen Sie?"

„Wie sind Sie hierhergekommen? Ich hätte Sie beinahe

totgefahren. Mitten auf der Straße! Sehen Sie die Bremsspuren? Ich konnte gerade noch anhalten, aber Sie standen einfach da und haben sich keinen Millimeter bewegt, als ich kam. Keinen einzigen! Das gibt es doch nicht!"

Langsam beginne ich, mich zu erinnern. Ich war im Auto unterwegs vom Fliegerhorst Fürstenfeldbruck nach Hause. Ich drehte am Radioknopf, weil mir die Musik nicht gefiel. Dann war da auf einmal dichter Nebel. Alles weiß. Überall weiß. Vor mir weiß, hinter mir weiß, rechts und links alles weiß. Dann die Leitplanke direkt vor mir und ich reiße das Lenkrad erschrocken nach links. Das Auto kommt ins Schleudern. Dann ein lauter Aufprall, dann die andere Leitplanke, dann wieder die andere. Ich kann das Lenkrad nicht mehr halten, im Auto dreht sich alles. ‚Scheiße! Das Auto überschlägt sich!' Alles kopfüber, dann nur noch Bäume. Es geht steil nach unten und ein noch viel lauterer Knall. Dann alles schwarz. Ich bin tot, denke ich, tot! Wie schnell alles ging!

Aber ich war gar nicht tot. Ich fasse an meine Stirn. Sie ist warm. Ich fasse an meinen Hals. Er ist nass und warm. Gott! Alles voller Blut! Der Sicherheitsgurt! Er hat meinen Hals angeschnitten. Ich will die Tür öffnen, es geht nicht. Alles klemmt. Es ist so dunkel. Ich kurbele das Fenster herunter und steige mit klammen Beinen aus dem Wrack. Kraxele irgendwie den steilen Berg hoch. Plötzlich stehe ich wieder auf der Straße und sehe zwei grelle Lichter auf mich zukommen. Sie werden immer größer und größer.. Ich bleibe stehen.

„Mein Auto ist dort unten." Ich führe den Mann zur Spitze der Anhöhe zur rechten Leitplanke und deute nach unten.

Der Mann sieht nach unten und schlägt sich blitzartig die Hand vors Gesicht. „Oh mein Gott, oh mein Gott! Wie sind Sie da herausgekommen? Das Auto ist komplett an den Bäumen zerschellt! Wie konnten Sie das überleben?"

„Ich bin mir sicher, wir können das Auto reparieren", mault Papa und ist ziemlich sauer. Er und Mama sind zusammen mit mir zum Autohaus Zinnerstedt gefahren. Der ältere Mann von letzter Nacht hat, nachdem er mich nach Hause gebracht hat, den

Abschleppdienst informiert.

Wir sind auf dem Weg zum Platz, auf dem die Unfallwagen aufgestapelt werden. Der Nebel ist wie weggeblasen und die Sonne ist klar, aber sehr kalt. Jede kleine Welle im Asphalt wird hell angestrahlt und ich kann kaum glauben, dass die Welt gestern Nacht noch in undurchsichtigem Weiß versunken war.

„Papa, das Auto ist nicht mehr zu retten!“ Er will es mir einfach nicht glauben. Er denkt immer noch, das Auto hätte nur einen kleinen Blechschaden!

Herr Zinnerstedt Senior führt uns zum Wagen, und dabei sieht er sehr betreten aus. „Mein Beileid“, sagt er, als wir vor dem Wrack stehen, das einmal wie ein Auto aussah. „Der Insasse ist wohl … äh … schwer verletzt?“

Ungläubig und voller Entsetzen starren Papa und Mama auf das Wrack des Wagens. Bei dem Anblick des Wagens, durchzieht mich ein Schock. Im Tageslicht sieht es noch viel schlimmer aus, als gestern Nacht! Das Auto ist nur ein Blechhaufen. Alle Scheinwerfer sind kaputt. Die Heckscheibe und die Beifahrerscheibe fehlen. Der linke Kotflügel und das Dach sind komplett eingedrückt. Gott, wie bin ich da nur rausgekommen? Dann fängt Papa an zu weinen. Jetzt bin ich sprachlos. Ich habe meinen Vater noch nie weinen sehen! Mama hält seinen Arm.

„Ich bin der Insasse“, sage ich leise und schuldbewusst zu Herrn Zinnerstedt.

Ungläubig sieht er mich an und kneift die Augen zusammen. „Das gibt es nicht! Ich mache meinen Job nun seit mehr als 30 Jahren. Ich kenne mich mit Autos und Unfällen aus. Sie sind den Wagen gefahren und haben überlebt?“

Ein paar Augenblicke schweigen wir alle drei.

„Wo kamst du überhaupt her?“, fragt Mama mich urplötzlich.

Wo ich herkam? Gott, wie soll ich ihr das nur erklären? Ich kann es mir selbst kaum erklären. „Von Freunden“, lüge ich. „Die kennt ihr nicht.“

„Becca? Du hast Besuch“, sagt Mama und verlässt mein Zimmer wieder. Ihre ständigen Ausfrageversuche haben aufgehört. Sie hat kapituliert, endlich.

Es klopft leise.

„Ja?“ Ich lege mein Buch über eine amerikanische Einwandererfamilie zur Seite. Wer besucht mich schon an Weihnachten? Da sind doch alle bei ihren Familien. Ich fühle mich auch gar nicht in Stimmung für einen Besuch. Ehrlich gesagt, ich möchte allein sein. Die Tür geht auf. Ich traue meinen Augen nicht. „Wie kommst du denn hierher?“ Ich springe auf – das Buch fällt abrupt zu Boden.

„Willst du mich nicht herzlicher begrüßen? Ich habe viele Stunden Flug hinter mir.“ Er steht vor mir. Einfach so. In seiner blauen Luftwaffenuniform. Und sein kräftiger, durchtrainierter Körper füllt den ganzen Raum.

„Ich dachte, du bist in Wichita Falls … mit Michelle?“

Er antwortet nicht sofort und das Schweigen im Raum ist wie elektrisch aufgeladen. Er betrachtet mich genau, so als müsste er seine Antwort genau abwägen.

„Mit Michelle habe ich schon lange Schluss gemacht …“

Jetzt zieht er mich zu sich und drückt mich so fest, dass mir fast die Luft wegbleibt. Minuten vergehen und keiner sagt etwas. Dann lösen wir uns.

„Wieso bist du hier?“

„Ich möchte mit dir reden.“

Mit mir reden … aha. Ich bin immer noch völlig verblüfft, dass er überhaupt gekommen ist. „Ja?“

Er öffnet die Knöpfe seiner Uniform, zieht sie aus und legt sie locker über die Armlehne des Sofas. Hält kurz inne. Atmet tief aus. Jetzt fang schon an. Was soll das Ganze? Er soll endlich sagen, warum er gekommen ist. Ich platze gleich. Diese Spannung ist wirklich unerträglich. „Wie geht es dir, Becca?“

Wie es mir geht? Bitte? Beschissen, geht es mir! Ich fühle mich elend. Allein. Miserabel. Furchtbar. Schrecklich. Ich habe mich in der Uni total blamiert, meine beste Freundin verloren, das Auto meiner Eltern geschrottet, wäre um ein Haar gestorben … „Äh, passt schon. Und dir?“

Er seufzt und sieht kurz zu Boden. Sein Gesicht macht jetzt

einen schmerzverzerrten Eindruck. „Na ja. Muss ja irgendwie gehen. Wie läuft es an der Uni?“

Oh Mann! Weshalb kann er nicht einfach sagen, warum er gekommen ist? „Danke der Nachfrage. Meine Seminare laufen gut.“ Wenn er Smalltalk machen will, bitte kann er haben. „Was macht das Fliegen?“

Er räuspert sich, atmet aus und sieht mich aus den Augenwinkeln heraus an. „Gut. Die T 38 ist schon ein richtiger Jet. Das fliegt sich schon ganz anders.“

„Wahrscheinlich anders, als eine Propellermaschine.“ Unser gemeinsamer Flug stiehlt sich in mein Gedächtnis, aber er geht nicht darauf ein.

„Schon, du musst tausend Sachen gleichzeitig denken und tun.“

Nein, er soll endlich mit der Sprache herausrücken. Ich halte es kaum noch aus! Er verschränkt die Arme vor seiner Brust, seine Augen durchdringen meine Seele. Himmel! Er sieht so gut aus in seiner Uniform. Wenn er mich weiter so anschaut, werde ich schwach, werfe mich in seine Arme und bitte ihn um Verzeihung für mein bescheuertes Verhalten in Texas. Nein, ich bleibe stark. Er hat vollkommen überreagiert mit seiner dämlichen Eifersucht. Ich bin nicht mehr das fünfzehnjährige Mädchen, das er leicht in die Richtung führen kann, in der er es haben möchte. Ich bin eine junge Frau. Mit einem eigenen Kopf. Ich halte diese Anspannung nicht mehr aus.

„Warum zum Teufel bist du gekommen, Erik?“

„Wir müssen reden“, sagt er mit fester Stimme und fährt sich mit einer Hand durch seine braunen Haare, so als wollte er es nicht wahrhaben.

„Über was?“

„Mir geht es furchtbar. Jeden morgen, wenn ich aufstehe, wünschte ich mir, der Tage wäre schon vorbei. Ich denke jeden Tag an dich, jede Stunde, jede Minute. Scheiße. Ich denke sogar beim Fliegen an dich. Ich habe versucht dich aus meinem Kopf zu bekommen, aber du bist immer da. Verdammt! Du bringst mich zur Weißglut. Ich würde dich am liebsten auf dem Mond schießen oder übers Knie legen. Oder beides zusammen. Verdammt noch mal!“

Wow! Das hat gesessen! „Äh … das Erste kann ich noch verstehen, also das mit dem Mond, aber das Zweite … ist ein bisschen hart, findest du nicht?“

Er schnaubt verächtlich.

„Hast du mir noch etwas zu sagen, das vielleicht etwas weniger … äh … einschüchternd ist?“, frage ich etwas nervös.

Er blickt mich an und in seinen Augen blitzt Wärme auf. So wie bei einem Kochtopf, bei dem man den Deckel kurz anhebt und der heiße Dampf nach außen weicht. „Ja.“

„Aha, und was?“

Er atmet tief ein, so als ob er mit sich ringt. „Ich liebe dich, Becca, sehr. Ich liebe dich unendlich. Ich schließe die Augen und sehe dein Gesicht. Dauernd. Stell dir vor in welchen Kinofilm ich letztens gegangen bin? In *‚Legenden der Leidenschaft'*! Ganz allein, ohne meine Kameraden. Gott, ich bin ein Freak! Ein totaler Freak!“

Oh, verdammte Scheiße! Sein ehrliches Bekenntnis trifft mich, wie ein gleißend heller Lichtstrahl, mitten ins Herz. Ich bin sprachlos.

„Als ich das erste Mal mit Michelle schlief, habe ich aus Versehen ‚Becca' zu ihr gesagt. Oh Mann, ist die ausgerastet. Unsere Trennung ist völliger Unsinn. Du und ich, unser Traum, weißt du noch?“

Mein Puls schnellt hoch. Mein Herz springt an die Decke und zurück. Und obwohl mir eben noch total kalt war, spüre ich die Kälte jetzt nicht mehr. Hat er das gerade wirklich gesagt? Fassungslos stehe ich da. Seit Wochen und Monaten vermisse ich ihn unendlich. Kann nicht schlafen, nicht essen, nicht denken. Und jetzt steht er hier und sagt: „Ich liebe dich.“

„Du hast mir vor ein paar Monaten keine Antwort gegeben. Meine Frage, du weißt schon … Als wir in der großen Blumenwiese lagen.“

Ich schlucke tief, vor Freude und Verwirrung zugleich. „Ich weiß. Wir hatten diese Autopanne, der verpasste Flug, der Trucker, der uns mitgenommen hat. Diese wunderschöne Wiese. Wir sind hinein gerannt und …“

„Ich frage dich jetzt zum letzten Mal“, unterbricht er mich und sieht mich fordernd an. Ich beobachte, wie er für einen kurzen Moment die Augen schließt, so als würde er ganz tief in sich gehen. „Möchtest du dein Leben mit mir verbringen?"

Er ist mir nun so nah gekommen, dass er mich fast berührt. Oh je! Gerade eben war ich noch allein und verzweifelt und jetzt steht er hier und fragt mich, ob ich mein Leben mit ihm verbringen will? Was für ein verrückter Tag! Doch irgendwie habe ich das Gefühl, dass er anders ist als sonst. Er hat irgendetwas, das spüre ich. Irgendetwas, das ihn beschäftigt. „Ja", flüstere ich. Meine Stimme klingt heiser und erstickt und ich frage mich warum. Ich weiß, dass ich innerlich schon tausend Mal ‚Ja' gesagt habe. Inoffiziell hin oder her. Einen Ring habe ich doch schon seit fünf Jahren.

Er lächelt kurz, nur ein winziges Zucken um die Mundwinkel. „Ich habe noch eine Frage." Aha, wusste ich es doch. Er hat noch etwas. Sein Gesicht wird ernst. So ernst, dass ich spüre wie sehr er auf meine Antwort wartet. „In ein paar Wochen bin ich wieder in Deutschland und komme in irgendein Geschwader. Kommst du dann mit mir, egal wohin ich versetzt werde?"

Ah, das ist also seine Bedingung. „Das hast du mich schon einmal gefragt."

„Ich weiß. Aber ich glaube nicht, dass ich sofort zum Geschwader nach Lagerlechfeld komme. Ich könnte auch in Jever landen. Bist du dann an meiner Seite?"

„Äh, also … ja. Ich meine, ich studiere doch in Augsburg. Dann kann ich nicht einfach an eine andere Uni wechseln. Lehramt ist an das jeweilige Bundesland gekoppelt. Wir könnten uns doch in den Semesterferien sehen. Uns irgendwo eine kleine Wohnung nehmen? Vielleicht kommst du ja sogar nach Lagerlechfeld?"

Erik sieht mich lange an. Enttäuscht und verletzt macht er nun einen Schritt zurück. „Du gibst mir ein halbes ja, kein ganzes. Becca, ich kann nicht weiter von dir getrennt leben. Das halte ich nicht aus. Das Jahr in Texas war die Hölle für mich. Unsere Trennung ist die Hölle für mich! Ohne dich zu sein, raubt mir völlig den Verstand! All die Briefe, die wir uns geschrieben haben! Ich lese sie vier, fünf Mal, immer und immer wieder. Trage sie in meinem Fliegerkombi, zerlesen, tausend Mal berührt, lerne sie auswendig. Wenn ich nach Jever, Manching oder Ramstein oder sonst wohin käme, würde ich von dir verlangen, mit mir zukommen." Sein Blick ist hart, fordernd und unausweichlich. Und doch ist er auch voller Liebe und Sorge.

„Und mein Studium? Mein Beruf?", frage ich verwirrt.

„Ich verdiene für uns beide. Aber vielleicht könntest du dein Studium aussetzen und später zu Ende studieren?"

„Äh, jetzt bin ich wirklich sprachlos. Du verlangst von mir, alles aufzugeben, um dir zu folgen, zumindest im Augenblick? Sehe ich das richtig?"

Der Ausdruck in seinen Augen ist hilflos und stählern zugleich. Plötzlich hält er vorsichtig meine Hände. Er sieht mich an. Seine Augen sind warmherzig und braun. Seine Wimpern dicht. Bartstoppeln sprießen an seinem Kinn. Und die kleine waagrechte Narbe auf seiner Nase – wie vor mehr als 5 Jahren. Sein Gesicht ist männlicher geworden, kantiger. Er nimmt meinen Kopf in beide Hände – wie damals im strömenden Regen, bei unserem ersten Kuss. Er antwortet mit fester Stimme: „Ja, Becca. Genau das verlange ich von dir."

Ein intensiver Schauder erfasst meinen Körper und ich fühle eine beklemmende Enge in meiner Brust.

„Ich kann verstehen, dass du zu Ende studieren willst, wirklich. Du bist eine junge und kluge Frau geworden, mit eigenen Zielen. Aber wieder von dir getrennt zu sein, halte ich nicht mehr aus. Becca, du fehlst mir so sehr, dass es körperlich wehtut."

Glaubst du mir geht es anders? Scheiße! Möchte ich so leben wie Claudia, die Frau seines Fluglehrers? In der Nähe irgendeines Luftwaffenstützpunktes? Als Ehefrau und Mutter? Wieder und wieder wird ihn die Bundeswehr irgendwohin schicken und ich bleibe allein zurück, voller Sorge. Ganz zu schweigen von den Auslandseinsätzen! War die Bundeswehr in den letzten Jahren nicht in Somalia und Bosnien? Schlagartig wird mir bewusst, dass er als Tornadopilot genau dafür ausgebildet wird. Als er anfing mit dem Fliegen, waren Auslandseinsätze eher die Ausnahme. Aber jetzt …

„Becca?"

„Ja?"

„Was denkst du? Bitte sag was."

Dass ich ohne dich nicht leben kann. Dass es mir schwerfällt mit deinem Beruf zu leben. Dass du mir die Pistole auf die Brust setzt.

Dass mich das wütend macht. Dass ich zu Ende studieren möchte. Dass ich jetzt noch zu jung bin, um dein Leben zu leben. Dass ich dich unendlich liebe. Dass ich deine Eifersucht hasse. Dass ich dich brauche. So sehr. Dass du mich erpresst. Ich würde ihn am liebsten anschreien und umarmen, gleichzeitig.

Und dann sage ich Worte, die ich selbst kaum fassen kann. Worte, die völlig gegen mein Herz sprechen. Worte, die ich nur spreche, aber überhaupt nicht fühle.

„Erik, ich kann nicht mit dir gehen. Ich muss meinen eigenen Weg gehen, zu Ende studieren. Ich kann mir überhaupt noch nicht vorstellen zu heiraten. Allein das Wort ‚Heirat' macht mir Angst. Warum setzt du mich so unter Druck? Wie kannst du von mir verlangen, dir zu folgen ohne mein Studium zu beenden? Zählt denn mein Beruf gar nicht? Und was ist mit meinen Wünschen? Das ist total ungerecht. Meine Antwort ist … Nein."

Eriks Augen gefrieren zu Eis. Dann nickt er wortlos und geht wie in Zeitlupe ein paar Schritte zurück. Wir bleiben mindestens zwei Meter voneinander entfernt stehen. Wie zwei Statuen aus Stein. Keiner rührt sich, eine Ewigkeit vergeht. Nur Schweigen. Es kommt kaum Sonne durchs Fenster und das Licht ist aus. Wir stehen im Halbdunkel. Erik sieht mich durchdringend an. „Ich habe gehört, dass du vor ein paar Monaten eine Nacht mit Pascal zusammen warst", sagt er plötzlich gepresst. Sein Blick spricht Bände, er würde am liebsten komplett ausrasten. Aber er reißt sich zusammen.

Hilfe! Wer hat ihm das erzählt? Ich habe nie darüber gesprochen. Pascal! Oh Gott, den hatte ich völlig vergessen! Und wie zum Teufel hat er davon erfahren? „Woher weißt du das?"

„Von ihm selbst. Er kam Anfang Februar noch einmal nach Sheppard Air Force Base, direkt in eine Flugnachbesprechung. In einer kurzen Pause prahlte er damit, eine Nacht mir dir verbracht zu haben. Vor allen anderen Piloten im Raum." Eriks geballte Fäuste, an denen die Fingerknöchel weiß hervortreten, zeigen mir deutlich, welch heftige Gefühle in ihm toben.

Fassungslos blicke ich ihn an. Pascal! Was für ein Arschloch! Das ist überhaupt nicht wahr! Wie kommt er dazu so etwas zu behaupten? Ich hatte doch alles abgebrochen. War gegangen. Und dann dieser unsägliche Unfall. Ich kann minutenlang nicht sprechen, so wütend bin ich. Ich schüttle meinen Kopf und unterdrücke die Wut, die wie ein Vulkan aus meinem Körper ausbrechen will. Ich spüre Schuld in mir hochsteigen und fühle, dass meine Wangen heiß werden. Was fällt ihm überhaupt ein mir Vorhaltungen zu machen! Hatte er nicht mit einem Mädchen namens Michelle geschlafen?

Dann bricht Erik mein Schweigen und sagt etwas noch Unfassbareres.

„Ich habe eine Frau kennengelernt."

Jetzt bin ich völlig zu Stein erstarrt. Ein eisiger Hauch verwirrender Angst kriecht meinen Rücken hinunter. Es würde weniger wehtun, wenn er mir ein Messer in die Brust stoßen würde. Zuerst will er, dass ich mein Leben an seiner Seite verbringe und jetzt erzählt er mir von einer neuen Frau? Ist er verrückt? „Wie bitte?" Ich bin geschockt, gelähmt, bewegungsunfähig. Ich taumele. „Wer ist sie?", frage ich atemlos und spüre, wie das Adrenalin durch meine Venen rauscht. Mein Herz hat inzwischen aufgehört zu schlagen. Irgendwie halte ich mich am Sofa fest.

„Ihr Name ist Carrie. Sie ist fünf Jahre älter als ich und hat eine dreijährige Tochter, Kirsty."

„Aus Wichita Falls?" Meine Stimme ist nur noch ein Kieksen. Innerlich habe ich das Gefühl, mit jedem Wort, das er sagt, ein wenig mehr zu sterben.

„Ja."

„Wann hattest du vor, mir von ihr zu erzählen?"

Erik versteift sich, überlegt kurz und beißt sich kurz unsicher auf die Unterlippe. „Ursprünglich gar nicht."

Ich schnappe hörbar nach Luft und widerstehe nur schwer dem Drang ihn heftig zu ohrfeigen. Wie kann er es wagen! Er trifft eine neue Frau und kommt dann zu mir? Es kostet mich alle Kraft, stehen zu bleiben „Dann wünsche ich dir alles Gute und viel Glück. Für dich und deine … neue Freundin." Meine Stimme ist kaum noch zu hören. Mir ist, als wackele der Boden unter mir und die Konturen des Zimmers verschwimmen.

„Noch ist sie nicht meine Freundin."

Prima, soll ich mich jetzt auch noch freuen? „Aha."

„Mehr hast du nicht zu sagen?“ Fragend legt er den Kopf schief. Ja, sein Blick sagt mir, ich weiß, was du denkst und fühlst, aber ich muss das hier tun. „Becca, wenn ich jetzt gehe, dann komme ich nicht wieder, verstehst du?“

Ohne mir bewusst zu sein, habe ich mich in eine total verfahrene Situation manövriert, aus der ich jetzt nicht mehr herauskomme, selbst wenn ich es will. Was bringt es jetzt noch, die Sache mit Pascal klarzustellen? Nichts. Was bringt es jetzt noch eine Eifersuchtsszene aufzuführen? Überhaupt nichts. Oder würde er sich das wünschen? So wie damals bei dieser Svea? Ich schüttele kaum merklich den Kopf.

Er wartet noch eine Weile. Sieht mich fragend an. Lehnt sich mit verschränkten Armen an meinen Schreibtisch. Atmet lange hörbar aus, was fast so klingt, als hätte er schlimme Schmerzen. Seine Augen flehen mich geradezu an. „Also, hast du nichts mehr zu sagen?“

„Ja, doch. Weißt du, die Sache mit Pascal war eigentlich ganz schön. Eine wirklich tolle Nacht.“ Noch ehe ich nachdenken kann, schießt diese Lüge aus meinem Mund und verändert etwas Großes zwischen uns.

Erik lehnt immer noch am Schreibtisch, seine Hände fest verschränkt, sein Blick in meinem, aber ich kann sehen, dass er nur unter größter Selbstbeherrschung seiner Kräfte dort stehen bleibt und sein Entsetzen unterdrückt. „Becca, du reißt mir die Seele aus dem Leib“, sagt er schließlich mit vollkommen veränderter Stimme.

Mein Wurfgeschoss hat getroffen! Aber Triumph spüre ich keinen, im Gegenteil. Ich fühle mich so, als hätte ich gerade meinen besten Freund verraten. Mit dem Gefühl, dass ich an diesem Weg jetzt nichts mehr ändern kann, schüttele ich sprachlos den Kopf über all das und sage nichts mehr. Ich fühle mich, als würde jemand einen großen Dolch mit schmerzlicher Langsamkeit in meinem Herzen hin und her drehen.

„Mehr hast du also nicht zu sagen?“

Erik steckt eine Hand in seine Hosentasche und hinter ihm kann ich den Brief auf meinen Schreibtisch sehen, den er mir noch vor ein paar Monaten geschrieben hat. Mit blauem Luftpostkuvert.

Auf der Briefmarke ist ein altmodischer Pilot mit Fliegerbrille zu sehen. Meine Güte, sein Inhalt! Was hätte ich dazu sagen sollen?

Diese Entscheidung konnte er doch nicht in meine Hände legen! Niemals hätte ich das von ihm verlangt! Völlig absurd nach all den Jahren! Und jetzt diese plötzliche Kehrtwendung!

„Nein", hauche ich erstickt und meine Seele befindet sich im freien Fall.

„Becca, ich liebe dich über alles, aber ich werde nicht wiederkommen." Die Worte scheinen wie schwere Gesteinsbrocken aus seinem Mund zu fallen. Seine Augen mustern mich traurig und fast bilde ich mir ein, darin Tränen lauern zu sehen. Schockiert blicke ich ihn an. Ich sollte größtmöglichen Abstand zu ihm halten. Ihn nie wieder sehen. Oder sollte ich ihm meine wahren Gefühle offenbaren, ihm sagen, hey, lass uns einen anderen Weg finden. Einen Weg für uns beide!

Dann geht er, während ich einfach nur dastehe, als wäre ich zu Granit erstarrt. Die Leere meines Zimmers jagt mir einen eiskalten Schauer über den Rücken. Und plötzlich sinke ich in mich zusammen.

Kapitel 11

Januar 1996

Ich stehe gerade in der Schlange und tippe dem großen jungen Mann vor mir auf die Schulter. „Paul Blumfeld?“

Seine Winterjacke ist offen und er trägt einen dicken cremefarbenen Pullover. Handschuhe und Mütze hat er nicht an, und dass, obwohl es draußen furchtbar kalt ist.

Paul dreht sich um und strahlt mich an.

Ich freue mich ihn zu sehen – wie immer eigentlich, auch wenn ich mich innerlich abgestorben und kalt fühle, wie eine Leiche. „Was machst du denn hier?“, frage ich. Was für eine bescheuerte Frage! Was macht man schon in einer Bäckerei? Oh Mann, Becca!

„Becca? Was für eine schöne Überraschung so früh am Morgen. Ich hole mir mein Frühstück, und du?“

„Ich auch. Danach muss ich an die Uni. Und du?“

„Ich … äh … auch. Ich bin an der Fachhochschule. Äh, also eigentlich müsste ich schon längst dort sein, aber mein Schlafbedarf hat mal wieder über mein Pflichtbewusstsein gesiegt. Nicht weitersagen.“ Er legt seinen Zeigefinger auf den Mund.

Wir lächeln uns an. Das kann ich nur zu gut verstehen, denke ich. „Was studierst du?“, frage ich.

„Maschinenbau, und du?“

Die Schlange rückt weiter, aber wie bleiben einfach stehen.

„Englisch und Geschichte, auf Lehramt.“

Sein Gesicht sagt mir sofort, dass Englisch und Geschichte nicht gerade seine Lieblingsfächer waren. Im Gegenteil. Sein Gesicht sagt: „Ich muss gleich spucken.“ Aber er ist höflich. „Oh, wie schön! Da werden sich die Kids später mal freuen, so eine nette Lehrerin zu bekommen.“

Ich lache ironisch auf. „Keine Ahnung, ob ich eine nette

Lehrerin werde. Vielleicht werde ich auch ein Schüler fressendes Monster?“ Plötzliche Kälte überkommt mich und ich fühle mich leer und allein.

Paul schüttelt lächelnd den Kopf. „Alles klar bei dir? Du guckst gerade so traurig?“

„Äh, ich bin wohl noch ein bisschen müde.“

Jetzt tippen uns die anderen Kunden auf die Schulter. Die Schlange ist schon wieder weitergerückt. Eine große Lücke entsteht. Wir schließen auf und sind nun an der Reihe. Die Verkäuferin ist klein, blond und so rund wie eine Semmel: „Was möchte das junge Pärchen?“

Wir schütteln verlegen und vehement den Kopf. Es ist uns irgendwie sehr unangenehm. Vor allem Paul, denke ich, er guckt so seltsam. Wir bestellen und gehen zum Ausgang.

„Also, viel Spaß bei Mathe und Physik.“

„Festigkeitslehre“, verbessert er mich. „Und Becca?“

„Ja?“

„Ich weiß nicht warum, aber ich glaube Lehrerin passt perfekt zu dir.“

„Wirklich? Wieso?“

„Keine Ahnung, nur mein Bauchgefühl.“ Dann lächelt er mich an, zwinkert mit einem Auge und geht. Die Tür schwingt zu und ein eiskalter Luftzug streift über die in der Schlange wartenden Menschen, die ihre Jacken augenblicklich enger um ihre Körper ziehen.

Der Frühling klopft langsam an die Tür, aber ich habe keine Lust zu gar nichts, rein gar nichts. Ich kann mich einfach nicht aufraffen, irgendetwas zu tun. Ich bin müde, kann aber nicht schlafen. Ich bin verwirrt, kann aber nicht denken. In mir drin ist alles dumpf und hohl und leer. Wie eine schwarze Blase. Zu wissen, Erik ist nebenan, und ich kann nun nicht mehr zu ihm gehen, macht mich wahnsinnig. 15 Monate war er tausende von Meilen von mir entfernt gewesen. Wir telefonierten täglich und schrieben uns hunderte von Briefen. Und jetzt wohnt er wieder direkt gegenüber und wir sprechen kein Wort – was für eine Ironie! Noch nie fühlte ich mich von ihm weiter entfernt, als jetzt. Dabei sind es nur 25-30 Meter!

Um mich abzulenken, ziehe ich meine Joggingklamotten an. Ich binde meine Schuhe, obwohl ich keine Lust dazu habe. Ich ziehe meine Jacke über, obwohl mein Körper sich so schwer anfühlt, als wäre er aus Granit. Ich wähle unsere alte Joggingstrecke, weil mir nichts Besseres einfällt oder weil sie mich irgendwie noch mit ihm verbindet.

Meine Schritte sind schwer, aber ich kämpfe mich durch, und es klappt. Es klappt! Nach einer Weile nehme ich die Felder wahr, an denen ich vorbeilaufe, und den Hasen, der über den Acker jagt. Ein friedliches Bild. Ich fühle mich besser als vorhin, zumindest ein klein wenig. Ich laufe und laufe. Der Wind, die Kieselsteine unter meinen Füßen und die Tannen am Wasserschutzgebiet – es sieht schön aus, und ich fühle mich wirklich etwas besser. Ich laufe und laufe und laufe und schließe immer wieder die Augen dabei.

Ich höre den Takt meiner Beine auf dem Feldweg. Kurz vor Ende des Feldweges sehe ich sein Motorrad. Eine schwarze Straßenmaschine. Mein Herz steht plötzlich still, aber meine Füße laufen weiter, einfach weiter. Ich biege in die Straße meiner Eltern ein und laufe noch schneller als vorhin. Doch das Motorrad fährt hinter mir her. Mann, er soll mich jetzt einfach in Ruhe lassen!

Im Hof meiner Eltern angekommen, kommt auch er zum Stillstand. Nimmt seinen schwarzen Helm ab. „Hallo, Becca“, sagt Erik.

„Hallo.“ Meine Stimme ist leise und verknotet und nicht mehr gewohnt zu sprechen, weil ich seit Tagen vor mich hin schweige.

„Du warst joggen?“, fragt er ruhig.

„Ja“, sage ich. Mein Herz schlägt rasch und heftig, seltsam unregelmäßig.

„Äh, Becca ich wollte …“, fängt er an.

„Ja?“, frage ich etwas außer Atem, etwas zu schnell, etwas zu unfreundlich.

„Becca, bitte versprich mir eins. Wenn du mich brauchst oder irgendwie in Not bist, ruf mich an, OK? Du kannst immer auf mich zählen.“

Nie im Leben würde ich das tun, aber gut. Ich nicke und verspreche ihm nichts.

„Ich möchte … äh, dass wir einen Weg finden, Freunde zu werden … also, dass wäre mir unendlich wichtig." In seinem Gesicht entdecke ich Verwirrung, Aufregung und ganz viel Sorge. Erik glaubt wirklich, was er sagt, dass sehe ich ihm an.

Aber Freunde werden? Und wenn wir nach einem brutalen internationalen Atomkrieg die einzig Überlebenden auf diesem verdammten Planeten wären, niemals würde ich deine Freundin sein können! Aber ich verstumme und nicke nur, schlucke alles runter.

Dann stehen wir lange da und sehen uns einfach nur an. Seine Augen schicken flehend tausend Appelle in mein Gesicht. Diese Appelle schicke ich direkt an ihn zurück. Viele Bilder laufen wie ein Film in meinem Kopf ab: Wie er mich in die Arme nimmt und im Kreis herumwirbelt, als ich mit meinem Abiturzeugnis vor ihm stehe. Wie er ein Pflaster auf mein blutiges Knie klebt, als wir ein Tennisdoppel spielen und ich nach einem Crossball an der Grundlinie böse gestürzt war. Ein Moment vergeht, dann noch einer. Erik hebt seine Hand, so als würde er mich auffordern endlich etwas zu sagen, aber mein Mund ist so verschlossen, als wäre er mit schwarzem Gaffa Tape verklebt. Keiner sagt etwas. Einer von uns muss endlich etwas sagen.

„Ich … äh … fahre dann jetzt wieder."

Der Moment ist vorbei, wenn es denn überhaupt ein Moment war.

„Ja", sagt meine Stimme heiser und erstickt.

Er steigt wieder auf sein Motorrad, setzt seinen Helm auf, klappt das Visier herunter. Nickt mir mit dem Hauch eines Lächelns zu, fährt viel zu schnell an, was den Motor aufheulen lässt und dann ist er weg.

April 1996

„Wie heißt du noch mal?“ Eine kleine, attraktive junge Frau mit langen, dunklen Haaren und einer aparten Stupsnase dreht sich in ihrem Bett zu mir um.

„Ich heiße Becca, und du?“

„Ich heiße Kathrin. Wie ist das passiert mit deinem Knie?“

„Beim Joggen furchtbar dämlich über einen Ast gefallen und dumm gelandet. Und bei dir?“

„Beim Skifahren.“

Ich seufze und lasse meinen Kopf in das Kissen sinken. „Ein Kreuzbandriss im linken Knie! Das hat mir gerade noch gefehlt. Irgendwie ist doch gerade alles Scheiße“, schießt es aus mir heraus. Wir liegen in einem Zweibettzimmer, das Wetter ist herrlich und man kann die Vögel zwitschern hören. Die Schmerzen in meinem Knie sind kaum erträglich.

„Am zweiten Tag ist es am schlimmsten. Danach wird es langsam besser, glaub mir“, verspricht sie mir Kopf nickend. Sie ist nett und ausgesprochen hübsch. Sie arbeitet als Stewardess bei Augsburger Fluggesellschaft. Stewardessen – schon wieder Flugzeuge. Ich will nicht reden, sondern nur allein sein. Im meinem Herz und meinem Kopf herrscht das totale Chaos, als wäre ein Bulldozer durch all meine Gedankenschubladen gefahren.

Plötzlich – wie aus dem Nichts – stellt Kathrin mir eine sehr direkte Frage: „Der junge Pilot, der dich jeden Tag besucht, ist er dein Freund? Ich meine, er kommt jeden Nachmittag nach Augsburg in dieses Krankenhaus, um dich zu sehen. Aber ihr redet kaum. Und wie er dich anschaut! Wer ist er? Dein Freund? Dein Cousin? Doch nicht etwa dein Bruder?“

Ich bin so überfordert, dass ich einige Augenblicke brauche, um eine Antwort zu finden. Kathrin rüttelt ihre weiße Bettdecke zurecht, sieht mich an und wartet geduldig. Nach einer Weile räuspere ich mich „Er ist … äh mein Exfreund.“

„Aha, Exfreund. Verstehe. Nein, verstehe ich eigentlich gar nicht.“

Diese junge Frau hat eine intensive Ausstrahlung, gepaart mit einem großen Schuss Autorität. Ich sehe sie verständnislos an. „Wieso nicht?“

„Wie ihr euch anschaut, das fühlt sich nicht nach Exliebe an. Und überhaupt, wenn er dein Exfreund ist, wieso kommt der dich jeden Tag im Krankenhaus besuchen, schüttelt dir dein Kissen zurecht, bringt dir Zeitschriften mit?“

Ich richte mich voller Schmerzen auf. Die Schmerzen im Knie sind höllisch! Fühlen sich an wie abertausende Nadelstiche im rohen Fleisch. Verdammt, ich muss nach der Schwester klingeln. Sie soll mir die Dosis Schmerzmittel in meinen Tropf erhöhen. Ich seufze tief. „Keine Ahnung wieso er kommt und was er will. Er ist mir völlig gleichgültig.“

„Das glaube ich dir nicht.“

Was fällt ihr eigentlich ein, so mit mir zu reden. Sie kennt mich doch gar nicht. „Seine neue Freundin heißt Carrie und er hat mir heute Bilder von ihr mitgebracht“, presse ich verächtlich hervor.

„Und gleichzeitig bringt er dir heute diese wunderschönen Blumen mit ins Krankenzimmer. Ist das nicht furchtbar widersprüchlich?“, wirft sie ein und tippt sich mehrfach an die Stirn.

„Ja. Er benimmt sich seltsam. Vorhin hat er mir Bilder gezeigt, auf denen er seine neue Freundin innig umarmt.“

„Und? Was fühlst du?“

Oh Mann, kann sie nicht aufhören? Ich will hier einfach nur liegen, mich meinen Schmerzen ergeben und allein sein. Schon gar nicht reden! „Ich weiß nicht. Ich weiß es nicht mehr!“ Ich schlucke gegen den Kummer an, der in meiner Kehle aufzusteigen droht wie heiße überschäumende Milch in einem Kessel.

„Liebst du ihn noch?“

Kann sie nicht endlich aufhören? Sie quält mich. Nie im Leben ist die eine Stewardess! Sollten die nicht nur hübsch sein und Tomatensaft vor sich herschubsen? „Ich weiß es nicht. Ich vermisse ihn unendlich, aber es war am Schluss so schwierig seine Freundin zu sein.“

„Warum?“, bohrt sie inquisitorisch weiter. Sie soll endlich aufhören!

„Er wollte, dass ich mein Studium abbreche, um mit ihm zu kommen, egal wohin die Luftwaffe ihn versetzt. Als Frau an seiner Seite."

„Echt? Das klingt doch romantisch." Sie blickt mich aufmunternd an.

„Nein! Das klingt nach Erpressung!", würge ich hervor. „Ich kann mich doch nicht erpressen lassen!"

„Oh, verdammte Scheiße!", schießt es aus ihr heraus und ich bin etwas überrascht, weil dieses Wort überhaupt nicht zu ihrem zarten, gepflegten Äußeren passt.

„Was?!"

„Du liebst ihn noch", schlussfolgert sie und sieht aus, als hätte sie gerade vom Baum der Erkenntnis genascht.

Kripo! Sie muss bei der Kripo sein! Ich sehe sie an, unfähig, noch einen weiteren Ton herauszubringen und lasse mich nach hinten in die Kissen fallen, drehe mich zur Seite und lege das Kissen demonstrativ auf meinen Kopf. „Ich möchte meine Ruhe haben und nicht reden! Nicht jetzt. Nicht heute, nicht morgen, die ganze Woche nicht. Verstanden?"

Überall läuft dieses beknackte Lied von Oasis *‚Wonderwall'*. Ich hasse es. Dafür höre ich *‚You ought to know'* von Alanis Morrisette. Habe mir erst vor Kurzem ihre CD gekauft. Ich mag dieses Lied, denn es beschreibt genau, wie ich mich fühle. Leer, allein, verlassen und verzweifelt. Ich drehe das Lied auf volle Lautstärke.

Ich habe Erik vor sechs Wochen geholfen, seine Möbel wieder ins Haus seiner Eltern zu tragen. Mit meiner Knieschiene. Dort hat er sich nun ein Zimmer im Erdgeschoss eingerichtet und überall Bilder von Carrie, ihm und ihrer Tochter Kirsty im Rahmen aufgehängt. Als ich diese Bilder gesehen habe, wusste ich, dass ich ihn für immer verloren habe. Bilder, aufgenommen in den Wichita Mountains. Er war auch mit mir dort gewesen. Er hatte seine Arme von hinten um mich geschlungen, mich zärtlich in den Nacken geküsst und mit einer Armbewegung die unendliche Weite des Landes gezeigt. Mit einer weiteren Armbewegung hatte er einen gemeinsamen Flug über die Wolken imitiert. Das alles scheint mir

Jahrhunderte her zu sein. Seit unserer Trennung fühle ich mich, als hätte man mich einmal mittendurch aufgesägt. War das nicht eine bekannte Foltermethode aus dem Mittelalter? Kopfüber an den Beinen aufgehängt?

Ach, dann noch dieser vermaledeite Kreuzbandriss! Ich kann nur humpeln. Ich fühle mich unsagbar hässlich, blass, blutleer und antriebslos. Weil ich keinen Sport machen kann, werden meine Oberschenkel ganz schwabbelig und ich bilde mir ein, sie wackeln neuerdings beim Laufen hin und her. Grässlich!

Ich drehe die Anlage wieder aus und sehe mich in meinem Zimmer um. Es ist halb leer, weil Eriks Sachen fehlen: Sein Regal, sein Schrank, seine Pullis, seine T-Shirts, sein großes Cockpit aus Papier, sein schwarzer CD-Ständer ... Aber ein Bild mit ihm vor einem T-38 Jet hängt immer noch über meinem schwarzen Schreibtisch. Ich hatte es ein paar Mal in der Hand und wollte es abhängen, aber ich konnte nicht. Er hat es mir geschenkt und gesagt: „Für meine große Liebe."

Seine Briefe habe ich alle in einen Karton gelegt und den Karton zugeschnürt. Mit dicker, rauer Paketschnur. Den letzten Brief auch. Zuerst wollte ich ihn zerreißen. Was sollte ich schon damit? Mich noch einmal beschissen fühlen? Nein, ganz bestimmt nicht. Auf gar keinen Fall. Dann wollte ich ihn einfach wegwerfen. Aber als ich vor der Mülltonne stand, konnte ich es nicht. Also, legte ich ihn einfach zu seinen anderen Briefen.

Vielleicht in ein paar Jahren, vielleicht lese ich ihn dann noch mal. Wenn er mir nichts mehr bedeutet.

Kapitel 12

Augsburg, Clubhaus

Er sieht aus wie ein klassischer Zivi. „Ich möchte noch einen Wodka Red Bull, bitte", sage ich zu dem schlanken Barkeeper mit den schwarzen Haaren und dem Pferdeschwanz. Etwas ungepflegt und zerrissene Jeans. Er ist das optische Kontrastprogramm zu all den Soldaten, die ich in den letzten Jahren gesehen habe. Er lächelt mich an und stellt mir ein neues Glas hin. „Ganz allein hier? Um zwei Uhr nachts?"

„Sieht so aus."

„Was hast du mit deinem Knie angestellt?" Er deutet mit seinem Zeigefinger auf meine grüne Metallschiene über der Jeans.

„Kreuzbandriss."

„Oh, je. Kenne ich. Hatte ich auch schon, war schmerzhaft."

Ich nicke bloß und nehme einen großen Schluck. Die Barhocker sind höllisch unbequem, aber was soll' s. Der DJ legt Macarena auf und es ist viel zu laut. Die Tanzfläche ist rappelvoll und alle tanzen im Gleichschritt mit wedelnden Armen denselben Tanz – was für eine Kindergartenshow. Von Bille habe ich nichts mehr gehört und das versetzt mir einen tiefen Stich. Und Erik? Scheiße, er fehlt mir abartig, aber es geht nicht. Unsere Beziehung hat keine Zukunft. Seine Eifersucht hat mich ganz verrückt gemacht. Und überhaupt, da begleite ich jahrelang seine Ausbildung, soll meine aber komplett aufgeben. Das ist nicht fair! Mein Leben hat einfach keinen Platz in seinem Leben und umgekehrt ist es genau so. „Warum bist du allein hier und betrinkst dich?"

Weil es mir beschissen geht. „Ich hatte es satt die Wände in meinem Zimmer anzustarren."

„Ein Kerl?"

„Ja."

„Ist dir wohl ziemlich wichtig?"

„Können wir über etwas anderes reden?"

Entschuldigend hebt er die Arme hoch. „Klar. Wie oft hast du dich denn schon wegen einem Kerl betrunken?", fragt er vorsichtig und schiebt mir wieder ein neues Glas hin.

„Ist heute das erste Mal", sage ich neutral und leere das Glas in einem Zug. „Der Arzt meinte, ich dürfte zu den Schmerzmitteln keinen Alkohol trinken."

Jetzt schüttelt er lachend den Kopf. „Ja, das wäre bestimmt nicht schlecht."

Langsam merke ich, wie sich alles zu drehen beginnt. Ein schummriges Gefühl. Die Woge der tanzenden Masse vor mir verschwimmt langsam. „Ich möchte noch einen", rufe ich.

Der Barkeeper guckt besorgt. „Vielleicht solltest du lieber aufhören?"

„Nein! Ich möchte noch einen."

Zögernd stellt er mir noch ein Glas hin. „Besser nicht. Das ist kein Kerl wert."

„Scheiß drauf." Ich nehme ein paar Schlucke und das Karussell dreht sich noch heftiger. Ein wunderbares Gefühl, ein Gefühl des Vergessens. Ich beuge mich über die Bar. „Wie heißt du?"

„Philipp."

Jetzt muss ich lächeln. Philipp! „Scheint, ich habe wohl doch eine Vorliebe für den Buchstaben ‚P'", füge ich hinzu. Er sieht mich verwirrt an. „Würdest du mich küssen?", frage ich ihn plötzlich. Um Gottes Willen! Habe ich das gerade wirklich gesagt?

Er seufzt überrascht und beugt sich demonstrativ langsam ebenfalls zu mir. „Nichts lieber als das, Kleine, aber nur, wenn du nüchtern bist."

Schlagartig erröte ich und komme mir furchtbar dumm vor.

„Hey, ich würde es gern tun, du bist echt süß. Aber ich sehe wie sehr du einen anderen willst."

Er möchte meine Wange berühren, aber ich weiche zurück. „Nein! Das stimmt nicht", schreie ich ihn unvermittelt an. Dann will ich aufstehen, aber alles dreht sich furchtbar schnell. Die tänzelnden Diskolichter, die wummernde Musik, die wogenden Menschen, alles ist wirr und irgendwie unecht. Dann ist auf einmal alles schwarz.

Zwei Hände packen mich unter den Schultern und plötzlich sehe ich in Philipps besorgtes Gesicht. „Hey? Hey! Alles wieder gut. Du machst Sachen! Hier, nimm einen Schluck Wasser."

„Oh nein, nichts trinken. Bitte." Mir ist ganz komisch zumute.

„Doch, nur einen Schluck." Behutsam flößt er mir etwas Wasser ein und ich richte mich auf.

„Hey Kleine, ich kann hier leider nicht weg, aber mein Mitbewohner ist auch hier. Er kann dich nach Hause fahren."

Langsam komme ich wieder auf die Beine, wenn auch etwas wacklig. Auf der Tanzfläche schwofen sie nun zu ‚Killing me softly' von den Fugees. „Ich möchte nicht nach Hause." Dort sind überall Erinnerungen. Ganz abgesehen von meinen Eltern.

„Verstehe, hm. Magst du vielleicht bei mir übernachten?" Überrascht starre ich ihn an. Bei einem wildfremden Mann? Den ich gerade fünf Drinks lang kenne? Bei einem Barkeeper mit Pferdeschwanz. Schlagartig sehe ich Eriks Gesicht vor mir und weiß wie er reagieren würde, wenn er es wüsste. Oder doch nach Hause … Nein, nicht dorthin. Ich bin 21 Jahre alt und kann machen, was ich will. Meinen Eltern werde ich sagen, ich hätte bei einer Freundin übernachtet. „Ja", krächze ich. Ist doch auch schon egal. Alles ist besser, als jetzt nach Hause zu fahren.

„Gut. Wir haben auch ein Gästebett." Dann winkt er einem jungen Mann mit wilden schulterlangen Dreadlocks. Seine Jeans ist auch zerrissen. Auf seinem T-Shirt blickt mich ein kommunistischer Widerstandskämpfer ziemlich finster und entschlossen an. Er kommt auf uns zu und lächelt breit. Oh je, der sieht aus, als nehme er jeden Tag irgendwelche Drogen … ach egal, Hauptsache nicht nach Hause …

Es klingelt und ich wundere mich, wer um diese Zeit noch zu uns will. Mama und Papa sind für ein paar Tage an den Gardasee gefahren. Ich hatte überhaupt keine Lust, mitzufahren und wäre auch keine gute Begleitung gewesen. Überall Pfingstferienkinder, Pfingstferienlachen, Pfingstferienglück. Nein danke.

Ich bin lieber schweigsam, verstockt und miesmutig. Ich rolle mich auf dem Bett zusammen und will in die schwarze Flimmerkiste gucken. Mehr nicht. Es klingelt schon wieder! Ich seufze aus den Urtiefen meines Körpers und spiele mit dem Gedanken einfach nicht hinzugehen, dann aber siegt mein Pflichtbewusstsein oder meine Neugier und ich stehe auf, laufe lustlos zur Haustür und öffne sie zögernd.

„Hallo, Becca", sagt er. „Kann ich reinkommen?"

Erik! Ich traue meinen Augen nicht. Er steht tatsächlich vor unserer Tür. Er wollte doch niemals wiederkommen? Seit Wochen habe ich ihn nicht mehr gesehen, habe ihn vermisst, an ihn gedacht, versucht nicht an ihn zu denken, ihn zu ignorieren, aus meinem Kopf zu bekommen. Erfolglos. „Äh ... ja, komm rein."

„Können wir in dein Zimmer?"

„Ja, das können wir machen. Wir sind allein."

„Ach so?"

Und dann sitzen wir plötzlich auf der Couch in meinem Zimmer und schweigen uns unbehaglich an.

„Wie geht es dir?", fragt er vorsichtig. Er setzt sich rechts neben mich. Ganz offiziell, so als ob wir zufällig im Bus nebeneinander sitzen würden. Ich sitze am linken Rand, und ich passe auf, dass unsere Körper sich nicht berühren, fast so als hätte einer von uns den Rinderwahn.

Och, ich hatte die beschissensten Wochen und Monate meines Lebens! 1996 muss ich definitiv auf die Liste *‚Bitte niemals wiederholen!'* setzen. Ich vermisse dich so wahnsinnig, jede Sekunde jeden Tages. „Mir geht es ganz gut, und dir?"

„Auch gut, danke. Wie läuft es so an der Uni?"

„Gut. Ich mache gerade ein Seminar über die amerikanische Literatur des 20. Jahrhunderts, Great Gatsby und so."

„Aha, das freut mich. Klingt interessant."

„Und du? Was macht die Fliegerei?"

„Ich bin zurzeit in Fürstenfeldbruck. Wir werden auf den Alpha Jets geschult. Danach geht's nach Cottesmore in England für die Schulung auf den Tornado."

„Weißt du, es ist irgendwie schon komisch. Jetzt haben wir all die Jahre alles zusammen erlebt, und nun gehst du deinen Weg ohne mich. Es freut mich, dass du die Ausbildung in Sheppard geschafft hast und bald Tornado fliegen darfst. Das war ja immer dein Wunsch. Du wolltest ja auf keinen Fall Phantom fliegen." Traurig fällt mir wieder ein, wie ich den Modelltornadojet gegen die Wand geworfen habe. Es erscheint mir jetzt total bescheuert.

„Dass du das noch weißt … Du siehst blass aus."

„Du auch", kontere ich. „Wie läuft es mit Carrie?"

„Gut. Wir telefonieren jeden Tag."

„Schön", antworte ich und versuche meiner Stimme einen beiläufigen Unterton zu geben. Oh wie schrecklich. Sie telefonieren jeden Tag? Eriks Worte breiten sich wie Eis auf meiner Seele aus. „Wie sieht sie eigentlich aus, deine Carrie?"

„Ein bisschen wie Meg Ryan."

Auch das noch! Meg Ryan sieht süß aus. Ich wünschte, sie wäre so hässlich wie Quasi Modo. Oder der Glöckner von Notre Dame. Ach, am besten wie beide zusammen. „Und wie ist sie so?" Komm Becca, du musst nett sein.

„Toll. Sie kann gut Klavier spielen und ich mag es, wie sie mit Kirsty umgeht."

„Das freut mich für dich." Gott, ich muss mich in den Griff kriegen!

„Und hast du jemanden kennen gelernt?", fragt er mich freundlich.

„Ein Student aus meinem Literaturkurs findet mich wohl ganz süß."

Erik beißt sich auf die Unterlippe, sagt aber nichts.

„Er ist sehr attraktiv und sehr lustig, aber ich glaube, ich möchte nichts von ihm."

Erik sieht mich durchdringend an, sagt aber immer noch nichts. Die Spannung ist fast mit Händen greifbar. Ich rutsche unruhig auf dem Sofa hin und her. Erik ist näher an mich heran gerutscht. Sein Oberschenkel berührt jetzt meinen. Ich habe das Gefühl elektrisch aufgeladen zu sein. Noch eine weitere Berührung und ich sprühe Funken!

„Es ist sehr schön dich zu sehen", sagt er auf einmal und seine Stimme ist fest und dunkel.

„Dito."

„Dieser Typ aus dem Literaturkurs, wie sieht er aus?"

„Groß, dunkle Haare."

„Und?"

„Spielt Gitarre."

„Und?"

„Interessiert sich fürs Boxen."

„Und?"

Ich seufze tief. „Er ist toll. Und wird von allen Mädchen umschwärmt."

„Von dir auch?"

Ich schlucke. „Nein."

Plötzlich legt Erik die Hand auf meinen Oberschenkel. Die Funken! Sie müssten jetzt sichtbar sein. Mir stockt der Atem. Das fühlt sich so gut an. Das fühlt sich so vertraut an. Und doch so neu …

„Es ist schon nach Mitternacht. Ich glaube, wir sollten besser ins Bett gehen. Ich bringe dich zur Tür", sage ich leise und stehe von der Couch auf. Er muss jetzt sofort gehen!

„Ja, du hast recht." Er steht auch auf und geht Richtung Tür.

Frustriert folge ich ihm. Es gab einmal eine Zeit, da war er hier zu Hause, bei mir. Viele Jahre lang. Und jetzt plaudern wir über seine neue Liebe, als wäre sie eine Börsennachricht. Ich sollte sagen, dass ich ihn vermisse, ganz schrecklich. Los jetzt! Sag es, Becca! Sei ehrlich.

„Ja, ist wirklich schon sehr spät. Ich sollte gehen."

Ich beschließe zu kneifen. Er hat sich neu verliebt. Er wirkt so glücklich. Erik geht vor. Seine Schritte sind viel zu langsam. Wir sind noch nicht mal im Treppenhaus.

Die unendliche Weite der roten Blumenwiese fällt mir wieder ein. Die tausenden von Blüten, ihr lieblicher Duft und seine Frage. Wie er die Blüten auf meinen Bauch hat regnen lassen. Gleich wird er wieder weg sein. Und ich bin wieder allein. Die kalte Vorahnung auf dieses beklemmende Gefühl lässt mich innerlich zusammenzucken. Dann bleibt er auf einmal stehen. Dreht sich um. Hält inne. Schließt die Augen, lässt den Kopf nach unten fallen und seufzt tief. Öffnet die Augen wieder. Sieht mich an. Schüttelt den Kopf langsam und atmet lange tief ein. Einen langen Moment stehen wir einfach so da. Im Dunkeln.

„Oh, Becca!“, flüstert er plötzlich und zieht mich heftig zu sich.

Ich bin so überrascht, so überwältigt, dass ich mich kaum traue, zu atmen.

Er haucht: „Komm her.“ Dann zieht er mein Gesicht zu seinem, hält inne, „Becca, ich …“ Seine Lippen berühren die meinen und ein gewaltiger Stromschlag fährt durch meinen Körper. Er küsst mich immer intensiver und atmet schwer. Mit beiden Händen hält er meinen Kopf und sein Kuss wird immer fordernder, begieriger.

Ein Gefühl des totalen Glücks erreicht mein Innerstes und durchströmt mich völlig. Warm und glücklich und richtig und hell und klar. Er beginnt mich auszuziehen. Ganz langsam. Ich lasse es geschehen. Wir sehen uns an, als ob dies unser erstes Mal ist, wie damals in der Scheune. Vor vielen Jahren. Unsere Finger zittern. „Ich habe dich so vermisst!”, wispert er in mein Haar und greift leidenschaftlich hinein. Mein Puls schnellt hoch. Alles fühlt sich so richtig an, so absolut richtig. Er fühlt sich nach ‚Zuhause’ an. Ich müsste ihm so viele erklären, aber jetzt? Ich möchte diesen wundervollen, magischen Moment nicht zerstören. Nicht jetzt. Später werde ich ihm sagen, wie sehr er mir fehlt, dass ich nichts mit Pascal hatte …

Seine Hände suchen mein Gesicht, und ich spüre Tränen auf meinen Wangen. Es sind seine. Er weint. Und dann sind es auch meine. Seine Hände sind warm und fahren quälend langsam von meinem Nacken bis zu meinem Steiß. Tausend Schauer. Er fasst mich sanft unter meinem Po und trägt mich zum Bett, legt mich vorsichtig ab, so als sei ich aus kostbarem Porzellan und könnte zerbrechen. Er sieht mich intensiv an, so als präge er sich meinen Körper für immer in sein Gedächtnis ein. Dann zieht er sich aus. Jeans, weißes T-Shirt, Unterhose. Wirft es irgendwo in den Raum. Er legt sich neben mich, vorsichtig darauf bedacht meinem operierten Knie nicht wehzutun. Er küsst seinen Zeigefinger und berührt sanft meine Operationsnarbe. Er küsst meine Stirn, meine Nase, meinen Mund, mein Kinn, meinen Hals und arbeitet sich langsam nach unten. Ich schließe die Augen und kann nicht fassen, was gerade passiert. Ich kann kaum atmen. Ich hätte ihn wegschicken sollen. Jetzt, wo er mich berührt, kann ich mich nur noch hingeben. Ich weiß genau, welche Macht er über mich und meinen Körper hat.

Und endlich nimmt er Besitz von mir und ich von ihm. Und füllt mich ganz aus. Wie herrlich, wie vertraut, wie richtig sich das anfühlt. Immer wieder hält er inne und sieht mich an, als sähe er mich zum ersten Mal. Als präge er mein Gesicht in seine Seele. Sein Zeigefinger fährt mein Gesicht ab. Augen, Nase, Augenbrauen, Lippen. Stunde um Stunde vergeht, und wir können nicht aufhören. Wie Drogensüchtige, die einen Entzug versuchen, aber scheitern. Irgendwann schlafen wir, voller Erschöpfung, ein. Eng umschlungen. Mein Kopf an seiner Brust. Seine Hand um meine Taille. Alles ist gut.

Inzwischen ist es wieder hell geworden. Durch das geöffnete Fenster ist Vogelgezwitscher zu hören. Mein Kopf liegt eingekuschelt und geborgen in seiner Armbeuge und Eriks Hand streichelt meine Stirn. Er ist wach.

„Hallo du“, flüstert er.

„Hi“, flüstere ich zurück.

Seine Finger fahren nun meine Augenbrauen nach und ich habe das Gefühl, er überlegt sehr lange bevor er mich fragt: „Dein Studium, macht es dir Spaß?“

„Ja, es gefällt mir gut, ziemlich gut sogar. Vor allem die Sprachpraxis und die neueste Geschichte. Ich bin jetzt sogar Tutorin für den internationalen Sommerkurs der Uni.“

„Das ist schön. Es ist wichtig, dass man Dinge tut, die man liebt.“

Seine Finger umkreisen jetzt meine Schläfen und ich sehe ihn an. „Stell dir vor, ich habe mir überlegt, mich für ein Auslandsstipendium zu bewerben.“

Er lächelt zurück, aber irgendwie überkommt mich das Gefühl, als ob sich etwas verändert hat. „Aha.“

Ich richte mich schlagartig auf, öffne vorsichtig seine Hände und umfasse sein Kinn, was sich ungewohnt anfühlt, weil er normalerweise meines umfasst. „Hey, was ist? Habe ich etwas

Falsches gesagt?“

Er nimmt meine Hand, legt sie an seine Wange und schließt lange die Augen. „Nein“, wispert er. Dann führt er meine Hand langsam und zärtlich an seiner Wange auf und ab. Sie ist warm und kratzig. Er hält inne, sieht mich an und sein Blick ist voller Leiden und Schmerz. Hat er etwa Tränen in den Augen? Viele Augenblicke vergehen, in denen er meine Hand einfach nur an seine Wange presst.

Irgendwann atmet er lange aus. Seine Gesichtszüge verändern sich plötzlich von weichem, schmeichelndem Samt zu der Oberfläche von kühlem, aufgewühltem Wasser. „Becca, ich sollte jetzt gehen. Sofort.“ Er sucht plötzlich panisch seine Jeans und zieht sein Hemd über. Schnell und total ungeschickt. Ich kann nicht glauben, was ich gerade gehört habe. Er will gehen?!

„Ich muss los, Becca“, stammelt er wieder. Er steht hüpfend mit einem Bein in seiner Jeans.

„Wieso musst du los? Das kannst du doch nicht machen?“, frage ich mit flehender Stimme. Sie überschlägt sich. Ich bin so entsetzt, dass mir die Worte fehlen. Diese Nacht war doch keine Einbildung! Ich habe doch gespürt, wie sehr er mich liebt, oder?

„Es tut mir leid, Becca. Alles in mir wollte dich sehen, musste dich sehen, dich … Das war ein Fehler. Wenn ich hier bleibe, dann …“, sagt er flehend. „Wenn ich noch eine Minute länger hier bleibe, dann …“

Oh mein Gott, er hat mich nur benutzt! Ich bedeute ihm gar nichts. Er hat mich nur benutzt! Diese Erkenntnis trifft mich wie ein Faustschlag eines Boxers in die Magengrube. Ich war nur eine Fremde gewesen, für die er sich für eine Nacht interessierte.

„Ein Fehler?“, hauche ich. Ich bin nackt und wickele nun die Bettdecke um meinen Körper. Mir ist plötzlich entsetzlich kalt. Ich bin ein Fehler und er hat mich nur benutzt und jetzt wirft er mich weg. Ich bin so dumm. Unsagbar dumm! Wie ein kleines Mädchen habe ich mich verführen lassen. Und ich dachte, er empfindet immer noch etwas für mich.

„Um Gottes Willen! Was ist passiert? Morgen muss ich Carrie vom Flughafen abholen! Sie freut sich so, hierher zu kommen. Ich habe ihr versprochen für sie und ihre kleine Tochter da zu sein. Ich habe meine Versprechen doch bisher immer gehalten, ich muss …

Ich hätte gar nicht erst kommen dürfen. Es tut mir so furchtbar leid. “

Ich will ihm alles sagen, mein Innerstes komplett nach außen kehren. Ihm alle meine Gefühle und Sorgen ehrlich ins Gesicht sagen. Aber das tue ich nicht. Ich bin wie erstarrt, steif und kalt. Mit einer Stimme, die ich kaum als meine eigene erkenne, frage ich: „Du gehst? Nachdem du die ganze Nacht mit mir geschlafen hast? Das ist nicht dein Ernst?“

„Ich muss gehen. Ich wollte dich nicht verletzen, niemals“, bricht es aus ihm heraus und er kann mir nicht mehr in die Augen sehen, aber ich erkenne den Schatten von Schuld, Verzweiflung und Unsicherheit in seinem Blick sofort. „Bitte verzeih mir!” Dann ist er weg, einfach so, und lässt mich völlig verwirrt im Raum stehend allein.

„Ich bin ein Fehler“, wiederhole ich kaum hörbar. Plötzlich krampft sich mein Magen zusammen, und ich habe das Gefühl, erbrechen zu müssen. Mitten im Zimmer. Ich krümme mich nach vorn und würge und würge, aber es kommt nichts. Wir haben die ganze Nacht zusammen verbracht und nicht über Verhütung nachgedacht. Heilige Scheiße! Ich muss auf einmal schwer atmen, so als ob ein tonnenschwerer Fels auf meiner Brust läge. Dann sehe ich sein Bild – im Fliegerkombi vor der T-38. Ich nehme es von der Wand und spreche es an. „Ich habe dir vertraut.“ Tränen laufen jetzt sintflutartig meine Wangen hinunter. Mein ganzer Körper schmerzt. Irgendwann falle ich auf die Knie, mit seinem Bild in der Hand. Plötzlich schießen die Worte aus meinem Mund: „Wenn du mit deinem Scheißtornado abstürzt, dann ist es mir egal! Ja, genau! Ich wünsche mir, dass du abstürzt!“ Ich schluchze und halte die Hände vors Gesicht. Oh mein Gott, was sage ich da nur? Lieber Gott, nein! Die Decke rutscht herab. Mir ist kalt, so kalt. Ich kann nicht aufhören zu weinen.

Dann nehme ich sein Bild, lege es in den Karton zu seinen Briefen, verschnüre ihn wieder und schwöre mir, diese Kiste nie wieder zu öffnen, seinen Namen nie wieder zu sagen und mir jeden Gedanken an ihn zu verbieten. Die Übelkeit kommt wieder und ich renne ins Bad. Dieses Mal übergebe ich mich.

„Becca? Wir sind wieder da. Wo steckst du?“ Mamas Stimme klingt fröhlich und leicht. Der Urlaub am Gardasee hat ihnen wohl gut gefallen. Ich hoffe auch, dass sich die Stimmung zwischen meinen Eltern wieder verbessert. In den letzten Monaten haben sie oft schrecklich gestritten. Über das falsche Brot, das Mama gekauft hat, über die hässlichen Hosen, die Papa anzieht, über das doofe Fernsehprogramm, über das falsch geparkte Auto in der Garage. Ach, einfach über alles. Es ging sogar so weit, dass Papa einmal die Koffer gepackt hat. Und das nach 22 Jahren! Komischerweise hat mich das relativ kalt gelassen. Ich war weder aufgebracht, noch ängstlich. Ich hatte kein Verlustgefühl. Nichts. Ich dachte nur, vielleicht hätte er den größeren Koffer nehmen sollen.

„Ich bin hier. Schön, dass ihr wieder da seid.“ Ich laufe zur Tür, begrüße sie herzlich und gebe meinem Gesicht eine frohe Mimik.

„Auf der A8 gab es einen endlosen Stau. Und Papa hat Nebenstrecken gesucht, aber dann hat er sich verfahren. Becca, sieh mal! Dort draußen spielen sie Volleyball, und dein Vater macht auch mit. Dabei sind wir doch noch gar nicht richtig angekommen. Und wer hilft mir jetzt, die Koffer hereinzutragen? Ach, was soll's, wenn es ihm Spaß macht. Nein, das gibt es doch nicht! Ist das Erik da draußen? Und wer ist die Blonde mit den kurzen Haaren? Seine neue Freundin?“

Ich gehe zum Küchenfenster vor dem Mamas Orchideensammlung steht. Sämtliche Nachbarn haben sich versammelt und ein Volleyballnetz über die Straße gehängt. Tatsächlich, dort ist er. Er lacht, ist glücklich und sieht gelöst aus. Erik, Carrie und mein Vater spielen in einer Mannschaft. Typisch Papa, so ist er eben. Denkt sich gar nichts dabei. Sie machen wieder einen Punkt gegen Herbert, Elisabeth und Wolfgang. Erik freut sich so sehr, dass er seine neue Freundin umarmt, hochhebt und ihr einen langen Kuss gibt. Vor unserem Haus. Vor meinen Augen! Nach dieser Nacht …

Alles dreht sich. Plötzlich sacke ich zusammen. Dann höre ich einen hohen Ton in meinem Ohr und einen Aufprall. Gott sei Dank ist Mama hier, denke ich bevor ich merke, wie sich der Boden unter meinen Füssen wegzieht. Alles schwarz. Tiefkohlrabenschwarz und leer und eiskalt. Ich zwinge meine Augen sich wieder zu öffnen zu lassen. Mama ist plötzlich da und hält mich fest. Mir ist schlecht, schon wieder.

„Kind? Becca? Was ist denn los? Ist es so schlimm? Papa und ich dachten, du wolltest ihn nicht mehr. Oder ist es etwas anderes? Hat er dir etwas getan? Sag doch was! Hat er dir etwas getan?“

„Mir ist schlecht. Nein, es geht schon. Alles gut. Mir ist nur etwas schlecht. Wahrscheinlich habe ich etwas Schlechtes gegessen.“

„Soll ich mit dir ins Bad gehen? Ein Glas Wasser vielleicht?“

„Nein, nein. Nichts davon. Alles gut.“ Ich rappele mich wieder auf.

„Ach, Becca, nichts ist gut, das sehe ich doch.“

„Alles in Ordnung, Mama. Du brauchst dir keine Sorgen machen. Wirklich nicht.“

„Was ist dann passiert? Ich dachte, du liebst ihn nicht mehr?“

„Er bedeutet mir rein gar nichts mehr. Es ist nur mein Magen. Ich gehe jetzt kurz ins Bad. Alles okay.“

„Vielleicht solltest du einfach rüber gehen und mit ihm reden?“

„Reden? Mama, Reden ist das Letzte, was ich möchte!“

Mama starrt mich mit offenem Mund an, entgeistert. Mir ist so furchtbar schlecht, so übel. Als ich endlich meinen Kopf über die Kloschüssel hängen kann, fühlt es sich fast an wie ein Geschenk. Mein gesamter Mageninhalt – nicht besonders viel, denn ich habe seit letzter Nacht kaum gegessen – entleert sich in das rosafarbene 80er-Jahre-Klo meiner Eltern. Ich fand diese Farbe schon immer beschissen, wahrhaft zum Kotzen, und ich muss fast lachen, als mir dieser Gedanke kommt. Ein rosafarbenes Klo, wirklich zum Kotzen!

Ich drücke die rosafarbene Spülung, wasche mein Gesicht in dem rosafarbenen Waschbecken und schaufele mir literweise Wasser ins Gesicht. Der Knoten in meiner Brust zieht sich fester zusammen. Ich wasche die letzten Tränen weg. Das war’s. Bevor ich das Bad wieder verlasse und mir einen Haufen Fragen von Mama anhören muss, atme ich tief durch. Ein Blick in den Spiegel zeigt mir ein blasses Gesicht mit Sommersprossen auf der Nase. Meine blonden, langen Haare sind offen, strähnig und hinter die Ohren geklemmt. Mein großer Mund ist blass und blutleer. Meine Nase ist gerade und kommt mir viel zu groß vor. Ich sehe total hässlich aus. Gott, wie hässlich ich bin! Hässlicher, als jedes Mädchen, das ich jemals gesehen habe. Ich bin ein Fehler, ein hässlicher Fehler …

Dann drücke ich die Türklinke.

ZWEITER TEIL

1997 – 2002

Lang und breit – sehr oft
Unendlich lang
Oder vielleicht doch zu kurz?
Verworren und linear
Die Straße.

Teilweise vergessen, unbekannt
Aber jedes Staubkorn
Auf seinem Platz.
Jedes?

Hoffnungslos, hoffnungsvoll
Verrückt und schnell.
Gefährlich überall,
die Straße.

Verlust über Gewinn
Oder doch Freude?
Jedes Schlagloch,
aber nicht für jeden.
Das Leben.

Kapitel 13

Juli 1997

Die Schlange ist endlos lang. Eigentlich gehe ich nie in die Mensa der Uni, aber heute war mir danach. Viele hohe und dunkle Stimmen hallen durch den großen Raum, Besteckklappern ist nicht zu überhören. Ich schiebe mein graues Tablett gelangweilt weiter. Vorbei an den Nudelgerichten, vorbei am frittierten Fisch – ich hasse Fisch –, bis zu den Fleischgerichten. Plötzlich fällt mir meine Tasse runter. Oh nein! Ein lautes Klirren lässt die Menschen innehalten. Mist! Wie kann man nur so tollpatschig sein? Die Blicke der anderen Studenten wie Dolchstiche im Rücken knie ich mich umständlich hin und versuche, die Scherben aufzusammeln. Da berührt mich eine Hand. Sie ist groß und schön. Ich sehe auf.

„Hallo, Becca. Was machst du denn für Sachen? Die Scherben solltest du nicht mit den Händen aufsammeln. Du könntest dich schneiden. Hier nimm mein Taschentuch. Oder noch besser: Lass mich das machen. Meine Hände sind größer und robuster als deine." Er sieht mich verschmitzt an und sein Blick irritiert mich kurz.

„Hallo, Paul. Das ist ja eine Überraschung! Was machst du denn hier? Ich dachte, du studierst an der Fachhochschule?"

„Stimmt, aber zum Essen komme ich manchmal hierher. Tapetenwechsel."

Beim Aufsammeln der Scherben berühren sich unsere Hände für einen Moment und wir halten inne.

„Was machst du so, Becca, wenn du nicht gerade Tassen auf den Boden schmetterst?" Er lächelt und legt seinen Kopf schief. Seine Zähne sind weiß, und auf seinem Schneidezahn hat er einen noch weißeren kleinen Fleck.

„Äh … Ich gehe in ein paar Monaten für ein Auslandsjahr nach Florenz."

Einen kurzen Augenblick sagt er nichts. „Florenz? So weit weg?"

Ja! Wie kann ich ihm erklären, dass ich es zu Hause nicht mehr aushalte, klaustrophobische Anfälle bekomme, wenn ich nur an unser kleines Dorf denke, und Freiheit brauche, wie ein Gefangener, der jahrelang in Alcatraz einsaß. Jetzt boxe ich ihn zum Spaß in die Seite und lege die letzten Scherben auf seinen Haufen. Die anderen Studenten laufen einfach um uns herum. „Es sind nur acht Autostunden von hier."

„Vielleicht solltest du dir angewöhnen aus Pappbechern zu trinken", bemerkt er schmunzelnd.

„Wieso?"

Er streift vorsichtig meine Hand. „Na, wenn du dort weiter Tassen zerstörst, bin ich zu weit weg, um die Scherben aufzuheben."

Ich muss unwillkürlich lächeln. „Sehr witzig, Paul. Haha, danke für deinen Rat."

Oktober 1997, Florenz

„Ich habe total Hunger."

„Cosa?" Marcello sieht mich mit einer fragenden Geste an. Dabei hält er seine Handinnenflächen nach oben, führt alle Finger zu einem Haufen zusammen und bewegt seine Hände in kurzen Bewegungen nach oben und unten.

„Ho fame!", erkläre ich und deute auf meinen Bauch. Mein Italienisch hat sich im Eiltempo verbessert. Ich habe mich für eine nette Mädchenwohngemeinschaft entschieden. Die bildhübsche Vera ist aus Caltanisetta in Sizilien, Nadia und Isabella sind aus Bari, ganz unten im italienischen Stiefel. Alle dunkelhaarig, gelockt und gänzlich ohne Deutschkenntnisse. Marcello wohnt genau auf der Etage gegenüber, unser Nachbar. Mir scheint, ich habe eine Vorliebe für Nachbarn!

Es ist sieben Minuten nach vier Uhr morgens. Der Platz vor dem Palazzo Vecchio ist wie leer gefegt, und ich kann kaum glauben, dass in wenigen Stunden hunderte von Touristen aus aller Welt sich hier einen Weg zur vielfotografierten Davidstatue bahnen werden. Ein paar einzelne Tauben wagen einen waghalsigen

Sturzflug zum Kopfsteinpflaster, um die liegengebliebenen Biscottikrümel vor den Cafés zu ergattern. Eine eigenartige Stille herrscht auf dem Platz. Marcello und ich waren stundenlang in einem Club tanzen, irgendeinem modernen Schickimickiclub, in dem man eigentlich nur mit Clubkarte Eintritt gewährt bekommt.

„Dein prägnantes Lachen hat den Türsteher erweicht, sonst wären wir da nie reingekommen", erklärt er mir mit einem Strahlen und hakt sich bei mir ein. Marcello ist einen Kopf größer als ich, hat tiefschwarze Locken, die ihm unentwegt in die Stirn fallen, einen drahtigen Körperbau und warmherzige, dunkle Augen. Er ist sehr gut gekleidet – wie alle hier in Florenz –, schwarze Hose, weißes Hemd, wie aus einem Mafiastreifen. Seine Nase ist groß, sein Kinn ist etwas zu kantig und mit einem tiefen Grübchen versehen. Er kommt aus Sizilien – wie mein Vater – und möchte Bauingenieur werden.

„Ach Marcello, ich kann einfach nicht leise und unauffällig lachen."

Wir bummeln durch die verlassenen Uffizien, und ein einsamer Querflötenspieler mit buntem Häkelmützchen spielt in die gespenstische Stille hinein. Wir bleiben stehen und lauschen. Wieso spielt er morgens um vier allein in den Uffizien? Der Klang der Flöte hallt an den Wänden wider und der Moment ist unsagbar schön. Die Sonne geht noch nicht auf, doch sie kündigt sich bald an, wir hören das Fließen des Arnos, und der Querflötenspieler besinnt sich ganz auf sich selbst. Nur ab und an treffen seine Augen die meinen, und ich lächele ihm zu. Er ist von einer solch tiefen Leidenschaft für die Musik erfasst, dass mir beinahe die Tränen kommen, weil er so schön spielt. Nur für sich, die Stille oder uns.

Wir schlendern am Arno entlang und die Töne der Flöte werden immer leiser.

„Ach, Becca. Ich kenne niemanden, der so laut und ansteckend lacht wie du …"

Ich knuffe ihn in den Oberarm.

„Du bist ein besonderes Mädchen."

„Und ihr Italiener seid so anders als die Deutschen. Ein deutscher Mann ist nicht so offensiv, nicht so direkt … er ist einfach zurückhaltender, capisci?"

„No, non lo capisco. Wir Italiener wissen eben wie man Frauen erobert."

„Ach ja, warum bist du dann solo?"

„Weil du mich nicht willst." Er wird plötzlich ganz ernst.

Ich hake mich bei ihm ein, und wir schlendern weiter bis zum Ponte Vecchio. All die kleinen hübschen Schmuckgeschäfte dort sind noch geschlossen, die Gitter sind unten. Die Absätze meiner bordeauxfarbenen Stiefel klacken auf dem Kopfsteinpflaster. Ich liebe diese verwinkelten Gässchen und die Fassaden der historischen Häuser, die schon so viel mehr gesehen haben als ich. „Marcello, wir sind doch nur Freunde, du und ich. Freundschaft ist ziemlich wichtig, findest du nicht?"

Wir kommen am Wohnhaus von Galileo Galilei vorbei. Die Farbe der Fassade scheint Terrakotta zu sein, aber so genau kann ich das nicht sagen, da das Licht diffuse Schatten wirft. Ich werfe einen ehrfürchtigen Blick nach oben. Hat Galileo nicht behauptet, die Erde bewege sich um die Sonne und musste dieser Theorie jedoch wieder abschwören? Sein berühmter Satz: „Und sie bewegt sich doch!" kommt mir in den Sinn. Ja, genau! Auch ich sollte mich bewegen und meinen eigenen Weg gehen, auch wenn ich noch keine Ahnung habe wie. Inzwischen ist es halb fünf geworden.

„Wieso bist du nach Florenz gekommen?"

Für einen kurzen Augenblick stiehlt sich ein Bild von einem Jet und einem dunkelhaarigen Mann, der mit verschränkten Armen lässig lächelnd davorsteht, in mein Herz. Ich wische es schnell weg, mit einer schnellen selbstbewussten Armbewegung. „Ich habe ein Auslandstipendium bekommen."

„Si, das weiß ich, aber werde das Gefühl nicht los, dass du vor irgendetwas wegläufst."

Ich drehe heimlich an meinem Ring. Wieso kann ich ihn nicht abnehmen … Carrie ist nach Deutschland gezogen und wohnt inzwischen mit ihrer Tochter bei ihm. Er hat seine Entscheidung getroffen und er steht zu seinem Wort, so ist er einfach. „Nein, du irrst dich. Ich wollte schon immer ein Jahr ins Ausland gehen."

„Wieso habe ich das Gefühl, dass du nicht ganz ehrlich bist?"

„Siehst du, dort vorne ist ein panificio. Lass uns was essen, ich habe so großen Hunger!", wende ich ein und ziehe Marcello mit mir mit.

„Becca, der ist noch geschlossen. Es ist halb fünf Uhr morgens", kontert er, obwohl ich weiß, dass auch er unglaublichen Hunger hat. Gerade eben hat sein Magen geknurrt, kein Wunder, wir waren die ganze Nacht tanzen. Ganz eng, zu wummernden Techno-Sounds.

„Verlass dich auf meine blonden Haare", sage ich und halte ein Büschel zur Demonstration nach vorn. Wir stehen vor der Tür und das Gitter ist natürlich unten. Marcello sieht mich verwundert an. „Ich klingle jetzt", erkläre ich ihm während er wieder eine fuchtelnde Armbewegung macht. Typisch Italiener, immer müssen sie mit ihren Armen herumrudern.

„Nein. Das kannst du doch nicht tun. Becca, das geht doch nicht!"

„Wir haben Hunger, oder?"

„Ja, schon, aber …"

„Kein Aber, wirst schon sehen."

Ich klingle noch einmal, als plötzlich die Tür aufschwingt, und ein ziemlich beleibter und verschwitzter Mann in bemehlter Arbeitskleidung die Tür aufreißt. „Che cosa volete?"

Ich werfe meine langen blonden Haare nach vorn, senke mein Kinn und blicke dann langsam nach oben. Der passende Moment für einen süßen Katzenblick. Gut, dass ich den schon mit sieben vor dem Spiegel im Schlafzimmer verfeinert habe. „Mi scusi, Signor Buffetti." Der Name steht auf seiner Schürze. „Es ist wirklich unverzeihlich, Sie jetzt zu stören, wo Sie doch bestimmt viel zu tun haben, aber mein Cousin und ich haben fürchterlich Hunger, und es ist alles noch geschlossen …"

Signor Buffetti mustert mich abschätzig von unten nach oben, während ich ihm mein schönstes Bitte-geben-Sie-uns-was-zu-essen-Lächeln schenke, und raunt plötzlich: „Va bene, kommt rein, in den Keller, dort ist unsere Backstube. Wenn ihr mir helft, die Brioches auf die Bleche zu legen, bekommt ihr welche umsonst. Ihr habt Glück, mein Lehrling hat sich krank gemeldet."

Wir haben Riesenspaß dabei die Bleche zu belegen und der Duft der Brioches ist einfach herrlich. „Und Becca, lügst du mich an?", fragt Marcello mich mit einem Augenaufschlag, der wohl jede normal fühlende Frau in heftige Hitzewallungen versetzen würde. Seine Riesenhände sind voller Mehl, was lustig aussieht.

Unwohl schlucke ich einen Kloß hinunter, der gefühlt so groß ist, wie eine Wassermelone. „Ich bin zum Studieren nach Florenz gekommen. Es gab keinen Mann und es gibt keinen Mann. Außer dir natürlich."

Marcello zuckt die Schultern und legt das nächste Croissant auf das schon leicht verbeulte Blech. „Ich weiß nicht, Becca. Dein *Cousin* glaubt dir nicht ganz." Dann legt er wieder ein Hörnchen auf und schüttelt kritisch lächelnd seine schwarzen Locken.

Dezember 1997

Die Sicht auf den Arno und auf Florenz ist überwältigend. Durch Zufall habe ich den Weg hier rauf vor ein paar Wochen gefunden. Ein ruhiger Ort im sonst so geschäftigen *Firenze*. Ein paar Touristen haben sich ebenfalls hier eingefunden. Es ist ein klarer Tag, etwas kalt, aber kein Vergleich zu den Wintern in Deutschland. Das *Forte di Belvedere* ist eine der zwei Festungen, die gebaut wurden, um Florenz und die Herrschaft der Medici über die Stadt zu sichern. Der Wind weht sacht, aber stetig über die alten Gemäuer und Mauerreste und macht mir eine Gänsehaut auf den Armen.

Ich habe meine Bücher dabei. ‚Storia delle Relazioni internazionali' von Professore Di Rolfo, um etwas zu lernen, bevor Marcello kommt. Wir wollen uns hier oben treffen, um auf der Bank links der Festung Mittagspause zu machen. Inzwischen sehen wir uns täglich. Immer, wenn er da ist, breitet sich ein fast warmes Gefühl im meinem Bauch aus.

So wie jetzt. Endlich, Marcello kommt auf mich zu, er hat einen kleinen, grauen Rucksack dabei, trägt dunkle Jeans und ein kariertes Hemd. Dieses Mal war ich pünktlich und habe ihn nicht eine halbe Stunde warten lassen. Seine Miene ist allerdings verschlossen. „Hey, Marcello, was gibt's? Du guckst so böse. Hattest du einen schlechten Tag an der Uni?"

Er setzt sich neben mich und sieht nach vorn. Fährt sich kurz durch die dunklen Locken, die ihm immer wieder in die Stirn fallen. Nach einer Weile beginnt er: „Du warst auf dieser Party im Amphitheater letzten Samstag."

Ich blicke ihn verständnislos an. „Ja. Und du warst mit Freunden im Kino."

„Und danach?"

„Was wird das, Marcello, ein Verhör?"

„Also, danach?"

„Ich weiß zwar nicht, was das jetzt für eine Rolle spielt, aber wenn du es wissen willst. Ich war danach noch bei Freunden."

„Bei Freunden?", wieder holt er etwas spöttisch.

„Ja, Marco, Giulia, Sandro … kennst du nicht."

„Und dann?"

„Äh, was soll das? Ich bin nicht deine Freundin. Ich kann machen, was ich will. Dazu brauche ich nicht deine Genehmigung." Jetzt werde ich langsam sauer und wende mich von ihm ab.

„Stimmt es?"

„Was? Stimmt was?"

„Dass ihr Marihuana geraucht habt?"

„Ach, das meinst du? Ist es das, was dich stört? Woher weißt du das überhaupt? Ja, wir haben Marihuana geraucht. So im Kreis, wie man das halt so macht. Danach war mir so schlecht, dass ich mich übergeben musste, immer wieder. Ich konnte erst in der Früh nach Hause, als der Würgereiz langsam nachließ. Und falls es dich interessiert, ich habe niemanden geküsst!" Wütend stehe ich auf und laufe zur Abböschung. Was fällt ihm eigentlich ein? Er hat kein Recht, mich so auszufragen! Das geht ihn nichts an!

Plötzlich steht er hinter mir und legt seine Hand auf meine linke Schulter.

Ich schüttle sie ab. „Lass das, Marcello!"

„Es tut mir leid, Becca. Zufälligerweise kenne ich Sandro. Er ist bei mir im Studiengang. Während der Vorlesung heute bauschte er eine Geschichte von einer blonden, etwas tollpatschigen Austauschstudentin aus, die eindeutig du warst. Ich glaube, er hätte sich gern mehr vorgestellt."

„Du kennst ihn?"

„Nur flüchtig", antwortet er nun vorsichtig und stellt sich neben mich.

„Siehst du, da haben wir etwas gemeinsam. Ich kenne ihn nur von Samstagabend."

„Das ist gut."

„Marcello, wir beide sind nur gute Freunde", sage ich, ohne ihn anzuschauen. „Ich bin dir keine Rechenschaft schuldig."

„Ja, ich weiß."

Wir blicken beide nach vorn.

„Diese Aussicht ist wirklich wunderschön." Viele kleine terrakottafarbene Dächer in unstrukturiertem italienischem Chaos.

„Ja, die Aussicht ist wirklich überwältigend. Ich kann die Kuppel des Domes sehen und den Turm des Palazzos", sage ich etwas fröhlicher.

„Becca, bitte versprich mir, dass du nie wieder Marihuana rauchst."

„Ich verspreche dir gar nichts. Ich verspreche nie wieder irgendjemand irgendetwas. Auch dir nicht!", schreie ich ihn plötzlich an.

Verständnislos atmet Marcello tief aus und hebt beschwichtigend die Hände. „Du kannst tun, was du möchtest." Marcello steht dicht bei mir, berührt mich aber nicht.

„Heute Abend habe ich keine Zeit. Ich treffe mich noch mit Giuseppe. Kennst du nicht. Er studiert Bauingenieurwesen wie du", erkläre ich kühl und aufgebracht zugleich.

Marcellos Blick wird finster. Er hält beide Arme verschränkt. „Aha. Gefällt er dir?"

„Er ist ganz nett."

„Was wollt ihr machen?"

„Er fährt mit mir nach Fiesole, zum Abendessen."

„Auf einem Motorino?"

„Ja, genau."

„Wie romantisch. Ich hoffe du hältst dich gut fest", knurrt er.

„Bist du in ihn verliebt?"

„Nein."

„Warum tust es dann?"

„Weil es mir Spaß macht."

Marcello schnappt hörbar nach Luft, geht genervt ein paar Schritte weg, nur um gleich wieder zurückzukehren. „Was genau macht dir denn Spaß?" Wütend blickt er nun nach vorn und vermeidet es bewusst mich anzusehen. „Männern den Kopf zu verdrehen und ihnen das Herz zu brechen?"

Ich beiße mir auf die Unterlippe. Herzen brechen? Oh Mann, das hatte ich doch nicht vor! Sage ich denn nicht immer, bitte verliebe dich nicht in mich? „Nein Marcello, frei zu sein. Einfach nur frei zu sein."

„Aha, Freiheit", knurrt er. „Warum aber habe ich das Gefühl, dass deine Freiheit keine Gefühle kennt?"

5.12.1997

Liebe Mama,

die Zeit hier in ‚Bella Italia' vergeht wie im Fluge. Es ist alles wie im Zeitraffer. Ich war doch vor Kurzem noch in dem Auswahlverfahren für ein Auslandsjahr bei Dr. Kronenburg in Augsburg im Historikergang, und nun bin ich schon seit drei Monaten hier. Es ist herrlich im Dezember. Die unablässigen Ströme der Touristen lassen endlich nach, und ich habe das Gefühl, die Stadt kann endlich aufatmen. Die Luft ist kalt, aber klar, viel klarer als im Oktober.

Ich fühle mich schon wie eine Florentina. Die Italiener hier sind verrückt nach mir – ‚pazzo', wie man hier sagt. Sie drehen sich auffällig nach mir um, sie lächeln mir auffordernd zu und legen dabei ihre linke Hand auf ihre Brust, deuten ein Herzklopfen an, sie gehen plötzlich vor mir auf die Knie und bitten mit Spaghettiblick um ein Date, und dass, obwohl ihre aktuelle Freundin gerade sprachlos neben ihnen steht. Anfangs war ich völlig überfordert und schüchtern, drehte mich weg und schüttelte den Kopf. Das spornte sie aber nur noch mehr an. Es ist ein seltsames Gefühl, so begehrenswert zu sein. Gott sei Dank ist Papa nicht hier. Er würde total durchdrehen und wahrscheinlich einen baumhohen Baseballschläger zu meiner Verteidigung schwingen. Aber weißt du was, ich selber fühle mich überhaupt nicht schön. Im Gegenteil. Das tägliche Pastaessen hat mich schon 5 Kilo zunehmen lassen! Oh nein! Ich muss mir neue Hosen kaufen oder wieder abnehmen …

Die Stadt und das Treiben hier sind einfach fantastisch. Die vielen kleinen verwinkelten Gässchen, die sonnendurchfluteten Palazzi, die jahrhundertealten Fassaden, der Duft von frischer Steinofenpizza, von hauchzartem Prosciutto und von starkem Kaffee strömt aus allen Türen und Fenstern. Die Marktschreier des Mercato Vecchio übertrumpfen sich in ihrem Gebrüll, die Motoriniabgase hinterlassen kleine weißgraue Wölkchen überall, und dauernd klingeln neuerdings kleine tragbare Telefone, die die Italiener überall hin mitnehmen, sogar ins Restaurant. Sie heißen ‚cellulare', und ich frage mich, wofür man so ein Ding überhaupt braucht. Nur um zu sagen, dass man gerade in einem Café sitzt, während man in einem Café sitzt? Das ist doch gänzlich albern! Doch die Florentiner fahren voll darauf ab, und ich muss mich an dieses neue Ich-telefoniere-mit-einem-Mitbringtelefon-jetzt-überall-auch-in-einem-Restaurant-Getue noch gewöhnen. Ich werde mir nie so ein Mitbringtelefon anschaffen. Niemals! Wie peinlich!

Ach ja, an der Uni läuft es bisher eher mäßig. Die Vorlesung von Professore Di Rolfo ist ziemlich schwer. Und die Abschlussprüfung soll der Hammer werden, habe ich gehört. Die Professoren hier sind so etwas wie Halbgötter, und die Studenten behandeln sie mit viel mehr Respekt als in Deutschland. Sie kommen nie zu spät, stellen kaum provokante Zwischenfragen und nicken dauernd zustimmend. Fehlt nur noch, dass sie vor ihnen auf die Füße sinken und den Boden im Hörsaal küssen.

Ach Mama, ich bin sehr froh, dass ich mich für dieses Auslandsjahr entschieden habe. All die neuen Eindrücke, Menschen, die neue Sprache, das Zurechtkommen in einem fremden Land.

Vor vier Tagen habe ich mit Papa auf Italienisch telefoniert und er hat tatsächlich angefangen zu weinen – vor Freude! Ich war zunächst etwas überfordert, habe dann aber einfach weitererzählt. So habe ich den peinlichen Moment übersprungen. Mein Vater und Tränen! Das war echt ein Schock. Obwohl, an dem Tag nach meinem Autounfall hat er auch geweint. Das ist schon über zwei Jahre her. Wie die Zeit vergeht.

In einer Woche fahre ich heim – mit dem Zug. Es wird die Hölle, ich weiß es. Dieses dauernde Rattern und Knattern der Gleise, diese schmuddeligen Polster, diese fürchterlich stinkenden Bordtoiletten, die vielen Stopps an unbekannten kleinen Bahnhöfen, die aufgezwungenen Gespräche mit Mitfahrenden: „Wohin fahren Sie, junges Fräulein?", „Was genau studieren Sie?" Dieser abgestandene, muffige Zugabteilgeruch, fürchterlich! Na gut, ich werde es überleben. Nur knapp.

Ich freue mich auf euch

Bitte streitet nicht so viel

Becca

PS 1: Ich möchte nicht über meinen Exfreund sprechen, bitte.

PS 2: Ich möchte nichts von meinem Exfreund hören.

PS 3: Wir feiern Sylvester wirklich mit Oma???

Kapitel 14

Wieder zu Hause

Das ist nicht ihr Ernst! „Ach, Oma, ich habe wirklich keine Lust, noch einkaufen zu gehen. Heute ist Sylvester und es ist schon später Vormittag. Da ist die Hölle los. Außerdem schneit es ununterbrochen, und der neue Wagen hat Heckantrieb. Ganz abgesehen davon, habe ich furchtbaren Schnupfen und meine Nase ist so rot, wie eine Tomate."

„Bitte, Becca, sei so lieb. Wir brauchen noch etwas Ananas und Sekt für die Bowle. Du feierst doch heute mit uns", sagt sie bittend und drückt mir ein paar Mark in die Hand.

Unwillig nehme ich die Münzen entgegen und stopfe sie in meine rechte Hosentasche, statt in meinen Geldbeutel.

Ach Mist! Wieso habe ich nur zugesagt, frage ich mich, als das Fahrzeug nach der ersten Kurve tatsächlich gefährlich hin und her schlingert. Die Straßen sind total zugeschneit, vom Teer ist nur eine hauchdünne graue Schmierschicht zu erahnen, und der Scheibenwischer versucht verzweifelt die aufdringlichen Schneeflocken im Sekundentakt von der Scheibe zu wischen. Eine freche blonde Strähne tanzt immer wieder unerlaubt auf meiner Nasenspitze, und ich schiebe sie genervt unter meine dicke lila Wollmütze. Ich bin nur kurz in meine Stiefel gehüpft, habe mir meinen grauen Tweedmantel überzogen, kein Make-up, kein Haare kämmen. Bin ja gleich wieder zu Hause. Nur kurz zum Edeka, der mit dem großen Parkplatz und hoffentlich nicht so vielen Last-Minute-Sylvester-Einkäufern.

Als ich auf den total überfüllten Parkplatz einbiege – wollen denn jetzt alle noch Sekt und Ananasdosen? –, höre ich die Reifen auf der nun mehr dicken Schneeschicht knirschen. „Alles gut, mein Kleiner, wir finden schon einen Parkplatz", beruhige ich ihn und tätschele das Lenkrad. Ich liebe dieses Auto, das mein Papa nach dem schrecklichen Unfall für uns gekauft hat. Es ist riesengroß, im dunklen Silber und sehr gut gepflegt. Ich fühle mich beschützt, so als ob er KITT von ‚Knight Rider' wäre. Gott sei Dank ist David Hasselhof nicht mitgeliefert worden!

Missmutig stapfe ich zum Eingang, meine Füße sinken bis zum Knöchel in den Schnee ein, und ich spüre die kalte Nässe an meinen Hosenbeinen hochklettern. Ein ekelhaftes Gefühl. Zwei kleine Jungs in giftgrünen Schneeanzügen rempeln mich am Backwarenregal an. Die korpulente, rotgesichtige Mutter entschuldigt sich und schleppt ihre drei schweren Tüten schimpfend weiter. Rechts und links rauscht eine Gruppe kaufwütiger Teenager grölend vorbei. Nein, Sylvester ist wirklich kein guter Tag zum Einkaufen! Ich atme tief durch. Also, nur kurz Ananasdosen und Sekt schnappen, dann zur Kasse und schnell wieder heim. Zu Hause wartet ein gutes Buch auf mich: Ken Follett, die Säulen der Erde.

Blitzschnell sause ich zu den gesuchten Regalen, schlängele mich gekonnt durch die Gänge und streife mit dem Einkaufswagen, der einen nervtötenden Linksdrang hat, ein Paar Packungen Windeln Größe 3, die ich schnurstracks wieder aufeinander stapele. Dann halte ich kurz inne. Babywindeln! Innerlich zucke ich etwas zusammen und ertappe mich dabei, wie ich für den Bruchteil einer Sekunde eine Hand auf meinen Bauch lege. Vergiss es Becca, alles schon vorbei! *Aqua passata*, vergangenes Wasser, wie man auf Italienisch sagt. Also weiter. Ich lasse die Babyregale hinter mir und bleibe dann doch kurz vor den Shampoos hängen. War meines nicht schon bald leer? Soll ich jetzt ein neues mitnehmen? Eines für langes, dickes Haar oder lieber eines gegen trockene Spitzen?

„Hallo, Becca“, sagt eine mir sehr gut bekannte Stimme plötzlich direkt vor mir. Ich kenne diese Stimme so gut, dass ich sofort erkenne, dass der Unterton in seiner Stimme mir sagen will, dass er wirklich sehr überrascht ist, mich ausgerechnet hier zu sehen.

„Hallo, Erik“, antworte ich unsicher, und alle geschäftige Schnelligkeit, die ich gerade noch gespürt habe, ist plötzlicher Lähmung meiner Gliedmaßen verfallen. Verdammt, ausgerechnet jetzt! Ungeschickt und langsam nehme ich meine Mütze ab und lasse sie in meinen fast leeren Einkaufswagen gleiten, an dem ich mich mit beiden Händen so fest halte, dass meine Fingerknöchel weiß hervortreten. Was hat er hier zu suchen? Ausgerechnet heute! Scheiße! Ich sehe hässlich aus. Meine Stiefel sind voller Schneematsch, ich bin 5 kg zu fett, meine Haut ist blass, meine rote

Nase läuft, meine Augen tränen …

Eriks Einkaufswagen ist bis zum Rand mit alkoholischen Getränken gefüllt. Sekt, Weißwein, Wodka, Rum …

„Ihr feiert wohl ein sehr ausgiebiges Sylvester?“, frage ich und ärgere mich, dass ich ausgerechnet in einem Supermarkt zwischen Babywindeln und Shampoos auf ihn treffe. Ich muss mich ermahnen, ruhig weiterzuatmen.

Er beantwortet meine Frage nicht. „Du bist in Florenz, nicht wahr? Wie gefällt es dir dort?“

Irgendetwas steht zwischen uns. Nichts ist mehr da von der Vertrautheit, der Wärme, die uns immer verbunden hat. Die unsichtbare Mauer ist meterhoch. Zehn mal höher, als Rapunzels Turm. Ich kann nicht glauben, dass wir jahrelang ein Paar waren. Das muss in einem anderen Leben gewesen sein. „Schön, es gefällt mir gut“, antworte ich kühl. Schon wieder rutscht mir diese Strähne ins Gesicht. Ich klemme sie mir hinter das rechte Ohr.

Gerade, als ich denke, ich gebe mich sehr cool und unbeeindruckt, ihn zu sehen, sagt er: „Becca, … ich … muss dir etwas sagen.“

Abwartend sehe ich ihn an. Was soll er mir schon sagen? Zwischen uns gibt es nichts mehr zu sagen. Alles gesagt. Fehlen vielleicht noch die abschließenden Worte „Tschüss“, „Lebe wohl“, „Machs gut“ und „Ciao.“ Dicht gefolgt von „Lass uns Freunde bleiben“.

„Ich“, er blickt zu Boden und macht eine ziemlich lange Pause, sieht kurz auf, sieht wieder auf den Boden und zögert. In seiner Stimme liegt eine Mischung aus Bedauern, Angst und Fürsorge.

Gespannt und nervös warte ich auf seine Worte. Er legt seine Stirn kurz in Falten und schluckt. Jetzt sag schon. Raus mit der Sprache. Also, was? Er holt kurz Luft und sagt: „Heirate heute.“

Seine Worte schlagen bei mir wie Kanonenkugeln ein! Die Welt bleibt plötzlich stehen. Ich höre das sonst so eindringliche Piepsen der Kassen nicht mehr, das Gemurmel der Leute ist wie ein Film ohne Ton, das grelle Neonlicht des Supermarktes wird dumpfer, mein Magen krampft sich völlig zusammen, meine Beine wollen nicht mehr stehen und knicken kurz ein, aber meine Hände halten mich am Einkaufswagen fest. Becca, jetzt reiß dich zusammen! Du willst doch nicht, dass er merkt wie sehr es dich berührt. „Oh, wie schön … dann wünsche ich dir alles, alles Glück der Welt", krächze ich und gebe ihm mein bestes Lächeln. Die Frage, ob er jetzt sehr glücklich ist, liegt mir auf der Zunge, aber ich verkneife sie mir. Ich habe gewusst, dieser Tag würde kommen, aber es trifft mich völlig unvorbereitet.

„Danke. Um zwei ist es so weit. Tja … Und dir alles Gute in Florenz. Es soll eine wunderschöne Stadt sein."

Wieder Schweigen.

„Becca?", fragt er plötzlich, tritt ganz nah an mich heran und seine Augen werden ganz feucht. Sie sind wie zwei tiefe unendliche Meere mit glatter Oberfläche und von Sonnen glitzernden Strahlen durchdrungen.

„Ja?"

Eine hektische Oma mit Kugelbauch und braunen Wollstrümpfen drückt uns unwirsch zur Seite, schiebt sich durch die Lücke, als wäre sie Moses, der das rote Meer teilt, und hetzt zur Kasse. Der Moment ist vorbei, zerstört.

„Ach, nichts." Er lächelt mich schief an und irgendwie sagt sein Blick ‚es tut mir leid'. Dann geht er einfach weiter und stellt sich an einer der Kassen an. Als wäre nichts gewesen! Als hätte er nie etwas für mich empfunden. Als wäre ich unsichtbar.

Meine Füße bringen mich zur Parallelkasse und ich wünschte, die Menschenschlange davor könnte mich irgendwie verschlucken. Das Piepsen der Artikel auf dem Förderband klingt dumpf und weit weg. Der Ton ist wie mit einer großen Fernbedienung runtergedreht. In meinem Kopf beginnt sich alles zu drehen. In weniger als drei Stunden heiratet er. Eine andere Frau. Erik und ich bezahlen gleichzeitig. Dann geht er, ohne sich umzudrehen. Kein Blick zurück. Ich bleibe kurz stehen, sehe ihm nach und hoffe, dass mich irgendetwas wegbringen würde. Vielleicht Scottys imaginärer Beamstrahl oder ein schwarzes Wurmloch aus der galaktischen Unentlichkeit … aber nichts.

Eilig suche ich die Münzen meiner Oma, die mir irgendwie auf den schneenassen, dreckigen Supermarktboden gefallen waren.

„Fräulein? Alles in Ordnung?", fragt eine mit großen Kreolen behängte, kurzhaarige Kassiererin. Ihre Fingernägel sind aus Plastik und bunt.

„Ja“, presse ich wie betäubt hervor und versuche meine Selbstsicherheit wieder zu erlangen, die sich gerade per Express-ICE verabschiedet hat. Meinen eigenen Weg gehen, denke ich ganz durcheinander, wer hätte gedacht, dass das so schwer wird?

„Einen guten Rutsch!“, ruft sie mir fröhlich hinterher.

Ich schließe die Türen unseres silbergrauen Autos, bleibe sitzen, will das Radio ausschalten, das automatisch anläuft, aber fühle mich zu schwach dafür den Arm zu heben, die ‚4 Non Blondes’ singen aus voller Kehle *„What´s up“*, ich sehe Schneeflocken wild an die Windschutzscheibe schneien, beobachte wie ein Supermarktmitarbeiter leere und verlassene Einkaufswagen zusammenschiebt, stelle die Plastiktüte mit der Sektflasche und der Ananasdose auf den Beifahrersitz, erstarre, lege meinen Kopf auf das Lenkrad und weine stille, endlose Tränen.

Kapitel 15

Januar 1998, Florenz

Er keucht hinter mir. „Wie oft willst du mich denn noch hierauf schleppen?“, beschwert sich Marcello.

Obwohl er auf den Stufen hinter mir läuft, ist er immer noch größer als ich. Er ist groß wie ein Schrank, ganz untypisch für einen Italiener. Sind doch die anderen Männer alle Zwerge mit aufgeputztem Schuhwerk. Er könnte problemlos Statistenrollen am Theater für den unbesiegbaren Ritter, den unerschrockenen Helden oder für den unüberwindbaren Bösewicht ergattern. Und höchstwahrscheinlich auch für den temperamentvollen Liebhaber.

„Marcello, das hier ist nicht irgendwo! Das ist die Kuppel von Filippo Brunelleschi. Die Aussicht von dort ist einfach toll“, erkläre ich ihm und tätschele ihm ganz kurz die Wange.

Er zuckt kurz zusammen, freut sich dann aber. „Becca, wenn wir oben sind, dann muss ich dir was erzählen“, keucht er wieder. „Und außerdem muss ich hier viel mehr Kilos hochschleppen als du, porca miseria!“

„Na, na, wer wird denn solche Wörter benützen?“, schimpfe ich gespielt und spüre langsam das Brennen in meinen Oberschenkeln. „Es sind nur um die 463 Stufen, komm!“

„Finalmente, ci siamo.“ Marcello lehnt sich lässig an die kühle weißgraue Mauer oberhalb der Kuppel und atmet nun ruhiger. „Becca, wie kommt es eigentlich, dass du nie von einer besten Freundin sprichst. Hast du gar keine? Ihr Mädchen habt doch alle eine beste Freundin?“

Warum gibt es kein Schutzschild gegen intime Fragen im Katalog zu bestellen, wäre doch eine echte Marktlücke! Durch den dicken grauen Pulli kann ich seinen Bizeps sehen. Prall und geschwungen. Mein Blick heftet sich an dieser Stelle fest. „Ach, Marcello, ich denke, ich bin mir selbst Freundin genug.“

Marcello sieht mich nachdenklich an und steckt seine Hände in die Hosentaschen. „Du bist wirklich das ungewöhnlichste Mädchen, das ich kenne. Du bist sehr offen und warmherzig, und die Menschen mögen dich sehr, aber sie dringen nie zu dir vor. Wer dir zu nahe kommt, hat ein Problem. Du kannst dich mit jedem über alles unterhalten, aber über dich erfährt man kaum etwas.“ Marcello hat sich nun direkt vor mich hingestellt und sieht auf mich herab, mit seinem dunklen Teint und den tiefschwarzen, wilden Locken, die ihm immer in die Stirn fallen. Oh Mann, er sollte das Haargel weglassen! Wie oft habe ich ihm das schon gesagt!

Seine dunklen Augen berühren kurz mein Herz, dann wende ich mich ab. „Was wolltest du mir eigentlich sagen?“ Ich stupse ihm kurz mit dem Zeigefinger auf die Brust und füge ein charmantes Lächeln dazu.

Er sieht mich ernst an, fährt sich mit der Hand lässig durchs Haar. „Nach einer kurzen Pause schüttelt er den Kopf und meint: „Becca, ich habe nun eine Freundin. Sie heißt Weiwei und kommt aus Japan. Wir haben uns auf der Forte di Belvedere kennengelernt.“

Ein plötzlicher Windstoß erfasst uns und ich strauchele kurz. Ausgerechnet an unserem Ort! „Seit wann?“, frage ich trocken.

Marcello hält mich mit seinen Händen an den Schultern fest. „Seit einer Woche.“

Das passt mir überhaupt nicht. Wieso braucht er denn jetzt eine Freundin? Er hat doch mich. Was Männer immer an Asiatinnen finden. Die sehen doch alle gleich aus! Klein, schlank, glatte dunkle Haare, dümmliches Dauerlächeln, Schlitzaugen. Und pervers sollen sie auch alle sein!

„Oh wie schön, das ist doch toll. Komm, lass uns die Aussicht genießen und die Kuppel von Filippo Brunelleschi von innen sehen – da ist es auch nicht so windig. Brunelleschi übernahm, habe ich irgendwo gelesen, die Fischgrätentechnik der Römer. Ein Mauerbau, der es ermöglicht, die Kuppel selbsttragend einzuwölben. Irre, oder?“

„Becca, das weiß ich doch alles schon.“

„Du bist heute echt seltsam, Marcello.“

„Aha, und du bist andauernd seltsam und unmöglich. Stur und

rechthaberisch und eigensinnig! Du bist unpünktlich und ständig isst du meine Pasta auf. Du lässt dich treiben und versäumst Vorlesungen. Dann reist du plötzlich völlig unerwartet allein für drei Tage nach Rom und meldest dich nicht mal. Du bist schrecklich! Ich habe mir solche Sorgen gemacht!“

Ich senke die Augen, schüchtern und schuldbewusst zugleich, nur um ihn dann von unten mit meinem besten ‚Ach-bitte-sei-nicht-so-streng-Marcello-Blick‘ anzusehen.

Rom! Ich brauchte die Reise nach Rom, ich musste weg von hier, weg von allen. Ich musste allein sein und meine tosenden Gedanken sortieren, die wie stürmische weiße Wolken am Himmel zogen. Aus einem unerklärbaren Impuls heraus ging ich an diesem Tag nicht zur Universität, sondern zum Hautbahnhof, kaufte mir spontan eine Fahrkarte in die ewige Stadt und setzte mich in den nächsten Zug, ohne Tasche, ohne Vorwarnung, ohne irgendjemand zu informieren. Ich war einfach weg. Rom war voller hetzenden, gestikulierender Menschen, unendlichen Staus, stinkenden Motorinis und voll antiker Geschichte. Ich saß auf der spanischen Treppe, ging ehrfürchtig im Petersdom von einem Bild zum nächsten und schlenderte mit einer Gruppe von isländischen Touristen über das Forum Romanum. Niemand kannte mich, niemand bedrängte mich, niemand stellte Forderungen an mich. Ich blieb für mich, meine Gedanken schweiften in alle Himmelsrichtungen. Ich musste an den Winter in Deutschland denken, an den liebevoll angelegten Garten meiner Eltern, der jetzt bestimmt unter einen dicken weißen Schneedecke lag und an die Jahre, als Erik mir liebevoll den Schal enger um den Hals band, damit ich nicht fror oder krank wurde. Es war ein seltsames Gefühl, so als wäre das in einem völlig anderen Leben gewesen. Ich habe erkannt, dass ich den Schal wohl jetzt selbst enger binden muss, eine klare und einfache Erkenntnis, wie eine mathematische Gleichung. Er hat seinen Schal und ich meinen, und damit Basta. Jetzt muss ich nur noch eine Brücke zwischen meinem Herzen und meinem Verstand bauen, damit sie auf derselben Spur fahren, aber das brauchte Zeit.

„Ach Marcello, ich denke du magst mich schon so, wie ich bin. Aber es tut mir leid, das nächste Mal sage ich Bescheid, fest versprochen.“

3 Monate später

Becca“, sagt Marcello plötzlich. „Ich muss mit dir reden.“

„Oh, was gibt’s denn? Ist was mit Weiwei? War sie sauer, dass du mit mir zwei Tage in der Maremma warst?“, frage ich erstaunt und packe mein Buch in meine braune Lederumhängetasche, die ich über alles liebe. Sie hat ein Vermögen gekostet, das man eigentlich nicht bezahlen sollte, aber ich musste sie haben!

Marcello bietet mir seine große Hand an und zieht mich mit einem kräftigen Ruck nach oben. Die ehrwürdigen Gemäuer der Uffizien werfen große Schatten auf das Kopfsteinpflaster. „Nein, Becca, das ist es nicht. Sie war mit Freundinnen in Siena.“ Er zieht mich weiter und ist fast ein bisschen ruppig dabei.

Ich wundere mich sehr. Ist er sauer, weil ich in den letzten Monaten viel mit Veronika unterwegs war? Oder weil ich vor kurzem in einer Disco zugelassen habe, dass mich ein finnischer Austauschstudent küsst? Marcello war dabei und hat mich an einer Wand gelehnt beobachtet, mit verschränkten Armen und ausdruckslosem Blick. Aber was sollte ihn das schon angehen? Ich war auch mit einem deutschen Erasmusstudent aus Bamberg in den Boboligärten spazieren gegangen. Er war ein furchtbarer Langweiler gewesen! Ich hätte es wissen müssen. Schon die Art, wie er seine Brille aufsetzte war total uncool und umständlich. Als ich dann sah, mit welcher Akribie er seine Brillengläser putzte, war es ganz aus. Die ganze Zeit war ich in Gedanken dazu verleitet heimlich durch einen Nebenausgang zu verschwinden und ihn einfach stehen zu lassen. Nur mein Anstand hat mich daran gehindert.

Wir biegen in die *Via delle Terme* ein und von dort weiter nach links in ein enges Gässchen.

Plötzlich zieht mich Marcello zu sich, zerrt mich an die Rückseite eines Gebäudes und drückt mich mit beiden Händen fest gegen die alte Mauer.

„Marcello? Was ist denn los? Was soll das?“, frage ich völlig überrumpelt.

„Ich wollte das schon immer tun“, stammelt er. Er drückt mich immer noch ruppig gegen die kalte Wand. Starrt mich hilflos an, wartet, dann küsst er mich plötzlich. Seine Lippen treffen die meinen, ich spüre die Wärme seiner Hand und die leichten Bartstoppeln auf den Wangen. Er atmet schneller und sein Kuss wird fordernder. Er seufzt, stöhnt.

Ein eiskalter Schauer erfasst plötzlich mein Herz. Verschwommene, unklare Bilder kämpfen sich ihren Weg in mein Bewusstsein. Ein Flugzeug mit unklaren Konturen. Eine vertraute warme Stimme spricht von ganz weit weg. Sie soll verschwinden! In einer ruckartigen Bewegung stoße ich Marcello heftig von mir. „Fermati! Was soll das? Non posso!"

Er sieht mich erschrocken an. „Nicht! Ich kann nicht! Mi dispiace. Ich fühle nichts."

Er nimmt meine rechte Hand und legt sie auf sein Herz, ich kann es wild pochen spüren. „Das ist Liebe, Becca." Er sieht mich aus seinen dunklen Augen intensiv an, und ich kann seinem Blick kaum standhalten.

„Ich kann mich nicht verlieben, Marcello. Ich fühle keine Schmetterlinge, kein Ziehen im Bauch, kein Schweben. Ich fühle nichts."

„Ich spüre doch, dass du mich magst."

„Ich mag dich als Freund, aber Liebe?"

Marcello schüttelt den Kopf. Es bricht mir das Herz, ihm das Herz zu brechen. „Es geht nicht!"

„Du liebst einen anderen, nicht wahr? Deswegen bist du manchmal so kalt. Und er ist der Grund, warum du hierher gekommen bist. Es geht gar nicht um dein Studium", sagt er leise und sieht mich aus dunklen Augen, die bis auf den Grund meiner Seele blicken, an. Verzweifelt schüttele ich den Kopf. Mein Herz schlägt schnell. „Sieh mich an. So ist es doch! Ich beobachte dich seit Monaten. Ich sehe dich in Momenten, in denen du ganz weit weg bist. Dein Körper ist hier, aber dein Herz ist es nicht."

„Du irrst dich", wispere ich. Meine Stimme hört sich an, als wäre sie nicht von mir.

„Oh nein! Mir machst du nichts vor. Wie heißt er?"

Ich presse meine Lippen aufeinander. Nein, ich werde seinen Namen nicht sagen. Niemals wieder. Er hat mich benützt und weggeworfen.

Marcello nimmt meine Hand und sieht sie eindringlich an. „Wie heißt er? Ist der Ring, den du trägst von ihm?“ Seine Stimme ist fest und dunkel und er hält meine Hand unter seine Augen, als wäre sie ein verräterisches *corpus delicti.*

„Lass uns gehen und nicht mehr darüber reden“, sage ich schließlich und will ihn mit voller Kraft wegschieben. Aber Marcello drückt mich ganz fest, legt seinen Kopf lange Minuten auf meinen, und eine seiner dunklen Locken fällt mir in die Stirn.

„Wirst du ihn wiedersehen, wenn du wieder in Deutschland bist?“

Ich atme tief aus und schlucke alle Tränen herunter, die sich gerade ankündigen, wie heftiger Wind vor einem Sturm und es gelingt mir. Ja, es gelingt mir tatsächlich und ich fühle eine kleine warmschäumende Welle des Triumphes in mir! „Nein. Er ist mir völlig gleichgültig. Ich will ihn nie mehr wiedersehen.“

Juli 1998

15.07.1998

Liebe Becca,

ich kann dir gar nicht sagen, wie sehr du mir fehlst. Tja, eine Mutter muss eben loslassen. Schön, dass es dir in Florenz so gut gefällt. Ist ja auch eine wunderschöne Stadt. Hier ist alles wie immer. Das Wetter könnte besser sein und ich will abnehmen. Dein Vater und ich haben zurzeit viele Probleme. Ich kann dir noch nicht sagen, wie es weitergeht. Wir leben nebeneinander her, er arbeitet viel …

Und du? Wer ist dieser Marcello? Mir scheint, du magst ihn sehr, oder?

Ich muss dir noch etwas anderes sagen, obwohl ich weiß, dass du nicht über deinen Exfreund sprechen möchtest. Wieso nennst du ihn eigentlich nicht mehr beim Namen? Das verstehe ich nicht, aber gut, deine Entscheidung. Er fliegt jetzt Tornado in Lagerlechfeld. Conrad und Maria sind sehr froh, dass sie ihn nicht nach Jever oder so geschickt haben. Aber was ich dir jetzt schreibe, ist bestimmt nicht leicht für dich. Dennoch, möchte ich, dass du es weißt, bevor du wieder nach Hause kommst. Erik und Carrie werden Eltern. Das Baby soll im November auf die Welt kommen. Ach Becca, ich weiß nicht, was zwischen euch passiert ist. Du redest ja nie darüber. Wenn du irgendwann sprechen möchtest, ich bin da.

Du hast mir erzählt, dass du dir ein WG-Zimmer in Augsburg – ja, die Augsburger Altstadt ist wunderschön - nehmen willst, wenn du wieder zurück bist. Mir wäre es zwar lieber, wenn du wieder bei uns zu Hause einziehst, aber ich kann das gut verstehen. Ich werde dich vermissen. Papa auch. Kaum kommst du heim, ziehst du schon wieder weg.

Genieß die letzten Wochen im sonnenverwöhnten Florenz.

Dicke Umarmung, mach´s besser

Mama

Ich sitze auf den warmen Steinstufen zu den Uffizien. In der schwülen, stehenden Luft hängt der Duft von Cappuccino und Brioches. Ich lege den Brief auf meinen Schoß. Marcello wird gleich kommen. Wir wollen uns noch einmal die Venus von Botticelli anschauen. Ich seufze tief und lege instinktiv eine Hand auf meinen Bauch. Ein Schwarm frecher Tauben fliegt in chaotischen Flugbahnen über den Platz. Die Schlange der Touristen vor dem Museum ist endlos lang. Viele Überseetouris stehen da, mit Kameras in den Händen und schwarzen Neopren-Bauchtaschen um die Hüfte.

Erik wird Vater! Die Bedeutung dieser Worte trifft mich wie ein Schwerthieb in meinen Bauch und der Schmerz ist immer noch da. Vielleicht etwas dumpfer, aber immer noch intensiv und unleugbar vorhanden.

„Frau Santini? Wie lange warten Sie schon auf ihre Periode?“, fragt mich meine Frauenärztin während ich auf diesem schrecklichen Stuhl liegen muss.

Lieber Gott, wer hat dieses Foltergerät erfunden? Das kann nur ein Mann gewesen sein!

„Weiß nicht. 12 Wochen? Oder mehr?“ Ich versuche nicht nach vorn zu schauen, weil mir die Situation unendlich peinlich ist, sondern starre an die Decke. Dort folge ich den Rissen im Putz. Sie führen in ungeordneten Bahnen hinunter bis zum Fenster. Meine Gedanken jagen wie flüchtige Windböen dahin.

„Hatten Sie Zwischenblutungen?“

„Ich weißt nicht. Ich kann mich an nichts erinnern.“

„Der Test sagt, dass Sie nicht schwanger sind. Allerdings kann ich einen

Abgang nicht ausschließen. Hatten sie großen Stress?" Ihre Stimme ist eindringlich und klingt irgendwie hochoffiziell. Wie bei Zeugnisvergaben oder so.

„Möglich."

„Sie können sich an gar nichts erinnern?"

„Nein, alles wie ausgelöscht."

„Die Periode bleibt auch aus, wenn man extremen Situationen ausgesetzt ist. War das der Fall?"

Unwohl rutsche ich in diesem Folterstuhl weiter nach hinten. „Hm."

„Hatten Sie Probleme mit Ihrem Freund?" Ihre Stimme ist etwas weicher geworden.

„Ich habe keinen Freund", antworte ich neutral.

Sie rückt ihre schwarze schicke Brille zurecht. „Ich werde einen Abstrich und ein großes Blutbild machen. Ihre Gebärmutter ist in Ordnung. Der Zyklus wird sich wieder einstellen. Sie sind noch jung und haben noch viel Zeit Mutter zu werden."

Ich beiße auf die Innenseiten meiner Wangen. „Ich möchte keine Kinder! Weder jetzt noch in Zukunft. Vielen Dank für Ihre Hilfe."

Die Ärztin sieht mich lange an. Fragend, streng und hilflos zugleich. Schreibt konzentriert etwas in meine Akte. Ich kann den Stift über das Papier fahren hören. Ein kratzendes, unangenehmes Geräusch. „Gut, dann sehen wir uns nächste Woche wieder. Um halb vier."

Ich denke kaum an diese Zeit zurück und wenn, dann sehe ich mich selbst nur von außen, so als ob ich meinen Körper verlassen hätte. Entschlossen ziehe ich das imaginäre Schwert aus meinem Bauch, lege es zur Seite, wische es mit einem alten Handtuch gekonnte ab und beginne das Loch in meinem Bauch mit der Kraft meiner eigenen Gedanken wieder zu verschließen.

Von weitem sehe ich Marcello winken. Endlich, er kommt. Erleichtert stecke ich Mamas Brief in meine Tasche. Meine Regel … sie ist irgendwann wiederkommen. Zuerst etwas unregelmäßig und schwach, aber dann war sie wieder da. Jeden Monat. Hatte ich einen schmerzhaften Abgang? Eine normale verspätete Blutung? Ich weiß es nicht, alles wie ausgelöscht. Irgendwann war sie einfach wieder ein Teil meines Lebens. Ein kontinuierlicher, lästiger Besucher, der mir oft Bauch- oder Kopfschmerzen macht. Aber dagegen gibt es ja Medikamente. Die Erinnerung an das lange Warten darauf ist zwar noch immer schmerzlich, aber verblasst mehr und mehr. Hätte Erik sich darauf gefreut Vater meines Kindes zu werden? Fast glaube ich, die Antwort wäre ‚Ja' gewesen. Aber, keine Ahnung. Spielt wirklich keine Rolle mehr …

Jetzt ist Marcello gleich bei mir. Er winkt! Schnell schüttle ich diese wirren Gedankengänge ab, setze mein Gute-Laune-Gesicht auf und freue mich sehr auf das Bild von Botticelli, die Venus.

September 1998, Florenz, Hauptbahnhof

Ich habe gerade ein fast leeres, einigermaßen sauberes und nicht so muffiges Zugabteil im hinteren Drittel ergattert. Und ich war pünktlich – welch ein Wunder! Ob er wohl noch kommt? Von den anderen habe ich mich gestern Abend in unserer WG verabschiedet. Ein kleines, feines, deutsches Fest zum Abschied mit Kartoffel- und Nudelsalat. Er kam als Letzter, bewaffnet mit einer Flasche Bardolino und einem Lächeln. Einem Lächeln, das Wellen von Wärme in meinem Bauch auslöste.

„Signorina, die dürfen Sie nie schneiden lassen", sagt die dunkle Stimme einer pummeligen Frau mit hunderten von tiefen Lachfältchen um die Augen. Sie deutet mit ihrem knorrigen Zeigefinger auf meine langen, blonden Haare, die durch die florentinischen Sonnentage jeder käuflichen Aufhellungscreme Lügen strafen, platziert ihre große braune Handtasche dann auf ihrem Schoss, so als wäre sie die Bibel, und entscheidet sich für den Platz direkt am Fenster in Fahrtrichtung. Ach, da wollte ich eigentlich sitzen!

Ungeduldig sehe ich durch das leidlich geputzte Abteilfenster hinaus. „Wissen Sie, was lustig ist? Ich habe mir immer Locken gewünscht, aber nichts. Meine Haare sind so glatt wie Spaghetti. Man bekommt wohl nie das, was man möchte", antworte ich resigniert.

Die alte Frau lacht herzlich auf. „Ja, ich wollte immer groß sein, aber ich bin klein wie ein Zwerg."

Ich lächle ihr schüchtern zu – sie ist kaum größer als eine Parkuhr -, dann sehe ich wieder zum Abteilfenster hinaus. Ich habe zwar gesagt, dass ich Abschiedsszenen am Bahnhof hasse, aber innerlich hoffe ich nun doch, dass er kommt. Eine blecherne Lautsprecherstimme verkündet in unverständlicher Schnelligkeit, dass der Zug nach München in drei Minuten abfährt. Nur noch drei Minuten! Ich fange an, Abschied zu nehmen:

Ciao, Palazzo Vecchio und Uffizien, ciao, Arno und Touristenströme, ciao, Motoriniabgase und Pizza quattro stagioni, ciao, salzarmes Weißbrot und caffè corretto, ciao, forte di Belvedere und parco delle cascine, ciao, unaufhörlicher Duft von Knoblauch mit Olivenöl und Basilikum …

Ein heftiges Klopfen gegen das schmierige Fenster unseres Abteiles reißt mich abrupt aus meiner Verabschiedungszeremonie. Er ist doch noch gekommen. Völlig außer Atem und pumpt Sauerstoff in seinen Brustkorb: Marcello! Wie wunderbar. Er hat mich gefunden! Der Zug fährt an. Wir haben keine Zeit mehr. Marcello läuft mit dem anfahrenden Zug mit. Ich kann das blöde Fenster nur umständlich kippen.

Marcello läuft und läuft. „Becca! Mi mancherai!“

„Du mir auch“, rufe ich viel zu laut zurück, und der kleinen hutzeligen Frau fällt vor Schreck die geliebte Handtasche auf den Boden.

„Liebst du ihn?“, keucht er.

„Wen?“

„Den Mann, vor dem du weggelaufen bist?“

Weggelaufen? Nein, ich bin nicht weggelaufen. Ich habe angefangen, meinen eigenen Weg zu gehen. „Nein, nicht mehr“, antworte ich laut.

„Hier, nimm das, dann können wir uns schreiben“, keucht er und steckt mir einen kleinen, karierten, abgerissenen Zettel durchs Fenster.

„Was ist das?“

„Meine E-Mail-Adresse. Das geht mit dem Computer. Viel schneller als die Post!“ Dann bleibt er plötzlich stehen. Der Bahnsteig ist zu Ende.

Ich winke ihm mit beiden Händen zu, wild und froh und furchtbar traurig zugleich. Der Zug rattert und knattert geschäftig weiter und wird immer schneller. Ungläubig starre ich auf den abgerissenen Fetzen Papier. Nur ein einziges seltsames Wort steht darauf in schneller, schlampiger Handschrift mit blauem Kugelschreiber: „marcello1972@hotmail.com."

E-Mail? Was ist das denn nun schon wieder?

Kapitel 16

Februar 2000, Hilberg

Meine Füße stecken in schwarzen Pumps.

„Es ist ganz schön kalt. Mir frieren meine Beine ab“, jammert Karin und zieht ihre Mundwinkel nach unten.

Wir gehen zu Fuß und müssen aufpassen, nicht im Schneematsch steckenzubleiben. Der einstmals weiße Schnee wurde zu braunen Haufen an den Straßenrändern aufgetürmt und bietet einen jämmerlichen Anblick. Karin hat sich als Clown verkleidet und eine knallorangefarbene Perücke auf dem Kopf. Wie sie es geschafft hat, ihre lockige Fünf-Kilogramm-Haarpracht in diese Perücke zu quetschen, ist mir ein Rätsel. Marie ist auch dabei. Sie ist schlank und hat braune, schulterlange Haare, ein braves Gesicht und sagt meistens nur ‚Ja’ oder ‚Hm’. Sie wirkt durch und durch keusch und anständig. Etwas, das überhaupt nicht mehr auf mich zutrifft, schießt es mir in den Sinn. Früher hatte ich mir noch Mühe gegeben Zuneigung für einen Mann zu empfinden, aber mehr als ein flüchtiges Wohlwollen kam dabei nicht heraus. Die meisten langweilten mich schon bei der Vorspeise im Restaurant.

Karin hat mich überredet auf diese Faschingsfeier zu gehen. Eigentlich hasse ich Fasching. Meine Verkleidung ist daher eher simpel, so im 20er-Jahre-Stil. Ein schwarzes, rückenfreies Abendkleid mit weißer Federboa und weißen Handschuhen, dazu roter Kirschmund und rote Fingernägel. Keine Ahnung, welcher Hund mich da geritten hat. Eigentlich finde ich rote Fingernägel grässlich.

„Stell dir vor, Marie ist ein bisschen in Paul Blumfeld verknallt“, platzt Karin heraus.

Paul! Mein Gott, den habe ich schon ewig nicht mehr gesehen! Fast zwei Jahre müssten das sein …

Marie schnaubt empört. „Mann! Musst du es gleich allen erzählen? Echt nett von dir.“

„Keine Angst“, versichere ich ihr, „ich werde es niemanden weitererzählen, nur vielleicht morgen Nachmittag ein großes Plakat über unsere Hauptstraße hängen: Ich liebe Paul Blumfeld. Marie.“

Mit großen Augen starrt sie mir ins Gesicht.

„Sorry, war ein blöder Scherz. Von mir erfährt keiner was.“

„Wie wär's, wenn du heute Abend die Gelegenheit ergreifst und ihn … zum Tanzen aufforderst?“, meint Karin aufmunternd, während sie versucht über eine große Schneepfütze zu hüpfen.

„Vielleicht, ja … aber müsste nicht er mich fragen?“

„Mensch Marie, wir sind doch moderne Mädels. Du kannst ihn auch fragen.“

Endlich kommen wir am Eingang an. Überall stehen junge Leute, und die Schlange ist echt unendlich lang. Seit wann bitte schön ist denn Faschingfeiern wieder so populär geworden?

Gerade wird wieder ein Walzer gespielt, da berührt mich jemand am rechten Arm. Ich drehe mich um und sehe in ein sympathisches Gesicht mit den warmherzigsten blauen Augen der Welt und einer ziemlich großen Nase: Paul Blumfeld! Er hat Surfklamotten an und einen Strohhut auf dem Kopf.

„Hallo, Paul! Wusste gar nicht, dass sie hawaiianische Surfertypen hier auch reinlassen. Wo hast du denn dein Brett geparkt?“

Er zwinkert mir zu. „Bin eigentlich gerade im Trainingslager in Sankt Peter Ording und dürfte gar nicht hier sein. Ich hoffe, du verrätst mich nicht.“

„Ich werde dich nicht verraten“, hauche ich verschwörerisch.

„Darf ich das Fräulein mit dem hübschen schwarzen Kleid und dem weißen Federdingsbums um den Hals zu einem Tanz einladen?“

Ja! Ja! Ja! Ich habe sehr große Lust, mit ihm zu tanzen, aber ich will Marie – sie hat sich heute Abend als Indianerin verkleidet – nicht vor den Kopf stoßen. Sie ist doch so sehr in ihn verknallt. „Da müssten Sie sich in meine Tanzkarte eintragen. So etwas gab es nämlich damals, in den 20er-Jahren. Aber wie wäre es mit dem braunhaarigen Mädchen dort drüben, der Squaw?“

Paul wirft kurz einen Blick über meine Schulter, kneift die Augen zusammen und meint dann: „Bleib mal kurz hier. Bin gleich wieder da." Er verschwindet und kommt mit einem Zettel zur Essenauswahl des heutigen Abends wieder. Die liegen auf allen Tischen bereit. „Dreh dich mal bitte um. Ich brauche deinen Rücken zum Schreiben."

Es kitzelt angenehm, als er schreibt, und viele Leute lächeln uns an oder zeigen mit dem Finger auf uns. Es muss ja auch lustig aussehen! Dann dreht er mich sanft um, und seine Berührung lässt mir einen angenehmen Schauer den Rücken hinunterlaufen. Triumphierend hält er mir die Rückseite der Speisekarte unter die Nase. Darauf steht: Tanzkarte von Rebecca Santini, von jetzt 21:07 Uhr bis zum Ende des Balles, Tanzpartner: Paul Blumfeld.

Ein weiterer kleiner Schauer erfasst mich, und ich überlege kurz wegen Marie ‚Nein' zu sagen, aber Pauls blaue Augen sehen mich so auffordernd und eindringlich an, dass ich lachend zustimme. Ich spüre Maries Augen wie Dolche in meinem Rücken, und es tut mir auch irgendwie leid, aber ich musste einfach zustimmen. „Einen ganzen Abend nur mit dir tanzen?", frage ich gespielt geschockt.

„Nein, musst du nicht. Ich würde mich freuen, wenn du es tun würdest." Er legt seinen Kopf leicht schief und seine blauen Augen leuchten verschmitzt. „Freiwillig, meine ich."

„Na gut, aber nur, wenn du Becca auf meine Tanzkarte schreibst", befehle ich ihm keck.

„Ihr Wunsch ist mir Befehl."

Wir tanzen und tanzen und in Pauls Gegenwart fühle ich mich grandios. Leicht und unbeschwert, verstanden und geborgen. Kurz vor vier Uhr nachts frage ich ihn: „Hast du eigentlich eine Freundin oder so?"

Er lehnt lässig an der Bar und grinst schief. „Eine Freundin? Dafür habe ich keine Zeit. Studium, Fußball, Trompete. Eine Freundin würde mich nicht oft sehen."

Eigentlich habe ich ihn einfach nur so gefragt. Ich will im Augenblick nur frei und unabhängig sein. „Es war ein wunderschöner Abend. Vielen Dank. Der schönste Faschingsball meines Lebens – bis auf den Faschingsball, als ich eine kleine Fee war, mit acht oder so, der war auch toll."

„Mein Fräulein, ich habe zu danken." Er verbeugt sich kurz und gibt mir einen kleinen, gespielten Handkuss.

Manu, unser gemeinsamer Freund, sagt: „Komm, ich bringe dich nach Hause, Becca. Wir haben fast den gleichen Heimweg. Ist schon sehr spät, und ich möchte nicht, dass du allein gehst."

September 2000, München

„Möchtest du bleiben, Becca?"

Die teure Wanduhr von Christ zeigt, dass es halb zehn Uhr morgens ist. Er ist knapp 1,90 Meter, und hat braunes Haar, das ihm in Stufen bis zu den Ohren hinunterfällt und an den Schläfen grau wird, was sexy aussieht. Er legt seinen Arm um meine Hüfte, sein Bauch berührt meinen Rücken, wir liegen noch im Bett, irgendwo in München. Sein Bett ist aus dunklem Holz, die Bettwäsche ist weiß und riecht gut. Irgendwie nach blumigem Lenor. Ich spüre seinen warmen Atem in meinem Nacken, und der leichte Hauch lässt mich angenehm frösteln. Er macht irgendwas mit Computern bei Roland Berger, IT-Manager oder so. Dass man so etwas seit einiger Zeit studieren kann, ist mir immer noch ein Rätsel. Aber so, wie es aussieht, verdient man damit ein Haufen Kohle! Er lässt seine Finger langsam an meiner Schulter zu meinem Ellbogen gleiten.

„Möchtest du bleiben, Becca? Ich mache uns frische Croissants?"

Er riecht nach Hugo Boss, Aftershave und Mann, und seine Unterwäsche ist von Calvin Klein. Er hat eine etwas zu große, sympathische Nase und drei Tage alte Bartstoppeln überall in der unteren Gesichtshälfte. Es sind definitiv zu viele davon. Sich von ihm küssen zu lassen, war eine sehr kratzige Angelegenheit. Aber küssen kann er! Und auch ohne in den Spiegel zu schauen, weiß ich, dass meine Wangen überall rote Kratzspuren aufweisen. Wir haben uns im Schuhmanns' kennengelernt, wo ich eigentlich mit einer Kommilitonin aus dem Geschichtsseminar über Suetons Cäsarenbiographien, unterwegs war. Doch die hat den Zug nach Augsburg um Mitternacht genommen. Ich bin geblieben, weil ich die forsche, charmante Art wie er mich ansah unglaublich sexy fand.

„Becca, du hast immer noch nichts gesagt?“

Wie heißt er noch mal? Irgendetwas mit … J? Jochen? Nein, das ist es nicht. Joachim? Nein, auch nicht. Oh, das darf doch nicht wahr sein! Vielleicht Jens? Hm … nein das ist es auch nicht. Das ist ja furchtbar. Ich verbringe die Nacht mit einem Mann und weiß nur noch den ersten Buchstaben seines Vornamens! Wenn das mein Vater wüsste, würde er ganz Siziliens Mafiamannschaft auf ihn hetzen. So mit Klumpfuß im Beton und so. Ach, es gibt Dinge, die müssen Väter einfach nicht wissen. Die Nacht war richtig cool. Er ist ein paar Jahre älter als ich, das weiß ich, aber nicht viel. Gott, ich muss dringend aufs Klo! Manchmal denke ich meine Blase ist ein genetischer Defekt, nur so groß wie eine Walnuss.

„Ich müsste mal dringend wohin …“, sage ich leise und stehe auf. Oje, jetzt muss ich hier erst mal raus. Das Schlafzimmer hat ein eigenes kleines Bad. Ich bin nackt und spüre seinen intensiven Blick auf meinem Po wie brennende Laserstrahlen.

„Klar, du weißt ja wo es ist.“

Zuerst leere ich meine volle Blase – Gott, fühlt sich das gut an - das Toilettenpapier ist dick und flauschig, wasche mein Gesicht, spüle den faden Geschmack in meinem Mund mit Wasser aus – habe ich wirklich Gin Tonic mit ihm getrunken? Das trinke ich sonst nie –, kämme mein Haarchaos mit seinem schwarzem Kamm, sehe seine Zahnbürste von Oral B und sein Rasierwasser von Boss. Auf einem kleinen Holzhocker liegt ein Nachrichtenmagazin mit einem Artikel über die Gefahren des Internets für Kinder. Ein blonder Junge mit Tastatur im freien Fall durch virtuelle Welten ist darauf zu sehen. Und ein weißer Papieraufkleber … er hat ihn abonniert! Ja, da steht auch sein Name darauf: Jonas von Brauk. Jonas! Also doch mit J!

„Also, möchtest du bleiben, Becca?“ Plötzlich steht er vor mir und zieht mich zu ihm, er hat sich nicht angezogen. Er ist leicht gebräunt und hat ein paar Haare auf der Brust. „Ich würde nur ungern allein frühstücken.“ Er nimmt mein Kinn in beide Hände und sieht mich an.

„Ich … äh … also … müsste eigentlich dann wieder … gehen.“ Wann geht noch einmal der nächste Zug nach Augsburg? Mit der U4 vom Prinzregentenplatz Richtung Hauptbahnhof, ein Ticket lösen, nicht zu spät dran sein, einen Fensterplatz bekommen, die

Felder durch das Fenster an mir vorbeiziehen sehen, in Gedanken die Biographien von Sueton durchgehen, zu Hause an den Schreibtisch setzen, …

„Ich möchte mit dir schlafen. Jetzt." Er hält meinen Kopf weiterhin in beiden Händen, und sein Blick ist so fordernd wie der eines Tigers.

Ich spüre seinen festen Griff, so als dulde er keinen Widerspruch. „Wie alt bist du eigentlich?", frage ich unerwartet.

„38", sagt er, ohne dabei seinen Griff zu lockern.

Du liebe Güte, 38! Das hätte ich nicht gedacht. Er ist 14 Jahre älter als ich! Ich muss schlucken. „Jetzt?"

„Ja."

„Gut", sage ich mit fester Stimme und einem Gefühl verbotener Vorfreude. „Klingt vielversprechend."

Jonas hebt mich mit beiden Händen hoch und trägt mich zu seinem Bett: 1,40 auf zwei Meter.

„Aber ich möchte keine feste Beziehung."

Er lacht spöttisch auf. „Sagt das normalerweise nicht der Mann?"

Oktober 2000, Universität Augsburg

„Hallo, Becca, bist du auch hier, um dir die Termine aufzuschreiben?", fragt mich eine kleine, brünette Kommilitonin aus meinem Semester. Sie heißt Miriam.

Wir stehen beide vor den großen Glaskästen in der Studentenkanzlei, die die kompletten Prüfungslisten für das Staatsexamen 2000/2001 zeigen. Alle schriftlichen Klausuren und mündlichen Prüfungen sind dort mit Terminen versehen. Alte Geschichte, Mittelalterliche Geschichte, Neuere/Neueste Geschichte, Didaktik der Geschichte, Sprachwissenschaft Englisch, Literaturwissenschaft Englisch … es nimmt gar kein Ende. Ich nehme meinen alten, grünen Bleistift aus dem Mund und beginne, mir die Termine aufzuschreiben. Soll ich wirklich in all diesen Fächern geprüft werden? Das sind ja an die 20 Prüfungen! Und der Prüfungszeitraum geht von Februar bis Juli!

„Hallo, Miriam, ja deswegen bin ich hier, und ich kann es kaum glauben. Bin ich jetzt wirklich am Ende meines Studiums angelangt und schreibe mein 1. Staatsexamen?“ Meine Zunge wird ganz trocken, und mein Terminkalender fällt mir vor lauter Schreck aus der Hand.

„Ja, nicht wahr? Jetzt sind wir schon 25“, bestätigt Miriam. „Und plötzlich ist man Examenskandidat.“

„Findest du nicht auch, dass es unglaublich nervös macht, jetzt diese Termine aufzuschreiben?“, frage ich und hebe meinen Terminkalender wieder auf. „Ich meine, dann wird das Examen so real.“

„Ja, stimmt. Dadurch, dass wir hier sind, wird es ernst. Jetzt sind wir angemeldet, und es gibt keinen Weg zurück. Becca? Alles klar? Du schaust gerade so verzweifelt?“

Ja, ich bin auch völlig verzweifelt! Wie soll ich das jemals schaffen? So viele Klausuren. So viele mündliche Prüfungen. Der ständige Streit meiner Eltern. Papa ist für eine Woche nach Sizilien geflogen. Zu seinen Eltern. Mama ist auf Kur gefahren. Das Wort ‚Scheidung’ ist Dauerthema. Und dann noch Jonas! Dauernd ruft er an und fragt, wo ich bin, steht wieder vor der Tür, mit einem Buch in der Hand, das ich unbedingt für eine Seminararbeit brauche, und das weder in der Universitätsbücherei vorhanden – weil seit Monaten ausgeliehen – noch innerhalb der nächsten zwei Wochen per Verlag zu bestellen war. Er hatte es. Und obwohl ich ihn nicht liebe, lasse ich ihn herein – in unsere verrückte Dreierwohngemeinschaft mit Fußball-Aufklebern an der Tür. Was man nicht alles tut, für ein blödes Buch! Ich fühle mich allein und er hält mir das Buch hin und fragt, ob er uns allen Pizza bestellen soll!

Meine Mitbewohner - eine schicke, sympathische Jurastudentin mit gesunder Libido und lauter Stimme beim Orgasmus und ein schräger, aber netter Physikstudent mit potenziell homoerotischen Neigungen - lieben ihn. Aber ich? Klar, sein Verstand ist unglaublich anziehend, aber Jonas ist mir zu alt, zu reich, zu erfahren, zu verständig. Ich hasse es, dass er immer unsere Restaurantrechnung zahlt. Ich hasse es, dass er Tierfilme auf Arte sehen will. Ich hasse es, wie er die Beine übereinander schlägt …

„Ach ja, alles in Ordnung. Miriam, was hältst du davon, wenn wir eine Zweierlerngruppe bilden?", frage ich sie spontan, als wir unsere Taschen über die Schulter werfen, um Richtung Cafeteria zu gehen. Mein Magen braucht eine Ladung Koffein, und ich glaube, Miriam hätte auch Lust auf eine Pause.

„Mensch, das ist eine prima Idee. Dann setzen wir uns nachher gleich zusammen und überlegen, wer welche Bücher exzerpiert, wie oft wir uns treffen, welche alten Prüfungsaufgaben wir kopieren … Zusammen schaffen wir das."

Mein neues Handy – ein schwarzer grober Klotz von Siemens – klingelt, und Miriam fängt an zu kichern. „Hast du auch so ein neumodisches Ding?"

Ich muss resigniert seufzen.

„Ist dein Freund dran?", fragt sie vorsichtig und zieht die Augenbrauen hoch.

Ich erkenne Jonas' Nummer und drücke sie unwirsch weg. „Nein, muss sich wohl verwählt haben."

Miriam durchschaut mich sofort. Mein Gesichtsausdruck hat mich wohl verraten. Ich war noch nie wirklich gut im Lügen. „Ach, weißt du was? Ich glaube eh nicht an die eine ganz große Liebe", erklärt sie Achsel zuckend. „Es muss mehrere Möglichkeiten geben."

„Wie meinst du das?"

„Na, stell dir einmal vor, die ganz große Liebe gibt es nur ein einziges Mal und du verbockst es! Dann wäre man ja ganz schön am Arsch."

Super! Danke! Prima! Oh Mann! Ich fühle wie ein durchsichtiger, riesiger Holzhammer direkt auf meinen Kopf trifft und mich mit wenigen kräftigen Schlägen bis zum Boden einhämmert.

„Komm, lass uns einen Kaffee trinken. So als Vorbereitung für die vielen durchpaukten Tage und Nächte, die uns bevorstehen", sage ich ausweichend und senke den Blick. Ich kann nur hoffen, dass sie recht hat. Sonst wäre ich wirklich ganz schön am Arsch!

Dezember 2000, Augsburg

„Danke, dass du mich begleitest. Ich wäre nicht so gern allein gegangen“, sagt Mama und drückt liebevoll meine Hand, bevor wir durch die dunkelbraune Eingangstür gehen, auf der in Bronzebuchstaben ‚Frauenarztpraxis Dr. Arnold‘ steht. Drinnen ist reger Betrieb, und die Arzthelferinnen bräuchten fünf Hände, um gleichzeitig zu telefonieren, neue Patientinnen zu begrüßen und den Computer zu bedienen.

Es ist kalt heute, und Mama und ich haben unsere dicken Mäntel dabei. Mama' s Mantel wie immer in Altrosé, meiner ist natürlich schwarz. Das Wartezimmer ist fast bis auf den letzten Platz besetzt, und wir finden gerade noch zwei freie Stühle, die allerdings nicht direkt nebeneinander stehen, was ich bedauere.

Ich spüre die Nervosität meiner Mutter und schenke ihr ein aufmunterndes Lächeln. „Alles wird gut, Mama, du wirst schon sehen.“ Die klassischen Frauenzeitschriften sind natürlich in Beschlag, sodass mir nur die Ausgabe eines Politmagazins bleibt. Ich lasse die Seiten kurz durch meine Finger gleiten: Kult – verrückt nach Harry Potter, Wehrmachtsausstellung – Ruhm und Schulden, Autonome auf dem Vormarsch, Medizinskandal – Infusionen für Millionen.

„Frau Santini, bitte.“ Eine junge, an der rechten Augenbraue gepiercte Sprechstundenhilfe bittet uns, mitzukommen. Ich lege die Zeitschrift zurück auf den kleinen Stapel mit anderen vernachlässigten Politikmagazinen. Im Arztraum 4 müssen wir natürlich wieder warten, und ich frage mich warum, wir nicht einfach im Wartezimmer hätten bleiben können? Wir reden nicht miteinander, und ich sehe, wie Mama ihre Finger ineinander verknotet. Durch die langweiligen, grauen Lamellenvorhänge am Fenster kann ich sehen, dass es zu schneien begonnen hat. Schneeflocken schneien wie wild an die Scheibe. Allein der Anblick lässt mich innerlich frösteln.

Mama sieht sich einen Querschnitt über die weiblichen Geschlechtsorgane an, der als großes Wandplakat über dem Schreibtisch hängt, als plötzlich Dr. Arnold den Raum betritt und zuerst meiner Mutter, dann mir sehr zuvorkommend die Hand gibt. Wir setzen uns auf die abgewetzten, ehemals dunkelblauen

Stoffstühle vor seinem Schreibtisch, auch Dr. Arnold setzt sich. Er ist alt, mit grauen Haaren und Geheimratsecken. Seine Brille rutscht. Er sieht meine Mutter lange an. Zu lange, denke ich.

„Frau Santini, Sie waren ja bereits vor zwei Wochen da, um Stanzproben ihrer linken Brust abzugeben. Diese Proben aus dem äußeren Drittel ihrer linken Brust haben ergeben, dass Sie ein äußerst aggressives Mamakarzinom haben." Er sieht uns tief betroffen an. Eiskalte Stille liegt über dem Raum. „Es tut mir leid. Sie haben Brustkrebs."

Ich habe Mama zum Zug gebracht. Sie war ruhig, aber ihre Augen! Es war, als hätten sie innerlich geschrien. Der Kloß in meinem Hals ist so groß wie ein Medizinball. Mama hat Brustkrebs! Was wird jetzt kommen? Werden wir sie verlieren? Angst überzieht mein Innerstes wie eine kriechende hässliche Kälte und am liebsten hätte ich diesem Dr. Arnold seine bescheuerten Krankenakten um die Ohren geschlagen und gebrüllt, dass er sich bestimmt irrt, irren muss!

Ich warte auf die brennenden Tränen, die wie Hyänen hinter meinen Augen lauern, aber sie kommen nicht. Sie kommen nicht! Was stimmt nur nicht mit mir? Warum habe ich sie am Bahnhof nur flüchtig in den Arm genommen? Mein anderes Ich, mein Gefühls-Ich, hätte sie ganz lange fest gedrückt und ihr versprochen, dass alles wieder gut wird, dass wir das alles gemeinsam schaffen.

Januar 2001, E-Mail an Marcello, marcello1972@hotmail.com

Von: Becca Santini

An: Marcello Rossero

CC:

Betreff: ruf mich an!!!

Datum: 28.01.2000

Ciao Marcello,

meine Mama hat Brustkrebs! Sie ist völlig am Boden zerstört, und keiner kommt an sie ran. Sie musste sofort operiert werden. Stell dir vor, sie haben ihr die halbe Brust abgenommen. Weil sie danach sofort ein Implantat wollte, dauerte die OP ziemlich lange. Plötzlich ging alles ganz schnell. Die Ärzte meinten, es sähe gar nicht gut aus, sie hätte Wasser in der Lunge! Das reinste Chaos, plötzlich Intensivstation und Ärzte überall. Papa und ich saßen stundenlang in diesem scheußlichen Klinikflur, ohne ein Wort. Sie wäre beinahe gestorben! Wir waren alle ganz verzweifelt. Dann, ein paar Stunden später, war sie über dem Berg, musste aber weiter lange auf der Intensivstation bleiben. Was für ein Schock! Inzwischen ist sie zwar wieder zu Hause, aber irgendwie nicht mehr ‚die Alte'. Sie stürzt sich auf ihre Blumen, spricht laut mit ihnen und topft dauernd um.

Du wolltest es ja wissen: Ich habe einen neuen Verehrer, oder sollte ich ‚Liebhaber' sagen? Damit er mich immer erreichen kann, hat er mir jetzt ein Handy geschenkt. Mit Karte. Stell dir vor, dabei wollte ich nie so ein Angeberteil haben.

Ich muss jetzt Schluss machen, meine Bücher über Psychologie im Teenageralter schauen mich schon ganz böse an. Ruf mich an, sobald du diese Mail liest.

Bacetto Becca

Kapitel 17

Februar 2001, München

Seine Augen heften sich kurz an mir fest. „Hättest du Lust am Freitag mit mir zu einer Veranstaltung auf dem Jagdbombergeschwader in Lagerlechfeld zu gehen? Ein Bekannter meiner Exfrau hat dort seinen *last flight*. Wird ein großes Fest mit Starts, Landungen und Überflügen“, fragt Jonas, sieht in den Spiegel und rasiert sich. Der Duft des Schaums auf seinen Wangen riecht nach Moschus, Eleganz und Geld. Sein Blick konzentriert sich jetzt auf die linke Gesichtshälfte, die noch voller Schaum ist. Er hat sich ein graues Handtuch leger um die Hüfte gebunden. Aus dem Badradio singt ‚Him' irgendetwas über die Liebe und das Sterben.

Ich binde mir gerade die Joggingschuhe, um an der Isar entlangzulaufen. „Wie bitte?“, frage ich überrascht und versuche die Welle an Erinnerungen, die sich gerade auftürmt, niederzudrücken und sich nicht in meinem Gesicht widerspiegeln zu lassen.

„Warum guckst du denn so entsetzt?“

„Was denn für ein Bekannter?“ Ich muss das flaue Gefühl in meinem Magen ignorieren und ziehe den Reißverschluss meiner Sportjacke mit einem heftigen Ruck zu.

„Ein Cousin oder so. Er ist Jet-Pilot bei der Luftwaffe geworden und hat jetzt seinen letzten Flug, so wie ein paar andere. Das wird offiziell gefeiert. Es wird bestimmt beeindruckend.“

„Äh … nein, das ist nichts für mich. Ich interessiere mich nicht für Flugzeuge. Außerdem machen die einen Höllenlärm.“

Jonas legt seinen Nassrasierer abrupt zur Seite und sieht mich an. „Seltsam.“

Ich ordne das verzwirbelte Kabel meines mp3-players, auf den ich angesagte Technosounds geladen habe. „Wieso?“

„Du interessierst dich nicht für Flugzeuge, weißt aber alles über sie.“

„Hä?“

„Erinnerst du dich an das letzte Mal, als wir eine Dokumentation auf Phoenix gesehen haben? Über die Geschichte der Luftfahrt?“

Nein, nicht wirklich. Wann soll das denn gewesen sein? „Was meinst du?“ Ich hole tief Luft und versuche, den Tumult in meinem Herzen, den seine Worte auslösen, niederzudrücken.

„Du wolltest zuerst umschalten“, beginnt er, „dann wusstest du, dass der Tornado ein Schwenkflügler ist, das heißt ein Flugzeug dessen Tragflächen im Vergleich zu anderen stufenlos verstellt werden können. Je nach Flughöhe und Geschwindigkeit.“

Echt, das habe ich gesagt? „Zufall. Habe ich irgendwo gehört.“ Ein Grummeln geht durch meinen Magen und ich versuche es zu ignorieren, wieder.

Jonas trocknet sein Gesicht mit einem Handtuch. „Schade. Ich habe schon zugesagt und erzählt ich würde meine Freundin mitbringen.“

„Wir sind nicht zusammen, schon vergessen? Außerdem muss ich fürs Examen lernen.“ Genervt setze ich meine Mütze auf und gehe ohne Verabschiedung zur Tür.

„Warum läufst du eigentlich andauernd?“ Jonas ist mir gefolgt und steht nun mit verschränkten Armen vor mir. Seine Miene ist verschlossen.

„Laufen macht den Kopf frei. Man kommt dabei auf andere Gedanken.“

Er öffnet mir widerwillig die Tür und alles in seinem Blick drückt Unverständnis und Zweifel aus. „Aha“, raunt er kritisch, „fragt sich nur auf welche“, und lässt mich vorbei.

Februar 2001, Universität Augsburg

„Hallo, Becca! Na, wie laufen die Prüfungen bei dir?“, fragt mich Dieter, ein kleiner dicker Student mit Brille, dessen Gesicht immer ein leichter Schweißfilm bedeckt. Er erinnert mich irgendwie an die Schweine im Weltall aus der Muppet Show, und vor denen hat es mich immer irgendwie gegruselt, schon als Kind. Aber noch schlimmer. Nie hält er den natürlichen, räumlichen Abstand zwischen zwei Menschen ein. Es ist zum verrückt werden. Wieder rückt er ein Stückchen näher, ich berühre schon fast das schwarze Brett hinter mir, das mit hunderten von Zetteln und Reisnägeln bevölkert ist.

„Na, wollen wir nach der Prüfung einen Kaffee trinken gehen, ich lade dich ein?“ Dabei zwinkert er plump mit seinen bebrillten Glubschaugen, und seine dicken Wurstfinger machen eine auffordernde Geste. Erst letzte Woche hat er ein Mädchen aus dem Mittelalterkurs belabert, die panisch flüchtend Richtung Toilette enteilt war. Er mustert mich von unten nach oben, gerade so als ob ich ein Rennpferd sei und nicht eine extrem nervöse Studentin kurz vor ihrer verhassten Angstprüfung im Staatsexamen.

Und Übersetzung! Wie ich es hasse mich an einen vorgegebenen Text halten zu müssen! Meine letzten Ergebnisse im Examenskurs hat Dr. Horchester nur mit den Kommentaren ‚work harder' und ‚not good enough' unterschrieben. Aber ich verstehe immer noch nicht, warum ich in der Lage sein soll Bücher, wie Wolfgang Borchert ‚Das Brot' ins Englische zu übersetzen. Dafür gibt es eine eigene, kleine bedauernswerte und unterbezahlte Berufsgruppe: Übersetzer!

Die Hörsaaltüren schwingen auf. Noch nie bin ich so froh gewesen, in eine Prüfung gerufen zu werden! Heute Morgen bin ich noch einmal zurück, als ich schon fast aus der Haustür war, nur um nachzusehen, was ‚Umfrage' auf Englisch heißt: *Opinion poll.* Da dachte ich schon: Becca, du drehst komplett durch! Warum sollte ausgerechnet dieses eine Wort heute drankommen? Das große Oxford English Dictionary, das von mir mit vielen kleinen gelben Klebezetteln verstümmelt worden ist, soll *insgesamt etwa 600.000 Wörter* und damit mehr als das Deutsche oder Französische enthalten. Wer bitte soll die alle kennen! Noch nicht mal die Queen!

„Ich denke, wir müssen dann“, sage ich höflich und widerstehe dem Drang ihn einfach zurückzustoßen.

Wir stehen brav in einer Reihe vor dem erhöhten Pult, um uns für die Prüfung auszuweisen. Ich habe Dieter weit hinter mir gelassen. Jeder Prüfling zeigt seinen Personalausweis und nennt sein Passwort. Meines ist AZUR. Azurblaues Meer – das erinnert mich an die Urlaube in Sizilien mit Mama und Papa. Und an die Zeit, als alles noch einfach und unkompliziert war und meine Eltern sich küssten. Als ich an der Reihe bin, klopft mir das Herz bereits bis zum Hals und meine Zunge klebt mir am Gaumen, so als hätte ich seit fünf Wochen keinen Schluck Wasser mehr getrunken. Ich stolpere ungeschickt vor die Prüferin. Sie kommt mir irgendwie bekannt vor. Eine kleine Frau mit halblangen, blonden Kringellocken .

„Ihr Name?“, fragt sie und sieht nur kurz auf. Ein großer Kasten mit Registern von A bis Z steht links neben ihr auf dem Pult. Ihre linke Hand ruht darauf. „Ach, ich kenne Sie“, sagt sie plötzlich und sieht mich ganz vertraut an. „Aber natürlich“, ruft sie eine Spur zu laut, und andere Prüflinge drehen sich nun nach mir um. Auch Dieter. „Sie brauchen mir Ihren Namen nicht zu sagen“, gurrt sie dann vertraulich. „Sie sind Becca Sonnberg! Die Frau von Erik Sonnberg!“ Sie beginnt eifrig, im Register bei S zu suchen.

Eine überdimensional große, unsichtbare Faust trifft meinen leeren Magen, und der Schmerz lässt mich fast aufschreien. Eine Faust so groß, wie die von den riesigen Klitschkobrüdern. Ich bin völlig erstarrt. Ganz steif. Dieser Name … Dieser Name? Ich habe ihn seit Jahren nicht mehr ausgesprochen. Weggesperrt, ganz tief in meiner Seele, in einem finsteren Raum. Niemand hat das Recht, in diesen Raum zu gehen.

„Becca? Ist alles in Ordnung? Sie schauen so seltsam? Sie müssen mir helfen, ich kann Ihren Namen bei ‚SO‘ nicht finden“, sagt die Frau leicht verwirrt und sucht weiter.

Ja, jetzt wusste ich, wer sie war – Frau Hirtmann, die Mutter des besten Schulfreundes von Erik damals. Er hieß Magnus. Wir waren einige Male bei ihnen zu Hause gewesen. Sie war Lehrerin für Deutsch und Englisch und heute anscheinend für die Prüfung eingeteilt.

„Sie müssen bei ‚SA‘ suchen. Ich heiße Becca Santini“, erkläre ich nun und versuche, mich aus meiner Starre zu lösen.

„Aber …“ stammelt sie, „Sie sind doch die Frau von Erik Sonn …“ Sie hält inne und starrt mich an. Wie peinlich! Wie unglaublich peinlich! Kann es noch schlimmer kommen!

„Nein, bin ich nicht. Ja, er hat geheiratet, aber … nicht … mich“, erkläre ich eine Spur zu leise, und wünschte, ein Loch in der Größe des Ätnakraters würde sich auftun und mich für immer verschlingen.

Frau Hirtmann schlägt sich betroffen die Hand vor den Mund. „Oh, das gibt es doch nicht! Ich war mir, als ich gehört habe, dass er geheiratet hat, so sicher, dass er Sie … Oh, das tut mir leid. Verzeihung, ich war … das war …"

„Ist schon in Ordnung. Ist lange her." Meine rechte Hand nimmt die Prüfungsunterlagen entschlossen entgegen. Meine Füße entfernen sich mit großen Schritten vom Pult. Ich suche mir einen Platz im linken oberen Drittel, setze mich auf einen dieser höllisch unbequemen Hörsaalplastikklappstühle und hole meinen gelben Glücksbringer-Lami-Kugelschreiber heraus.

„Das war so was von leichtsinnig von dir, Becca!", schlussfolgert Erik. Er lehnt mit dem Rücken zur Wand an dem Betonpfeiler neben den Abfahrtsplänen. Der Zug wird gleich da sein. Seine Arme sind verschränkt und er hat seine Uniform aufgeknöpft.

„Ist doch nichts passiert!" Ich hätte es ihm nicht erzählen sollen. Oh Mann! Jetzt macht er sich wieder Sorgen.

„Das nächste Mal fährst du mit Bille nach Hause und nimmst nicht allein einen Nachtzug nach Hause. Wenn ich nur daran denke, was alles hätte passieren können."

„Es ging doch gut und die bösen Jungs haben sich verzogen." Wenn er wüsste, welche Angst ich hatte! Ich hätte mir fast in die Hosen gemacht. Die Gruppe Skin Heads war völlig betrunken und randalierte vor dem Zug herum. Als sie in mein Abteil kamen, dachte ich, oh Gott, das war's. Sie setzten sich neben mich und fingen an, mich blöd anzuquatschen, eine Hand auf meinen Oberschenkel zu legen, mir grob ins Haar zu fahren. Gott, hatte ich Schiss!

Unwillkürlich schüttele ich mich und ein grässlicher Schauer fährt meinen Rücken hinunter. Erik legt den Kopf schief und blickt mich nachdenklich an. „Becca, es ist einfach zu gefährlich allein nachts als Frau unterwegs zu sein. Mach das nie wieder, bitte."

„Ich wollte eben noch Tanzen. Bille hatte plötzlich Kopfweh und dann …"

„Nie wieder, hörst du?" Erik fährt sich durch seine braunen

Haare und seufzt.

„Ja, war blöd."

„Blöd? Das war verdammt leichtsinnig. Ich kann ja verstehen, dass du Spaß haben willst, aber wie soll ich auf dich aufpassen, wenn ich auf einem anderen Kontinent bin?"

„Weiß nicht", antworte ich schuldbewusst und blicke auf den Boden. Gott sei Dank, kamen zwei Schaffner und haben die Jungs mit kernigen Worten unter Kontrolle gebracht. Ich hatte richtig Panik.

„Am liebsten würde ich dir die Feldjäger auf den Hals schicken und dich nach USA transportieren lassen. Wenn nötig auch gegen deinen Willen."

„Ach, bei dir zu sein, fände ich eigentlich ganz gut", entgegne ich und schenke ihm einen langsamen Augenaufschlag. Er lacht kurz auf, zieht mich mit einer Hand zu sich und legt die andere Hand leidenschaftlich auf meine Hüfte.

„Meinst du?"

„Ja", flüstere ich kokett und fahre mit meinem Zeigefinger die Knöpfe seiner Uniform nach.

„Na, ich würde dich aber ein knallhartes Bootcamp durchlaufen lassen."

„Wozu das denn?", frage ich überrascht.

„Zum einen um dich abzuhärten."

„Und zum anderen?"

„Um deinen verdammten Sturkopf zu brechen. Es wäre herrlich dich durch so einen Bundeswehrparcours zu hetzen. Zu sehen wie du innerlich alles hinschmeißen willst, zu beobachten, dass du dir von jemand anderen etwas sagen lassen musst, was dir überhaupt nicht passt. Das wäre es schon wert." Er verstärkt seinen Griff um meine Hüfte und legt sein Kinn auf meinen Kopf.

„So schlimm bin ich doch gar nicht", verteidige ich mich und genieße seine Berührung.

„Schlimmer. Du bist noch schlimmer. Nie machst du das, was man dir sagt. Bist einfach ein Freigeist." Er dreht meinen Kopf zur Seite und drückt ihn an seine Brust. Seine Hände sind warm und groß. Seine Uniform fühlt sich angenehm rau an.

„Ich werde dich vermissen, mein Großer“, wispere ich. Der Zug fährt ein und das Quietschen ist ohrenbetäubend.

Erik küsst mich zärtlich auf die Stirn und sieht mich gespielt väterlich an. „Mach das nie wieder, versprochen? Wenn dir etwas passieren würde, das könnte ich nie verkraften.“

Ein Blick auf die große Uhr im Hörsaal zeigt, dass es bereits 8:32 Uhr ist. Oh nein! Was habe ich nur die letzte halbe Stunde gemacht? Ich kann es nicht fassen. Eine ganze halbe Stunde verloren! Und dass auch noch in meiner Angstprüfung. Wieso kann er nicht endlich aus meinem Leben verschwinden? Er hat sein Leben und ich meins. Basta! Das muss aufhören, ein für alle mal.

Meine Finger zittern. Mein Po ist am Hörsaalstuhl festgeklebt. Ich falte die Prüfungsaufgaben auseinander.

Es ist ein Artikel der Süddeutschen Zeitung: „Die Umfrage der letzten Woche hat eindeutig ergeben, dass die Zustimmung aller Beteiligten zur Währungsunion …“

Kapitel 18

Juni 2001, München

Es war echt gut.

„Wenn du etwas essen möchtest. Ich hätte noch etwas Brokkoliauflauf?", sagt Frederick und streichelt meine Stirn. „Du hast ganz schön abgenommen in den letzten Monaten. Dein Staatsexamen nimmt dich wohl etwas mit?"

Wir liegen in seinem Bett und trinken Rotwein. Teuren Rotwein, Barolo, aus großen geschwungenen Weingläsern. Seine Wohnung in der Baderstraße ist vollgestopft mit Büchern und Zetteln, was den Räumen eine unverschämt intellektuelle Note verleiht.

Frederick: 29, Fernsehjournalist, eigensinnig. Er erinnert mich ein bisschen an Pater Ralph de Bricassart aus „Die Dornenvögel", den meine Mutter so wahnsinnig toll findet. Na ja, aber war der nicht eigentlich schwul?

„Wie war dein letzter Film über das Korallensterben am Great Barrier Reef?", frage ich und nehme einen kleinen Schluck. Meine Haare sind ziemlich verstrubbelt und Frederick grinst, weil er genau weiß, warum. „Gut, wird in zwei Wochen in der ARD ausgestrahlt."

Ich erzählte Jonas von Frederick, um ehrlich zu sein oder um klare Fronten zu schaffen. Keine Ahnung. Jonas kochte innerlich, aber er sagte nichts. Und Frederick? Schien sich nicht an Jonas zu stören. Schließlich hat er eine Freundin. Sie heißt Ellen. Ich stelle mir Ellen als wunderschöne, zarte, blonde Elfe vor, so wie Galadriel aus ‚Der Herr der Ringe'. Ich empfinde keine Eifersucht. Ich empfinde nichts. Vielleicht ist Frederick nur interessant, weil er der erste Mann ist, der *keine* Beziehung mit mir will?

Hilfe, was ist nur aus mir geworden, denke ich. Wie kann es mir egal sein, dass ein anderer Mann meinetwegen seine Freundin betrügt? Soll das die Becca sein, die ich sein will? Eine *Vielleichtfreundin* eines geschiedenen Mannes und gleichzeitig eine

Affäre …

„Danke, aber ich habe eigentlich keinen Hunger“, erkläre ich und kämme mein Haarchaos mit meinen Fingern.

„Becca, ich weiß, die letzten Monate waren nicht einfach. Wir konnten uns nur wenige Male sehen und …“, fängt er an.

Ich kuschele mich an die Stelle zwischen Brustkorb und Schulter. Morgen habe ich wieder mündliche Prüfung, in englischer Sprachwissenschaft. Vor dieser Prüfung graut mir besonders. Ich habe schon einige gesehen, die verzweifelt weinend wieder aus Professor Bubmanns Tür heraus kamen.

„Ich bin von Ellen getrennt“, sagt Frederick in die Stille meiner Überlegungen.

“Getrennt?“, frage ich ungläubig.

„Ja“, meint Frederick trocken, und wir richten uns auf.

„Äh … also … hm … wie geht es dir denn?“, frage ich vorsichtig.

„Richtig mies. Aber du bist ja jetzt da. Endlich können wir normal zusammen sein. Du und ich. Ist das nicht wunderbar?“

Ich rutsche etwas von ihm ab. „Äh? Zusammen sein? Ich weiß nicht. Wie meinst du das?“

„So wie ich es sage.“

„Ich bin kein Beziehungsmensch. Das weißt du. Ich kann das nicht!“. Alle Versuche eine feste Freundin zu sein, sind kläglich gescheitert. Ich saß gelangweilt in teuren Restaurants, sah heimlich auf die Armbanduhr und quälte mich durch entsetzlich langweilige Kinofilme. Immer wollte ich meine Hand wegziehen, wenn sie mich berühren wollten.

„Wieso nicht?“

„Ich finde die große Liebe wird überbewertet.“

„Vielleicht hast du es noch nie wirklich versucht?“

Ich atme lange resigniert aus.

Erik schlingt die Arme von hinten um mich und beißt vorsichtig in meinen Nacken. „Du riechst herrlich. Was soll ich nur machen? Du bringst mich um den Verstand. Wie soll ich das aushalten? Eine ganze Woche Überlebenstraining in Sardinien? Und nur Soldaten.“

Ich drehe mich zu ihm um und küsse ihn sanft auf die Stirn. „Ich liebe dich. Ich schicke dir ganz viele Überlebensküsse in den Himmel."

„Ja, mach das. Klingt fabelhaft! Überlebensküsse in den Himmel. Herrlich! Und ich wünsche dir ganz viel Glück für deine Englischprüfung." Er schließt seine Uniform, hebt mich hoch und dreht mich viel zu wild im Kreis herum.

„Hilfe, nicht so schnell!"

„Lieber Gott, ich bin der glücklichste Soldat der Welt!", schreit er lachend und der Klang seiner tiefen Stimme füllt mich mit intensiver Wärme.

Ich setze mich an die Bettkante und sehe aus dem Fenster. Irgendein tristes rotes Backsteingebäude. „Ich muss jetzt eigentlich bald wieder weg. Mein Zug geht."

Enttäuscht und sehr überrascht sieht er mich an. „Jetzt echt? Warum bist du so?"

Wie soll ich schon sein, was hat er denn erwartet, bitte schön! „Hast du Ellen von uns erzählt?", versuche ich seine Frage zu umgehen.

„Nein … sie hat es gemerkt, ein Riesentheater gemacht und sich dann von mir getrennt. Nach fünf Jahren Beziehung." Die Atmosphäre zwischen uns ist plötzlich angespannt.

„Das tut mir leid für dich."

Er fährt sich kurz durch die Haare. „Ja, wirklich?" Plötzlich wird seine Stimme lauter und zornig. „Das kann ich kaum glauben. Dir tut es leid? Heute Abend liegst du hier bei mir, und schon morgen triffst du dich wieder mit diesem Jonas. Was hat er eigentlich, dass du ihn gut findest? Einen Sportwagen? Stehst du auf Männer mit Kohle? Ich hoffe, er weiß, dass ich gerade mit dir geschlafen habe. Am besten, ich sage es ihm persönlich. Ja, genau! Ich rufe ihn jetzt an und sage, dass du bei mir bist!" Wütend schwingt sich Frederick aus dem Bett. Nackt und völlig in Rage sucht er meine Handtasche wühlt darin herum wie ein Berserker und findet mein Handy. Das schwarze von Siemens, das Jonas mir geschenkt hat.

Jetzt springe ich auch auf, reiße ihm mein Handy aus der Hand und schüttele den Kopf. „Bist du völlig verrückt? Was fällt dir ein? Du kannst doch nicht einfach so in meinen Sachen wühlen. Spinnst du? Das geht nicht!" Wut schnaubend stehen wir uns gegenüber.

„Das geht nicht? Und ob das geht! Her mit dem Ding! Damit ich diesem Jonas mal sagen kann, dass er ein Vollidiot ist!"

Aus einem plötzlichen Instinkt heraus, hole ich aus und schlage zu. Ein lautes Klatschen durchdringt den Raum. Ich habe ihn tatsächlich geohrfeigt! Das kann nicht sein! Was passiert hier nur? Meine Handinnenfläche brennt heftig. Einen kurzen Moment hält sich Frederick verwundert die linke Wange. Doch dann macht es plötzlich wieder Klatsch. Ich bin fassungslos. Er hat mich tatsächlich zurück geohrfeigt!

Einen Augenblick bin ich völlig gelähmt. Nicht vor Schmerz. Vor Schock. Wie konnte er es wagen? Wie kann ein Mann so etwas tun? Eine heiße Welle von Scham und ungebremster Wut durchspült meinen Körper. Plötzlich fühle ich mich nackt und ungeschützt. Wo um alles in der Welt sind nur meine Klamotten? Tränen laufen mir über das Gesicht und tropfen an meinem Kinn herunter.

„Es … das … tut mir …“, stammelt Frederick auf einmal.

Ich stoße ihn von mir, angewidert und fassungslos.

„Becca, bitte …!“

Meine Tasche liegt hinter Frederick. Mit einer ungeschickten Fußbewegung ziehe ich sie mit den Zehen zu mir, werfe mein ungeliebtes Handy hinein, versuche alles gleichzeitig anzuziehen und stolpere auf einem Bein hüpfend in meine Jeans.

Frederick sieht mir zunächst schweigend zu. „Bitte, es tut mir leid. Ich weiß auch nicht, was ich …!“

Endlich habe ich wieder Textil an meinem Körper und fühle mich besser.

„Dann geh doch, lauf weg!“, schreit er plötzlich direkt hinter mir und berührt meine Schulter.

Wilde Panik ergreift mich. „Lass mich los. Fass mich nicht an. Nie mehr!“ Tränenblind suche ich im halbdunklen Gang die Türklinke und stürze aus der Wohnung. Meine Beine rennen, aber wohin? Egal, nur weg von hier. Atemlos falle ich auf den Asphalt, Passanten werfen mir mitleidige Blicke zu. Sehe ich so schlecht aus? Wütend, dass ich immer noch weine, wische ich mir mit dem linken Ärmel über das Gesicht. Wieso fühlt sich mein Po nur so kalt an? So als ob ich auf einem Gefrierschrank gesessen hätte … Du liebe Güte, das kann doch nicht wahr sein! Nicht das auch noch! Becca, du hast deine Unterhose vergessen! Wie kann man denn seine Unterhose vergessen? Es war auch noch die teure, die ich in einem exklusiven Wäschegeschäft erstanden hatte. Einen schwachen Augenblick überlege ich, umzukehren. Nein, ich muss nach Hause. Morgen ist Staatsexamen mündlich und außerdem bin ich viel zu stolz. Soll er sich doch meine Unterhose einrahmen! Himmel, was für ein Schlamassel! Wann fährt noch mal denn die letzte U-Bahn? Zur Münchener Freiheit …

Endlich bin ich da. Meine Haare verstrubbelt, meine Jacke offen, mein Hintern kalt. Es sind nur noch wenige Menschen in der U-Bahn. Kaltes Neonlicht, Zigarettenstummel, etliche verwaiste Plastiktüten, der typische kalte unangenehme U-Bahn-Wind-Geruch. Eine Gruppe Punks, die an der Ecke neben der geschlossenen Bäckerei kampiert, raucht und spielt Gitarre. Hastig versuche ich, mir ein Ticket am Automaten zu kaufen, der meinen Zehnmarkschein immer wieder ausspuckt. In alle Richtungen gedreht füttere ich diesen bockigen Automaten, aber nichts. Zum Verrücktwerden! Wofür stellen sie diese Automaten auf, wenn sie dann nicht funktionieren? Scheiße! Ich unterdrücke nur schwer den Impuls, mit dem Fuß auszuholen. Dann eben das Kleingeld. Einmarkstücke, Zweimarkstücke … das Zweimarkstück noch mal am Automaten reiben, das haben schon viele gemacht, denn eine blanke Stelle verrät, dass es anderen ähnlich ging. Endlich, mein Ticket ist da. Ich reiße es aus dem blöden Automaten und laufe zur Rolltreppe.

Alles so leer hier. Gespenstisch. Auf der Rolltreppe kommen mir vereinzelte, enttäuschte Gesichter entgegen. Eine alte Frau mit grauem Mantel, ein paar 18-Jährige mit Bierdosen, Anzugmenschen mit Trolley. Die 18-Jährigen grölen: „Hey, du da … die letzte Bahn ist weg." Sie fahren weiter nach oben, während ich ungläubig abwärts fahre.

Unten angekommen bin ich völlig allein. Nur der Bahnsteig, die Bänke, die hässlichen Kacheln und ich. In einem halben Jahr werde ich 26 Jahre alt, und mein Leben ist das totale Chaos! Ich schlage beide Hände vors Gesicht und seufze aus den Tiefen meines Körpers. Aber nein, ich werde nicht weinen!

Wieder oben angekommen möchte ich nur ins Freie treten, frische Luft schnappen. Es hat angefangen zu regnen. Nein, es schüttet aus Kübeln! Natürlich habe ich keinen Schirm. Bisher habe ich noch jeden Regenschirm irgendwo stehen lassen. Ich kehre zur U-Bahn-Station zurück, möchte warten, bis der heftige Regen aufhört.

Unten bei den geschlossenen Geschäften angekommen, setze ich mich vor das Schaufenster eines Souvenirladens. Auf den Boden. Mir ist kalt, und ich bin plötzlich entsetzlich müde. Ich muss einfach nur meine Beine entlasten. Ich bin so müde, unendlich müde und fühle nur dumpfe Abgestumpftheit und gleichgültige Leere.

Nach einer Weile gesellen sich Punks zu mir. „Hey Kleine, alles in Ordnung?", fragt ein in der Oberlippe gepiercter Punk mit schwarzer Jeans, die über und über mit silbernen Nieten bedeckt ist. Seine Gitarre hängt lässig über seiner Schulter. „Das wird schon wieder. Ist doch was mit `nem Typen, oder?" Er sieht wirklich gruselig aus mit seinen bunten Haaren. Ich erinnere mich, wie Mama mir einmal gesagt hat: „Becca, halte dich bitte von Punks fern. Die haben keinen guten Einfluss und nehmen Drogen."

Jetzt muss ich kurz auflachen. Gott sei Dank ist sie nicht hier. „Ach, ist schon gut. Ich hatte nur … äh … Stress mit meinem … äh … Freund. Ich bin etwas müde und habe die Bahn verpasst. Jetzt fährt auch kein Zug mehr nach Augsburg und morgen habe ich Staatsexamen."

Das Mitleid aller ist mir auf einmal gewiss – was mir unendlich peinlich ist –, und sie setzen sich zu mir. „Hier, möchtest du? Das beruhigt. Mir hilft das immer, wenn alles Scheiße ist", sagt der Gepiercte.

„Nein, das ist nett, wirklich, aber ich rauche kein Marihuana. Schlechte Erfahrungen." Jetzt muss ich sogar noch einmal lächeln. „Nein wirklich, wenn ich nur daran denke, dreht sich mir der gesamte Magen um."

„Hey, wünsch dir ein Lied, Kleine. Das spielen wir nur für dich. Die Akustik ist toll, jetzt, wo alle weg sind. Was möchtest du hören?"

Was für ein absurdes Angebot! Was soll' s, scheint ein absurder Abend zu sein. „Also … dann wünsche ich mir ‚*Nothing Else*

Matters‘ von Metallica“, sage ich verwundert und dankbar. „Das ist wirklich nett von euch.“

„Ach, kein Problem“, antwortet der gepiercte Punk, „ist ’n cooles Lied.“

Ein Augenblick vergeht, dann setzt er zum ersten Akkord an. Der Klang ist wunderschön und es hallt ein bisschen. Seine Stimme füllt den leeren Platz. Die anderen zünden sich ihre Joints an. Ich genieße diesen sonderbaren Moment und überlege, wie ich jetzt wohl nach Hause kommen soll. Ich werde diese Sache mit Jonas beenden. Mit Frederick hätte ich erst gar nichts anfangen sollen. Becca, dein Liebesleben ist die totale Katastrophe!

„Hey, ihr da! Verschwindet! Wie oft haben wir euch schon gesagt, dass ihr hier nichts verloren habt?“ Eine dunkle Stimme donnert zu uns herüber. Eine Gruppe schwarz gekleideter U-Bahn-Polizisten mit Schlagstöcken marschiert donnernd auf uns zu.

Oh je, die sehen aber gar nicht freundlich aus. Und wie schnell die laufen! Alle Punks sammeln schlagartig ihre Habseligkeiten ein und sprinten los. Ich bin total überfordert.

„Jetzt haut endlich ab! Die Station schließt. Das kennt ihr doch“, ruft der Größte ihnen nach. Ein Berg von einem Mann mit dunklen Haaren und kantigem Kinn rauscht heran. Er erinnert mich ein bisschen an den schrecklichen Sven von „Wickie und die starken Männer“. Dann fällt sein Blick auf mich. „Und was machen Sie hier? In diesem Zustand! Mit diesen Punks abhängen?“

Unwohl schüttele ich den Kopf und rutsche ein bisschen nach hinten. Er macht mir ziemlich Angst.

„Rauchen Sie Marihuana?“

Ich schüttele den Kopf energischer.

„Und was ist das?“ Mit dem Zeigefinger deutet er wie bei einem Schwerthieb auf die Hinterlassenschaften der Punks.

„Nicht meins“, stammele ich und ärgere mich gleichzeitig, dass ich mich so einschüchtern lasse.

Ungläubig scannt er mich von oben bis unten, und ich hoffe sehr, dass er keinen Röntgenblick draufhat. Er scheint kurz zu überlegen. „Hey Karl, die Kleine kommt jetzt mit. Mit der stimmt was nicht. Die ist mir nicht geheuer. Und Gras hat sie auch noch dabei“, dröhnt er und packt meinen rechten Arm, während der ebenso hünenhafte Karl meinen linken Arm packt. Handschellen klicken hinter meinem Rücken. Grundgütiger! Ich werde abgeführt! Abgeführt!

Kurz versuche ich, mich zu wehren, nur um meinen Versuch gleich wieder aufzugeben. Die sind doppelt so groß und viermal so schwer wie ich. Lieber Gott! Meine Beine sind ganz weich vor Scham, und ich stolpere ein paar Mal über sie. Wie gut, dass mich hier niemand kennt. Große Prankenhände stellen mich wieder aufrecht hin und führen mich weiter. Immer weiter in diese gespenstische, stille U-Bahn-Station. Die anderen drei Schwarzgekleideten laufen hinter uns, und ich kann ihre Blicke wie Dolchhiebe in meinem Rücken spüren. Wie still es hier ist. Was für eine absurde Nacht!

Nach vielen Gängen erreichen wir eine unscheinbare Tür, die von außen fast nicht als solche zu erkennen ist. Dann treten wir ein: Ein kleines Büro mit Kaffeemaschine, Tisch, Stühlen, Telefon, Faxgerät, Computer, Kühlschrank und Neonlampe erwartet uns. Himmel, eine Zelle gibt es auch. Ich werde auf einen Stuhl gesetzt. Die schwarzen Männer setzen sich auf die gegenüberliegende Seite und legen ihre Schlagstöcke auf den Tisch.

Dann fängt der schreckliche Sven wieder an: „Seit wann nehmen Sie Drogen?“ Seine Stimme ist jetzt etwas freundlicher, aber sehr bestimmend.

Jetzt bin ich tatsächlich in einem Polizeiverhör gelandet! Ich fühle mich unendlich schlecht. „Äh“, stottere ich, „gar nicht. Das war reiner Zufall mit diesen Punks.“

Seine Augen verengen sich zu schmalen Schlitzen und er schüttelt den Kopf auf eine Art und Weise, als ob ein Erwachsener mit einem ungezogenen Kind spricht. „Das sollen wir Ihnen glauben? Und was haben Sie dann um diese Uhrzeit in dieser seltsamen Verfassung am Boden einer U-Bahn-Station zu schaffen?“

Eine berechtigte Frage, das musste ich zugeben.

Ich war bei einem Mann, der monatelang mit mir eine Affäre hatte, dann mit mir schlief, dann meinen *Vielleichtfreund* anrufen wollte, um ihm zu sagen, dass er mit mir geschlafen hat, dann von mir eine Ohrfeige bekam, mich wiederum umgehend zurück ohrfeigte, mich gehen ließ, als ich hektisch meine Sachen anzog, um dann die U-Bahn zum Hauptbahnhof zu verpassen. Ganz zu schweigen von meiner vergessenen Lieblingsunterhose! Oh Gott, nein, das kann ich nicht antworten. Du liebe Güte.

Unwohl rutsche ich auf meinem Stuhl hin und her. Fünf Augenpaare blicken mich an und warten auf meine Antwort. Sind die alle groß! Und einen Dauervertrag im Fitnessstudio scheinen sie auch zu haben. Ihre Blicke machen mich langsam wütend. Was zur Hölle geht die eigentlich mein Privatleben an?

„Das geht Sie einen Scheißdreck an“, zische ich und wundere mich selbst über meine Courage und den bissigen Ton in meiner Stimme. Der Große beugt sich Augenbrauen hochziehend nach vorn.

„Aha, interessant. Sie geben also den Besitz und den Konsum von weichen Drogen zu?“ Alle anderen Männer beugen sich nun ebenfalls nach vorn, um meine Antwort zu hören.

Herr Gott noch mal, was soll das denn? Ich folge dem Sekundenzeiger der großen weißen Plastikuhr an der Wand und sie verrät mir, dass es 0:34 Uhr ist. „Ja, klar! Ich nehme andauernd Drogen und dealen tue ich auch noch. Andauernd. Wollen Sie auch welche?“

„Sie sind vorläufig festgenommen“, sagt der Größte mit fester Stimme und sieht mit einem dominanten Blick vielsagend in die Runde.

Wütend springe ich mit beiden Händen auf dem Rücken vom Stuhl auf, der prompt umfällt. „Das können Sie nicht machen! Das war ein blöder Witz!“ Ich will zur Tür rennen, werde aber von zwei Polizisten gepackt. Ich strampele heftig und versuche dem einen gegen das Schienbein zu treten. „Ich nehm’ doch keine Drogen, verdammt noch mal. Lassen Sie mich gehen!“, schreie ich verzweifelt.

Mehrere Hände packen mich nun gleichzeitig, aber ich kann mich nicht wehren, wegen dieser blöden Handschellen. „Bringt sie in die Arrestzelle, dort hinten.“

„Was? Nein! Ich muss nach Hause. Ich habe morgen mündliche Prüfung im Staatsexamen!“

Sie zerren mich, relativ problemlos – bin ich so leicht zu überwältigen? - in die Zelle und verschließen die Tür.

„Staatsexamen? Aha, natürlich. Das hätten Sie sich früher überlegen sollen. Tom, bleibst du bei ihr? Wir müssen weiter. Nimm ihre Personalien auf“, sagt der schreckliche Sven mit triumphierendem Tadel in der Stimme. Vier Polizisten werfen mir noch diesen Blick zu, ‚kriminell’, und machen sich dann wieder auf den Weg. Fassungslos stehe ich hinter dem Gitter. Das darf doch alles nicht wahr sein!

Stunde um Stunde vergeht und irgendwann setze ich mich auf die Pritsche. Meine Personalien hat er noch nicht aufgenommen. Ich bin müde, mir ist kalt und meine Hände tun weh. „Könnten Sie mir bitte die Handschellen abnehmen?“, frage ich mit etwas weniger Stolz als vorher den verbliebenen Polizisten, der auf einem Stuhl sitzt und irgendein Heft liest. „Meine Handgelenke schmerzen.“

Er stützt sein Kinn mit seiner Hand und sieht mich mit strenger Miene an. Er ist noch jung, vielleicht Ende 20, blond und könnte glatt attraktiv sein, wenn er nicht ein blöder Bulle geworden wäre. Er sitzt breitbeinig da und kritzelt etwas in sein Heft, das aussieht, als hätte es jemand aus der Zeit, vor der Wende hier unten vergessen. „Eigentlich nicht, Sie haben nicht kooperiert und Sie halten uns zum Narren.“

Ich schlucke einen schweren Kloß hinunter, was sich so unsagbar schmerzlich anfühlt, als wäre er gespickt mit Dornen. „Sie haben gleich von Drogen angefangen!“

„Das ist unser Job.“

„Sie wollten mir gar nicht glauben. Es war nur ein dummer Zufall, verdammt.“

„Sie haben uns nichts erklärt.“

„Es ist nicht so wie Sie denken!“

„Das sagen sie alle.“

Meine Kehle schmerzt und Tränen laufen mir plötzlich herunter. Unaufhörlich. Ich schluchze, leise.

„Oh nein, nicht die Tour“, beschwert er sich und sieht mich ausdruckslos an.

Ich kann nicht aufhören zu weinen. Wie konnte das nur passieren? Ich fühle mich so hilflos, so ausgesetzt. Wenn nur irgendjemand hier wäre, der mir helfen könnte!

„Wollen Sie jemand anrufen? Ihre Eltern vielleicht?"

Die hässliche Plastikuhr zeigt mir, dass es fast halb fünf Uhr morgens ist. Meine Eltern! Ist er komplett verrückt? „Nein! Auf keinen Fall."

Er seufzt tief.

Eine weitere halbe Stunde vergeht. Es dauerte tatsächlich so lang, bis mein Blick nicht mehr verschwamm. „Bitte Tom", sage ich und verwende bewusst seinen Vornamen, „ich nehme keine Drogen. Es tut mir leid, dass ich Sie provoziert habe. Ich muss wirklich sofort nach Augsburg. Wenn ich zur Prüfung nicht erscheine …" Ich werfe ihm meinen viel geübten Katzenblick zu. Den besten, den ich im Repertoire habe. Den aus der Schublade mit der Aufschrift: „Absoluter Notfall!"

„Ich glaube Ihnen."

„Was?"

„Sie sehen nicht aus, wie jemand der Drogen nimmt. Und ich denke meine Kollegen sehen das auch so."

Ich schnappe perplex nach Luft. „Was? Wie bitte? Das glaube ich jetzt nicht! Wieso halten sie mich dann hier fest?"

„Unser Job war es Sie mitzunehmen, aber Sie waren sehr unkooperativ. Statt uns die Wahrheit zu sagen, haben Sie uns provoziert. Wir wollten Ihnen Zeit zum Nachdenken geben."

„Das ist nicht Ihr Ernst!"

„Na ja, so ein paar Stunden Zeit zum Nachdenken helfen oft, was auch immer Sie dazu bewogen hat, bei diesen kiffenden Punks abzuhängen."

Wütend trete ich mit den Füßen gegen das Gitter. Ich fühle mich plötzlich wie meine eigene Karikatur, nur dass ich überhaupt nicht lachen kann. „Machen Sie sofort auf!"

„Nein, ich denke, Sie brauchen noch etwas Zeit. Sie waren frech und provokativ. Respektlos und wild. Nachdenken hilft. Und ich weiß, wann der erste Zug nach Augsburg fährt. Ich bringe Sie hin."

„Nein!", schreie ich völlig außer mir. „Bloß nicht! Wie sieht denn das aus? Was sollen denn die Leute denken!" In Gedanken stoße ich zehntausend laute Flüche aus und alle fangen entweder mit „Sch" oder „F" an!

„Keine Angst", jetzt lächelt er mich überlegen an und versucht seine enorme Belustigung zu unterdrücken. „Die Handschellen werde ich Ihnen vorher abnehmen."

„Morpheme werden als kleinste semantische Einheit definiert. Es ist die kleinste lautliche und grafische Einheit mit einer Bedeutung oder auch einer grammatischen Funktion. Das Wort ‚children' beispielsweise besteht aus zwei Morphemen. Dabei ist /child/ der Wortkern, das Wurzelmorphem, mit der Bedeutung ‚junger nicht erwachsener Mensch' und /ren/ ist die Endung mit der Funktion Mehrzahl/Plural. Morphe, die Varianten ein und desselben Morphems sind, heißen Allomorphe." Ich hole kurz Luft und will schon weitermachen, schließlich gibt es noch die Nullmorpheme oder die diskontinuierlichen Morpheme, als Professor Bubmann mir ein kurzes Handzeichen gibt. Er putzt seine Brille mit einem Tuch, fährt sich durchs Haar, berät sich mit seiner Zweitprüferin und schickt mich dann nach draußen.

Der blonde unerbittliche U-Bahnpolizist hat mich tatsächlich zum Hauptbahnhof gebracht, mit Schlagstock, aber ohne Handschellen. Wie ein Zwerg lief ich neben ihm her. Als der Zug anfuhr und die Sonne herauskam, winkte er mir zum Abschied. Die Menschen am Gleis sahen verwundert zu mir herüber und konnten sich keinen Reim darauf machen. Ich wollte wütend auf ihn sein, war aber viel zu müde. Ich winkte ihm nur mürrisch zurück.

Nach ein paar Stunden Dauerschleife im Kopf in dieser grässlichen Zelle kam ich zu dem Schluss, dass meine Männergeschichten zwar ganz nett waren, aber meiner Person und Entwicklung im Weg standen. Ich muss da raus. Ich muss irgendetwas ändern.

Der Gang ist dunkel und der alte braune Teppichboden aus den 70er-Jahren ist an vielen Stellen abgewetzt. Meine Swatch Armbanduhr sagt mir, dass es gleich elf ist. Die Tür geht auf, ich werde wieder hineingebeten, setze mich und blicke bemüht selbstbewusst und freundlich in ihre Gesichter. Mein Herz hämmert in meiner Brust, so als möchte es heraushüpfen und seiner eigenen Wege gehen.

Professor Bubmann räuspert sich. „Frau Santini … Das erlebe

ich wirklich sehr selten. Eine Ausnahme sozusagen. Wirklich, ihre Leistung war bewundernswert. Ich sehe, Sie haben sich sehr detailliert und verantwortungsbewusst mit der Sprachwissenschaft beschäftig. Nur wenige können meine Fragen in dieser Präzision beantworten. Fabelhaft!" Jetzt strahlt er mir nickend ins Gesicht, und auch die brünette Zweitprüferin bestätigt seine Bewertung mit einem Strahlen. „Sie waren mein bester Prüfling seit Jahren! Hätten Sie nicht Lust in mein Colloquium zu kommen? Oder haben Sie vielleicht schon über eine Promotion nachgedacht? Ach, Sie müssen doch nicht rot werden. Das war eine glatte Eins", lobt er mich und schüttelt mir zur Gratulation eifrig die Hand.

„Vielen Dank, das ist sehr … nett", murmele ich und fasse mir kurz an meine glühenden Wangen. Er kann ja nicht wissen, dass mir gerade wieder etwas eingefallen ist. Ich habe gar keine Unterhose an! Ich verabschiede mich mit einem Lächeln.

Gedankenverloren drehe ich an meinem Ring, als ich Richtung Ausgang laufe. Ach Gott, ich muss irgendetwas tun. Wieso kann ich mich nicht binden? Wieso will ich mich nicht binden? Verdammt! Ich muss verrückt sein, dass allein die Erwähnung von dämlichen Flugzeugen ein Grummeln in meinem Bauch auslöst. Ich ziehe den Ring vom Finger und bleibe vor dem nächstbesten Abfalleimer stehen. Er ist übervoll und irgendjemand hat einen halben stinkenden Döner entsorgt. Weiße Knoblauchsoße mit Zigarettenstummeln fließt zwischen den dunklen Gitterstäben hindurch. Wirf ihn rein! Komm schon, mach! Los jetzt! Stell dich nicht so an. Jetzt mach! Es ist ganz einfach, du nimmst ihn ab und wirfst ihn da rein. Zu dem ganzen anderen Müll.

Ich seufze tief. Nicht heute. Nicht jetzt. Ich kann ihn nicht wegwerfen. Ich trage ihn doch schon seit 10 Jahren … Draußen gehe ich nicht sofort zur Straßenbahnhaltestelle, sondern setze mich auf die alte Holzbank vor dem Ententeich der Universität. Auf der gegenüberliegenden Seite spaziert ein Pärchen vorbei, sie lachen laut. Er küsst sie auf die Wange.

Eine Woge von Verlust durchzieht meinen Körper. Wäre es möglich gewesen, mit dir so glücklich zu werden? Dir zu folgen? Deine Frau zu werden? Deine Kinder zu bekommen?

Oder wäre es möglich gewesen dir zu erklären, dass ich mehr Freiheit brauche? Scheiße, völliger Quatsch! Nein, das mit uns, das hätte nicht gepasst. Ich bin mir inzwischen sicher. Du hast in meinem Leben keinen Platz und ich nicht in deinem. Wir leben zwar auf demselben Planeten, aber es fühlt sich so an, als lebten wir in unterschiedlichen Galaxien.

Ich beobachte die beiden bis sie nicht mehr zu sehen sind und fühle mich allein. Unendlich allein. Mit der Fußspitze male ich kleine Kreise in den Kies unter mir. Und wenn ich nicht die Liebe zu dir vermisse, sondern die Liebe überhaupt …?

Ich sitze auf dem Boden, die Fliesen sind kalt. Das Donnern seiner Faust gegen die Badezimmertür lässt mich zittern. Ich umschlinge meine Beine fest und lege meinen Kopf auf meine Knie, beiße mir auf die Lippen und starre auf die abgeschlossene Badezimmertür wie auf einen Rettungsanker.

„Becca, mach jetzt sofort diese verdammte Tür auf!"

Ich zucke wieder zusammen. Meine Hände sind eiskalt, meine Kehle fühlt sich pelzig an. „Akzeptiere es endlich, Jonas! Ich verlasse dich. Ich möchte nicht mit dir zusammen sein! Lass mich gehen!"

Wieder donnert Jonas' Faust gegen die Tür, und ich schrecke auf.

„Becca, nicht so, nicht so! Lass uns reden. Komm heraus!"

Kalte Tränen laufen mir über die Wangen. Ich nehme all meinen Mut zusammen. „Jonas, wir haben geredet. Die ganze Zeit. Ich empfinde nichts für dich. Du engst mich ein, deine ständigen Anrufe, deine teuren Geschenke. Ich halte das nicht mehr aus!"

Stille. Nur Stille. Dabei hatte ich erwartet, er würde wieder gegen die Tür schlagen. Sein plötzlicher Ausbruch hat mich ins Badezimmer flüchten lassen. Ich wollte die Sache doch nur anständig beenden und jetzt das. Würde er mir etwas antun? Seine Augen … sie waren so voller Verzweiflung. Er macht mir Angst!

„Bitte, geh nicht auf diese Weise. Ich empfinde so viel für dich. Lass uns noch einmal reden."

„Ich möchte nicht mit dir zusammen leben. Ich möchte nicht deine Freundin sein. Ich war nie deine Freundin. Geh von der Tür weg und lass mich gehen!" Meine Stimme klingt verzweifelt. Ich fange an zu weinen, ganz leise. Augenblicke vergehen und keiner sagt etwas. Immer noch nichts. Ist er noch da? Ich schließe die Badezimmertür langsam auf, mein Herz klopft mir heftig bis zum Hals. Er wird mich doch nicht etwa schlagen? Er war doch nie aggressiv gewesen …

Dann stehen wir uns gegenüber. Ich fühle Angst, Unsicherheit, Beklommenheit, Trauer und einen großen Felsklotz auf meiner Brust. Jonas weicht einen Schritt zurück, seine Augen sagen mir, dass er gerade geweint hat! Ich schleiche niedergeschlagen zur Tür und nehme in einer schnellen, raschen Bewegung meine Handtasche von der Garderobe.

„Bitte, geh nicht. Sei doch nicht so kalt. So verschlossen. Wir haben doch so viel Schönes zusammen erlebt! Weißt du noch, wie wir Paella gegessen haben auf der Plaza del Sol in Madrid?"

Scheiße, er liebt mich wirklich! „Ein ‚Wir' hat es nie gegeben. Ich hätte am ersten Abend den Zug nach Augsburg nehmen sollen. Lass mich vorbei. Ich muss jetzt gehen." Schon bevor ich das letzte Wort ausgesprochen hatte, tat er mir leid. Aber als die Tür endlich ins Schloss fällt, atme ich lange tief aus und das unsichtbare Gewicht auf meiner Brust verringert ein wenig sein Gewicht. So als hätte man mir auf der Mittelstation eines Berges plötzlich und unerwartet einen schweren Brustgurt abgenommen.

Kapitel 19

Dezember 2001, E-Mail von Marcello

Von: Marcello Rossero

An: Becca Santini

CC:

Betreff: wichtig!

Datum: 22.12.2001

Cara Becca,

Come stai? Wie gefällt es dir in München? Warst du auch auf dem Oktoberfest? Mit diesem schönen bayerischen Kleid?

Kann ich mir vorstellen, dass deine Eltern nicht gerade begeistert waren, als sie erfahren haben, dass du nun doch nicht Lehrerin wirst, sondern Fernsehjournalistin! Schade, ich hätte mir vorstellen können, dass du eine gute Lehrerin wirst. Hast du wirklich den Brief vom Kultusministerium mit der Kuchengabel aus dem Briefkasten geholt? Verrückte Geschichte! Was genau ist ein Volontariat? Kann man Bavaria TV über Satellit auch bei uns sehen? Glaube nicht. Es macht bestimmt Spaß, auf all diese Empfänge, Kinopremieren und Bälle zu gehen. Ein großes Abenteuer …

Wie geht es deiner Mutter? Hat sie die Chemotherapien überstanden?

Becca, es gibt noch eine Sache, die ich dir sagen muss. Weiwei und ich werden heiraten! Ich habe ihr in San Gimignano einen Antrag gemacht und sie hat ja gesagt. Halte dir also den 25. Mai 2002 frei und such schon mal nach einem passenden Kleid! Wir freuen uns.

Un saluto e un bacio

Marcello

PS: Du hast geschrieben, du bist wieder Single. Dabei wusste ich gar nicht, dass du einen Freund hattest! Oder war das dieser Liebhaber? ;-) Becca und die Liebe, ein Mysterium!

Geistesabwesend starre ich auf den Bildschirm meines Computers, wo der Cursor noch immer in demselben Wort blinkt wie vor dem Läuten eines Telefons. Marcello heiratet. Uff! Was für eine Nachricht. Wie schrecklich! Wieso heiraten denn jetzt alle? Haben die sich alle mit einem blöden Romantikvirus infiziert? Allein der Gedanke daran, in einer Kirche zu sitzen und seiner Trauung folgen zu müssen, erfüllt mich mit großem Unbehagen.

Zögernd stehe ich auf, fahre den Computer herunter und nehme meine Jacke vom Haken. An der Isar soll es schöne, lange Wanderwege geben. Und ich werde Mama anrufen und fragen wie die letzten Untersuchungen waren. Sie freut sich bestimmt und ich habe mich viel zu lange nicht gemeldet.

Juli 2002, München Bogenhausen

Annie, meine supernette, winzige, Ketten rauchende braunhaarige Mitbewohnerin, ist ins P1 ausgegangen, mit irgendeinem smarten Olivier und extrem viel schwarzem Lidschatten, und so sitze ich allein an unserem alten ovalen Holztisch in der Küche, barfuss und hundemüde. Der Job beim Fernsehen schlaucht total! Ich habe eine Flasche Rotwein aufgemacht und schaue auf unsere vielen Fotos an der Wand. Annie und ich bei der Verleihung des Bayerischen Filmpreises, Annie lachend unter dem Chinesischen Turm, Marcello und ich auf dem Ponte Vecchio, Miriam und ich mit den dämlichen, silbernen Sonnenfinsternisbrillen auf der Nase, die aussehen, als wären sie gerade aus einer Packung Cornflakes Sonderedition ‚Star Trek' rausgefallen, Annie umarmt einen Kameramann, ich beim Interview …

Ich schließe meine Augen und seufze tief. Ich fühle mich schrecklich. Meine Beine sind schwer wie Blei, mein Brustkorb fühlt sich immer noch so an, als läge ein tonnenschwerer Fels darauf und ich habe überhaupt keine Lust zu rein gar nichts. Ich ziehe meine Beine an, schlinge meine Arme um sie und lege meinen Kopf auf die Knie. Ich habe ein tolles Examen gemacht, einen Superjob ergattert, ich schlafe mit gutaussehenden, smarten Männern und verlasse sie wieder, wenn ich keine Lust mehr auf sie habe. Mein Leben ist großartig. Aber ich fühle mich so unendlich schlecht. Was für ein widersprüchlicher Gedanke, schießt er mir in den Sinn. Wollte ich nicht irgendetwas ändern …

Gerade, als ich mir ein zweites Glas einschenken möchte, klingelt es an der Tür. Seltsam? Hat Annie ihren Hausschlüssel vergessen? Bitte nicht wieder die alte Frau Wittmann vom ersten Stock. ‚Ihre Musik ist zu laut, Fräulein.' Sie hat leider überhaupt kein Verständnis für Guns' n' Roses oder Bon Jovi. Es klingelt noch einmal. Ich komme ja schon. Was für ein ungeduldiger Besucher! Ich ziehe meine alte zerrissene Jeans zurecht, schlurfe zur Haustür.

„Hallo Becca", sagt er mit einem langen Blick auf mich. Er stützt seinen Unterarm lässig auf Augenhöhe des Türrahmens ab. Ich erstarre, versuche den Augenblick zu verstehen, was mir aber nicht gelingt. Im Wein war doch nichts? Oder doch? Ist er eine Fata Morgana? Ein reales 3D Bild? Ein Klon, so wie das Dolly Schaf? Eine verdammt gute Laserprojektion?

Ach Gott! Was soll das? Der kann doch nicht einfach hierher kommen und einfach vor meiner Tür stehen. Nach sechs Jahren! Ist er verrückt? Mein Herz schlägt sofort Alarm, dieser miese Verräter. Er soll gehen. Ich will ihn nicht sehen, verdammt!

„Hallo Erik."

Er trägt zur Abwechslung normale Klamotten. Dunkle Jeans, weißes T-Shirt, Lederjacke. „Darf ich reinkommen?"

Nein, natürlich nicht! Auf gar keinen Fall! „Woher hast du meine Adresse?", frage ich schroff.

„Deine Mama war so nett …" Oh Mama, ich bringe dich um! Wie konntest du das tun? „Kommst du direkt vom Fliegerhorst?", frage ich genervt.

„Ja, ich bin sofort nach meinem Dienst hierher gefahren."

„Aha, und was hast du deiner Frau erzählt?"

„Carrie ist mit den Kindern bei Freunden."

„Wie praktisch", entgegne ich unfreundlich. Ich weiß, dass ich gemein und boshaft klinge, aber ich kann nicht anders.

„Ich bin den ganzen Weg hierher gefahren, um mit dir zu reden."

„Das hättest du mal lieber gelassen. Was willst du?"

Erik sieht kurz zu Boden. „Kann ich reinkommen?"

„Nein. Das letzte Mal, als ich dich hereingelassen habe, hast du ..." Eine schnelle, schmerzliche Bildabfolge blitzt vor meinem inneren Auge auf. Ich spüre seinen warmen Atem auf meiner Haut, er küsst mich wild, alles prickelt, er lässt mich allein ... „Ich möchte, dass du jetzt sofort gehst."

Erik sieht wieder auf und schüttelt vehement den Kopf. Sein Haar ist wie immer kurz geschnitten. Er ist sonnengebräunt und hat kleine Fältchen um die Augen bekommen. Dieser Anblick ist neu ...

„Bitte. Können wir nicht drinnen sprechen?" Er greift sich an seine Stirn und sieht mich hilflos bittend an.

„Was genau verstehst du an ‚Nein' nicht?" Meine Stimme ist gemein und ich hasse es, welche Gefühle seine Anwesenheit in meinem Bauch anrichten.

Verdammter Mist! Wieso lässt er sich nicht abwimmeln! Tausende Bilder in meiner Seele: unser erster Kuss, der Regen, unser zweites Mal, seine Hände um meinen Kopf, sein sympathisches ansteckendes Lachen. Ich könnte aus der Haut fahren. All diese Gefühle, Geräusche hallen in mir wider und fordern nun ihre Sonderstellung ein.

„Nur eine halbe Stunde, dann fahre ich wieder, versprochen."

Ich atme tief aus, trete einen Schritt zur Seite und lasse ihn rein. Wäre ich doch nur mit Annie weggegangen! Ich deute zur Küche, nehme heimlich den Ring ab und werfe ihn achtlos in die Blumenvase im Gang. Auf dem Weg zur Küche hebt er meine schwarze Jacke auf, die auf den Boden gefallen war und mitten im Gang lag, und hängt sie behutsam an den Garderobenhaken.

Ich gieße uns beiden ein Glas Wein ein. Dann sitzen wir da und schweigen uns an. Das Hupen der Autos von der Hauptstraße ist dumpf zu hören.

„Wie geht es dir", fragen wir plötzlich gleichzeitig. Dann schweigen wir wieder, verlegen.

Ich nehme einen Schluck und sehe direkt in seine Augen. „Wie geht es Carrie?“

„Gut, danke.“

„Und Kirsty und Laura?“

„Auch gut. Laura ist ein richtiger Wirbelwind und Kirsty macht sich gut in der Schule.“ Erik nimmt einen Schluck Wein und sieht mich an.

Es freut mich, dass er glücklich ist, aber gleichzeitig sehe ich all meine unausgesprochenen Gedanken und Gefühle für ihn. „Hast du Kirsty eigentlich adoptiert?“, frage ich ihn unvermittelt und versuche den Stich zu ignorieren, der damit einhergeht.

„Ja. Sie ist wie eine eigene Tochter für mich.“

Das passt zu ihm, denke ich. Keine halben Sachen. Er ist bestimmt ein toller Vater. Ich seufze tief. Gut, Schluss mit den Spielchen. „OK, warum bist du gekommen?“

Er seufzt. „Carrie und ich gehen für drei Jahre nach Ramstein.“

Ich ziehe meine Augenbrauen hoch. „Schön für euch. Ist Ramstein nicht der Ort, an dem es diesen furchtbaren Unfall bei einer Flugschau gab?“ Eine scheußliche, aber ziemlich eindringliche Erinnerung entsteht vor meinem inneren Auge: Fernsehbilder aus dem ‚Zweiten Programm' - ich bin noch sehr jung – in alle Richtungen schießende Flugzeugteile, kreischende Menschen, Blut verschmierte Körperteile und Feuer überall …

„Ja. Das war Ende der 80er.“

„Du hättest mich nicht informieren müssen, dass du wegziehst. Es ist mir gänzlich egal wo du wohnst. Du könntest auch nach Alaska ziehen oder Timbuktu.“ Himmel, wo ist Timbuktu eigentlich? Ich muss das mal googeln. Die Atmosphäre ist zum Zerreißen gespannt. Er soll jetzt sofort wieder gehen.

Doch plötzlich werden seine Gesichtszüge etwas weicher. „Becca, deswegen bin ich nicht hier.“

„Warum dann?“

Er räuspert sich und nimmt noch einen großen Schluck Wein. „Ich weiß nicht, warum ich dir das erst jetzt erzähle. Keine Ahnung. Irgendein Bauchgefühl hat mich heute zu dir gebracht. Es war während der Ausbildung auf dem Tornado in Cottesmore. Ich hatte einen furchtbaren Flug. Das Wetter war schlecht, die Sicht miserabel, die Manöver anstrengend, der totale Stress."

Ich sehe ihn an und beiße auf meine Unterlippe. „Ich bin sicher, dass kommt in deinem Job hin und wieder vor", antworte ich bewusst kühl.

„Es war schlimmer, als jeder Flug, den ich je gemacht habe."

„Was hat das mit mir zu tun?"

Er beugt sich plötzlich nach vorn und berührt meinen Handrücken. Ein Blitz fährt durch meinen Körper. „Ich weiß es nicht. Ich weiß nur, dass ich plötzlich an dich denken musste. Ich sah dich, während ich mit über 460 km/h …"

Ungläubig ziehe ich meine Hand zurück. Mich gesehen? „Ach komm …"

„Plötzlich war da dein Gesicht. Deine Augen, deine blonden Haare, deine Sommersprossen."

Oh nein, so nicht. Was für eine billige Scheißnummer. „Ich verstehe nicht, was du meinst", sage ich und meine Stimme klingt heiser und erstickt. Wieso reden wir nicht über das was zwischen uns passiert ist? Wieso reden wir nicht über all die Missverständnisse?

„Ich weiß es auch nicht. Aber ich weiß, dass ich dein Gesicht gesehen habe. Ganz deutlich, vor mir." Sein Blick ist vielsagend und intensiv.

„Deswegen bist du zu mir gekommen? Um mir das zu sagen? Das muss doch Jahre her sein. Cottesmore, da warst du doch kurz nach Sheppard, oder?"

„Ja."

Wieder Stille. Fassungslos lasse ich mich nach hinten in den Stuhl fallen. Dann stehe ich auf und sehe ihn ausdruckslos an. Erik steht nun auch auf und bleibt nur wenige Zentimeter vor mir stehen.

„Ich muss dir noch etwas sagen. Ich habe nicht nur dein Gesicht gesehen."

Ich halte den Atem an. Scheiße, wer hätte gedacht, dass dieser Abend so endet?

„Ich habe deine Stimme gehört. Deine Wärme gespürt. Deinen Duft gerochen. Nur für einen Bruchteil einer Sekunde, aber dafür sehr klar. Du sagtest ‚Pass auf dich auf'."

Ich weiß nicht, was das soll! Er geht zu weit. Ich sollte ihn wegstoßen, anschreien, aber nichts. Wir stehen da und berühren uns nicht. Ich spüre seine Nähe, seine Vertrautheit und würde ihn auf einmal so gern umarmen. Eriks Augen treffen die meinen und für einen kurzen Augenblick ist die unsichtbare Mauer, die wir turmhoch zwischen uns aufgebaut haben, wie weggeblasen.

„Es war nicht nur irgendein Moment. Ich wäre an jenem Tag … beinahe … abgestürzt.“ Seine Stimme ist nun klar und tief. Ohne Wertung und doch voller Kraft.

Und im gleichen Augenblick wird mir bewusst, was er gerade gesagt hat. Er wäre beinahe abgestürzt! „Oh, mein Gott, Erik! Was machst du nur für Sachen? Wie konnte das denn passieren?“ Ich gehe einen Schritt auf ihn zu und lege meine Hand auf seinen Unterarm. Die hohe Mauer ist durchbrochen.

„Keine Ahnung, endlich konnte ich zur Landung ansetzen, aber die Landebahn war nicht frei. Verdammt, da war schon ein Jet! Ich musste sofort wieder durchstarten und dann kam die Maschine ins Trudeln. Alles ging so schnell. Ich bekam die Maschine gerade so wieder hoch. Der pure Alptraum.“ Ein paar Augenblicke sagen wir nichts. Er hat seine Hände verschränkt und tief geschluckt. Ein kurzer schwacher Moment, dann hat er sich wieder im Griff.

„Aber du hast die Maschine wieder in den Griff gekriegt.“

„Ja, plötzlich brachte ich den Vogel wieder stabil. Es war verdammt knapp.“

„Oh mein Gott! Das muss furchtbar gewesen sein. Ich bin so froh, dass dir nichts passiert ist.“

„Solche Fehler dürfen nicht passieren. Nicht in meinem Beruf. Da oben hat man keine Zeit zu denken. Wenn man denkt, ist man tot.“

„Hauptsache, dir ist nichts passiert! Du warst doch immer ein guter Pilot. Vielleicht war es ein Fehler vom Tower? Oder von deinem Waffensystemoffizier? Oder von wem auch immer.“ Ich stelle mich genau vor ihn und schaue ihn direkt an. Er wirkt so verwirrt, so verzweifelt.

„Möglich, aber auch nicht. Es ging alles so schnell. Es gab damals Riesenärger bei der Flugnachbesprechung. Und ich wurde gesperrt. Na ja, ist schon eine Weile her.“

Eine Pause entsteht, in der nur unser gemeinsamer Atem zu hören ist. Ich nehme allen Mut zusammen und stelle eine Frage, die ich mir selbst schon oft gestellt hatte. „Was hättest du gemacht, wenn ich damals von dir schwanger geworden wäre?“ Gott, ich habe ihn tatsächlich gefragt!

Eriks Augen weiten sich für einen langen Moment. „Warst du schwanger?“, schießt es aus ihm heraus und er nimmt zärtlich meine Hand.

Oh du lieber Gott, das weiß ich doch selbst nicht! „Äh … nein, ich denke … weiß nicht…“ Plötzlich fällt es mir schwer ihm in die Augen zu sehen. All diese furchtbaren Wochen und Monate. Das bange Warten auf meine Periode.

Erik dreht meinen Kopf sanft in seine Richtung. „Ich hätte mich sehr gefreut, Becca. Unendlich gefreut! Du und ich und ein Baby.“

Gefreut? Ich kann das kaum glauben, so wie er mich abserviert hat. Was fällt ihm ein so zu antworten!

„Es sieht immer noch süß aus.“

„Was?“

„Wie du dir auf die Unterlippe beißt.“

Wie bitte? Nein! Verwirrt schüttele ich den Kopf, fasse, mir an die Stirn, schließe die Augen. Gefreut … also wirklich! Ich sehe süß aus! Ich öffne die Augen wieder und Erik sieht mich immer noch eindringlich an. „Denkst du noch an mich?“, frage ich ihn aus einem Impuls heraus und wünschte sofort, ich hätte diese Frage nicht gestellt. Mist, mein Mund war schneller als mein Verstand. Er ist verheiratet, Vater geworden, hat Windeln gewechselt, Gutenachtgeschichten vorgelesen, Hausaufgaben kontrolliert …

„Denken? Oh, Becca!“ Jetzt wird er ungehalten und fährt sich nervös mit seiner Hand durchs Haar. „Ich habe so oft an dich gedacht, dass ich noch fast verrückt wurde! Wenn jemand nur deinen Namen erwähnt hat, grummelte es wie verrückt in meinem Bauch. Ich habe nie aufgehört an dich zu denken. Niemals! Ständig werde ich an dich erinnert. Gedanken, Gefühle, Lieder, Gerüche, ein zufälliger Satz, ein Bild … Scheiße, was willst du hören?“

Ich bin gänzlich überrumpelt. Eine quälende Welle voller Erinnerung und Liebe durchströmt mich und dieses Mal schaffe ich es nicht sie niederzudrücken. Fast möchte ich mich ihm in die

Arme werfen, aber irgendetwas hält mich zurück.

„Und du?", fragt er und sieht mich fordernd an. „Denkst du noch an mich?"

Oh Gott, was für eine Frage! Ich habe Jahre damit verbracht an dich zu denken, dich zu vergessen, dich zu hassen, dich zu leugnen, dich zu vermissen, dich nicht aus meinem Kopf zu kriegen … „Ja, ich denke an dich", presse ich leise hervor und senke den Blick. Ein heißes Gefühl der Scham überfällt mich und fühlt sich schrecklich an. Einen Augenblick herrscht entsetzliche Stille. „Und wünschte es wäre nicht so."

Erik sieht mich voller Zweifel an. „Ist es denn so verdammt schlimm an mich zu denken?", beschwert er sich und seine Augen funkeln.

„Was willst du jetzt hören?", schreie ich ihn plötzlich an. Ich bin auf einmal wütend. Er kommt einfach hierher, in meine eigene Welt ohne ihn, öffnet die Tür zu all diesen verletzten Gefühlen und stellt mir solche Fragen! Er hat sich für eine andere Frau entschieden! Gegen mich! „Ja, es ist schlimm!" Weil ich du mir wichtig bist, weil du verheiratet bist, weil du mich benützt hast, weil du gegangen bist, weil ich dich gebraucht hätte …

„Dann musst du ja furchtbar gelitten haben, als du meine Freundin warst. Wie hast du es überhaupt geschafft so lange mit mir zusammen zu sein, wenn ich so schrecklich war? Tut mir leid, dass du so unglücklich warst an meiner Seite", schleudert er mir schäumend entgegen. Er schnaubt und wendet sich ab. Dann setzt er sich wieder, stützt seinen rechten Ellbogen auf die Armlehne des alten Holzstuhls und versucht sich zu beruhigen. Seine Hand stützt sein Kinn und er fährt sich langsam über seine Unterlippe. Ich bleibe stehen und lehne mich an die Küchentheke. Minutenlang sagen wir gar nichts mehr .

„Du hast recht. Wir hätten schon viel früher Schluss machen sollen. Schade um die vergeudeten Jahre", sage ich in die Stille.

Er lehnt sich zurück und beobachtet mich mit verletztem Blick. „Stimmt. Du hättest viel früher anfangen können deinen Erfahrungsmodus mit anderen Männern zu erweitern."

Ich schnappe hörbar nach Luft. Als ob ihn das etwas anginge! Und überhaupt, war er ein Kind von Traurigkeit gewesen? „Diesbezüglich brauchst du dir überhaupt keine Sorgen um mich zu machen."

Er zieht spöttisch die Augenbrauen hoch. „Ah? Neu verliebt?"

„Nein, ich kann dich beruhigen. Ich gehe nur mit Männern aus, um ihnen dann schmerzhaft das Herz zu brechen."

Erik schnaubt verächtlich, sieht mich kritisch an und nimmt sein Weinglas schwenkend in die Hand. „Und keiner dabei, der in Frage kommt?"

Ich sollte ihm sagen, dass mich die allermeisten Männer schon nach kürzester Zeit entsetzlich langweilten. Aber ich streiche nur souverän meine Haare zurück. „Tom, ein Ingenieur, hat Haare auf dem Handrücken, Daniel, der Kameramann, hat fallende Schultern und schmale Lippen, Mario, der Filmmusikkomponist, ein übersteigertes Selbstbewusstsein. Samia, ein Unterwäschemodel aus Miami war ganz nett. Ich nehme mir, was sich brauche und verlasse sie dann wieder."

Erik stellt sein Glas mit einem lauten Klack ab und beugt sich nach vorn. Seine Augen glühen. „Tja, Herzen brechen konntest du schon immer gut."

„Wie bitte? Das ist nicht dein Ernst! Ich bin schuld? Es lag alles nur an mir?" Wer hat hier eigentlich wem das Herz gebrochen!

„Wie hieß er noch mal, der Pilot mit dem du schon in Sheppard angebändelt hast?", wendet er ein.

„Pascal. Du weißt ja, die Vorliebe für den Buchstaben P", raune ich gehässig. „Ich kann kaum glauben, dass du seinen Namen vergessen hast." So viele Jahre sind vergangen und schon streiten wir uns wieder. Nein, ich werde ihm nicht die Wahrheit über Pascal sagen. Jetzt nicht mehr. Auf keinen Fall. Soll er doch denken, was er will.

„Du und deine Vorlieben", presst er nach einer Weile hervor.

Ich muss schlucken, gleichzeitig versuche ich meinen Herzschlag unter Kontrolle zu bekommen, was sich allerdings als hoffnungsloses Unterfangen erweist. Erik schweigt und ich möchte etwas sagen, weiß aber nicht was. „Was machen wir hier eigentlich", sage ich schließlich in die seltsame Stille.

Dann steht er auf und stellt sich genau vor mich. Viel zu nah. Sein Kinn berührt fast meinen Kopf. Er nimmt die Hand hoch, um mein Gesicht zu berühren, was er jedoch nicht tut, beugt seinen

Mund zu meinem hinunter, hält aber wenige Zentimeter davor inne. Ich kann seinen Atem auf meinen Lippen spüren. Er ist nur noch wenige Millimeter von meinem Mund entfernt. Das fühlt sich so vertraut an. Er kommt noch näher. Jetzt berühren seine Lippen gleich die meinen. Nur ein Hauch trennt uns noch, dünner als ein Blatt Papier. Aber er hält inne und schluckt. Ich kann unsere beiden Herzen klopfen fühlen. Sie schlagen so stark und schnell, als hätten wir einen langen Sprint hinter uns. Sein Atem geht schnell und sein Blick versenkt sich in meinem. Nur mit seinen Augen küsst er mich plötzlich heftig und seine Zunge stößt fordernd und verlangend in mich. Meine Lippen pressen sich seinen entgegen und entfachen einen heißen Brand in meinem Unterleib. Unsere Gefühle sind wie Feuerwasser, das durch unsere Zellen rauscht. Er drückt sein Becken heftig gegen meins, setzt mich auf die Küchentheke, seine Hände gleiten in meine Haare. Wir ziehen einander an, wie Verdurstende, die jahrelang keinen Schluck Wasser trinken konnten. Er kann nicht aufhören mich zu küssen, wir verlieren uns ganz und gar …

Ich sehe diese Bilder ganz klar in seinen Augen, aber unsere Lippen berühren sich nicht.

„Du bringst mich total durcheinander, darin bist du verdammt gut“, haucht er verunsichert.

„Ach ja, schön, dass ich zumindest etwas gut kann“, würge ich verächtlich hervor und wünschte sofort, es nicht gesagt zu haben.

„Scheiße Becca, bitte nicht!“, sagt er plötzlich viel zu laut und tritt zurück. War da ein leidender Unterton in seiner Stimme? Dann fasst er mich bei den Schultern. Seine Berührung lässt tausend heiße Blitze durch meinen Körper jagen. Fast bilde ich mir ein etwas Zärtliches in seinem Blick gesehen zu haben. „Bitte, nicht. Es tut mir leid, ich hätte dich nicht so bedrängen dürfen, damals. Ich hätte erkennen müssen, dass du mehr Freiheit brauchst. Ich war viel zu besitzergreifend, das war falsch. Aber wenn man jung ist, macht man einfach viele Fehler, oder? Ich habe zum Teil echt bescheuert reagiert. Vielleicht war ich einfach verzweifelt, dass du so weit weg warst? Ich wollte dich als festen Bestandteil in meinem Leben und ich wollte meinen Traum. Wenn ich heute darüber nachdenke dann …“

„Ich gehöre niemandem!“

Schon wieder dieser Schmerz, vom Bauchnabel bis zum Brustkorb. Ganz, ganz tief.

„Ich gehe jetzt besser", wispert er resigniert.

„Ja. Geh endlich! Ich will dich nicht mehr sehen." Er kommt einfach hierher und sagt solche Sachen!

Erik holt scharf Luft. Ich sehe die Unentschlossenheit in seinen braunen Augen, sehe, wie sehr er mit sich ringt. Er atmet tief ein.

Nach einer Weile dreht er sich um und geht mit schnellen, aufgewühlten Schritten zur Wohnungstür. Er hält kurz inne, macht die Tür nicht sofort auf, sondern bleibt vor ihr stehen und atmet dann lange tief aus. Ich folge ihm und kann die Tränen kaum noch zurückhalten. Ich will nicht, dass er geht. Er soll bleiben.

„Becca, ich … ich wünsche dir wirklich alles Gute und Liebe, aber es war ein Fehler hierher zu kommen." Der Blick seiner braunen Augen durchbricht alle meine Schutzschichten.

„Ein Fehler?", krächze ich. Allein das Wort ‚Fehler' reißt augenblicklich sämtliche Dämme aus meinem Erinnerungsfluss, der Strom bahnt sich tosend seinen Weg und schwemmt alles mit sich. Ein Fehler? Aus einem Impuls heraus ergreife ich die Blumenvase im Gang und schleudere sie mit voller Wucht in Eriks Richtung. Überrascht und geschockt weicht er zur Seite aus und die Vase zerschellt an der Eingangstür in tausend Einzelsplitter. Wasser, Scherben und Blumen überall. Entsetzt und mit großen Augen sieht Erik mich an. Oh mein Gott! Habe ich das gerade wirklich getan? Oh nein, mein Ring war in der Vase. Unser Ring.

Immer noch geschockt und Kopf schüttelnd blickt Erik in meine Richtung, seine Augen heften sich an meinen fest. Ich kann seinem Blick nicht standhalten. Nun kann ich meine Tränen nicht mehr zurückhalten. Ich fange an zu schluchzen. Zuerst leise, dann viel lauter. Alles nur Missverständnisse!

„Ich habe eine gute Nachricht für dich", beginnt er und seine Augen schimmern feucht, so als koste es ihn übermenschliche Überwindung diese Worte auszusprechen. Erstaunt blicke ich auf und versuche mein Schluchzen zu unterbrechen, was mir aber nicht gelingt. Im Gegenteil, ich schluchze so sehr, dass es mir schwerfällt normal zu atmen. Erik macht eine lange Pause bevor er seine Worte wiederfindet: „Du", beginnt er und schüttelt ganz langsam den Kopf. Viele Augenblicke vergehen, die sich anfühlen wie Jahrhunderte. Seine Augen sprühen vor Schmerz und gleichzeitig vor traurigem Verlangen. Himmel, wie widersprüchlich das alles ist! So sollte es nicht sein, so sollte er nicht gehen!

Er sieht kurz auf meinen Ring, der zwischen den Scherben herausragt und sagt mit brechender Stimme: „musst mir, darfst mir nicht mehr gehören … du bist frei."

Ich unterdrücke einen lauten Aufschrei.

Mit einer geschickten und festen Fußbewegung schiebt er die Scherben vor der Tür zur Seite, öffnet sie und dreht sich noch ein letztes Mal um. Sein Blick spiegelt den tosenden Sturm seiner Gefühle wider. Dann schließt er die Tür und seine Schritte verstummen im Treppenhaus.

DRITTEL TEIL

2002 – 2005

Unsere Gesichter werden älter
Mein Blick zu Dir wird es nicht.
Ein Blick, keine Worte
Nur Wärme und Du.
Gefunden, nicht erwartet
Völlig überrascht.
Meine Seele in Deiner.
In Liebe.

Kapitel 20

August 2002, Spanische Ostküste

Ich stecke meine Füße in den warmen Sand und blicke nach vorn. Die Sonne brennt heiß und unerbittlich herunter, das Wasser ist warm und salzig. Eine kleine Bucht erstreckt sich vor mir. Es riecht nach Sonnencreme, Wassermelone, Vanilleeis und feuchten Handtüchern. Eine kleine Brise weht mir Strähnen aus der Stirn, und ich lege mein Buch, ‚Das Jesusvideo' von Andreas Eschbach, in den Sand. Ich kann mich sowieso nicht konzentrieren. Ein kleines Mädchen mit schwarzen Kringellocken, bewaffnet mit einer roten Plastikschaufel stapft herbei und möchte es einbuddeln. Sie lacht und schaufelt eifrig. Ich versuche zurückzulächeln, spüre aber, dass mein Lächeln meine Augen nicht erreicht. Dann steht ihre Mama da, eine sympathische, pummelige Frau mit schwarzen Locken: „Perdona, Sinorita." Sie schmunzelt entschuldigend und zieht ihr Töchterchen weg.

Ich grabe mein Buch wieder aus, puste den feinen Sand weg. Mein Platz ist klein. Nur ein blaues Strandhandtuch, kein Sonnenschirm, kein Sitzhocker, keine Liege. Ich rede mit niemandem. Den ganzen Tag nicht. Noch nicht einmal mit mir selbst.

Zum ersten Mal in meinem Leben mache ich ganz allein Urlaub. In Mil Palmeras, an der Costa Blanca. In Spanien. In einer Ferienwohnung von Marcellos Eltern. Mama war entsetzt. „Ganz allein, Becca?" Auf dem runden Tisch im Wohnzimmer der Ferienwohnung lag ein Hochzeitsfoto eines Pärchens. Es war das Erste, was ich sah, als ich erschöpft meinen schwarzen Samsonite-Koffer – die Fahrt mit einem spanischen Bus von Alicante war die Hölle! Haben die denn hier keinen Teer! – abstellte. „Vielen Dank für den wunderschönen Aufenthalt, liebe Familie Rossero. Wir hatten fantastische Flitterwochen, Sabine und Bernd." Ich habe sie lange angeschaut, diese fremden glücklichen Gesichter.

Abends bleibe ich zu Hause, koche alleine Spaghetti mit

Tomatensauce, mein Tröste-Essen, setze mich auf die Terrasse, gehe früh ins Bett. Ich benütze nur die Fensterseite des Doppelbetts, die Bettdecke der rechten Seite rühre ich nicht an.

Jeden Morgen gehe ich am Strand spazieren und lasse die kleinen Wellen über meine Fußspitzen fließen. Laufe bis zum Ende der Bucht, dann über die Felsen bis zur Spitze, setze mich auf den größten Felsen und schaue hinaus aufs Meer. Am Abend berichten die deutschen Zeitungen vom Elbhochwasser und der großen Flut in Deutschland. Ich sehe Bilder von überfluteten Häusern, Sandsäcken, verzweifelten Gesichtern, und wische mir den Schweiß von der Stirn. Im Nachbarort, Santa Pola, ließ die ETA gestern eine Autobombe hoch, und ein sechsjähriges Mädchen und ein 54-jähriger Mann sind ums Leben gekommen, 40 Menschen wurden verletzt. Erst vorgestern bin ich auch durch Santa Pola geschlendert. Verrückt. Ich fühle keine Angst, kein Entsetzen, keine Überraschung. Nur Bedauern.

Meine Gedanken wandern. Ich schaue aufs Meer. Nur der warme Fels und ich. Das Meer wirft sanfte Wellen. Der Strand ist gut besucht, vor allem von Familien mit kleinen Kindern. Ich fühle mich nicht dazugehörig, wie eine schwarze Schachfigur unter lauter weißen. Papa hat mir vor dem Abflug erzählt, dass es sehr wahrscheinlich ist, dass Mama und er sich trennen. Sie seien zu verschieden. Zu viele Missverständnisse, zu viel Streit. Er sei ein grober Holzklotz und sie brauche jemand, mit dem sie mehr reden könne. Über Theaterstücke und Bücher, nicht über die Gurken im Gewächshaus. Ich ahne, dass Mama enttäuscht darüber ist, dass Papa sie kaum zur Chemotherapie begleitet hat. Der Gedanke mit 27 ein Scheidungskind zu werden, lässt mich fast ironisch auflachen. Becca, das Scheidungskind. Endlich habe ich eine Ausrede: Ich bin ein Scheidungskind. Deshalb kann ich keine Beziehung führen!

Eine Gischt erreicht mich und spritzt meine Beine nass. Das Wasser ist warm. Ich schaue wieder auf den Horizont. Die untergehende Sonne lässt das Wasser tausendfach glitzern. Wind bläst mir angenehm ins Gesicht.

Ich spüre, dass ich an einer Weggabelung stehe, wie Tom Hanks in „Verschollen“ am Ende des Films, wo er an einer staubigen Weggabelung nur rechts oder links gehen kann. Es ist einer jener Momente, die man nie vergisst. Ein Moment, in dem man während eines Wimpernschlags eine Entscheidung trifft, die das Leben völlig verändert. Eine ganz andere Richtung, eine neue …

Ich muss Erik aus meinem Herzen verschwinden lassen. Wir sind zwei Puzzlestücke, die aber doch nicht ineinander passen, das ist mir klar geworden. Aus meiner Vergangenheit kann ich ihn nicht löschen, aber aus meiner Gegenwart. Ich sehe auf meine linke Hand, als würde ich sie zum ersten Mal sehen. Sie ist sonnengebräunt. Dann streife ich seinen Ring ab, wiege ihn kurz in der Hand. So viele Jahre war er dort. Ein Teil von mir. Ein kleiner weißer Ring ungebräunter Haut ist zu sehen. Es fühlt sich ganz seltsam an, ohne ihn zu sein. So ungewohnt, so neu. Ein bisschen leer. Ich nehme ihn in meine rechte Hand und hole aus. Gerade rollt eine große Welle heran. Dann werfe ich ihn mit voller Wucht ins Meer. Jetzt ist er weg.

Irgendwie muss ich an Top Gun denken. Und irgendwie stiehlt sich der Sound von Berlin in mein Ohr, dumpf und von ganz weit weg, als hätte man eine alte Decke über einen CD-Spieler geworfen. Nachdem Goose abgestürzt ist, behält Maverick seine militärischen Erkennungsmarken. Und irgendwann wirft er sie in einer langen Ausholbewegung ins Meer. Top Gun! Den habe ich mir nie wieder angesehen. Als er im Fernsehen wiederholt wurde, habe ich einfach umgeschaltet.

Ich bleibe lange sitzen, solange bis die Sonne untergeht.

Januar 2003

Hallo Bille, Ich wünsche Dir alles Liebe und Gute zum Geburtstag! Nur das Beste und viele Geschenke! Ich hoffe, Du erschrickst Dich nicht, wir haben schließlich seit Jahren keinen Kontakt mehr. Habe Deine Nr. aus dem Netz. Ich hoffe, es geht Dir gut und Du feierst schön. Lg Becca ;-)

Hilfe! Jetzt habe ich die SMS tatsächlich abgeschickt! Ob das gut war? So viele Jahre sind vergangen. Wo sie jetzt wohl ist? Hoffentlich ist sie nicht mehr mit diesem komischen Typen zusammen, sondern hat einen tollen, sympathischen Kerl gefunden. Ich lehne mich mit dem Rücken zur Wand, rutsche langsam auf den Boden in meinem Zimmer, schaue auf das Chaos auf dem Teppich und denke nach.

„Wo warst du eigentlich heute Morgen? Ich musste allein frühstücken." Annie steckt ihren Kopf zur Tür rein, wie immer mit einer Rauchwolke von blauen Gauloises im Gepäck. Wann hört sie endlich mit dieser Qualmerei auf? Diese Zigaretten sind die Hölle!

„Schwimmen."

„Schwimmen?" Annies Augen werden immer größer.

„Ja, in einem Hallenband. 4550 Meter, 182 Bahnen."

„Aha, so viele? Du kannst so lange schwimmen?" Erstaunt schnalzt Annie mit der Zunge.

„Ja."

„Wusste ich gar nicht. Warst du ein aktive Sportlerin?"

„Ja."

„Hast du mir nie erzählt. Aber du erzählst ja auch sonst nicht viel. Warum ausgerechnet heute Morgen?"

„Ich musste nachdenken und ich liebe das Wasser. Ist schon lange her, dass ich richtig schwimmen war und ich dachte, es wird mal wieder Zeit."

Annie sieht mich lange an und versucht vergebens aus diesen Informationen schlau zu werden. Ich kann es ihr nicht verübeln. „Sag mal und was soll das jetzt werden, wenn es fertig ist?" Sie deutet mit ihrem Zeigefinger auf den Haufen in der Mitte des Zimmers.

„Wo nach sieht's denn aus?"

„Äh, ausmisten?"

„Genau."

„An einem Donnerstagabend? Wir wollten doch eigentlich ins Kino gehen. Die neuen Filme laufen an. Wir wollten doch vielleicht ‚8 mile' mit Eminem anschauen?"

„Sorry, ich muss das hier machen. Und auf Kino habe ich keine Lust."

Stirnrunzelnd deutet Annie auf den undefinierbaren Hügel von Klamotten, Büchern und CDs. „Das kann doch warten, oder? So wichtig ist das doch nicht."

„Nein, ich muss das machen. Jetzt. Ich will nicht weggehen. Kein Bock, ist sowieso immer das Gleiche."

Annie setzt sich meditativ im Schneidersitz auf den Boden und fischt wahllos Sachen heraus. „Das T-Shirt hier ist doch noch gut. Na ja, der Aufdruck ist seltsam, aber auch süß: *You're no bunny till somebunny of Sheppard Air Force Base loves you.* Wo hast du das denn her?"

„Von meinem ersten Freund."

„Du hattest einen festen Freund? Ich fasse es nicht? Für wie lange? Drei Tage?"

Ich nehme Annie das T-Shirt wieder weg und werfe es auf den Haufen zurück. „5 Jahre oder auch 6."

Annie springt wie auf Kommando auf und hüpft hysterisch im Zimmer herum. „Was? Das kann nicht sein! Du und eine feste Bindung? Das ist nicht dein Ernst! Wie hat er das geschafft? Dich gefesselt? Dich betäubt? Auf Drogen gesetzt?" Annie holt sich triumphierend das T-Shirt zurück und hält es sich theatralisch wackelnd und tanzend vor die Brust. „Oh, erzähl mir mehr. Ein amerikanischer Soldat? Eine romantische Liebe über zwei Kontinente?", fragt sie singend.

Genervt zerre ich an dem T-Shirt, erobere es zurück und schleudere es wieder auf den Haufen. „Hör endlich auf! Diese Sachen kommen in die Altkleidersammlung."

„Ach, nie erzählst du was. Das ist gemein. Komm, wer ist der Mann hinter Sheppard Air Force Base?"

Ich schüttele energisch den Kopf und werfe alte Turnschuhe dazu.

Annie seufzt. Dann greift sie nach einer CD, die neben den Schuhen liegt. „Der Soundtrack von Starlight Express? Warst du dort?"

Ich wende den Kopf ab und schließe kurz die Augen. „Ja."

„Mit dem T-Shirt-Mann?"

„Ja."

„Wann war das?", fragt sie inquisitorisch.

„An meinem 20. Geburtstag. Er hat mich in sein Auto gesetzt, ist losgefahren und meinte er hätte eine Überraschung für mich."

Annie nickt anerkennend, so als wollte sie ihm imaginär auf die Schulter klopfen. „Ist ein gutes Musical."

„Ja.“ Oh bitte, hör endlich auf, Annie.

„Und die CD muss auch in den Müll?“

„Ja.“

„Kann ich die CD haben? Ich kenne das Musical und fand es fantastisch.“

Das passt jetzt eigentlich so gar nicht in meinen Wegwerfplan, aber was soll' s. Von mir aus. „Klar, sie gehört dir.“

„Danke, das ist echt nett.“ Annie öffnet die CD und holt das Faltblatt heraus. Schrille, Rollschuh fahrende Fantasiemenschen und kleingedruckte Songtexte. Plötzlich zieht sie ihre Stirn kraus und hält einen kleines, ausgeschnittenes Papierflugzeug in den Händen.

Ungläubig schaue ich sie an. Gott, wo kommt das denn her?

„Schau mal, ein Flieger.“

„Ja, das sieht nach einem Flugzeug aus“, sage ich trocken und ziemlich überrascht.

„Da steht etwas ganz klein darauf“, beginnt Annie und hält sich den Flieger unter die Augen.

Eigentlich will ich es nicht wissen, denke ich. Oder doch? „Seltsam, der Flieger muss zwischen den Seiten gesteckt haben. Ich habe ihn nie bemerkt“, erkläre ich in Annies Versuch die Buchstaben zu lesen.

„Da steht. Du und ich, für immer, Erik“, erklärt Annie, stolz die kleinen Buchstaben entziffert zu haben. Sie streckt ihn mir hin und tatsächlich, es ist seine Handschrift.

Ich seufze überdeutlich und warte auf das komische Gefühl in meinem Magen, das wie zähe Melasse durch meinen Bauch zieht. Es kommt, aber schwächer, als sonst. Nur ein kurzes Zucken.

„Möchtest du ihn behalten?“, fragt Annie, hält ihn mir vorsichtig hin, so als sei er aus kostbarem Glas und schielt mich fragend an.

„Nein, du kannst ihn zerknüllen oder wegwerfen.“

Annie macht ein völlig entsetztes Gesicht. Als hätte ich von ihr verlangt einen 500 Euroschein zu zerreißen. „Äh … ich stecke ihn einfach wieder zwischen die Seiten, OK?“ Dann schließt sie die CD und hält sie unauffällig in ihrer Hand. So, als sei es nur irgendeine

CD von vielen. „Na gut, ich verstehe. Du wirfst seine Sachen weg, oder? Auch diese Tennisschuhe von dir? Sehen noch gut aus."

„Ja, auch diese Tennisschuhe."

„Wieso Schuhe?"

„Mit denen haben wir zusammen Mixed Meisterschaften gespielt."

„Hm, wieso heute?" Annie legt fragend ihren Kopf schief und präsentiert ihre kleine Lücke zwischen den beiden Schneidezähnen. Ihre Augen sehen mich an wie fluoreszierende Laserstrahlen und sind wie immer mit tiefschwarzem Lidschatten geschminkt.

„Ich weiß es nicht. Ich hätte es schon längst tun sollen."

„Aha, aber warum musst du diese Sachen unbedingt wegwerfen?"

Gott, Erik fehlte mir jahrelang wie eine amputierte Gliedmaße! Aber das musste ich ändern, irgendetwas musste ich ändern. „Keine Ahnung. Weil es sich absolut richtig anfühlt?"

„Empfindest du noch etwas für ihn?"

„Hm. Empfinden …"

„Wie lange seid ihr schon getrennt?"

„Oh, schon … 6 oder 7 Jahre."

„Heilige Scheiße!"

Ich sehe Annie sehr streng an und schenke ihr mein schlimmstes ‚Fräulein-Rottenmeier-Gesicht'. „Ich habe einen klaren roten Stempel auf die Akte gemacht: Abgeschlossen." Meine Züge werden weicher. „Und du solltest aufhören zu rauchen!"

Annie schüttelt unbekümmert den Kopf, holt eine CD aus meinem Regal und schaltet die Stereoanlage ein, die ich mir vor Jahren mal billig bei einem Discounter gekauft habe.

„Was wird das jetzt?", frage ich verwirrt.

„Ich helfe dir, aber nur mit der perfekten Anti-Trübsalblas-Musik."

Und dann höre ich schon die Laune machenden Klänge der schwedischen Kultband ‚Abba'.

„Meine Güte, wo warst du die ganze Zeit? Ich habe mir Sorgen gemacht! Die ganze Nacht außer Haus!" Annie steht Kopf schüttelnd im Türrahmen und trägt einen grauen Snoopy Pyjama. Ich drücke mich schuldbewusst an ihr vorbei. „Wieso hast du nicht wenigstens angerufen?"

„'Tschuldigung. Habe ich vergessen." Ich gehe in mein Zimmer und lasse mich mit einem lauten Plumps auf mein Bett fallen. Mist, meine Strumpfhose hat eine Laufmasche! Wieso halten diese blöden Dinger immer nur einen Abend! Ich bin völlig erledigt. Fix und fertig.

„Wo warst du?" Sie ist mir wie ein hungriger, gefräßiger Tiger gefolgt und steht Augen rollend vor meinem Bett. Dabei tippt sie immer wieder mit ihrem Fuß auf das Parkett auf.

„Tanzen. Einfach nur Tanzen."

„Aha. Natürlich. Tanzen. Wie konnte ich das vergessen!"

„Die ganze Zeit?"

„Ja."

„Ich verstehe dich überhaupt nicht mehr. Zuerst gehen wir jedes Wochenende zusammen weg, dann hast du plötzlich keine Lust mehr auszugehen und jetzt tanzt du bis zum Morgengrauen und sagst nicht einmal Bescheid." Annie zündet sich eine Zigarette an und bläst genervt in meine Richtung. „Was ist los mit dir? Langsam mache ich mir echt Sorgen."

„Musst du nicht."

„Ach nein? Du isst viel zu wenig, wirkst abwesend und bist plötzlich gut drauf und machst die ganze Nacht Party."

Ich richte mich auf, zucke mit den Schultern und streife meine schwarzen Pumps ab.

„Wieder einen jungen Mann geküsst?"

„Nein."

„Oh, mal was ganz Neues. Bist du krank?"

„Ich denke, ich werde nur noch einen Mann küssen, der mir wirklich etwas bedeutet."

Annie reißt beide Augen auf und starrt mich an. „OK, du musst krank sein. Definitiv. Und du hast die ganze Zeit einfach nur getanzt?"

„Ja, nur getanzt."

„Aha. Hattest du irgendetwas zu feiern, von dem ich nichts wusste?"

„Ja."

„Und was, bitte?"

„Ich habe mein Volontariat bei Bavaria TV gestern nicht verlängert. Das heißt, ich bin ab jetzt arbeitslos."

Annie reißt ihre Augen noch weiter auf, falls das überhaupt geht, und fasst sich mit einer Hand an die Stirn. „Bist du wahnsinnig? Das glaube ich jetzt nicht. So eine Chance!" Sie schnappt perplex nach Luft. Wie ein lebendiger Karpfen auf einem trockenen Teller.

„Ich hatte das Gefühl, dass der Job dort nicht mehr das Richtige für mich ist."

„Wieso das denn?"

„Ich muss irgendetwas anderes machen. Etwas Sinnvolleres, als darüber zu berichten, ob Til Schweiger das blaue Jackett bei der Premiere seines Films anhatte oder gar keines."

„Hast du schon was Neues in Aussicht?"

„Nein."

„Scheiße, wie willst du jetzt die Miete bezahlen?"

„Hm, noch ist mein Konto nicht im Minus."

„Du schmeißt einen Job hin, für den andere alles tun würden, kommst erst morgens um sechs nach Hause und hast keine Ahnung wie du in Zukunft deine Miete bezahlen sollst?"

„War's das?" Ich habe mich bis auf die Unterwäsche ausgezogen und möchte nur noch unter meine Bettdecke krabbeln. „Ich bin hundemüde."

„Bist du bescheuert?", fragt sie. „Du verhältst dich völlig falsch."

April 2003

„Hallo Becca, hier ist Magnus."

Überrascht halte ich den Hörer von mir und starre auf das Display. Da steht: ‚Nr. unbekannt'.

„Hallo, Magnus, das ist ja eine Überraschung. Wie geht es dir?" Kann man meine Nummer übers Internet herausfinden oder wo zum Teufel hat er die her? Ich muss meinen Namen googeln! Sofort.

„Gut, danke, und dir?"

Mir geht es ziemlich beschissen. Ich habe keinen Job mehr, mein Konto wandert ins Minus, ich fahre überall mit dem Fahrrad hin und ernähre mich von Dosenravioli und Tütensuppen. Eine Einladung ins P1 nehme ich noch an, weil es keinen Eintritt kostet, und der Barkeeper mich kennt. Eine Einladung ins Käfer lehne ich ab, weil ich die Preise der Speisekarte kenne. „Mir geht's prima, danke. Ich möchte ja nicht unhöflich sein, aber wie komme ich zu deinem Anruf?", frage ich betont fröhlich.

„Ich wollte dich auf den 30. Geburtstag von Wilko einladen. Er feiert am 26. April im Schlossbergkeller in Auensfeld. Den kennst du ja von früher. Es werden mehrere hundert Leute kommen."

Eine Geburtstagsfeier. Eine Geburtstagsfeier mit all den Leuten, mit denen Erik und ich früher unterwegs waren. Ich müsste mit dem Zug nach Hause fahren. Problem eins: Ich hasse es! Problem zwei: Ich würde meine Eltern ein Wochenende lang sehen. Sie würden mir diesen Blick geben: Arbeitslos! Arbeitslosigkeit war für mich bislang nur ein Teil aus den Nachrichten gewesen. Mit mir hatte das nie etwas zu tun. Problem drei: Und auf der Party dann die Fragen: Und was machst du so? Wo wohnst du? Bist du schon verheiratet? Hast du Kinder? Was soll ich darauf schon antworten? Kein Haus, kein Auto, kein Pferd, keine Jacht, keinen Job, keinen Mann, keine Kinder, keinen Bausparvertrag! Auf gar keinen Fall gehe ich dorthin!

„Die Einladung ist sehr nett, aber ich kann nicht kommen. An diesem Tag habe ich schon etwas vor."

Eine halbe Stunde später klingelt mein Handy wieder. „Ja, hallo?" Ich trete ans Fenster und schaue lange auf die riesige, dunkle Backsteinkirche auf der gegenüber liegenden Straßenseite.

„Hallo, Becca? Ich bin es noch einmal, Magnus. Ich wollte dich fragen, ob du deine Meinung vielleicht geändert hast? Es wäre wirklich schön, wenn du doch auf Wilkos Geburtstagsfeier kämst. Alle Schulfreunde von früher werden da sein. Komm, gib dir einen Ruck."

Die Kirche war ganz und gar reizlos, ein großer Haufen dunkelroter Backsteine. Früher sind wir immer zum Gottesdienst gegangen. Diese Kirche. Ich war noch nie dort drin. Wieso eigentlich nicht …

„Hallo, Magnus, das ist ja nett, dass du noch einmal anrufst", sage ich mechanisch. Kannst du mich nicht endlich in Ruhe lassen, verdammt noch mal? „Aber ich kann leider nicht. Tut mir leid."

Ich kann nicht glauben, was ich gerade tue! Ich kann nicht fassen, dass ich es tatsächlich mache! Ich kann nur den Kopf schütteln. Es ist früher Abend, noch nicht einmal 20 Uhr. Die Sonne schickt warme Strahlen nach unten, und mir ist immer noch total heiß. Ich habe eine grüne Cargohose mit Seitentaschen an. Dazu hellbeige kurze Lederstiefel – sie waren sündhaft teuer. 164 Euro! Ein Laden an der Leopoldstraße hat mich in Versuchung gebracht. Jetzt kann ich mir nicht mal mehr die U-Bahn-Tickets leisten. Aber eine Frau muss sich eben entscheiden: Essen oder Schuhe. Ich trage ein dunkelbraunes, geblümtes Oberteil, dessen Ausschnitt dezent meine linke Schulter entblößt. Meine Uhr mit hellbeigen Lederarmband ist elegant. Meine Haare sind offen. Die vielen Dosenravioli haben mich mindestens vier Kilos schwerer gemacht. Und das in vier Monaten! Ich fühle mich wirklich furchtbar, aber ich sehe klamottentechnisch hübsch aus, so viel weiß ich.

Die Zugfahrt war äußerst unangenehm gewesen. Ich hatte kein Geld für das Ticket, trotzdem stieg ich in den schicken ICE. Als der Schaffner kam und fragte, ob man zugestiegen sei, schüttelte ich schüchtern und innerlich total verkrampft den Kopf. Mein Herz war inzwischen nicht mehr in meinem Brustkorb, sondern in meinen Zehen! Fuhr ich tatsächlich schwarz? Gott!

Lächelnd ging er weiter. „Jemand zugestiegen?"

Dann atmete ich auf. Die Welt außerhalb der Zugfenster flog nur so an mir vorbei und ich konnte kaum glauben, dass dieses Wahnsinnswetter wirklich passierte, wochenlang Sonnenschein in

Deutschland! Der heilige Gott des deutschen Wetters musste eine gute Phase haben oder neu verliebt sein …

Mama holte mich vom Bahnhof ab. Verwundert und ungläubig, dass ich tatsächlich nach Hause komme, um auf eine Party im Schlossbergkeller zu gehen. Aus den Augenwinkeln heraus konnte ich jedoch sehen, dass sie glücklich war, dass ich überhaupt nach Hause kam. Ganz egal aus welchem Grund. Sie sah ganz gut aus, ein bisschen dicker vielleicht. Ich drückte sie fest.

Magnus rief mich noch einmal an und meinte: „Eine Menge Leute würden sich sehr freuen, dich zu sehen. Vor allem eine Person. Komm, Becca, gib dir einen Ruck. Diese Person möchte dich wiedersehen“, hakte Magnus nach. Irgendwann gab ich auf, saß im Zug, hatte meine Eltern angerufen und starrte fassungslos auf die vorbeiziehenden Felder meiner Heimat hinter den Zugfenstern. Ständig wollte ich aussteigen und mit dem nächstbesten Zug zurückfahren.

Der Kiesweg ist zu Ende. Die Felder rechts neben mir wiegen leicht im Wind. Der Parkplatz ist bis zum letzten Flecken Gras mit Autos voll geparkt. Überall stehen schon Leute, die ich vom Sehen kenne. Abiturjahrgänge 1992, 1993, 1994 … Mamas Auto habe ich vorne am Schloss geparkt. Ich wollte noch ein paar Schritte gehen. Darüber bin ich jetzt froh. Meine Gedanken wirbeln im Karussell herum. Jetzt bin ich gleich am Eingang. Der kleine Garten davor mit den wild bewachsenen Bäumen und Sträuchern sieht noch genauso aus wie vor vielen Jahren. Unglaublich! Nur etwas dichter. Unter dem großen Apfelbaum dort wurde ich einmal geküsst. Vor 13 Jahren. Damals war ich 15. Ich kann immer noch nicht fassen, dass ich tatsächlich hierhergekommen bin. Ich muss verrückt sein! Ich möchte wieder umkehren. Das ist doch eine total doofe Idee gewesen. Mein Herz klopft plötzlich schneller, und mein Mund ist ganz trocken.

Viele bekannte Gesichter nicken mir lächelnd zu. Am Eingang ist das Gedränge sehr groß. Alle lachen und fallen sich in die Arme. Überall hängen die Plakate von früher. Wilko hat sie tatsächlich alle aufgehoben und heute wieder aufgehängt. Ich fühle mich wie mit einer Zeitmaschine zurückversetzt. Fehlt bloß noch Michael J. Fox mit seinem verrückten Professor Doc. Würde mich nicht wundern, wenn die hier auch noch aufkreuzen. So viele Menschen. Und alle so alt. Das letzte Mal, als ich sie gesehen habe, waren sie doch erst

19 gewesen. Und jetzt? Alle um die 30, Falten, Geheimratsecken, Bäuche und die ersten grauen Schläfen. Kinderfotos werden herumgezeigt, anerkennend wird gelacht, die Stimmung ist gelassen. Erst jetzt bemerke ich die Musik. Sie ist laut, aber keiner stört sich daran, so wie früher. Kurt Cobain singt „*Smells Like Teen Spirit*". Ich fasse mir an die Stirn und kann es immer noch nicht fassen. Alles ist so wie damals – die Bar, die Tanzfläche, die Boxen, die Bühne. Und all diese Menschen, die ich kenne: Den Bibi mit den wilden Locken, den Vogi, wie immer mit einer Flasche dunklem Bier bewaffnet, die Babsi, jetzt mit dunkelblondem Bob, die schlaksige Angela, die vorne wild tanzt, und ihre langen, dunklen Haare hängen ihr vors Gesicht – wie damals! Die Nicki hat immer noch die gleiche Frisur, und die Christiane ist jetzt schlank. Dafür hat die Julia kein Gramm verloren und einen aggressiven Kurzhaarschnitt. Keine zwei Meter bin ich weitergekommen. Wilko habe ich in dem Getümmel noch nicht ausgemacht. Ich möchte erst an die Bar, etwas gegen den Durst. Am besten ohne Alkohol. Endlich kann ich mich zur Bar vorschieben. Doch plötzlich bleibt mein Herz stehen. Mein Magen krampft sich zusammen und ein Stich fährt mir durch den gesamten Brustkorb. Fassungslos starre ich auf die große Wand neben dem Toiletteneingang.

Kapitel 21

Mai 2003, Auensfeld

Ich kann nicht glauben, was ich dort sehe. Ich hätte einfach nicht hierherkommen dürfen. Das war keine gute Idee. Ich hätte Magnus sagen sollen, er soll mich nicht mehr anrufen. Lachende Gesichter deuten mit dem Zeigefinger auf mich. Ich ringe mir ein Lächeln ab, das alles ist doch schon Jahre her.

„Mensch, Becca, dass du hier bist! Das ist ja schön. Ich habe dich so lange nicht mehr gesehen. Wo hast du denn all die Jahre gesteckt?“

„Hallo, Marco, wie geht es dir? Du hast dir ja deine Dreadlocks schneiden lassen. Hätte dich kaum wiedererkannt.“

„Ach, ja die. Waren irgendwann lästig. Und bei der Bank sieht man die nicht so gern“, zwinkert er. „Schau mal, da an der Wand. Das bist du. Lustig, nicht?“, flüstert er mir ins Ohr.

„Ja, wirklich lustig. Diese aufgekrempelten Jeans. Und die weißen Tennissocken dazu. Echt gruslig!“, kommentiere ich und versuche zu lächeln.

„Na ja, wir sahen alle so aus. Wahnsinn, wie die Zeit vergeht!“

Ich werfe einen Blick auf die Wand. Mein Innerstes hat sich gerade wieder etwas beruhigt. Aber nur etwas, tatsächlich fühle ich mich, als wäre mein Herz in einer kleinen Nussschale auf meterhohen Wellen in einem Ozean. Wahrhaftig, dort bin ich! Per Beamer überlebensgroß an die Wand geworfen. Scheint ein Endloszusammenschnitt von Partys aus den 90ern zu sein. Kein Ton, Gott sei Dank. Ein paar Augenblicke kann ich nicht fassen, dass dieses Mädchen mit den Turnschuhen und dem kindlichen Gesicht ich sein soll.

„Wie heißt noch mal der Typ, auf dessen Schoß du sitzt? Schau mal, wie der dich anschmachtet. Jetzt streicht er dir eine Haarsträhne aus dem Gesicht.“

Meine Blicke verfolgen das Bild, und ich sehe, wie wir glücklich in die Kamera winken. Dann küsst er mich und wirft mich fast von der Bank, nur um mich gleich wieder aufzufangen. Er deutet dem Kameramann, dass ich ihm gehöre, indem er mit dem Zeigefinger zuerst auf mich und dann auf sich zeigt.

„Wie hieß er noch gleich, dein Freund damals? Du warst 'ne ganze Weile mit ihm zusammen?“ Marco trinkt in großen Schlucken aus seiner Bierflasche.

„Äh … er … heißt Erik.“

Jetzt gibt es einen harten Schnitt, und tanzende, grölende Schüler werden gezeigt. Ein bierseeliges Headbanging in Kreisformation. Erik und ich sind weg.

„Erik Sonnberg. Stimmt! Er war drei Jahrgänge über uns, oder?“

„Er war zwei Jahrgänge über uns“, verbessere ich ihn.

„Was macht er jetzt? Habt ihr noch Kontakt?“

Ich gebe meiner Stimme einen neutralen Ton, so wie bei Telefonansagen, wenn man hundert Stunden in der verdammten Warteschleife hängt. „Pilot bei der Bundeswehr. Glücklich verheiratet. Keinen Kontakt.“

Marco bemerkt meine Verunsicherung nicht. Er nickt anderen lachend zu, trinkt eifrig weiter aus seiner Bierflasche. „Soll ich dir was von der Bar holen?“

„Nein, das ist sehr nett. Ich bleibe nicht lang und ich möchte keinen Alkohol trinken.“ Ich muss raus! Frische Luft schnappen. Alles ist eng und heiß und laut. Ständig dieses Gedränge. Immer Hände schütteln und ein fröhliches Gesicht dazu machen. Manchmal sollte man seinem inneren Instinkt folgen. Und mein innerer Instinkt wollte nicht hierherkommen. Ich spüre, dass es nicht daran liegt, dass ich Erik im Video gesehen habe.

Nein, es liegt daran, dass ich allein bin und dass ich mir die Liebe wünsche. Gibt es den einen richtigen Mann wirklich oder wohnt er hinter der Milchstraße?

Es wird immer voller. Kein Vorwärts und Rückwärts mehr möglich. Ich stecke fest! Auch das noch. Ich werde wieder in Richtung Bar geschoben. Ach ja, eigentlich wollte ich ja etwas trinken. Das hatte ich beinahe vergessen. Also gut, dann an die Bar, Flüssigkeit aufnehmen, Wilko zum Geburtstag gratulieren und dann nach Hause. Prima, dann wartet ein Fernsehabend mit

Günther Jauch und Mama und Papa auf mich. Oh je, warum bin ich nur hierhergekommen? Wieder schiebt mich jemand unvorsichtig nach rechts. Frechheit! Wie wäre es zur Abwechslung mal mit ein bisschen Rücksicht auf vertikal benachteiligte Menschen? Ich verliere den Halt, stolpere über eine Bierflasche und lande auf dem dreckigen Betonboden. Mist! Aua, das tat weh.

Plötzlich spüre ich zwei starke Arme unter meinen Achseln. Sie ziehen mich hoch. Stellen mich wieder auf die Füße. Ganz sanft. Ein gutes Gefühl, so sicher, so fürsorglich. Ungläubig blicke ich nach oben. Er ist einen ganzen Kopf größer als ich und sieht mich beschützerisch an. Aus blauen Augen. Und plötzlich dreht sich meine ganze Welt. ‚AC/DC' s' *„Thunderstruck"* – wird zu einem dumpfen Ton, ein warmes, kribbelndes Gefühl breitet sich in meinem Bauch flächenbrandartig aus, und mein Herz schlägt schneller. Viel schneller. Viel zu schnell.

„Hallo, hast du dir wehgetan? Alles in Ordnung?", fragt er mich besorgt.

Ich muss ihn immer wieder anschauen, weil sich dadurch das kribbelige Gefühl in meinem Magen noch verstärkt. „Danke. Nein, alles in Ordnung", sage ich schüchtern. Wieso bin ich denn nun plötzlich schüchtern?

„Wir kennen uns doch?" Winzige Lachfältchen bilden sich sogleich um seine Augen. Und ich glaube, er hat mich auf den ersten Blick wirklich nicht erkannt.

„Ja, natürlich kennen wir uns. Ich bin' s, Becca." Mein Herz schlägt viel zu schnell.

Jetzt fasst er sich an die Stirn und lacht. Schöne, weiße Zähne kommen zum Vorschein. Auf dem linken Schneidezahn hat er einen schneeweißen kleinen Fleck. „Richtig! Becca, schön, dich zu sehen. Wie geht es dir? Was machst du so?"

Oh je, ausgerechnet diese Fragen. Ich hatte es ja gewusst. Was soll's, ich beschließe, ehrlich zu sein. „WG-Zimmer in München, zurzeit keinen Job. Auch kein Reihenmittelhaus mit Einzelparkplatz, kein Auto, kein Pferd, keine Jacht und keinen Bausparvertrag."

Eine Mischung aus Bestürzung und Sorgen breitet sich auf seinem Gesicht aus. Doch dann sagt er: „Da sieht man dich ein paar Jahre nicht, und schon machst du solche Sachen!“ Er schüttelt väterlich den Kopf und berührt meinen Oberarm. Das hinterlässt einen imaginären Brandfleck auf meiner Haut und ein blitzartiges Ziehen in meinem Bauch.

„Mit wem bist du da?“, frage ich plötzlich, noch immer schüchtern.

„Mit Manu, meinem besten Freund. Du kennst ihn doch noch? Der früher immer diese Wuschellocken hatte.“

Jetzt müssen wir beide laut lachen.

„Wie könnte ich Manu vergessen? Der Einzige, der mich im Schulbus neben sich hat sitzen lassen! Dafür bin ich ihm noch in hundert Jahren dankbar!“

Paul nickt verschmitzt. „Ich hole uns zwei Cocktails, einverstanden? Oder möchtest du nichts trinken?“

Eine Antwort wartet er gar nicht ab. Ich hätte auch niemals widersprochen. Von hinten sehe ich seine breiten Schultern und seine Muskeln, die sich ganz leicht unter seinem weißen T-Shirt abzeichnen. Er dreht sich noch einmal um und lächelt mir zu. Mir schwirrt der Kopf, obwohl ich völlig nüchtern bin. Seltsam, äußerst seltsam.

Von Weitem sehe ich Bille. Sie steht vorn an der Tanzfläche. Wahnsinn! Meine ehemals beste Freundin aus der 9. Klasse! Sie ist auch da! Ob sie meine SMS bekommen hat? Wir kämpfen uns einen Weg zueinander frei. Sehen uns an, fallen uns sofort in die Arme.

„Bille, wie schön! Mir tut es so leid! Wir hätten nicht …“

„Nein, mir tut es leid! Ich war genauso schuld. Es tut mir so leid. Ich habe mich so sehr über deine SMS gefreut!“

„Wirklich? Du hast gar nicht geantwortet.“

„Ich hatte Angst. Aber ich wollte unbedingt, dass du zu Wilkos Geburtstagsfeier kommst. Ich habe Magnus beauftragt, dich so lange anzurufen bist du kommst.“

Einen Augenblick sagen wir nichts. Bille' s Haare sind jetzt bubikurz und sie hat kleine Fältchen um die Augen. „Es tut mir leid, dass ich Jörg …"

„Nein, er war ein Idiot! Wie konnte ich nur so blind sein." Plötzlich fangen wir an zu weinen. Weinen so stark, dass wir nicht mehr sprechen können. Halten uns fest. Minutenlang. Keiner sagt etwas.

„Hallo, ihr zwei. Habe ich etwas verpasst?", fragt er vorsichtig und sieht besorgt auf uns herab. Zwei Wodka Lemon in der Hand. Er hat mich gesucht!

Ich wische mir kurz mit dem Ärmel über das Gesicht. „Nein, alles ist gut. Wir haben uns nur sehr, sehr lange nicht mehr gesehen. Darf ich dir meine Freundin Bille vorstellen? Bille, das ist Paul. Paul Blumfeld."

„Sag mal, Becca, du hast also kein Haus, kein Auto, kein Pferd, keine Jacht …" Paul macht eine kurze Pause und fährt fort: „… und keinen Freund?"

Wir stehen am linken Ende der Bar. Der Endloszusammenschnitt per Beamer flimmert über uns hinweg. Staub wirbelt tanzend im Lichtkegel. Das kribbelige Gefühl in meinem Bauch wird immer intensiver. Ich freue mich, dass ich heute besonders gut aussehe, und mein Mund kann gar nicht aufhören, ihn anzulächeln. „Nein, kein Freund", antworte ich gelassen. „Und du?", frage ich kühn und hoffe, so teilnahmslos wie möglich zu schauen.

Er fährt sich kurz durch seine dunkelbraunen Haare. „Auch kein Freund", schmunzelt er und zuckt mit einer Augenbraue.

„Hahaha, sehr witzig. Das freut mich, dann bist du also nicht schwul?"

„Äh, nein", lacht er. „Und ich habe auch keine Freundin."

Ich hätte jubeln können, herumtanzen, springen, auf eine Trommel einschlagen. Aber ich sage nur: „Ach, so was." Plötzlich bin ich verlegen.

„Wie ging es mit deinem Studium?", fragt er.

„Sehr gut, und bei dir? Maschinenbau?"

„Gut. Studium erfolgreich abgeschlossen. Und du, wo wohnst du jetzt? Ich habe gehört, du bist weggezogen."

„In München, und du?"

„Bei meinen Eltern. Ich weiß, nicht besonders aufregend. Wie schön, dich zu sehen, Becca!"

„Es ist auch schön, dich zu sehen, Paul!"

„Kannst du immer noch so gut schwimmen?"

„Ja, ich denke schon, vielleicht nicht mehr so schnell wie früher. Fährst du immer noch Motorrad?"

„Zurzeit nicht. Im Augenblick fahre ich ein schwarzes italienisches Cabrio."

„Einen Sportwagen?"

Er lacht auf. „Mein Vater hat den Kopf geschüttelt und gemeint, es sei eine Affenkiste."

Danke! Er fragt nicht nach meiner Arbeitslosigkeit. Wir reden, lachen, stoßen an und sehen uns die ganze Zeit an. Im Gedränge prallen wir ein paar Mal gegeneinander, und jedes Mal, wenn wir uns berühren, sprüht es tausende Funken in mein Herz. Wie kleine Stromschläge. Brennend, glühend und so himmlisch angenehm kitzelnd.

Ein besonders dreister Kerl – nicht mehr ganz nüchtern – drängelt sich an uns vorbei, um fünf Jack-Cola zu bestellen. Dabei drückt er mich mit voller Kraft gegen Pauls Brust. Völlig verdutzt nuschelt er: „*'Schuldigung. Ghört sie su Dia?*"

Paul legt seine rechte Hand beschützend um meine Taille und sagt: „Ja. Sie gehört zu mir." Ich fühle mich, als hätte man mir eine Spritze Glückshormone verabreicht, aus einer Tube so groß wie eine Zweiliterflasche.

„Es wird schon hell draußen. Es ist bestimmt schon sechs Uhr. Ich denke, es ist Zeit, aufzubrechen." Bille wartet schon im Taxi auf mich, meine Stimme klingt ganz rau vom vielen Reden. Paul und ich stehen draußen vor dem Maisfeld. Es wiegt leicht im Wind. Die Sonne geht auf und schickt uns die Vorahnung auf einen weiteren wolkenlosen Tag.

Er blickt auf mich herab und sagt: „Steig doch einfach in mein Taxi und fahre mit zu mir." Seine Stimme klingt fest und vielversprechend. Sein Gesicht strahlt irgendetwas Besonderes aus.

Etwas, das mir erst jetzt auffällt. Souveränität? Leidenschaft?

„Wirklich? Ich soll mit zu dir fahren?"

Paul nickt charmant und seine blauen Augen blitzen im Sonnenaufgang. Als wir im Taxi sitzen, Bille' s Taxi ist schon losgefahren, nimmt er meine Hand. Sie fühlt sich warm und groß an. Tausend funkende Blitze! Die Fahrt ist kurz und schön. Er wohnt noch bei seinen Eltern. Ein Schock überzieht mich kurz, doch ich lasse mir nichts anmerken. Wir ziehen brav die Schuhe am Eingang aus und gehen in den ersten Stock. Dort hat er eine halbe Etage für sich. Ich gehe auf Zehenspitzen hinter ihm und nur unter Aufbietung all meiner Willenskraft kann ich meinen Blick von seinem Hintern losreißen, er ist einfach extrem verführerisch.

Paul sitzt am Rand seines Betts, zieht mich zu sich und vergräbt seinen Kopf in meinem Bauch. „Becca? Wo warst du eigentlich all die letzten Jahre? Ich habe immer wieder an dich gedacht. Vor allem nach dem Faschingsball damals. Es war so wunderschön, mit dir zu tanzen."

Der Faschingsball! So viele Jahre ist das jetzt her. Damals war ich so verletzt, so allein … Plötzlich bekomme ich Panik. Gleißende Angst durchbrennt meinen Körper. Ich möchte auf einmal gehen. Suchend blicke ich um mich.

Er drückt mich kurz weg und zieht dann sein Hemd aus, in einer schnellen, reißenden Bewegung. Breite, muskulöse Schultern, leicht gebräunt. Ein Mann, der zupacken kann. Große, schöne Hände. Blaue Augen. Was für ein Anblick! Ich vergesse doch glatt zu atmen.

„Ich musste einfach weg von hier."

„Und jetzt? Möchtest du immer noch weg?", flüstert er und vergräbt seinen Kopf wieder tiefer in meinem Bauch.

Hilfe? Ja, nein, keine Ahnung. „Nein", flüstere ich, und die Angst löst sich langsam wieder auf, wie ein Stück Traubenzucker im Mund.

Licht fällt leicht auf ihn, Schatten bilden sich in seinem Profil. Er sieht aus wie aus einer Jeanswerbung. Paul zieht mich zu sich und küsst mich. Ganz vorsichtig, ganz zart. „Das wollte ich schon vor

Jahren tun." Die Zeit verlangsamt sich und bleibt stehen. Seine Lippen sind geschwungen und weich. Sein Bart kratzt leicht an meinem Kinn. Er riecht so gut! Ein wogendes Feuer entfacht sich in allen meinen Körperzellen. Ein Flächenbrand. Ich hatte vergessen, wie gut sich das anfühlt. Ich schließe die Augen und wünsche mir, dieser Augenblick würde ewig dauern.

„Du hast da eine Strähne im Gesicht", haucht er und streicht sie weg.

„Danke, Paul."

„Deine Augen …" Er dreht mein Gesicht ganz zu sich und mustert mich.

„Ja?"

Sein Blick versenkt sich in meinem. „Sie sind gar nicht richtig blau. Sie sind so eine Mischung aus grau und blau. Das sieht schön aus."

„Danke", hauche ich schüchtern.

Vorsichtig zieht er mein braun geblümtes Oberteil aus. Sein Handrücken fährt sanft über meinen schwarzen BH und streift die Träger herunter. „Du bist unglaublich."

„Findest du?"

Leidenschaftlich zieht er mich zu sich, und dieses Mal ist sein Kuss fordernder, aggressiver.

„Ja. Diese Hose muss weg. Jetzt. Ich will dich spüren. So wie du bist." Seine warme Hand berührt meinen Bauch und zieht mir die Hose aus.

„Deine Jeans ist sehr sexy. Aber ich finde, sie muss auch weg", fordere ich leise. Mein Kopf schwirrt und draußen ist die Sonne vollends aufgegangen.

„Du nackt in meinem Bett! Dieser Anblick ist noch viel schöner, als ich es mir vorgestellt habe. Und ich habe es mir schon oft vorgestellt." Paul rollt sich auf mich und sein fester, warmer Körper nimmt mich völlig in Besitz. Er fühlt sich nicht fremd an. Im Gegenteil. So vertraut. Als kenne ich ihn schon immer. Mein ganzer Körper bebt und ich schaudere.

„Becca?"

„Ja?"

„Willst du es auch? Ich kann mich kaum noch zurückhalten?“

Ich muss ihn einfach nur ansehen. Es ist so schön. „Ja, ich will es.“

Er küsst mich vom Kopf bis zum Bauchnabel. Alles blitzt in meinem Bauch, und ich kann es kaum noch erwarten. Ich ziehe ihn wieder hoch. Vergrabe meine Hände in seinen Haaren.

„Gott, bist du süß“, keucht er, ehe er sich wieder herunterbeugt und seine Zunge um meine Brustwarzen kreisen lässt. Mit festem Griff umfasst er meine Pobacken und presst seine Hüften gegen meine während ich ihm meine entgegen hebe. Seine warmen, festen Hände gleiten meine Innenschenkel entlang und lösen tiefe Schauer aus. „Fühlt sich das gut an?“, fragt er während er den Kopf hebt, um mir ins Ohr zu flüstern.

„Paul, bitte!“, flehe ich und presse mein Gesicht so nah an seines, dass ich ihn nur noch verschwommen sehen kann.

„Bitte was, Kleine?“ Er streicht mir mit den Fingerspitzen über die Stirn, die Nasenflügel, seine Wange berührt meine und die ganze Zeit sieht er mich schweigend an, so als wollte er mein Gesicht für immer auswendig lernen, Zentimeter für Zentimeter. „Sag mir, was du möchtest“, fragt er scheinheilig. Als ob er das nicht wüsste!

Alles fühlt sich so anders an, so als hätte ich eine unsichtbare Grenze überschritten, eine Mauer durchbrochen.

„Ich möchte hören, wie du es sagst“, flüstert er mit rauer Stimme.

„Paul, bitte nimm mich jetzt!“

Paul antwortet nur mit seinen Augen. Ein leichtes, wissendes Lächeln umspielt seine Mundwinkel, voller prickelnder Überlegenheit und Charme. Und dann ist es so weit. Ich spüre ihn an mir. Bei mir. In mir. Und hebe ihm meine Hüfte erneut entgegen, was ihn zum Wahnsinn zu treiben scheint. Heilige Scheiße, kann es sein, dass man ein alt bekanntes Gefühl völlig neu entdeckt? Sein Atem geht schneller und seine Bewegungen schicken mich augenblicklich ins unendliche All, um die Milchstraße herum, bis zum Jupiter und wieder zurück. Die Welt bleibt stehen und ich beginne mich in ihm zu verlieren …

„Dein Handy klingelt“, flüstert er mir in meinen Nacken. Ich sehe auf meine Armbanduhr. Halb zehn. Schon! Verschlafen kuschelt Paul seine große Nase an meine Schulter. Wir liegen in Löffelchenposition. Na ja, ein kleiner Löffel liegt an einem großen. Es fühlt sich so richtig an. Es fühlt sich so wahr an. So geborgen.

„Möchtest du nicht hingehen?“, fragt er charmant und ohne jeden Argwohn.

Nein, eigentlich nicht, denke ich, entscheide mich dann aber dafür. Ich springe aus dem Bett, trete auf meine Kleidung, die verwaist am Boden liegt, durchwühle meine Tasche. Auf dem Display erkenne ich die Nummer meiner Eltern. Mama, Papa! Großartig, super Timing!

„Ja? Hallo?“, frage ich betont beiläufig.

„Hallo, Becca? Wo bist du denn?“, fragt mich Mama.

Ich knie hier völlig nackt vor einem Bett. Darauf ist ein Mann, mit dem ich gerade geschlafen habe – wow, das war so verdammt sexy - und der mich jetzt von hinten sieht. Nackt mit einem Handy am Ohr. „Bei Bille“, erkläre ich offiziell. „Ich habe euch doch gestern Abend noch angerufen. Von der Party aus. Bis später dann.“ Ich lege auf und drehe mich um.

Paul sieht mich an. Ernst und souverän, dann umspielt ein Lächeln seinen Mund. „Bei Bille, hm?“

„Becca, kann ich deine Telefonnummer haben?“, fragt Paul und tippt mit dem Zeigefinger lässig gegen das Lenkrad seines Sportwagens, schwarz, silberne Alufelgen, rote Ledersitze. Wir sind auf dem Weg zurück zum Schlossbergkeller, um Mamas Auto zu holen. Er steht noch am Schloss, wo ich ihn am Vorabend geparkt habe. Das alles scheint mir jetzt hundert Jahre her zu sein.

„Kann ich denn deine haben?“

Paul stellt nun sein Cabriolet direkt neben Mamas Auto. Diese Wiese, die gestern noch mit hunderten von Autos voll geparkt war, ist jetzt leer.

„Klar, wieso nicht?“, antwortet er und schaltet den Motor ab. Dann nimmt er einen uralten Kuli aus dem Handschuhfach und kritzelt mir seine Nummer auf die Innenseite meines linken Arms. „Und deine?“

Irre. Das ist alles total verrückt! Ich kenne Paul doch schon, seit ich 15 Jahre alt bin. Und jetzt wollen wir Telefonnummern austauschen? Bisher habe ich noch jedem Mann das Herz gebrochen, ohne Ausnahme! Irgendetwas lässt mich zögern. „Äh, rufen Sie mich nicht an. Wir rufen Sie an, okay?“, antworte ich in gespielter Ruhe.

„Klar, das können wir auch machen“, sagt er souverän. „Ich freue mich schon.“

„Du isst ja gar nichts, Becca. Dabei hat sich Papa so große Mühe gemacht.“ Klagend bohrt sich Mamas Stimme in mein Bewusstsein. „Becca, hörst du? Papa hat extra Käsespätzle gemacht mit richtig viel Zwiebeln, und jetzt isst du gar nichts. Stocherst nur in deinem Teller herum.“ Fragend und besorgt sieht sie mich an und schiebt eine rote Locke hinters Ohr.

Sie sieht aus wie immer, nur etwas älter, denke ich. Die letzte Chemotherapie hat gut angeschlagen, und nun ist Mama auf dem Weg der Besserung. Seltsamerweise hat sie ihre Haare nicht verloren. Wir hatten eigentlich alle damit gerechnet. Sie auch. Das Cortison hat sie allerdings etwas aufgeschwemmt. Trotzdem, sie ist immer noch schön.

„Danke. Die sind wirklich sehr lecker“, lobe ich Papa und bemerke ein zufriedenes Lächeln auf seinem Gesicht. Auch er sieht irgendwie viel älter aus. Aber wie immer sind seine, inzwischen graumelierten Locken, viel zu lang. Er freut sich mich zu sehen und bei mir ist es genauso. Mühsam führe ich eine Gabel nach der anderen in den Mund. Kaue, schlucke und schaue zuversichtlich in die Runde.

„Sag mal, Becca, wie war die Geburtstagsfeier gestern eigentlich? Du hast noch gar nichts erzählt.“ Meine Mama sieht mich fragend an und stellt mir ein Glas Wasser hin.

Pauls Wärme auf meiner Haut fühlt sich fantastisch an. Er haucht mir in den Nacken und ein wohliger Schauer prickelt meine Wirbelsäule entlang. Seine Hände umfassen meinen Po und drücken ihn fest. Nicht aufhören! Seine Hände sind riesig, zumindest schaffen sie es meinen gesamten Po zu berühren. Mit süßer, quälender Langsamkeit zieht Paul meinen Slip herunter. Ganz sanft, vorsichtig und dennoch bestimmend. Plötzlich küsst er mich wild auf den Mund und eine Welle ungestümer Leidenschaft erfasst uns beide.

„Das hätte ich schon viel früher tun sollen", flüstert er in mein Ohr. Tausend kleine und große Bläschen explodieren irgendwo in meinem Unterleib und dann spüre ich wie sein Atem wilder wird, seine Berührungen intensiver werden …

„Becca? Bist du in Gedanken? Waren viele Leute dort? Gab es auch Kuchen?", fragt Mama wieder und sieht auf meinen noch halbvollen Teller voller Spätzle. Ich spüre, wie ich leicht erröte bei dem Gedanken an das süße Bild der vergangenen Nacht vor meinem inneren Auge. Oh je, jetzt nichts anmerken lassen. Also, das geht niemanden etwas an …

Ich versuche, einzelne Spätzle mit der Gabel zu erdolchen. Ich spüre einfach keinen Hunger. Null Komma nix. Kuchen? Du bist lustig. Nein, Mama, es gab hauptsächlich Wodka, Bier, Caipirinha, Rum, Tequila und Wein. „Äh, es waren ein paar hundert Leute dort. Alle aus unserer Abiturzeit. Bille war auch da. Ich glaube, sie hat Magnus beauftragt, mich einzuladen. Wir haben uns wieder vertragen. Es war sehr schön. Sie wohnt auch in München. Mit ihrem Freund zusammen. Er ist Banker und soll supernett sein."

„Oh, wie schön. Was für ein Zufall. Ich habe nie verstanden, warum ihr nicht mehr befreundet wart. Was macht sie denn jetzt beruflich?", fragt Mama, und Papa horcht jetzt auf, zieht seine buschigen Augenbrauen hoch und hört kurz auf zu essen.

„Sie arbeitet als Key Account Manager bei einem Touristikunternehmen."

Zwei übergroße Fragezeichen zeichnen sich auf Mamas und Papas Gesicht ab.

„Äh, cosa? Was für eine Managerin?", rätselt Papa und seine Gabel bleibt auf halbem Weg zu seinem Mund stehen.

„Das heißt, sie kümmert sich um Großkunden und organisiert Reisen", erkläre ich.

„Und dafür braucht man so seltsame Namen?", brummt Papa lachend und legt kurz seine Hand auf meinen Unterarm. Mein Gott, er freut sich so sehr mich zu sehen! Das tut wirklich gut.

Nachdem ich die Käsespätzle in einem unbeobachteten Augenblick heimlich wieder in ihre Auflaufform befördert habe, verbringe ich den ganzen Nachmittag im Garten. Blättere in einem von Mamas Selbsthilfebüchern, die sie neuerdings verschlingt. ‚Sorge dich nicht, lebe' oder so ähnlich.

Und ich kämpfe mit meinem inneren Schweinehund. Mein Herz will Paul eine SMS schreiben, aber mein Verstand hält das für eine schwachsinnige Idee. Paul Blumfeld! Also nein, kannte man sich nicht wirklich schon viel zu lange? Sollte ich eine gute Bekanntschaft für eine flüchtige Liebesgeschichte opfern?

Aber kannte ich ihn eigentlich wirklich? Viel weiß ich nicht über Paul außer, dass er Trompete spielt, im Fußballverein ist, drei Brüder hat – sein jüngster Bruder ist gerade mal 13 Jahre alt – als Maschinenbauingenieur arbeitet, seinen kräftigen Arm um meine Taille gelegt hat. Und unglaublich gut oben ohne aussieht …

„Fräulein, Ihre Fahrkarte, bitte." Ein dicklicher Schaffner mit Schnauzer und Schweißfilm bäumt sich vor mir auf.

Dieses Mal habe ich mir eine Fahrkarte gekauft. „Hier, bitte schön", sage ich selbstbewusst, und mein rechtes Bein schwingt lässig über meinem linken.

Der Zug ist relativ voll, und auf dem Sitz vor mir beschwert sich eine Mutter bitterlich über ihre fürchterliche Teenagertochter: „Sie malt sich an, wie ein Papagei. Also so was! Und die Kleidung, alles schwarz! Von der Hose bis zum Oberteil. Und diese Musik! Ich weiß gar nicht mehr, was ich noch machen soll!"

Wissen Sie, möchte ich am liebsten sagen, Ihre Tochter spielt jetzt eben mit Kajal und Jungs. Sie träumt vom ersten Orgasmus und der großen Liebe. Das ist völlig normal. Lassen Sie sie einfach. Ich halte aber meinen Mund.

„Nächste Haltestelle: München Hauptbahnhof. Der Zug endet hier. Bitte alle aussteigen."

Ich schaue auf das Display meines Handys. Da steht: *„Hallo Paul, es war ein unglaublicher Abend. Bin jetzt noch ganz verwirrt. Und du?"* Soll ich diese SMS wirklich abschicken?

Der Zug wird langsamer und fährt in den Bahnhof ein. Ich

nehme meinen ganzen Mut zusammen, atme tief ein, zwicke meine Augen fest zusammen und dann drücke ich auf „Nachricht Senden“.

Kapitel 22

Mai 2003, München

Oh, verflucht, was hat sie gesagt?

„Becca? Du antwortest schon wieder nicht! Wo bist du nur mit deinen Gedanken?“ Maren, die Assistentin der Geschäftsleitung von Bavaria TV, sieht mich fragend an.

„Was war noch einmal die Frage?“

Der Biergarten ist rappelvoll, Wortfetzen und Gemurmel überall. Abendsonne und warme Bierbänke. Ein lautes Lachen von drüben links. Ein Blick auf mein Handy. Nichts.

„Wie war dein letztes Vorstellungsgespräch? Du hast gesagt, über hundert haben sich beworben und zehn wurden zum Vorstellungsgespräch eingeladen?“

Vorsichtig schiebe ich meine Apfelschorle ein bisschen zur Seite. Die Aufmerksamkeit der anderen ist mir plötzlich gewiss. Zumindest haben sie aufgehört, ihre knusprigen Hähnchen mit Breze zu vertilgen.

„Äh, ach ja. Das war bei einer Produktionsfirma. Die drehen für „Aktenzeichen XY ungelöst“. Eine Festanstellung als Redakteurin. Ach, … keine Ahnung. Wird bestimmt wieder nix. Aber dafür habe ich eine andere Überraschung für euch.“

Jetzt starren sie mich alle an. Der Peter, von einer Online-Redaktion, die Sabine einem Sportsender und der Bernd, Kameramann von einem Privatsender.

„Ich habe mich … für das Referendariat angemeldet. Ab September geht’s los. Zwei Jahre Ausbildung zur Realschullehrerin. Und ich hoffe, ich lande nicht in Hof oder Markt Oberdorf.“

Schweigen. Fassungsloses Schweigen.

Maren nimmt jetzt einen großen Schluck Bier. „Das kannst du nicht machen! Das heißt, du gehst weg von hier. Nur um irgendwo in der Pampa Realschüler zu unterrichten. Hast du vergessen, du wolltest zum Fernsehen? Und jetzt picklige, milchgesichtige, rotzfreche, schlecht angezogene *Anitpickelcremekäufer*? Das kann nicht dein Ernst sein!“ Fassungslos legt sie ihre Stirn in Falten.

Ich seufze tief. „Also, wenn du es so sagst, klingt es, als würde ich mich eigenhändig per ICE in die Hölle schicken“, versuche ich zu scherzen.

Zu meinem Entsetzen nicken alle am Tisch gleichzeitig.

„Also, ich mache jetzt meine Ausbildung zu Ende. Und dazu gehört das Referendariat. Das wird kein Zuckerschlecken. Aber in München Bogenhausen zu leben ohne Geld für die Wohnung, für Essen, für Klamotten oder für Schuhe, ist schlimmer als jede Schulhölle!“ Verzweifelt schaue ich in die Runde.

Jetzt schütteln alle lautlos den Kopf.

„Aber das ist doch nur eine Phase. Du brauchst etwas mehr Geduld“, wirft Maren ein und reißt sich ein Stück von Peters Breze ab. „Du hättest dein Volontariat bei uns verlängern sollen.“

„Diese Phase hat mein Konto komplett überzogen. Ich habe schon angefangen ‚schwarz’ zu fahren. Nein, mein Entschluss steht fest. Ich werde mein Referendariat machen. Danach kann ich immer noch weitersehen“, erkläre ich zaghaft.

„Du bist verrückt, Becca, aber wenn du meinst. Sage nur nicht, ich hätte dich nicht gewarnt.“

Heimlich schaue ich auf das Display meines Handys, das ich mir eigentlich auch nicht mehr leisten kann. Mist! Immer noch keine Antwort! Mein Herz rutscht zwei Etagen tiefer. Er meldet sich nicht! Verdammt, er meldet sich nicht! Oh nein …

Mai 2003

„Weißt du noch, wie wir uns nach dem Film „Der Pianist“ von Roman Polanski in dieser kleinen Bar unterhalten haben?“, frage ich Miriam. Sie ist inzwischen fast mit dem Referendariat fertig. Und sie hat es überlebt. Kein Schüler hat ihre Autoreifen zerstochen, ihr ein Schweizer Taschenmesser an den Hals gehalten oder Rauchbomben im Klassenzimmer hochgehen lassen. Sie lebt noch, und ihre Schüler auch. Das ist doch mal ein gutes Zeichen.

„Meinst du, über Adrien Brody?“

„Nein, nicht über den, obwohl er ein wirklich guter Schauspieler ist. Ich meine, über die ... Liebe.“ Ich sitze in unserer WG-Küche auf einem dunkelbraunen Antikstuhl vom Sperrmüll und schlage die Beine übereinander. Der Aschenbecher quillt über - oh Annie! - und ich schiebe ihn angewidert an den Rand des ovalen Antiktisches, ebenfalls vom Sperrmüll.

„Ach ja, jetzt weiß ich, was du meinst. Ich habe dir beschrieben, in welche Art von Mann du dich verlieben könntest.“

„Genau. Und ich habe dir gesagt, dass ich mich nicht verlieben kann“, antworte ich lachend.

„Der Mann, der Beccas Herz erobert“, beginnt sie, wobei ihre Stimme einen feierlichen Unterton annimmt, fast so, als würde sie in der Kirche die Fürbitten vorlesen, „ist von großer Körpergröße, hat mittelblondes bis braunes Haar, breite Schultern, einen kräftigen Oberkörper, große, schöne Hände, schmale Hüften, sportliche Beine, eine große Nase, einen lässigen Kleidungsstil und großes naturwissenschaftliches Verständnis. Ein Mann, der in zwei Minuten die Nullstelle eines Integrals ausrechnet, eine alte gebrechliche Oma auf Händen über die Straße trägt und in fünf Stunden den Mount Everest bezwingt – ohne Basisstation, Handschuhe und Sauerstoffmaske. Der Mann, der Beccas Herz erobert, hat einen trockeneren Humor als Woody Allen und eine größere Hilfsbereitschaft als Mutter Theresa. Er repariert deine Waschmaschine und trägt sie mit einer Hand in den Keller, während er mit der anderen den Blumenstrauß hält, den er für dich gepflückt hat. Wiesenblumen natürlich, nichts Gekauftes. Ein Mann, der schmutzige Spaghettiteller einweicht und weiß, dass man weiße Wäsche am besten bei 60 Grad wäscht. Der Mann, der Beccas Herz erobert, gibt ihr Kontra, lässt sich nichts gefallen und hechelt ihr nicht hinterher wie ein Fox Terrier einer Wurst. Im Gegenteil, er lässt ihr Luft zum Atmen. Eifersucht ist ihm fremd, dafür ist er viel zu cool. Dieser Mann ist ein Held! Keiner dieser sanften, langweiligen Apfelkistenträger! Spiderman ist ein Nichts dagegen!“ Miriam muss nun laut loslachen, und obwohl ich sie nicht sehen kann, weiß ich, dass sie auf der Terrasse sitzt, mit einer Tasse Kaffee in der Hand.

„Also, Fräulein Miriam, Sie haben das gut erkannt“, flöte ich,

„aber Sie haben eine Zusatzinformation vergessen."

„Und welche wäre das?"

„Sie meinten, diesen Mann gäbe es nicht."

„Ach … stimmt. Hatte ich vergessen. Aber das erklärt sich doch von selbst. Also, Becca Santini. Diesen Mann gibt es nicht!", wirft sie immer noch lachend ein.

„Also, da gibt es etwas, das ich Ihnen sagen muss."

„Aha? Und was?"

„Diesen Mann gibt es doch. Ich habe ihn getroffen!"

Plötzlich hört sie auf zu lachen, und ich höre, wie sie ihre Kaffeetasse mit einem lautem Klack absetzt. „Das kann nicht sein!", ruft sie unvermittelt. „Wo hast du den her? Vom Mond?"

Ich schaue nur auf das Display meines Handys und lese zum hundertsten Mal die SMS:

„Hallo Rebecca Santini, du bist verwirrt? ;-) Tja, dann muss ich wohl nach München kommen, um deine Verwirrung zu lösen. Paul."

Von irgendwoher höre ich ein Lied. Ein italienisches Lied. Es ist „*Azzurro*" von ‚Adriano Celentano'. Das hat Papa früher immer gesungen. Ständig und überall. Dabei hat er mich auf dem Arm gehalten und mit mir getanzt, im Wohnzimmer oder in der Garage, mit kräftigen, dunklen, ölverschmierten Händen.

Ich sitze auf den Stufen zur Feldherrenhalle zwischen den zwei großen Steinlöwen. Die Sonne scheint kräftig und klar. Der Platz ist gut besucht, aber nicht überfüllt. Die Steinstufen fühlen sich kühl und glatt an. Am Himmel fliegt ein Flugzeug und sein Abgasstrahl zeichnet die einzigen weißen Spuren ins Blau.

Ich fühle mich schrecklich. Meine Hände sind schwitzig und meine Unterhose klebt an meinen Pobacken fest. Ich hasse dieses Gefühl. Meine widerspenstigen, langen Haare wollten sich beim Fönen nicht über der Rundbürste eindrehen lassen, und meine Tage habe ich auch noch bekommen! Ein unangenehmes, schmerzvolles Ziehen im Unterleib erinnert mich seit Stunden daran. Heute Morgen habe ich eine volle heiße Tasse Kaffee über meine Lieblingshose geschüttet. Jetzt habe ich mein grünes

Ausweichsommerkleid an und fühle mich unwohl darin, weil ich nie Kleider trage. Auf der Treppe im zweiten Stock unserer Wohnung bin ich nach der dritten Stufe hingefallen und habe mir meinen linken Knöchel verknackst. Er pulsiert ein wenig, aber der kühle Schatten lindert die leichte Schwellung. Zu allem Überdruss fangen nun meine Schläfen an zu pochen. Kopfschmerzen melden sich an. Wie so oft, wenn ich meine Tage bekomme.

Ich fühle mich einfach fürchterlich! Wahrscheinlich hätte ich nie hierherkommen sollen. Wahrscheinlich ist es falsch, Paul zu treffen! Er bringt mich völlig aus dem Konzept! In den letzten 24 Stunden habe ich mein völlig staubfreies Zimmer gesaugt, meine sauberen Oberteile gewaschen und mir ein langweiliges Kricketspiel - ohne die Regeln nur ansatzweise zu verstehen - auf Eurosport angesehen. Ich habe unwichtige Aktenordner beschriftet, meine Schuhe nach Farben sortiert und bin tausend Mal auf die Toilette gegangen. Ein Blick auf meine Armbanduhr zeigt mir, dass er zwanzig Minuten zu spät ist. Will er mich vielleicht gar nicht sehen? Vielleicht kommt er ja gar nicht? Gleich zur ersten Verabredung zu spät kommen, also das macht man doch nicht. Ich war auch pünktlich, obwohl ich sonst immer gegen die Uhr kämpfe.

Auf einmal laufen schwarze Gestalten an mir vorbei: Schornsteinfeger. Na so was! Der Strom lässt gar nicht nach. Noch einer und noch einer. Das sind mindestens über 20! Ach, das gibt es doch gar nicht. Unglaublich! Überall bleiben die Menschen stehen und zeigen mit dem Finger auf sie. Die Schornsteinfeger lachen und winken zurück. Dann machen sie ein Gruppenfoto direkt in der Halle. Was für ein schönes Bild. Irgendwann sind sie fertig und laufen wieder an mir vorbei, hinunter auf den großen Platz vor der Theatinerkirche.

„Was machen so viele Kaminkehrer zusammen in München?“, frage ich sie neugierig.

„Sind auf einer Schulung. Haben gerade Pause“, erklärt mir ein großer Hüne im Vorbeigehen. Dann sind sie auch schon wieder weg, und ich glaube fast, ich habe mir das alles nur eingebildet. Über 20 Kaminkehrer! An einem Tag! Also, wenn die kein Glück bringen, heiße ich Klothilde!

„Hallo, Becca“, ruft Paul verlegen. „Tut mir leid, aber die

Parkplatzsituation hier ist wirklich eine Katastrophe! Ich hoffe, du wartest noch nicht so lange?“ Paul läuft mir entgegen und sieht einfach umwerfend aus. Nur blaue Jeans und ein weißes T-Shirt.

Ich stehe auf, und mein Herz klopft plötzlich so heftig gegen meine Rippen, dass es wehtut. Ich laufe ihm strahlend entgegen und kann kaum sprechen. In meinem Kopf vibrieren noch all die Bilder unserer gemeinsamen Nacht. Kurz bevor wir aufeinandertreffen, bleiben wir beide verlegen stehen.

Er hält etwas Kleines hinter seiner rechten Hand versteckt. „Hier, die sind für dich“, sagt er mit rauer Stimme und streckt seine Hand nach vorn. Seine blauen Augen strahlen Wärme und Herzlichkeit aus, aber auch ein klein bisschen Schlitzohrigkeit.

Ich muss schlucken vor Freude. „Oh, wie schön, so etwas Tolles hat mir noch nie jemand geschenkt!“, gluckse ich und schnuppere daran. „Das ist der dickste und tollste Gänseblümchenstrauß, den ich je gesehen habe!“ Ich kann den Strauß kaum mit meiner Hand umschließen, so dick ist er.

Paul grinst schelmisch von einem Ohr zum anderen. „Hat ein bisschen gedauert, den zu pflücken.“

Und plötzlich habe ich keine Regelschmerzen, keine Kopfschmerzen, keine Fußschmerzen und kein komisches Gefühl mehr. „Na, worauf hast du Lust? Soll ich dir die Stadt zeigen?“, frage ich gut gelaunt und unternehmungslustig.

„Och, ich bin eigentlich nicht so der Stadtmensch. Lass uns in mein Auto steigen und losfahren. Mal sehen, wo wir ankommen, hm?“

Wir haben die A99 verlassen und sind auf der A96 Richtung Salzburg gelandet. Das schwarze Cabriolet braust nur so dahin, und sämtliche Fahrzeuge wechseln schnurstracks auf die rechte Fahrbahn. Natürlich fahren wir offen. Die Sonne lacht uns von oben an und der Fahrtwind bläst uns frech ins Gesicht. Ich habe Pauls beige Baskenmütze auf und alle meine blonden Haare darunter gesteckt. So kitzeln sie mir nicht an der Nase oder wirbeln vor meinen Augen herum. Pauls Mütze ist mir eigentlich zu groß, aber mit meinem Berg Haaren passt sie wie angegossen. Bei der Ausfahrt Tegernsee verlässt Paul die A96.

Völlig selbstverständlich wandern wir am See entlang, bis wir zu einem Bootsverleih kommen. „Die Tretboote sind alle schon ausgeliehen, aber ihr habt Glück. Dieses Ruderboot ist noch da. Ist etwas alt, aber funktioniert noch prima, und dein Mann sieht ziemlich sportlich aus", sagt ein alter Bootsverleiher mit grauem Pferdeschwanz und selbst gedrehten Zigaretten. Er deutet dabei auf Paul.

Bei den Worten „dein Mann" zucke ich innerlich zusammen, aber Paul lässt sich nichts anmerken. Er führt mich vorsichtig zum Boot und hilft mir galant hinein. Meine hochhackigen Halbschuhe aus braunem Leder habe ich schon ausgezogen und halte sie in der Hand.

„Becca?", fragt er charmant und vorsichtig.

Inzwischen sind wir in der Mitte des Sees angekommen – Paul ist ein exzellenter Ruderer – und hat sein T-Shirt ausgezogen. Er sieht wirklich umwerfend toll aus. Wie aus einer Männer-Parfümwerbung, schießt es in meinen Kopf. Oh je, schon wieder niedere Gedanken. Wie kann es sein, dass ich wirklich so oberflächlich bin und andauernd seinen knackigen Körper anschmachte!

„Was meinst du, sollen wir ein bisschen baden gehen?" Pauls blaue Augen blitzen mich schelmisch an und bringen mein Herz schon wieder aus dem Rhythmus. Wenn er nicht sofort damit aufhört, hechte ich auf seinen Schoß! Moral hin oder her.

„Schwimmen? Hier? Jetzt? Wir haben gar nichts dabei, keinen Badeanzug, meine ich."

Paul lacht aus vollem Hals und konzentriert sich dann stark, wieder ernst zu wirken. „Ach so, Fräulein Santini. Ich vergaß. Ich würde mich natürlich umdrehen, wenn Sie ins Wasser springen. Ganz abgesehen von der Tatsache, dass ich sie vor Kurzem erst … äh … ohne textile Körperbedeckung gesehen habe."

„Witzbold", schimpfe ich ihn gespielt und muss zugeben, dass er irgendwie recht hat. Aber dies hier ist anders. Heute sind wir offiziell verabredet, und wir haben uns noch nicht einmal geküsst! „Na gut. Schwimmen ist eine prima Idee, so heiß, wie es heute ist, aber Sie drehen sich um, wenn ich mich ausziehe, Herr Blumfeld!"

„Versprochen!", antwortet er augenzwinkernd und ich weiß genau, dass er es überhaupt nicht ernst meint.

Wieder in meiner Wohnung lässt sich Paul auf mein Bett fallen wie ein tonnenschwerer, lebloser Sandsack. Er hat die Nacht davor durchgearbeitet – auf dem Traktor, um Heu einzufahren. Nächste Woche möchte er mich mal auf dem Traktor mitnehmen und ich habe ja gesagt! Vor meinem inneren Auge lehne ich meinen Kopf an seine Schulter, die Sonne scheint und ich bin glücklich.

„Und was genau machst du?", frage ich ihn neugierig, wobei er sich in meinem Bett herumfläzt, als wäre es sein eigenes.

„Ich bin Ingenieur bei Paper Tech in Augsburg. Ich entwickle Maschinen."

„Aha. Was für Maschinen machst du da so genau?" Meine Frage kommt mir kindlich vor, aber wie hätte ich sie anders stellen sollen? Technik ist nicht gerade mein Spezialgebiet. Im Gegenteil, ich habe schon Panik, wenn ich den blöden DVD-Player anschließen soll!

Er stützt seinen Kopf mit der flachen Hand und meint: „Kuvertiermaschinen."

Jetzt bin ich völlig ratlos. Was um alles in der Welt sind Kuvertiermaschinen? „Kuvertiermaschinen?"

Paul muss angesichts meines ratlosen Gesichtsausdrucks laut lachen. „Die meisten kennen so etwas nicht. Das sind Maschinen, die Briefe kuvertieren", erklärt er mit einem charmanten Lächeln.

„Aha und … äh … wer braucht solche Maschinen?" Ich versuche meinen Gesichtsausdruck auf intelligent zu schalten, was mir allerdings nicht gelingt.

„Große Firmen, wie Versicherungen zum Beispiel. Die haben hunderttausende Kunden. Da kann kein kleines Heinzelmännchen in einem Raum sitzen und Briefumschläge ablecken oder Briefe in Briefumschläge stecken."

„Mein Gott, stimmt. Darüber habe ich noch nie nachgedacht. Das müssen ja abertausende von Briefen sein. Die ganzen Rechnungen, Kostenvoranschläge, Werbebriefe, Verträge." Mir fällt es wie Schuppen von den Augen und ich fasse mir an die Stirn. Es gibt wirklich einige Dinge, über die man sich nie Gedanken macht.

„Hey, Becca, hättest du etwas dagegen, wenn ich hier ein Stündchen schlafe? Damit ich fit bin für heute Abend?"

„Na klar, schlaf ein bisschen, und später koche ich uns etwas Leckeres", sage ich fröhlich, lasse den Rollladen herunter und lege eine CD von ‚Nora Jones' – „*Come away with me*" – auf – leise!

Bin ich krank? Habe ich tatsächlich gesagt, er könne in meinem Bett schlafen? Habe ich wirklich gesagt, ich koche uns etwas Leckeres? Was ist nur mit mir los? Ich verlasse mein Zimmer, und ein Blick auf ihn sagt mir: Du liegst in meinem Bett, als wäre dies die natürlichste Sache der Welt. Ist es aber nicht! Mein Zuhause, das war mein Reich! Nie habe ich jemanden hierher mitgebracht, nie viel von mir preisgegeben. Niemand, absolut niemand durfte in den letzten Jahren in meinem Bett schlafen!

Er hat sich umgedreht und ist sofort eingeschlafen. Ein letzter Blick auf ihn und seinen knackigen Po, lässt nur einen Gedanken zu: Den will ich haben!

„Gefällt dir die Musik oder ist es dir zu viel Bum, Bum, Bum?", schreie ich in Pauls Ohr. Wir stehen direkt am Rand der Tanzfläche der ‚Wunderbar', die so überfüllt ist, dass sich alle beim Tanzen ständig berühren. Der Bass wummert in das Menschgetümmel hinein, und die Hitze ist schier unerträglich. Alle trinken Bier oder Cocktails. Maren und Oliver holen sich gerade den fünften Wodka Red Bull. Das Licht ist schummrig. Eine Diskokugel blitzt rege im Kreis herum.

„Ist ein cooler Club hier, 'ne schicke Adresse, ein bisschen laut vielleicht." Paul sieht zur Tanzfläche, scheint aber gedanklich weit weg zu sein.

Ich stehe neben ihm. Meine Hände sind zittrig und meine Knie auch, aber ich kann nicht länger warten. Es weiter hinauszuschieben – unmöglich! Aber war das hier nicht der absolut unpassendste Ort der Welt? Und hatte er heute Nachmittag am See nicht irgendwann gesagt, er wäre ‚nicht so der Beziehungstyp'? All meine Hoffnungen waren zerstoben wie Flugsand im Wind. Egal, ich muss es ihm sagen!

„Paul?"

Er dreht sich zu mir und blickt nach unten zu mir. So breite Schultern. Schultern, in die ich mich hineinwerfen und sicher fühlen möchte. Sie geben mir den hoffenden Ausblick auf ein wundervolles, warmes ‚Beschützt-werden-Gefühl'. Paul ist so groß. Neben ihm komme ich mir vor so extrem klein vor. „Ja?" Ich spüre, wie meine Gehirnzellen zu matschigem Brei werden. Nein, ausgerechnet jetzt! Mist, mein Sprachmodus versagt, und ich sage andauernd nur „hmpf" und „äh"!

„Was ist?" Er sieht mich stirnrunzelnd an.

Gott, so sollte es nicht sein. Es ist nicht der richtige Ort und nicht die richtige Zeit. Aber Paul sieht mich einfach nur an und wartet. Macht keinen Druck. Die wummernde Musik scheint jetzt weiter weg zu sein. Die Umrisse der tanzenden Masse verschwimmen. Seine enorme Ausstrahlung zieht mich magisch in den Bann.

„Ich … äh … heute Nachmittag da hast du, als wir, ich meine …"

„Becca? Ist alles gut?"

Oh, halt doch einfach mal die Klappe, Becca! Ich beiße mir auf die Unterlippe.

„Hey, stimmt was nicht?"

Ich fasse meinen ganzen Mut zusammen und versuche mein defektes Sprachsystem wieder hochzuladen: Ein Becca Santini Gehirnfunktion Reload, Datei Sprache.

Alles in Pauls Blick verrät mir, dass er sich gerade Sorgen macht.

Und dann sage ich etwas, das ich selbst überhaupt nicht fassen kann. Etwas, das ich seit vielen Jahren zu niemandem mehr gesagt habe. In klaren Worten, ungestammelt: „Paul, ich glaube, ich habe mich in dich verliebt!"

Ich stehe immer noch neben ihm. Die Musik wummert in tiefen Bässen im Hintergrund meines Bewusstseins. An der Abfolge des Sprechgesangs kann ich erkennen, dass es ein Lied von ‚Eminem' sein muss: „*Slim Shady*". Wacklig stehe ich auf meinen zwei Beinen, obwohl ich es nach jahrelangem Training gewohnt bin, hochhackige Schuhe zu tragen. Doch die Schuhe sind nicht der Grund, und das weiß ich.

Plötzlich überkommt mich ein völlig neues und zugleich alt

bekanntes Gefühl. Ein Gefühl, an das ich mich vage erinnern kann. Die Musik ist jetzt verschwunden, das Geräusch der tanzenden Masse auch. Die Körper bewegen sich noch im Rhythmus, aber ich höre sie nicht mehr. Ich kann ihre Münder sehen, die reden und lachen, aber ohne Ton. Als hätte ein Techniker mit einer Generalfernbedienung den Ton aller Menschen abgeschaltet. Seine Hand berührt meine Wange, und ich kann kaum atmen. Vorsichtig hält er mein Gesicht in seinen Händen, als wäre mein Kopf aus Porzellan. Noch immer kann ich kaum atmen. Seine blauen Augen sehen mich an. Er riecht so gut, nach Sonne, frisch gemähtem Gras und Glück. Die bunten Lichter des Clubs tanzen immer wieder über sein Gesicht. Was für ein wunderschönes Gefühl!

Dann, ganz plötzlich, ist sein Mund vor meinem. Unsere Lippen nur wenige Zentimeter entfernt. Mein Kopf noch immer in seinen Händen. Er hält inne. Sein Mund wandert zu meinem linken Ohr, und er sagt: „Becca, ich habe mich auch in dich verliebt."

Paul ergreift meine Hand und führt mich nach draußen. „Aber Maren und Oliver, sie werden uns suchen", sage ich noch, doch Paul führt mich einfach weiter. Souverän, sanft führend. Es ist immer noch warm, etwas kühler, aber angenehm. Wir stehen in einem Biergarten, der zum Wunderbar gehört. Alle Lichter sind aus. Bäume säumen den kleinen freien Platz. Alle Bänke und Tische sind leer. Paul nimmt meine Hand fester und führt mich in die Dunkelheit. Nichts ist mehr zu hören, nur das Rascheln der Blätter. Wir sind allein.

„Becca?", er bleibt stehen und dreht mich zu sich. Ich kann seinen Brustkorb sich heben und senken sehen. „Ich war noch nie verliebt", sagt er mit fester Stimme und sieht mich an.

„Noch nie? Wirklich nicht?", frage ich ungläubig.

„Nein. Bitte, sag jetzt einfach nichts." Er nimmt meinen Kopf wieder in seine Hände, dieses Mal fühlt es sich schon vertrauter an, aber mein Herz hämmert dennoch wie wild gegen meine Rippen. Dann beugt er sich zu mir nach unten. Plötzlich küsst er mich, und seine Lippen berühren sanft die meinen. Zuerst vorsichtig und erkundend, dann fester und entschlossener. Sein Mund ist angenehm und weich und doch fest zugleich. Tausend Blitze zucken in mir, und mir wird ganz schwindlig. Doch Paul hört nicht auf, im Gegenteil. Sein Atem wird schneller und meiner auch. Ich spüre den sachten Wind über unsere Gesichter streifen. Pauls Hände wandern in meinen Nacken und greifen nach meinen Haaren. Alles dreht sich und ich spüre, wie Paul Besitz von meinem Körper ergreift. Von meinem Herz. Und von meiner Seele. Nur durch seinen Kuss. „Becca?"

„Ja?", frage ich völlig verwirrt.

„Möchtest du bei mir bleiben?"

„Ja.", flüstere ich. „Ja!", rufe ich plötzlich. Noch nie war ich mir meiner Antwort sicherer gewesen, und ich schmiege meinen Kopf an seine Brust. Seine kräftigen Arme halten mich. Wir sind immer noch auf dem kleinen Platz mit den Bäumen, der Wind streichelt uns sanft. Und ich spüre ein neues Gefühl, das mich völlig überwältigt. Ein altes Gefühl:

Zu Hause zu sein. Bei ihm.

Kapitel 23

Juni 2003, München

Es ist zwanzig vor elf. Das Wetter ist himmlisch. „Du fängst mich niemals! Ha! Pah! Dafür bist du viel zu langsam!“, schmettere ich ihm entgegen. Was für ein Wahnsinnssommer!

„Das wollen wir doch einmal sehen! Ich bin ein begnadeter Fußballspieler, schon vergessen?“ Paul sprintet mir hinterher, ich kann ihm aber gerade noch ausweichen, er wollte meinen Arm packen. Die Böschung ist nicht hoch, und schnurstracks bin ich oben. Wir müssen beide lachen, während ich vorweg laufe, und er versucht, mich zu fangen.

Die anderen sehen belustigt zu uns herüber. „Fangen kann man halt in jedem Alter spielen. Sollen wir euch im nächsten Kindergarten anmelden? Die hätten da bestimmt noch zwei Plätze frei!“, rufen sie uns lästernd zu. Wir haben einen kleinen Grill, Fleisch und Bierdosen dabei. Auf diese Idee sind allerdings viele Münchner gekommen, sodass das Ufer der Isar reichlich bevölkert ist.

Ich sprinte zum nächsten Baum, völlig außer Atem. Paul ist natürlich sofort da, hätte ich mir ja denken können, dass der sich nicht so leicht abschütteln lässt!

„Na, meine Kleine? Jetzt sitzt du in der Falle! Oder wie willst du mir jetzt noch entkommen?“, fragt er mich und hält beide Arme auf, um mich nicht entwischen zu lassen. „Angeber!“, maule ich gespielt.

„Glaubst du wirklich, ich gebe schon auf?“

„Das wäre die einzig sinnvolle Tat. Von mir kommst du nicht mehr weg. Ich hab dich.“

„Ach ja? So leicht mache ich es dir nicht!“ Ich deute mit dem Zeigefinger zum Fluss, „sieh mal dort!“, und er schaut tatsächlich in diese Richtung. Diesen Augenblick nutze ich geschickt, um schnell an ihm vorbeizurennen. Ich sprinte und lache und höre das spöttische Gelächter der anderen, was mich nur noch mehr anspornt. Noch schneller, du kriegst mich nicht!

Da ist er auch schon hinter mir, bleibt stehen, fasst mich mit beiden Armen um die Taille und wirft mich schnell über seine Schulter. „Aua! Lass mich runter! Sofort!"

„Niemals! Eine so gute Gelegenheit, dir auf den Hintern zu klopfen, werde ich nicht verstreichen lassen!", sagt er lachend und triumphierend gleichzeitig und setzt seinen Gedanken auch schon in die Tat um.

„Hör sofort auf!", jammere ich, aber er scheint Spaß an der Sache gefunden zu haben.

„Womit? Ich habe dich nicht verstanden."

„Du Lügner! Du weißt ganz genau, was ich meine. Hör auf damit!"

„Ach das, ja? Das war doch nur ein leichter Klaps. Soll ich dir den festen zeigen?" Er dreht mich im Kreis herum, so dass viele nächtliche Isarschwärmer nun direkt meinen Po sehen können. Sie feuern ihn lauthals an.

Also, jetzt reicht' s. „Lass mich runter. Bitte!"

„Oh wow, du hast ‚bitte' gesagt. Das ändert natürlich alles." Er schwingt mich gekonnt wieder auf den Boden, setzt ein verschmitztes, unschuldiges Lächeln auf. „Einen Kuss hätte ich schon verdient", fordert er.

„Wofür denn?", frage ich gespielt beleidigt. „Dafür, dass ich dich heruntergelassen habe. Dafür, dass ich beim Fangen gewonnen habe. Dafür, dass ich dich letzte Woche beim Kniffel habe gewinnen lassen. Dafür, dass ich dir letzte Nacht …"

„Okay, okay, schon gut. Du kriegst deinen Kuss, aber beim Kniffel habe ich ganz von allein gewonnen." Wir müssen beide lachen und lassen uns rückwärts ins Gras fallen. Herrlich, 2003 ist ein tolles Jahr! „Hättest du je gedacht, dass wir beide hier einmal so liegen würden, am Ufer der Isar, und in den Sternenhimmel schauen? Wir beide?"

„Nee, niemals."

„Du?", frage ich.

„Ja?", antwortet er und lehnt sich gleichzeitig mit seinem

Oberkörper – mit einem sehr schön geformten Oberkörper – über mich.

„Ich glaube … das mit uns beiden könnte etwas ganz Großes werden.“ Er streicht mir mit dem Handrücken zärtlich über die Wange. Sieht mich lange an, so dass sich in meinem Bauch alles zusammenzieht.

„Das ist es doch schon“, flüstert er mir ins Ohr. Ich lege meinen Kopf seitlich an seinen Brustkorb und lausche seinem Puls. Nach kurzer Zeit richtet er sich wieder auf und sieht mich neugierig an. „Ich habe noch nie ein Mädchen getroffen wie dich. Du bist so völlig anders. Gut anders.“

„Hattest du noch nie eine Freundin?“ Bisher habe ich dieses Thema vermieden. Es war mir nicht wichtig.

„Hm, nein, doch. Also, ja.“

„Hä?“ Jetzt bin ich ganz verwirrt. „Also, du hattest eine Freundin und dann doch keine. Habe ich dich richtig verstanden?“

„Ja, aber wir waren nur vier Monate zusammen. Außerdem, das war nichts Gescheites. Ich war nie in sie verliebt.“

Interessant … „Und die anderen?“

„Es gab keine anderen.“ Jetzt bin ich sprachlos. „Du hattest keine anderen Freundinnen?“

„Nein, hat sich nie ergeben.“

„Das kann nicht sein. Du bist schon 29, oder? Und keine Freundinnen?“

Er sieht sichtlich amüsiert hinunter zum Flussufer, schmunzelt verschwörerisch und hebt eine Augebraue. „Ich meinte keine Freundinnen, nicht keine Frauen.“

„Du bist ein Casanova!“ Gespielt entrüstet schlage ich ihm mit der Faust auf seine Brust.

„Ich? Ein Casanova? Nein, ich bin ein Gentleman!“

„Das hat Casanova auch von sich behauptet.“

„Sagen wir es einmal so: Ich habe die Frauen ausführlich studiert.“

„Aber nie länger als für eine Nacht“, schlussfolgere ich.

„Ein gemeinsames Frühstück hat sich bisher nicht ergeben.“

„Also, bin ich erst die zweite Frau, mit der du gemeinsam aufwachst?“

„Ja.“

„Okay, wo ist der Haken?“

Er seufzt überdeutlich. „Kein Haken. Ich habe mich in dich verliebt“, sagt er. Dabei sieht er mir in die Augen und küsst mich.

„Becca?“

„Ja? Was ist?“

„Es gibt da etwas, das ich wissen möchte, wissen muss.“

„Und das wäre?“

Er antwortet nicht gleich und sein Gesichtsausdruck wird plötzlich ernst. „Was war eigentlich mit dir und Erik?“

Ach, diese Frage musste ja irgendwann kommen! „Fragst du, weil du ihn von früher kennst?“

„Ich frage dich, weil er dir einmal sehr viel bedeutet hat und ich möchte, dass du ehrlich bist. Was ist passiert zwischen euch?“

„Es gab da ein paar Missverständnisse.“

„Deswegen trennt man sich doch nicht sofort, oder?“ Er konnte die Verwunderung in seiner Stimme nicht verbergen.

„Es gab noch einen anderen umstrittenen Punkt. Erik glaubte, nach seiner Ausbildung in Texas, in ein Geschwader weit weg eingesetzt zu werden. Er hat von mir verlangt, dass ich mit ihm komme, egal wohin. Als seine Frau.“

Paul lässt seinen Kopf zurücksinken, so als müsste er über diese Aussage nachdenken.

Und ich frage mich, was er nun von mir hält: Du hättest mitgehen müssen. Oder, das kann er doch nicht von dir verlangen. Vielleicht auch, so früh heiraten? Noch schlimmer, warum wolltest du dich nicht binden?

Wir sitzen im schwachen Schein einzelner Laternen und das Plätschern der Isar verheißt Sommer und Frische. Von irgendwo her hört man eine Fahrradglocke und ein lautes Männerlachen. Schließlich sagt er mit spöttischem Unterton: „Und die Luftwaffe schickt ihn ausgerechnet in das Geschwader von Lagerlechfeld!“

Ich zucke mit den Schultern und schenke ihm ein Lächeln: „Ja, verrückt. Damit hat sich Gott einen kleinen Witz gegönnt." Ich warte ab, dann beuge ich mich zu ihm. Scheint als hätte Paul keine Fragen mehr. „Sollen wir gehen?"

„Nein, bleiben wir noch ein bisschen." Er schließt kurz die Augen. „Erzähle mir von dir. Erzähle mir etwas Schönes."

„Echt?"

„Ja, bitte. Irgendetwas, nur von dir."

Pauls Gesicht liegt im Schatten, und ich kann ihn nicht deutlich sehen. Verstohlen blicke ich lange in die warme Dunkelheit vor mir. „Ich war ungefähr fünf. Es war in Sizilien in Grammichele, dem kleinen Bergdorf, wo meine Großeltern leben. Wir saßen schon im Auto und wollten gerade losfahren, nach Messina zur Fähre, da kam meine Bisnonna Rosa, meine Uroma, mit Tränen in den Augen angerannt und schenkte mir im letzten Augenblick eine Puppe. Einen kleinen Jungen mit blonden Haaren und blauen Augen. Ich war überglücklich wie noch nie zuvor in meinem Leben! Er war wunderschön und konnte weinen, sprechen und singen, einzigartig damals. Mama meinte, Benni wäre ein toller Name für ihn. Er war für viele Jahre mein ständiger Begleiter, mein Glücksbringer. Ich habe ihn heute noch."

Juli 2003

„Du bist verrückt! Das können wir doch nicht machen", sage ich zu Paul.

„Wieso nicht? Also, ich finde die Idee wunderbar. Wir sind allein, nur du und ich und der Wald. Natur pur."

„Wir können doch nicht einfach mit deinem Auto quer durch den Wald und auf diese Lichtung hier fahren. Mitten in der Nacht. Hier ist gar kein Feldweg. Bestimmt kommt gleich so ein *Waldaufseherfuzzi* um die Ecke gerannt und zeigt uns an."

„*Waldaufseherfuzzi*? Ein interessantes Wort. Du bist sehr kreativ, Becca, wirklich, so wortgewandt. Lernt man das beim Fernsehen in München?"

Ich boxe Paul entrüstet in den linken Oberarm.

„Aua! Hilfe, diese Frau neigt zu gewalttätigen Ausfällen!“, ruft er laut in die Finsternis hinaus.

Wir fahren mit offenem Verdeck, und es ist immer noch warm. Was für ein Wahnsinnssommer. Es riecht herrlich nach Tannenbäumen und feuchtem Gras. Hier und da knacken Äste, und der Ruf eines Käuzchens hallt durch die Stille. Der Himmel ist klar, und tausende von Sternen funkeln. Die Lichtung ist groß und trapezförmig. Das Gras hier ist frisch gemäht, das riecht man. Die Scheinwerfer des Sportwagens werfen strahlenförmige Lichtstreifen auf die riesige grüne Fläche vor uns. Paul fährt im Schritttempo einfach auf die Mitte der Lichtung und ich sehe im Halbdunkel sein Profil. Seine dunkelbraunen, kurz geschnittenen Haare, seine warmherzigen, blauen Augen, sein sonnengebräunter Teint und seine tolle, große Nase. Sein Kinn ist etwas kantig und männlich. Seine Lippen sind voll und schön geschwungen. Ich liebe seine Hände! Große kräftige Hände. Hände, die zupacken können, aber nicht grob aussehen. Mitten auf der Lichtung bleibt er plötzlich stehen, stellt den Motor ab, lässt aber den CD-Spieler leise laufen und holt eine Flasche Wein hinter seinem Sitz hervor.

„Das hier ist genau der richtige Ort, um etwas Rotwein zu trinken. Komm.“ Paul zieht mich aus dem Sitz und trägt mich auf die Wiese. Wie lange ist es her, dass ein Mann mich auf Händen getragen hat? Er legt mich einfach ins taunasse Gras, und wir sehen nach oben in den Sternenhimmel.

„Ich weiß nicht, ob wir das dürfen. Wer weiß, wem diese Wiese gehört. Der könnte richtig sauer werden. Meinst du nicht?“

Er streichelt mir über die Stirn. „Es ist wunderschön hier. Du bist wunderschön. Warum warst du eigentlich noch Single?“

Ganz kurz werde ich nachdenklich, sage aber dann: „Spielt doch keine Rolle, oder?“

Wir trinken, reden, lachen und lauschen den Geräuschen des Waldes.

„Becca?“, flüstert er.

„Ja?“

„Das hier wäre auch genau der richtige Ort, um etwas anderes zu machen.“ Verschwörerisch hebt er eine seiner Augenbrauen und lächelt mich an.

„Hier? Mitten auf der Lichtung? Leicht angetrunken? Auf einer Wiese, die uns gar nicht gehört?“

Er beugt sich über mein rechtes Ohr und flüstert: „Dieser Teil des Waldes gehört meinen Eltern. Ich denke, sie haben nichts dagegen.“

„Du Schuft“, flüstere ich empört und boxe gegen seine Brust.

‚Barbara Streisand' und ‚Celine Dion' singen „*Tell him*“ aus dem CD-Spieler und von irgendwo her ruft ein Käuzchen.

August 2003, München

Wieder ein herrlich sonniger Tag. Ich spaziere langsam am Seehaus vorbei, wo sich viele gut gekleidete Biergartenfreunde versammelt haben, um knusprige, überteuerte Hähnchen im Englischen Garten zu essen. Die Sonne schickt heiße Strahlen nach unten. Ist das wirklich ein deutscher Sommer? Unfassbar. Der Heilige Petrus, der sonst für Deutschlands Wetter zuständig ist, muss eine Schönwetterseelentherapie gemacht oder vielleicht ‚Wer wird Millionär?' für Himmelsvertreter abgeräumt haben, samt Telefonjoker.

Ich bin verabredet, mit Paul. Und ich bin tatsächlich zu früh dran. Mein Handy klingelt.

„Hallo, Mama“, sage ich fröhlicher als sonst. „Was gibt's?“

„Ich konnte dich auf dem Festnetz nicht erreichen“, beginnt sie, und am Ton ihrer Stimme spüre ich ihre unausgesprochene Kritik an der Tatsache, dass ich in München bin, nicht mein Referendariat gemacht habe, so wie sie es wollte und kaum nach Hause komme. Ich habe ihr noch nicht erzählt, dass ich mich bereits vor Monaten für mein Referendariat angemeldet habe. „Wie geht es dir, Kind?“

Ich hasse es, wenn sie mich Kind nennt. Gerade eben hatte ich noch gute Laune. „Gut, Mama. Alles gut“, antworte ich mechanisch.

„Stell dir vor, wer uns heute besucht hat …“ Ihre Stimme nimmt nun einen überraschungsfrohen Unterton an.

„Keine Ahnung.“

„Conrad Sonnberg!“

Jetzt bin ich tatsächlich überrascht. Seit Jahren hatten meine Eltern mit den Sonnbergs kaum noch Kontakt, und das, obwohl sie doch Nachbarn sind. Ich habe ihnen immer gesagt, dass sie doch weiter befreundet sein können. Nur weil Erik und ich kein Paar mehr sind, müssen sich doch unsere Eltern nicht aus dem Weg gehen. Der Vater von Erik, bei uns zu Hause. Das war früher völlig normal, aber jetzt? „Äh … wie nett von ihm“, sage ich neutral.

„Ja, es war wirklich sehr nett. Es geht ihnen gut. Stell dir vor, Eriks Schwester Isabella hat geheiratet.“

„Mama, das war vor über drei Jahren.“ Ein alter Schulfreund hatte mir davon erzählt, bei einem Discounter in Schwabmünchen, zwischen den Reis und Nudelgerichten. Warum erfahre ich eigentlich von den lebensentscheidenden Veränderungen der Familie Sonnberg immer in einem Scheißsupermarkt!

„Erik fliegt jetzt in Ramstein. Ihm und seiner Frau geht es gut. Den Mädchen auch.“

Ich höre meine Füße über den Rasen rascheln. Weil es so heiß ist, habe ich meine Schuhe ausgezogen und laufe barfuss. „Schön, dass ihr euch so nett unterhalten habt, aber ich muss jetzt Schluss machen. Ich bin gerade im Englischen Garten und treffe mich gleich mit Freunden.“

„Ach, Becca, immer hast du so wenig Zeit. Oder liegt es daran, dass ich dir von Erik erzählt habe?“

„Ich treffe mich gleich mit jemandem und möchte nicht zu spät kommen, Mama. Und was Erik angeht …“

„Bei diesem Punkt bist du immer so verschlossen, Kind.“

Oh Mann! Er hat mir das Herz gebrochen. Scheiße! Und nun soll ich netten Smalltalk machen? „Ich muss los, Mama. Beim nächsten Mal telefonieren wir länger, versprochen“, sage ich freundlich und atme tief aus. „Bis bald.“

Jetzt bin ich wieder vor dem *Seehaus* gelandet, blicke auf den See, der kleine Wellen wirft. Ein paar Münchner versuchen sich im Rudern. Plötzlich schleicht sich ein Lächeln auf mein Gesicht und meine Lippen formen immer wieder ein lautloses, glückliches Wort: Paul. Paul. Paul …

Dann nehme ich mein Handy wieder heraus und fange an zu tippen. Erschüttert stelle ich fest, dass ich mich wirklich zu selten bei Mama melde. Und ruppig war ich auch. Gott, ich bin einfach zu sehr mit mir selbst beschäftigt!

"Liebe Mama, tut mir leid. Hast du am Wochenende Zeit? Dann komme ich dich besuchen. Dicke Umarmung Becca ;-)"

August 2003, Portugal

„Du warst gut beim Tauchen, Paul. Hätte ich dir gar nicht zugetraut, dass du gleich bei diesem Schnuppertauchen mitmachst. Finde ich echt toll!"

Wir liegen in einem großen Netz über dem Bug eines alten Segelschiffs und gleiten über das glitzernde Meer. Die Sonne brennt auf uns herunter, und freche Möwen kreisen vorbei in der Hoffnung auf ein paar Brotkrümel, die Passagiere ihnen von unserem Schiff zuwerfen.

Paul dreht sich zu mir. „War doch Ehrensache. Schließlich hast du den Tauchschein, da kann ich doch nicht nachstehen. Das gemeinsame Tauchen gestern mit dir am Nachmittag war eine Wucht. Es waren zwar nur acht Meter Tiefe, aber es ist ein berauschendes Gefühl so schwerelos durchs Wasser zu gleiten und unter Wasser atmen zu können. Und diese Fische, Wahnsinn. Das Auftauchen war erst der Hammer!"

Ich habe meinen roten Lieblingsbikini an, liege wie andere Pärchen in einem großen Netz auf einem Segelschiff, und der Mann, den ich liebe, liegt neben mir. Ich muss mich beinahe zwicken, um immer noch zu glauben, dass das Realität ist und kein Traum. Eine Woche Portugal, an der Algarve. Unser Hotel ist ein kleines Familienhotel und liegt irgendwo in der Nähe von Faro. Jeder Raum ist in einer anderen Farbe gestrichen. Das Essen ist toll. Wir haben einen Einzelbungalow nur für uns. Portugal ist wunderschön, so wild und romantisch. Aber seit Tagen brennen die Wälder. Es ist einfach zu heiß und zu trocken. Im Radio und im Fernsehen gibt es kein anderes Thema mehr.

„Ja, das Auftauchen war wirklich krass. Der Himmel war total schwarz, voll von Rauchschwaden und es regnete. Aber es regnete kein Wasser."

„Ja, genau. Es regnete Asche! Asche vom Himmel. Das war wirklich heftig. Ich hoffe, sie bekommen die Waldbrände langsam in den Griff. Ist wirklich schade um die wunderschönen Bäume", sage ich, und Paul legt seine linke Hand auf meinen Oberschenkel.

Plötzlich klingelt mein Handy.

„Santini."

„Hallo, Frau Santini, hier spricht Hr. Waidmann. Wir produzieren für Aktenzeichen XY ungelöst. Wir haben eine tolle Nachricht für Sie. Sie haben sich doch vor einiger Zeit bei uns beworben, als feste Redakteurin."

„Ja, das stimmt." Das ist Monate her!

„Wir können Ihnen mitteilen, dass Sie den Job haben, wenn Sie ihn noch wollen. Sie müssten allerdings sofort anfangen. In zwei Tagen."

Oh, jetzt bin ich baff. So lange kein Lebenszeichen und jetzt bieten die mir eine Festanstellung? „Danke, Ihr Angebot ist toll. Ich habe ehrlich gesagt nicht mehr mit Ihnen gerechnet. Im Augenblick bin ich in Portugal. Kann ich eine Nacht drüber schlafen und Sie morgen zurückrufen?"

„Natürlich. Wir würden uns freuen, haben Sie unsere Nummer?"

„Ja, die Nummer ist auf meinem Display. Bis morgen, ich rufe Sie zurück."

Pauls blaue Augen lächeln mich an, und sein gebräunter Oberkörper lässt schöne Gedanken in mir aufkommen. Er sieht wirklich zum Anbeißen aus. „Wer war es, Becca?"

„Wirst du nicht glauben. Das war ein Jobangebot. Von einer Produktionsfirma. Ich könnte ab sofort als Redakteurin dort anfangen. Die produzieren für Aktenzeichen XY ungelöst, etwas wirklich Sinnvolles."

„Das ist super, Becca, das wolltest du doch?"

„Ja, vor einigen Monaten schon. Es waren über 100 Bewerbungen und beim Vorstellungsgespräch waren es noch fünf oder so." Ich lege meinen Kopf behutsam auf Pauls Brust. Eine freche Möwe fliegt im Sturzflug an uns vorbei. Ein paar Augenblicke überlege ich. Es ist ein fantastisches Angebot! Ein erster Schritt in eine berufliche Richtung, die mir gefallen könnte. Eine Produktion für einen öffentlich, rechtlichen Sender. Eine Sendung, die wirklich etwas bewirkt. Eine große Chance. Aber ich hätte sehr wenig Zeit für Paul.

„Ich werde ablehnen."

„Was? Wirklich?"

„Ja. Du hast mich gefragt, ob wir uns in Augsburg gemeinsam eine Wohnung nehmen. Ich weiß inzwischen, dass meine Seminarschule in Augsburg ist. Du arbeitest auch in Augsburg. Ich möchte bei dir sein. Ein Job beim Fernsehen ist sehr zeitaufwendig. Ich käme jeden Tag spät nach Hause. Müsste am Wochenende arbeiten. Wir würden uns kaum sehen. Ich wäre in München, du in Augsburg. Nein, das möchte nicht. Ich werde absagen."

Paul streichelt meinen Kopf und meint: „Das musst du nicht. Wirklich nicht. Wir kriegen das auch hin, wenn du den Job annimmst."

„Paul, ich möchte bei dir sein. Und außerdem glaube ich, dass ich ganz gut unterrichten kann. Und es gibt noch einen Vorteil: Augsburg ist nur eine halbe Stunde von Hilberg entfernt. Das heißt, ich könnte meine Eltern öfter besuchen."

„Ich unterstütze dich egal in welcher Entscheidung. Aber wenn du mit mir zusammenziehen möchtest, dann freue ich mich. Wir werden eine tolle Wohnung finden … Oh, wir ankern. Was kommt denn jetzt?"

„Wir fahren mit kleinen Booten zu den Felsgrotten. Schon vergessen?"

Plötzlich zwinkert Paul mir verschwörerisch zu. „Schade, dass wir da nicht allein sind. Mir würde eine Menge einfallen, was ich da mit dir anstellen könnte. Du wärst mir ausgeliefert."

Ich boxe ihn leicht in die Seite. „Paul Blumfeld, also wirklich! Welch lüsterne Gedanken! Das hier ist der kulturelle Teil des Ausflugs! Und Sie denken nur an ein willenloses Mädchen."

„Wenn sie nicht ganz so willenlos wäre, würde ich sie schon dazu bringen."

Jetzt springe ich auf und deute einen Weglaufversuch an, was angesichts des Netzes ziemlich schwierig ist. Paul ist sofort an meiner Seite und hat mich an der Hüfte gefasst.

„Na, dann zeig mal, was du drauf hast!", neckt er mich und ich entwinde mich lachend seinem Griff.

Januar 2004, Augsburg

„Das stimmt überhaupt nicht!" Aufgebracht knalle ich den Stapel Blätter auf unseren ovalen Esstisch.

Paul steht am Fenster unserer ersten eigenen Wohnung, direkt gegenüber der Fuggerei, ruhig und gelassen. „Doch das stimmt, Becca", sagt er dann in souveränem Ton.

„Du bist so ein Klugscheißer!" Ich würde am liebsten irgendetwas durch das Zimmer werfen. Die Fernbedienung vielleicht? Nein, der neue Fernseher samt Zubehör war teuer. Mein Mäppchen? Nein! Ich liebe meine Stifte. Da bin ich ganz eigen. Nein, ich werfe nichts durch das Zimmer! Ich bin schon ein großes Mädchen und viel zu erwachsen für so etwas!

„Becca …", fängt er vorsichtig an. „Du wolltest doch meine Hilfe?"

Ja, ich wollte seine Hilfe, aber doch nicht so. Wie er meine Stunde zu Alexander dem Großen auseinander genommen hat, das war hundsgemein!

„Komm schon, ich möchte dir doch nur helfen. Deine Stunde war schon nicht schlecht, aber da gibt es noch ein paar Schwachpunkte. Die Schlacht von Gaugamela 334 vor Christus zum Beispiel. Du stellst die Strategie Alexanders nicht ausführlich genug dar. Schließlich gewinnt er gegen einen zahlenmäßig viel stärkeren Gegner. Und den Ablaufplan der Schlacht auf der Folie … also, ich finde, du solltest die Pfeile farbig gestalten. Rot für Alexander und grün für Dareios, hm?" Paul lehnt nun lässig an der Wand neben dem Fenster und verschränkt seine Arme auf der Brust. Sein Blick ist entschlossen, und auf seinen Wangen sprießt ein Dreitagebart, der ihn unverschämt sexy aussehen lässt.

Nein, ich will ihn jetzt nicht sexy finden! Ich bin wütend! Ich habe mir so wahnsinnig viel Mühe gegeben, bevor ich die Stunde vor Paul halten wollte. Schließlich sollte das meine erste Lehrprobe werden. Und die ist schon übermorgen. Oh je! Wenn ich nur daran denke, schnürt es mir vor Aufregung den Magen zu.

Meine erste Lehrprobe. Mein Seminarlehrer, mein Seminarrektor und ein anderer Fachlehrer für Geschichte werden hinten im Klassenzimmer der 6c sitzen und jede Sekunde meiner Stunde mit Argusaugen prüfen. Mein Thema ist: „Alexander – der Große?" Vier Bücher habe ich über ihn gelesen, antike Quellen studiert, stundenlang über einen Verlaufsplan gebrütet, Einstiegsideen entwickelt, Arbeitsblätter erstellt, Lernziele formuliert, gegensätzliche Quellen ausgesucht, um das Fragezeichen in der Überschrift deutlich zu machen. Ich dachte, die Stunde wäre perfekt. Geladen kämpfe ich mit den Tränen. So viele Stunden habe ich bereits geopfert. Nein, ich würde jetzt nicht weinen. Der Kloß in meinem Hals lässt mich kaum schlucken, so groß ist er.

Paul bleibt lässig an der Wand gelehnt stehen, die Arme verschränkt, mit einem leicht überlegenen Gesichtsausdruck. Wie kann er immer nur so ruhig bleiben! „Becca, es geht doch gar nicht um die Stunde, oder? Es geht darum, dass ich deinen Stundenentwurf kritisiert habe, und das bist du nicht gewohnt. Und jetzt kämpfst du mit dir selbst. Aber Kritik ist auch etwas Gutes. Kommt darauf an, was du daraus machst. Du willst doch übermorgen eine Eins bekommen, so wie ich deinen Ehrgeiz kenne."

Nachdenklich streiche ich mir eine lange Haarsträhne aus dem Gesicht. Der Kloß in meinem Hals ist immer noch so groß wie ein gentechnisch manipulierter Apfel. Kämpfe ich wirklich mit mir selbst? Verdammt, wieso kennt er mich so gut, wir sind doch erst so kurz zusammen? Das ist doch nicht möglich.

Hm, er hat recht, die Pfeile sollten verschiedenfarbig sein, das verdeutlicht den Schlachtplan viel besser. „Hilfst du mir bei der Folie? Ich finde die Pfeile sollen vielleicht auch noch fett gedruckt sein", sage ich nun vorsichtig und etwas kleinlaut.

Paul kommt auf mich zu. Ganz nah. So nah, dass er auf mich herabsehen kann. Legt seine Arme um meine Taille und flüstert in mein Ohr: „Klar. Das mache ich gern. Aber vorher sollten wir etwas anderes tun. Etwas, dass dich im Kopf wieder frei macht."

Ein Prickeln durchzuckt meinen ganzen Körper und endet schließlich im Zentrum meines Schambeins. „Ich wüsste nicht was du meinst", flüstere ich verlegen zurück. Meint er diese schamlose

Anspielung wirklich ernst?

Er greift beherzt in meinen Nacken und haucht: „Ich werde es dir zeigen."

OK, er meint es ernst. Ach, das trifft sich wunderbar, Paul, denke ich. Wegen dieser dauernden Schufterei bin ich schon total untersext!

Kapitel 24

Juni 2004

Pauls Augen sehen mich prüfend von der Seite an. „Becca, findest du nicht, du hattest genug?“

Wir sind in einer Hoteldisco eines vier Sterne Hotels, zusammen mit sechs anderen Pärchen. Es ist weit nach Mitternacht. Die meisten sind schon gegangen. Das Wetter war herrlich heute und es hat einen Riesenspaß gemacht, im Autocorso mit offenem Verdeck durchs Ridnauntal zu fahren. Südtirol ist herrlich.

Pauls Freundin aus der Musikkapelle, die Klarinette, hat uns dazu eingeladen. Eine zweitägige Cabriotour nach Südtirol. Jedes Team muss dabei gleichzeitig kleine Aufgaben bewältigen, etwa das Verdeck so schnell wie möglich öffnen und schließen, einparken, ausparken, Kilometerstand des Fahrzeugs auswendig kennen oder den Hubraum benennen, vor allem für mich eine blöde Sache. Frauen kennen keinen Hubraum und keine Kilometeranzeige. Frauen setzen sich ins Auto und fahren los. Und wenn etwas nicht funktioniert, drücken sie alle Knöpfe, bis es wieder geht.

„Ach, Paul. Du Spielverderber! Nur weil ich ein bisschen Spaß haben will!“, schleudere ich ihm fröhlich entgegen und trinke in einem Zug und gleichzeitig mit den zwei einheimischen Barkeepern den fünften selbst gebrannten Kräuterschnaps auf Kosten des Hauses. Augenzwinkernd stelle ich das leere Schnapsgläschen auf den Tresen, wobei es mir beinahe aus der Hand fällt. Wir haben Rotwein getrunken, getanzt, gelacht und gescherzt, aber jetzt, wo es erst so richtig Spaß macht, will er aufs Zimmer gehen. Was für ein langweiliger Spielverderber.

„Vielleicht solltest du jetzt keinen Schnaps mehr trinken“, sagt Paul mit fester, dunkler Stimme. Seine Augen fixieren mich.

„Mensch, du hast doch auch viel getrunken. Genauso viel wie ich. Was machst du denn jetzt plötzlich für einen Aufstand, hm? Du benimmst dich fast so, als wärst du mein Vater oder mein großer Bruder!“

Paul seufzt tief und sein Blick bleibt unbeeindruckt. „Im Gegensatz zu dir vertrage ich eine Menge Alkohol. Jede Menge mehr als du. Glaub mir, meine Mutter kann ein Lied davon singen. Ein ziemlich langes, mit vielen Strophen."

Langsam werde ich echt sauer! Ich bin doch kein kleines Mädchen mehr, das nach einem Glas Rotwein alles doppelt sieht. Frechheit! Ich kann sehr gut einschätzen, wie viel ich vertrage. „Wir nehmen noch einen Kräuterschnaps!"

Paul seufzt erneut. Diesmal tiefer. „Es ist allein deine Entscheidung. Wenn du es unbedingt willst, dann trink." Der Barkeeper stellt uns allen vier winzige Gläschen hin und lächelt mich verschmitzt an. Pauls Augen verengen sich gefährlich. Auf mein Kommando heben wir alle unser Glas und trinken es gleichzeitig aus. Wow! Das hat Spaß gemacht. Pauls Blick ruht immer noch intensiv auf mir.

Was wollte er vorhin noch? Habe ich doch glatt vergessen! Ach, jetzt fällt es mir wieder ein! Aufs Zimmer gehen. Oh ja, eine tolle Idee. Er sieht einfach so unglaublich sexy aus, wenn er leicht wütend auf mich ist. „Paul, lass uns aufs Zimmer gehen", flüstere ich ihm ins Ohr und schlage dabei langsam die Augen auf und zu.

Er nickt. Als wir aufstehen und in den Hotelgang treten, merke ich plötzlich, dass sich die Wände auf mich zu bewegen. Herrje, ein Erdbeben! Um Gottes Willen! Paul sagt gar nichts. So schweigsam? Ihm muss doch auch aufgefallen sein, dass sich alles bewegt! Ruhig, aber mit festem Blick legt er seinen linken Arm um mich. Oh, so ist's schon viel besser. Die Wände sind zwar immer noch sehr wacklig, aber mein großer Beschützer ist ja da. „Wie geht es dir?", fragt er mich mit einem väterlichen Blick.

Also wirklich, dieser Blick. Was soll denn das? Alles gut. Alles super. „Mir … geht's … su … super", antworte ich abgehackt. Nanu? Was ist denn mit meiner Sprachfähigkeit los? Mein Mund will nicht so schnell reden, wie mein Gehirn denken kann. So was! Muss wohl an den vielen Serpentinen liegen, die wir heute gefahren sind.

Endlich sind wir in unserem Zimmer, und Paul legt mich mit einem nachdenklichen Blick auf die Fensterseite des Hotelbetts. Wie süß, er hat es sich gemerkt. Ich schlafe einfach nicht gern auf der Tür zugewandten Seite.

„Paul?“, sage ich leise und fühle mich plötzlich wie in einem Kettenkarussell ohne Sicherheitsgurt. Alles dreht sich, viel zu schnell. Oh du liebe Güte!

Er setzt sich an meine Bettkante und legt seine Hand auf meine Stirn. „Alles klar bei dir? Soll ich dir ein Glas Wasser holen?“

Was zu trinken? Bloß nicht. Nein! Plötzlich wandert mein Magen schlagartig in meinen Hals, und ich springe auf.

Paul springt auch auf und hebt mein Kinn an. „Sollen wir ins Bad gehen?“, fragt er mich mit einem leichten Befehlston in der Stimme.

Mist! Wieso ist mir denn plötzlich so schlecht? Gerade eben war ich doch noch so gut gelaunt. Der Boden wackelt heftig und ich greife nach Pauls Arm. „Ja, schnell! Mir ist gar nicht gut. Schneller!“

Paul zieht mich ruckartig zum Bad und hebt den Klodeckel an. Reflexartig knie ich mich vor die Schüssel und ein großer Schwall bräunlicher Flüssigkeit schießt aus meinem Mund.

Paul kniet neben mir und hält mir die langen Haare aus dem Gesicht. „Das war noch nicht alles. Du musst dich weiter erbrechen“, seine Stimme hat nun einen wärmeren, freundlicheren Unterton. Oh, wie peinlich. So was von scheißpeinlich! Ich knie hier vor dem Klo und kotze mir die Seele aus dem Leib! Und der Mann, den ich liebe, kniet neben mir und hält mir die Haare zurück. Bitte, liebe Marsmännchen, Bewohner außerirdischer Galaxien, falls es euch gibt, beamt mich hoch! Jetzt sofort! Ohne Rückfahrschein.

Aber ich gehorche, kann gar nicht anders, und erbreche mich weiter und weiter. Es scheint, mein Magen möchte jeglichen Inhalt sofort loswerden. Die erschütternden Krämpfe hören gar nicht auf, und plötzlich laufen mir die Tränen über die Wangen. Oh, nicht das auch noch! Schlimmer kann es gar nicht mehr werden. Doch mein Magen krampft sich immer wieder und wieder zusammen. Minuten vergehen, Stunden vergehen. Zwischendurch spüle ich meinen Mund, der sich wie eine wunde Kloake anfühlt, mit lauwarmem Wasser aus. Paul und ich knien immer noch im Bad. Irgendwann wird es langsam hell. Nein, keine Helligkeit jetzt. Es scheint, als ob ich plötzlich zum Vampir mutiert wäre und jeglicher Sonnenstrahl meinen Körper vollständig auslöschen könnte. „Bitte kein Licht", flüstere ich in Pauls Richtung, und er steht auf und lässt sämtliche Rollläden herunter.

„Geht es dir besser?"

„Ja und nein", krächze ich und ziehe mich nun ganz aus. Raus aus diesen Klamotten, die mich an gestern Nacht erinnern. „Ich möchte duschen", sage ich leise, und Paul stellt das Wasser an. Ich steige hinein und setze mich auf den Boden der Dusche. Das Wasser prallt lauwarm auf meinen Kopf. Ich umschlinge mit den Armen meine Beine und fühle, wie das Drehkarussell langsam nachlässt. Minuten vergehen. Eine Viertelstunde. Ein halbe Stunde. Das Wasser fühlt sich reinigend an und irgendwie tröstlich. Fast hoffe ich, das sei alles nur ein schlechter Traum gewesen.

Am späten Vormittag liegen wir beide auf unserem Hotelbett. Paul hat der Putzfrau erklärt, sie solle am anderen Ende des Ganges mit den Zimmern anfangen. Unsere Freunde der Cabriotour sind nach dem Frühstück weitergefahren. Paul hatte ihnen gesagt, dass wir die Tour abbrechen müssen. Ich hätte etwas Schlechtes gegessen. Na ja, eine nette Notlüge.

„Eigentlich sollte ich dich übers Knie legen", sagt er plötzlich und fängt an, unseren kleinen Koffer zu packen.

Erschreckt beuge ich mich nach vorn. „Wie bitte?"

Er setzt sich zu mir aufs Bett und streichelt meine Wange. „Na, ich habe dir gesagt, du solltest nichts mehr trinken."

„Du hättest mich davon abhalten können."

„Hm, ich denke, das solltest du selbst entscheiden."

„Ich werde niemals wieder, ich wiederhole, niemals wieder Schnaps trinken, in meinem ganzen Leben. Das verspreche ich", gelobe ich feierlich und bin froh, dass mein Magen sich langsam beruhigt. An Frühstück ist allerdings noch immer nicht zu denken.

„Gut, dieses Versprechen nehme ich an. Wobei mir das mit dem übers Knie legen gar nicht so missfällt", scherzt er und umfasst sein Kinn mit der Hand.

„Bitte? Unterstehen Sie sich, Paul Blumfeld. Nein wirklich. Am Ende gefällt es mir noch", scherze ich zurück und hoffe, dass er wirklich nur Spaß gemacht hat.

„Seid ihr schon wieder da? Wir haben später mit euch gerechnet?“ Pauls Mutter öffnet uns die Haustür und strahlt uns an.

Die Heimfahrt war erträglich gewesen, wobei Paul noch ein paar Mal anhalten musste, damit ich mich übergeben konnte. Doch jetzt ist mein Magen stabil. Wie vor unserem Ausflug abgesprochen, sind wir zu Pauls Eltern gefahren, um sie zu besuchen.

„Kommt doch rein. Ihr seid aber früh zurück. Habt ihr die Cabriotour denn gewonnen?“, fragt seine Mutter siegesbewusst und lächelt uns an. Eine tiefe mütterliche Wärme geht von ihr aus. Ihre blauen Augen sehen mich an, als ob es ein Band zwischen uns gäbe, etwas Tiefes und Großes.

Paul wirft mir einen verschwörerischen und zugleich wissenden Blick zu. Keiner von uns beiden antwortet. Pauls Vater gibt mir fröhlich die Hand und zwinkert mit den Augenbrauen. Hat er mein verkatertes Gesicht entlarvt? Ach, auch egal, er wird mich nicht verraten. Er hat so einen schlitzohrigen Zug um die Augen. Seine Hände sind groß und kräftig und sein dichtes Haar ist komplett grau.

„Na, wie wär's? Wir hätten noch Grillfleisch da?“, ruft Pauls Mutter, die vor uns her in die Küche läuft und sofort den Kühlschrank ansteuert, so als sende dieser magnetische Strahlen aus.

Paul sieht mich herausfordernd an und lächelt vielsagend. Sein Blick spricht tausend Bände, aber vor allem sagt er: ‚Na Baby, und jetzt? Schon bereit für feste Nahrungsaufnahme?‘ Ich schüttele heftig den Kopf und halte mir nur beide Hände auf den Mund. Bloß nicht. Bitte! Nichts zu essen, nein!

Juni 2004, auf der Fähre von Athen nach Genua

„Möchtest du in meinen Schlafsack kommen?“, fragt Paul und öffnet seinen Reißverschluss.

Wir liegen an Deck einer großen Fähre und es regnet leicht. Die

Schiffsmotoren machen einen Höllenlärm. Viele andere sind unserem Beispiel gefolgt und liegen auch hier draußen.

„Ja, gern. Mir ist total kalt." Ich schlüpfe in seinen alten, grünen Bundeswehrschlafsack und kuschle mich an seine Brust. Der Himmel über mir ist pechschwarz.

„Dir ist eigentlich immer kalt, außer bei 34 Grad im Schatten. Ich kennen niemanden, der so verfroren ist wie du."

„Muss wohl an den italienischen Genen liegen", erkläre ich verschmitzt.

„Der Wellengang wird immer schlimmer", sagt er leise, um die anderen nicht zu wecken.

„Ja, drinnen kotzen schon alle. In den Toiletten stinkt es fürchterlich.", jammere ich.

„Ja und es ist auch total überfüllt. Ich glaube, die haben mehr Karten verkauft, als es Plätze gibt."

Der Wind heult auf und wir ziehen die Isomatten – unser provisorisches Nachtlager - in einen kleinen überdachten Bereich.

„Was für ein seltsamer Urlaub das war", beginnt er.

„Oh ja. Zwei Wochen Segeln im ionischen Meer. Das habe ich mir anders vorgestellt."

Paul lacht auf und hat einen spöttischen Unterton in seiner Stimme. „Das Segeln war gar nicht so schlecht. Und Lefkada war auch schön."

„Nein, aber dieses lesbische Dreieckspärchen mit seinen Streitereien, das war echt ätzend." Ich seufze tief und bin froh, dass wir nach Hause kommen.

„Ja, diese andauernde Spannung auf dem Boot. Das war echt schade", meint er.

„Du hast den Hund vergessen!"

„Oh ja, Delos. Wie konnte ich den nur vergessen! Er hatte furchtbare Freude daran ins Meer zu springen und sich dann in unserer Koje auszuschütteln. Überall die nassen Hundehaare. Lecker." Jetzt müssen wir beide lachen.

„Paul?", flüstere ich.

„Ja?"

„Ich liebe dich."

Er streichelt meinen Kopf, ganz langsam. „Ich dich auch."

„Ich denke, die drei Lesben hatten echt Glück, dass du mit auf dem Boot warst", flüstere ich in seinen Nacken.

Paul sieht mich überrascht an und zieht die Augenbrauen hoch. „Ich? Ein Mann?" Die Wellen schlagen nun immer höher und wir müssen aufpassen, nicht wegzurollen.

„Na, wenn du mit deinem ausgleichenden Charakter nicht gewesen wärst, sie wären sich alle an die Gurgel gegangen!"

„Meinst du?"

„Ich bin mir sicher. Sie mochten dich sehr."

Paul grinst mich geschmeichelt an. „Der Regen wird immer schlimmer. Komm, lass uns den Schlafsack oben ganz zu machen", sagt er. „Mal schauen, ob du meinen Charakter *und* meinen Körper magst."

Juli 2004, Augsburg

Bald ist Notenschluss schießt es mir in den Kopf. Habe ich tatsächlich alle mündlichen Noten? Die Geschichtsstegreifaufgabe über Karl den Großen muss ich noch zu Ende korrigieren. Und für die Stegreifaufgabe über Napoleon fehlt mir noch der Notenschlüssel. Ach herrje!

Ich laufe weiter. Über den Kiesweg. Am See entlang. Mein Puls ist erhöht, aber nicht hoch. Es ist bedeckt, aber warm. Ich muss laut lachen. Auf die Frage, von welchem Geschlecht Karl der Große sei, haben elf Schüler der Klasse 7 b doch tatsächlich geantwortet: Aus dem männlichen! Nächstes Mal muss ich die Frage anders stellen. Aus welchem Herrschergeschlecht stammte Karl der Große? Aus dem Geschlecht der Karolinger.

Vorn an der Biegung zur Kanustrecke von Olympia 1972 winkt mir jemand heftig zu. Eine Frau. Sie hat mittellange, wilde, schwarze Locken und ein Buch in der Hand. Ich erhöhe mein Tempo und bleibe dann direkt vor ihr stehen. Puh, jetzt muss ich erst mal durchatmen.

„Hallo, Becca, das ist ja eine Überraschung. Läufst du hier öfter entlang?“

Hallo, Esther“, antworte ich schnaufend. „Ja, zurzeit sehr oft. Meistens mit meinem Freund allerdings. Und du? Wie geht’s dir? Was machst du so?“ Was für eine dämliche Klischeefrage. Aber wir haben uns seit dem Abi nicht mehr gesehen.

„Ich arbeite jetzt als Übersetzerin.“ Sie zwinkert mir fröhlich zu.

Bücher übersetzen? Freiwillig? Wie furchtbar langweilig. Was für ein Albtraumjob! Aber das werde ich ihr wohl besser nicht sagen, sie klang gerade so euphorisch, als sie davon erzählt hat und ich möchte sie nicht verletzen. Esther war immer so sensibel. „Oh, wie schön. Das ist toll“, sage ich, und mein Atem normalisiert sich wieder. Ein paar übermütige Babyenten schwimmen im See und schnattern laut.

Esther lächelt nun wieder und schiebt sich eine Locke hinters Ohr. Mit einem inneren Schmunzeln stelle ich fest, dass wir sommersprossig nicht in der gleichen Liga spielen. Ihr ganzer Körper ist eine einzige Sommersprosse, aber es steht ihr. „Seltsam, vor kurzem hat ein Freund von mir Erik getroffen, und weißt du was? Erik hat die ganze Zeit nach dir gefragt. Was du so machst, wo du so wohnst, mit wem du zusammen bist … Wo treibst du dich denn die ganze Zeit herum? Nach dem Abi warst du irgendwie verschwunden.“

Ich und verschwunden! Der Kies knirscht unter meinen Turnschuhen. „Ich habe ein Auslandsjahr in Florenz gemacht und im Augenblick bin ich Referendarin an einer Realschule in Meitingen.“

„Schade, das mit dir und Erik. Ich hätte nie gedacht, dass ihr euch mal trennt. Ihr wart immer so …“ Esther macht eine kurze Pause. „… so verliebt. So eng.“

„Ist schon lange her.“

„Ich habe dich früher immer beneidet. Ehrlich.“

Ungläubig schaue ich sie an. Mich beneidet? „Aber wofür denn?“

„Du warst anders, du sahst anders aus. Und vor allem, du hattest Erik.“

Davon habe ich nie etwas bemerkt! Und ich fühlte mich so fremd, damals. Aber klar, Erik wurde von vielen Mädchen umschwärmt. Ich hatte immer Angst nur *ein* Mädchen von vielen zu sein. Nicht besonders genug, nicht hübsch genug, nicht cool genug. Ach, am Ende hat er ja sehr schnell einen Ersatz für mich gefunden.

„Und wer ist dein neuer Freund? Du hast vorhin gesagt, du gehst normalerweise hier mit ihm joggen?"

Jetzt schlägt mein Herz voller Freude. „Er ist einfach fabelhaft. Groß, blaue Augen, sportlich, eine ziemlich große Nase und ein warmherziges Gesicht. Ich kann so wunderbar mit ihm lachen. Mit ihm ist alles so unkompliziert. So unbeschwert. Zum ersten Mal habe ich das Gefühl in einer Beziehung zu sein und dennoch frei zu sein. Er ist anders, als jeder Mann, den ich kenne. Er hat eine ganz besondere Ausstrahlung, die man nicht vergisst, egal wohin man geht. Er ist einfach unbeschreiblich. Na ja, bis auf die Tatsache, dass er seine Klamotten überall rum liegen lässt. "

Ungeduldig wartet Esther meine Aufzählung ab und legt ihr zerfleddertes Taschenbuch, in die andere Hand. „Hat er auch einen Namen, dieser Wunderknabe?"

Ja, den schönsten, den es gibt! „Er heißt Paul Blumfeld."

Esthers Gesicht wird schlagartig kreidebleich. Sie beißt sich auf die Unterlippe. „Paul … Blumfeld?", wiederholt sie abgehackt und speit die Worte regelrecht aus.

Ich gehe einen Schritt auf sie zu und berühre sie kurz am Arm. „Alles klar bei dir?"

Sie fasst sich wieder und versucht zu lächeln. Sie tritt einen Schritt zurück und stellt den normalen Abstand wieder her. „Also, Paul Blumfeld. Du hast so ein Glück. Eigentlich ist es nicht gerecht. Du hattest Erik und er war toll. Aber jetzt. Ach, ich … äh … weiß gar nicht, warum ich dir das erzähle … Ich war lange Zeit … verliebt … in Paul. Aber er hat mich nie wirklich bemerkt."

Das ist mal ein ehrliches Bekenntnis! Sie war verliebt, in meinen Freund? Eine peinliche Stille entsteht. Was soll ich denn dazu sagen? Ich fühle keine Eifersucht, nein, gar nicht. Eine plötzliche Traurigkeit überkommt uns und am liebsten würde ich sie in den Arm nehmen, weiß aber, dass sie das bestimmt nicht möchte. Also sage ich nur „Ach, Esther", und komme mir unzulänglich vor. Die Enten flattern vom Teich hoch und es sieht wunderschön aus.

Plötzlich verabschiedet sie sich mit einem Lächeln: „Tschüss, mach's gut. Sieht wohl so aus, als ob ich dich wieder beneiden muss!"

Dann geht sie weg und ich überlege, was für eine seltsame Begegnung das nun war. Scheint, dass unerfüllte Liebe eine weitverbreitete Krankheit ist, wahrscheinlich schlimmer als Aids! Seufzend und grübelnd bleibe ich wie festgewachsen stehen und schaue ihr so lange nach bis sie im Wald verschwunden ist.

„Was ist das?" Wütend zeige ich auf einen kleinen, angetrunkenen Mann Anfang dreißig mit braunem, schütterem Haar, der zusammen mit Paul in unserer Küche steht. Na ja, versucht zu stehen. Es ist halb drei nachts, und ich habe noch keine Sekunde geschlafen. Morgen muss ich eine extrem wichtige Stunde über die Römer in der 6 c halten. Ich bin wütend!

„Das, Becca", schnurrt Paul in einem alkoholisierten Säuselton und zieht dabei neckisch seine Augenbrauen hoch, „ist mein Arbeitskollege Tom. Wir haben noch etwas Hunger, und deshalb machen wir uns jetzt ein paar belegte Brote."

Fassungslos starre ich auf die zwei kichernden Männer – der eine über 1,86 Meter, der andere nur wenige Zentimeter größer als ich – die unseren Kühlschrank belagern. Die beiden werfen sich verschwörerische Blicke zu, als sei ich die wieder auferstandene Xanthippe höchstpersönlich. Ich kann es nicht fassen. Er sieht mich an und grinst!

„Auch ein Brot?", säuselt Paul.

Wutschnaubend schicke ich meine eisigsten Blicke zu ihm. „Du hast mich versetzt, Paul. Du hast dich mit deinen Kollegen im Barlight getroffen und wolltest mich später zu Hause abholen. Ich habe noch meine Schulstunde über die Römer vorbereitet. Schon vergessen?"

Tom lässt sich auf einen Küchenstuhl plumpsen und sieht abwechselnd zuerst mich und dann Paul an.

„Ich habe dich doch angerufen und gebeten, nachzukommen", erklärt Paul neutral. „Aber du wolltest ja nicht."

Mühsam unterdrücke ich einen Schrei. „Es war schon halb elf.

Du hast über zwei Stunden zu spät angerufen. Nicht um mich nachzuholen. Nur um zu sagen, dass ich ja allein nachkommen kann. Allein!"

„Siehst du, du wolltest nicht kommen. Hast gesagt, nun sei es eh zu spät. Bliebest zu Hause. Wäre besser so. Warum regst du dich jetzt so auf?" Paul beißt genüsslich in sein Schinkenbrot und freut sich, dass auch Tom sein Gelbwurstbrot schmeckt. Tom sieht wieder zwischen mir und Paul hin und her, wie ein stummer Fisch mit offenem Maul.

Ich kann mich kaum noch beherrschen. „Du hast mich versetzt. So etwas ist gemein und verletzend!" Mühsam kämpfe ich gegen die Tränen.

„Habt ihr noch was zu trinken da?", fragt Tom unvermittelt dazwischen. Ah, er hat also doch eine Stimme.

Wütend knalle ich eine Flasche Rotwein auf die Anrichte. „Hier, das sollte für den Anfang reichen", donnere ich und fühle mich wie 58 nicht wie 28. „Ach, und Paul, damit du es weißt. Ich schlafe heute Nacht nicht in unserem Bett. Ich schlafe auf der Couch im Wohnzimmer." Ich mache auf dem Absatz kehrt und rausche ins Wohnzimmer. Schließe ab. Lasse meine Stirn langsam gegen die verschlossene Tür rutschen und weiß, dass ich keine einzige Sekunde schlafen werde.

„Sie ist eigentlich ganz nett", höre ich Paul nuscheln.

Nett? Nein! Ich bin nicht nett, ich bin stinksauer!

Ich höre die Kühlschranktür schließen. Den Lichtschalter. Einen Korkenzieher. Gläser. Fassungslos höre ich Pauls nächsten Satz: „Tja, dann musst du eben auf Beccas Seite in unserem Bett schlafen, Tom."

Mein Herz klopft wie ein Presslufthammer gegen meine Rippen, als ich unsere Wohnungstür aufsperre.

Es ist kalt draußen, und auf dem Weg von der Schule nach Hause hat es mich die ganze Zeit gefröstelt. Obwohl ich die letzte Nacht kein Auge zugetan habe, bin ich hellwach. Am Königsplatz war wie immer die Hölle los. Straßenbahnen und Busse fuhren an oder ab, ohne große Rücksicht auf die Fußgänger zu nehmen. Ich musste mich mit schnellen Sprüngen auf den gegenüberliegenden Gehsteig retten. Tja, der Augsburger Kö, wie immer.

Es nieselte leicht. Das Kopfsteinpflaster war nass und beinahe wäre ich den Judenberg auf dem Hosenboden heruntergerutscht.

Aber dann hat mich ein älterer Herr, der gerade mit einem Gehstock hinaufkam, am Ärmel festgehalten. „Vorsicht, junges Fräulein", hat er gesagt und mich aus einem faltigen Gesicht heraus angelächelt. „Nicht, dass Sie sich wehtun. Ihr Verlobter möchte sicherlich, dass Sie heil zu Hause ankommen."

Überrascht und dankbar rappelte ich mich wieder hoch und konnte immer noch nicht fassen, dass er „Ihr Verlobter" gesagt hatte. Es löste einen kleinen Erdrutsch in mir aus, und ich musste mich konzentrieren, nicht noch einmal zu stolpern. Das Augsburger Altstadtpflaster ist eine Zumutung für jeden Pump. Dabei liebe ich hochhackige Schuhe über alles. Man sollte einen Bürgerentscheid machen und Unterschriften sammeln: Neues Kopfsteinpflaster für Augsburgs Frauenbeine! Und woher bitte schön wusste er überhaupt, dass ich einen Freund habe?

Ich massiere mir kurz die Schläfen und stecke dann den Schlüssel in die Tür. Langsamer als sonst und mit mulmigem Gefühl im Magen. Wird Paul zu Hause sein? Ist er auch wütend auf mich? Habe ich vielleicht etwas zu heftig reagiert? Paul hat sich heute freigenommen, das hat er mir gestern erzählt. Und wenn er nicht da ist? Die Tür ist offen und ich gehe in den Gang – mit Füßen schwer wie Blei. Kein einziges Geräusch zu hören. Nichts. Er ist nicht da. Der Gang ist dunkel. Der lange Henkel meiner schweren Lederschultasche rutscht mir über die rechte Schulter und landet mit einem lauten Plumps auf dem Boden. Ich räume sie nicht weg, sondern bleibe einfach nur da stehen. Wenn ich auch nur einen Schritt ginge, würde das Klacken meiner Absätze die Stille zerreißen, aber das möchte ich nicht. Also bleibe ich mitten im Gang stehen, müde und enttäuscht.

Plötzlich höre ich ein Atmen. Paul? Ist er doch da? Das Klopfen in meiner Brust steigert seine Frequenz deutlich. Und dann sehe ich ihn. Am Fenster des Wohnzimmers. Er sieht hinaus in das trübe Wetter und hat mir den Rücken zugewandt. Im Wohnzimmer ist alles picobello aufgeräumt. Auch das Bettzeug auf der Couch ist verschwunden. Erst jetzt fällt mir auf, dass auch die

Küche blitzt und blinkt. Der Boden im Gang ist auch gewischt worden. Er glänzt. Paul steht nachdenklich am Fenster. Am liebsten würde ich mich augenblicklich in seine Arme werfen. Aber ich bleibe stehen. Endlich dreht er sich um, kommt aber nicht auf mich zu. Sein Gesicht ist sehr ernst.

„Hallo“, sagt er endlich mit sehr tiefer Stimme.

Bekommt man vom Trinken eine tiefere Stimme? Mann, klingt der sexy!

„Wie war deine Stunde in der 6c?“

Meine Stunde? Das will er wissen? Ich bin furchtbar aufgeregt gewesen. Die Klasse war eigentlich schwierig. Viele Störer, hoher Ausländeranteil, viele ‚Büchervergesser‘, miserable Rechtschreibung. Doch als ich in die Klasse trat, reichte ein Blick von mir, und alle waren sofort still. Keiner war auf dem Klo, die Tafel wurde gewischt und alles verlief reibungslos. Im Gegenteil, die Stunde verlief fantastisch. Die Schüler meldeten sich eifrig, die Gruppenarbeit wurde inhaltlich erfasst und auf mein Tafelbild war ich sehr stolz. Gerade Schrift, bunte Pfeile. Meine Seminarkollegen klopften mir hinterher auf die Schulter und meinten, sie wären baff gewesen. Warum sich meine Freude allerdings in Grenzen hielt, sagte ich nicht.

„Hallo, Paul, meine Stunde war in Ordnung. Danke der Nachfrage. Wie ich sehe, hast du hier aufgeräumt?“

Paul räuspert sich und fährt sich mit der Hand durch die braunen Haare.

Ich gehe ihm entgegen. Zwei Meter vor ihm, bleibe ich stehen.

„Es tut mir leid! Das war nicht okay von mir. Ich wollte dich nicht verletzen.“ Paul sieht mich schuldbewusst und hilflos an.

„Du hast mich versetzt. Ganze zwei Stunden! Und dann hast du mich nicht abgeholt, wie ausgemacht.“

Paul wirkt sehr zerknirscht, und am liebsten würde ich sein Gesicht in meine Hände nehmen.

„Ja, ich weiß. Es tut mir leid. Ich hätte dich nicht versetzen dürfen. Das war falsch von mir. Weißt du, ich habe noch keine Erfahrung als Beziehungsfreund. Du bist sozusagen meine Erste. In dieser Hinsicht bin ich ein Anfänger. Tut mir leid. Es war falsch von mir, dich zu versetzen.“

Paul kommt auf mich zu und drückt mich ganz fest. So fest, dass ich kaum Luft bekomme. Dann redet er plötzlich ganz leise: „Es tut mir so leid. Ich habe so ein schlechtes Gewissen. Das wird nie wieder vorkommen. Versprochen! Ich liebe dich so sehr, wie ich noch nie jemanden geliebt habe!“

„Ach, vielleicht habe ich auch zu heftig reagiert. Ich bin manchmal sehr impulsiv, habe ich wohl von meinem sizilianischen Papa. Und außerdem, ich hatte so lange keinen festen Freund mehr, wahrscheinlich muss ich mich auch erst wieder einfühlen. Wo ist eigentlich Tom?“

Schuldbewusst verdreht Paul die Augen und knurrt: „Tom ging es heute morgen nicht so gut. Er hat unser Klo vollgekotzt. Keine Panik! Ich habe alles wieder sauber gemacht. Dann musste er duschen, und danach habe ich ihn heimgefahren.“

Ich lächele ein wenig mitleidig. „Na, der Arme! Aber irgendeine Strafe musste er ja bekommen.“

„Wofür denn?“

„Na dafür, dass er auf meiner Seite im Bett schlief.“

„Ach, Becca!“ Paul legt mein Kinn in seine Hände und küsst mich. „Wenn es dich nicht gäbe, müsste man dich erfinden.“

Kapitel 25

August 2004, Hilberg

Nee, echt!

„Bitte, jetzt stell dich doch nicht so an. Ich würde mich freuen, wenn du mitkommst." Paul deutet mit einem charmanten Befehlston auf seine alte Karre, in den ich gefälligst endlich einsteigen soll. Dass dieses Auto überhaupt noch fährt! Warum sind wir nicht mit dem Cabrio gefahren? Heute, wo so schönes Wetter ist. Wir hätten offen fahren können, stattdessen diese Rostlaube!

Paul hat seine ausrangierte Kiste für mich hergerichtet, damit ich einen fahrbaren Untersatz zu meiner Einsatzschule nach Meitingen habe. Total süß von ihm, nur heute wäre mir das Cabriolet lieber gewesen. Wir schreinern gerade einen kleinen Couchtisch für unser Wohnzimmer, weil wir Lust darauf hatten mit den Händen zu arbeiten. Pauls Eltern haben eigenes Holz und eine Hobelmaschine. Wir stehen im Hof seiner Eltern und sind über und über mit Hobelspänen übersät. Den Plan für den Tisch habe ich gezeichnet. Paul ist hauptverantwortlicher Tischler – zumindest heute – und ich assistiere.

„Muss ich wirklich mitkommen? Was soll ich denn in der Bank? So wie ich jetzt aussehe!" Unwillig verschränke ich meine Hände vor der Brust. Ich verstehe ihn nicht. „Ich will nicht."

„Ich möchte dich einfach an meiner Seite haben. Ist das denn so schwer zu verstehen?" Paul hält mir die Beifahrertür auf.

Ich habe meine alte mit Farbflecken übersäte blaue Latzhose an, darunter einen türkisfarbenen Rolli, obwohl es heiß ist. Denn ich habe Kopfschmerzen, Halsschmerzen, Gliederschmerzen, beginnendes Fieber und Halsweh. Und meine nicht gewaschenen Zottelhaare habe ich zu einem undefinierbaren Bommel nach oben gesteckt. Meine Nase ist so rot wie die Haare von Pumuckl, und ich fühle mich auch so: wie ein kleiner, hässlicher Kobold. Nur leider kann ich mich nicht unsichtbar machen. Aber Gott sei Dank, sieht

Paul um Längen besser aus als Meister Eder. „Na gut. Aber nur weil du es bist. Ich begleite dich zur Bank, aber ich bleibe im Auto sitzen. So gehe ich da nicht rein!“ Ich mache eine ausladende Handbewegung von Kopf bis Fuß, und Paul verdreht die Augen.

„Egal wie du aussiehst, du bist immer hübsch!“

Ich steige mit einem schwerfälligen Plumpsen ein. „Und … Sie, Paul Blumfeld, müssen unglaublich verliebt sein, wenn ich Sie unbedingt zur Bank begleiten soll.“

Paul lächelt verschmitzt. „Stimmt, Frau Santini. Da haben Sie ganz recht!“

Ich sitze im Auto und schließe die Augen. Lehne meinen schweren Kopf an das Seitenfenster und atme tief aus. Paul ist in der Bank und wird dort auch noch länger bleiben, hat ein paar Sachen zu regeln. Ich verstehe immer noch nicht, warum ich mitkommen sollte, wenn ich jetzt nur im Auto herumsitze, aber egal. Zumindest habe ich die Möglichkeit, ein bisschen zu dösen. Meine Kopfschmerzen hämmern unerbittlich gegen meine Schläfen und das Schlucken ist so schmerzhaft, als hätte ich einen brennendheißen Feuerball im Gaumen. Wie gut, dass ich hier einfach nur schlafen kann. Träge öffne ich meine Augen wieder. Alles tut mir weh. Jeder Knochen einzeln. Ah, was für eine Wohltat hier zu dösen! Ich höre ein Geräusch und öffne langsam die Augen.

Und plötzlich sehe ich ihn. Vor mir. Einfach so. Direkt vor dem Auto. Er sieht mich nicht, sondern macht sich auf den Weg zur Bank. Ein verdrängter Schrecken erfüllt mich. Ein vertrauter Schrecken, aber auch Freude ihn zu sehen. Ja, ich freue mich wirklich. Augenblicklich schnellt mein Herzschlag hoch. Verdammt! Ich hebe die Hand, um an die Scheibe zu klopfen, halte dann aber inne. Ich sehe furchtbar aus! Und was soll ich schon mit ihm reden. Soll er doch weitergehen. Doch er dreht sich um, sieht mich und erschrickt zunächst ebenso sehr wie ich. Einen Augenblick später erhellt jedoch sofort ein breites, strahlendes Lächeln sein Gesicht und er klopft an mein Fenster.

„Hallo, Becca. Was für eine Überraschung! Möchtest du nicht aussteigen?“ Erik lehnt sich leicht nach unten und lächelt mich immer noch an.

Nein, ich möchte nicht aussteigen! Ich kurbele das Fenster per Hand herunter. „Hallo, Erik, ja, das ist wirklich eine Überraschung. Warte …“ Mit einem imaginären, lautem innerlichen Aufschrei steige ich aus dem Auto und versuche ein möglichst normales Gesicht zu machen.

Erik sieht mich von unten bis oben an und fragt dann: „Wie geht es dir?“ Dabei hält er einen Sicherheitsabstand von mindestens zwei Schritten ein.

Ich gebe ihm die Hand. Oh mein Gott, die Hand! Wie seltsam sich das anfühlt! Er war der erste Junge, der mich geküsst hat, der mich entjungfert hat und ich ihn, sofern man das bei Jungs überhaupt sagen kann, und nun geben wir uns die Hand! Oh Gott! Er zieht die Hand sehr schnell zurück, als wäre sie aus Feuer und würde Brandmale hinterlassen! Und wie es mir geht? Ich überlege, was ich darauf antworten soll. Die Wahrheit? Oder irgendein oberflächliches, sinnentleertes ‚Bla bla bla'? Ich ärgere mich immer noch in Grund und Boden, dass ich meine blaue Latzhose mit den hunderten von Farbflecken anhabe, versuche aber nicht daran zu denken. Ich entscheide mich spontan für die Wahrheit. „Mir geht es schlecht. Zumindest heute. Ich fühle mich schrecklich. Ich habe Gliederschmerzen in Knochen, von denen ich nicht gewusst habe, dass sie überhaupt existieren. Mein Hals ist so wund, als wäre er innerlich mit einem Gurkenschäler aufgeraut. Ich kann kaum schlucken. Mein Kopf hämmert, ich bin hundemüde, und ich glaube, ich habe Fieber.“

Eriks Gesichtsausdruck wird auf einmal sehr weich, er scheint entspannter zu sein als noch vor zwei Minuten. „Oh je! So eine richtige Sommergrippe also. Mit allem Drum und Dran. Müde, schlapp, Fieber, geschwollene Lymphknoten …“ Er blickt mich mitfühlend an.

Weil ich nicht weiß, was ich mit meinen Händen machen soll, stecke ich eine Hand in die Hosentasche, was bestimmt sehr leger aussieht, sich aber überhaupt nicht so anfühlt. Wieso heute? Wieso jetzt? „Und wie geht es dir?“ Er hat Shorts an und Turnschuhe und ein graues T-Shirt mit buntem Aufdruck. Er müsste mindestens fünf Kilo abnehmen, aber sonst sieht er aus wie immer, nur ein paar Jahre älter eben. Mir fällt auf, dass er mehr Bartwuchs hat als früher. Seine Haare sind kein bisschen grau, und auch die kleine Narbe auf seiner Nase hat sich nicht verändert.

„Mir geht es sehr gut, danke. Meine Frau ist mit den Kindern schon nach Ramstein gefahren. Ich bin zwei Tage länger bei meinen Eltern geblieben. Muss noch ein paar Banksachen regeln. Außerdem freuen sich meine Eltern mich zu sehen."

Allein die Worte ‚meine Frau' lösen einen Schmerz in meinem Bauch aus, den ich lange Zeit verdrängt habe, und der jetzt frech und selbstbewusst wieder dasteht. Und überhaupt, haben die in Ramstein keine Banken?

„Und bist du noch in München?" Er sieht mir direkt in die Augen.

„Ich bin seit letztem Jahr Referendarin. Ich unterrichte in Meitingen, meine Seminarschule ist aber in Augsburg. Dort wohne ich auch, mitten in der Altstadt."

Überrascht hebt er die Augenbrauen. Es scheint, als hätte er mit dieser Information nicht damit gerechnet. „Und wie gefällt es dir?" Er fährt sich kurz durch die Haare. Ich kenne diese Geste, er ist nervös.

„Es gefällt mir sehr gut. Ich glaube, Unterrichten macht mir wirklich sehr viel Spaß. Es klappt auch ziemlich gut. Zurzeit habe ich eine achte und eine neunte Klasse in Englisch und drei neunte Klassen in Geschichte. Meine 9b hat ein großes italienisches Gartenfest für mich gemacht, eine Überraschung mit Spaghetti Napoli, Pizza und bunten Lampions."

Erik lächelt und kommt einen, kleinen Schritt auf mich zu. „Schön, das freut mich für dich. Das freut mich sehr. Scheint du hast sie verzaubert."

Plötzlich steht Erik direkt vor mir. Seine körperliche Nähe fühlt sich sehr vertraut an, und fremd zugleich. „Äh … seit wann bist du eigentlich nicht mehr mit Jonas van Brauk zusammen?" Irgendetwas ist in den letzten Minuten passiert. Aber was? Woher weiß er überhaupt von Jonas? Davon habe ich ihm nicht erzählt, niemals.

„Das weiß ich nicht mehr, Erik."

Erik sieht mir in die Augen. Sein Blick durchdringt sämtliche Schutzschichten, die ich mir aufgebaut habe. „Ach, es geht mich ja auch eigentlich nichts mehr an.“

„Hm, irgendwann während des Examens. Wann war das? 2001? Woher weißt du überhaupt von ihm?“

Erik atmet tief durch. „Meine Eltern kennen seine Exfrau. Sie ist die Nichte einer Cousine einer Bekannten. Ein Bekannter von ihr ist in Lechfeld geflogen. Sie waren ein paar Mal bei uns zu Besuch, mit den Kindern. Durch Zufall habe ich erfahren, dass er eine neue Freundin hat. Und wie sie heißt.“ Die letzen Worte kommen etwas stockend.

Mein Gott, Jonas und Erik kennen sich! Verrückte Welt! Das gibt es doch gar nicht! Ruhig bleiben, Becca! „Jonas und ich, wir waren offiziell nie ein Paar …“

Schweigend sieht Erik auf mich herab und steht viel zu nah vor mir. „Er hat andauernd von dir erzählt. Er war so … verliebt. Eure Trennung hat ihm ziemlich zugesetzt.“

Zögernd sehe ich zu ihm hinauf. „Ich war schon ein Jahr nicht mehr mit Jonas zusammen, als du mich in München besucht hast.“

„Aha. Entschuldige, ich hätte dich nicht fragen dürfen.“

Unsere Blicke treffen sich wie zwei Patronenkugeln, die im Flug aneinanderprallen. So viel Ungesagtes schwebt zwischen uns. Ich müsste ihm so viel erklären. Und im Gegenzug würde ich ihn gerne so vieles fragen. Warum wolltest du mich heiraten? Mit 28 oder 30 hätte doch auch gereicht! Plötzlich diese Frau aus Texas – die ganz große Liebe. Und dann kommst du zum Jagdbombergeschwader 32 ins Lechfeld! Direkt vor die Haustür! Was für eine verdammte Ironie! Du warst so nah und doch so weit weg. Ich wollte meinen Eltern nicht mehr besuchen, aus Angst dir über den Weg zu laufen. Es war furchtbar. Das Schicksal hat mich ganz schön in den Arsch getreten! All das würde ich gern verstehen wollen. Aber hier? Vor der Bank? Jetzt?

„Du hast mich am Anfang gefragt, wie es mir geht. Und es geht mir gut, sehr gut sogar. So gut wie noch nie in meinem Leben. Als ich dir vorhin erzählt habe, dass ich in der Augsburger Altstadt wohne, habe ich nicht erwähnt, dass ich dort nicht allein wohne. Wir haben eine schöne Altbauwohnung, mein Freund und ich.“

Er steht viel zu nah bei mir. Seine braunen Augen blicken liebevoll in meine, so dass ich mich ganz umsorgt fühle. „Du hast einen Freund? Ja, schön, das freut mich. Was macht er so?" Irgendwie habe ich das Gefühl, ihn nicht überrascht zu haben. Er wusste es bereits. Von Mama? Den Nachbarn?

„Maschinenbauingenieur, also er hat Maschinenbau studiert. An der Fachhochschule in Augsburg." Warum bin ich denn so nervös?

„Gut, etwas Sinnvolles. Wie alt ist er?"

„Er ist Jahrgang 1973, so wie du", sage ich unvermittelt.

„Liebst du ihn?"

Oh wow, so etwas hat er mich noch nie gefragt! Die Gretchenfrage! Er sieht mich schweigend an, fast unerträglich lang. Die Luft ist zum Zerreißen gespannt. „Ja, ich liebe ihn. Sehr sogar."

Eine Pause entsteht. Keiner sagt etwas. Wie lange stehen wir schon hier? Mein Zeitgefühl ist völlig verloren. Erik schluckt und sieht zur Seite.

„Und du? Liebst du Carrie?", frage ich ihn plötzlich. Nach all den Jahren.

Ein Auto fährt an uns vorbei. Die Sonne brennt von oben herab. „Ja, ich liebe sie."

Ich warte auf die Wirkung seiner Worte und sie tritt tatsächlich ein, und umhüllt mich mit wohliger Wärme. Ich freue mich für ihn.

Wollte er nicht in die Bank gehen? Bald schließt sie, es ist schon spät. Er sagt immer noch nichts. Erik sieht auf seine Armbanduhr, bleibt aber stehen. „Wo hast du ihn denn kennengelernt?"

„Wir haben uns auf einer Geburtstagsfeier kennengelernt", antworte ich kurz. Und dein ehemals bester Schulfreund hat mich eingeladen, denke ich.

„Ist er gut zu dir?", fragt er prüfend und väterlich zugleich.

Ob er gut zu mir ist? Was ist das denn für eine Frage! Sind wir jetzt im Mittelalter? Nein, er knebelt und fesselt mich, gibt mir nichts zu essen und bindet mich wie einen Hund an einen Baum! „Ja, er ist wunderbar. Warmherzig, hilfsbereit, intelligent, tolerant und verständnisvoll."

„Schön, das ist gut." Erik lächelt mich schief an und sein Blick ist fast zärtlich. Würde nicht ein intergalaktisch hoher Turm aus Missverständnissen und Verletzungen über uns schweben, hätten wir uns vielleicht kurz in den Arm genommen.

„Ja, danke", höre ich mich sagen.

„Wie sieht er aus?"

„Wer?"

„Dein Freund."

„Er … ist größer als du. Er hat braune Haare und stahlblaue Augen. Breite Schultern und … schöne Hände."

„Wo arbeitet er?"

„Bei Paper Tech, in Augsburg. Die machen Kuvertiermaschinen. Das sind Maschinen, die Briefe …"

„…kuvertieren", vollendet er den Satz und wir müssen beide lächeln.

Er fragt mich überhaupt nicht, warum ich eine blaue Latzhose anhabe, an der noch Sägespäne kleben, seltsam …

„Ich muss dir auch etwas sagen."

Fragend sehe ich ihn an und spekuliere, was das sein könnte? Es tut mir leid, wie es zwischen uns gekommen ist? Du bist mir unendlich wichtig?

„Ich gehe nächstes Jahr für drei Jahre nach Texas. Sheppard Air Force Base, du erinnerst dich? Ich werde dort als Fluglehrer arbeiten."

Drei Jahre USA! *Sheppard Air Force Base.* Natürlich erinnere ich mich. Ich verstehe nicht, warum ich das nicht gut finde. Sheppard! Dort ist nichts. Nur Steppe und weites Land. Und in den Bars tragen sie Cowboyhüte und Stiefel mit Sporen. Es gibt einen dreispurigen Highway, große Werbebanner am Straßenrand und das älteste Gebäude Wichitas ist entweder die schmucklose Backsteinkirche oder die kleinste Mall. „Oh, das freut mich für dich." Meine Stimme ist etwas zu hoch. „Deine Frau ist bestimmt überglücklich. Schließlich ist es ihre Heimatstadt."

Er sagt nichts. Augenblicke vergehen. Nur Stille. Habe ich etwas Falsches gesagt? Ich war doch höflich gewesen, und meinen Stolz habe ich auch hinuntergeschluckt. Irgendwann rennt ein kleines Kind an uns vorbei und imitiert mit lauten Geräuschen und ausgestreckten Armen einen Flieger. Verrückt! Manchmal denke ich, es gibt Gott wirklich. Er schwebt dort oben über den Wolken, mit weißem Nachthemd und Rauschebart, zieht an unseren Marionettenfäden und hat einen Heidenspaß daran uns zuzusehen. Er lehnt sich zurück, nippt an seinem Cappuccino und kichert in sich hinein.

„Es ist wunderschön zu wissen, dass du glücklich bist", sagt er schließlich und sieht etwas verlegen auf den Boden. „Es freut mich wirklich sehr. Du hast es verdient."

Ich kenne den Unterton seiner Stimme in und auswendig, und dieser Unterton war von völliger Ehrlichkeit. „Danke, das bin ich wirklich. Und du auch, nicht wahr?"

Er nickt nur und meint: „Dein Freund, er …"

„Er ist hier. In der Bank", unterbreche ich ihn.

Überrascht geht ein Zucken durch Eriks gesamten Oberkörper, aber er hat sich schnell wieder im Griff.

„Er ist hier? In der Bank?" Erik wirkt erstaunt und verwirrt.

„Ja, er ist hier. Ich habe nur im Auto auf ihn gewartet. So wie ich gerade aussehe, wollte ich nicht in eine Bank gehen", erkläre ich ruhig und zeige auf meine dreckige Latzhose. „Und du kennst ihn. Schon ziemlich lange. Er ist von hier und wir saßen alle schon zusammen im Schulbus."

Erik tritt von einem Fuß auf den anderen. Die unsichtbare Wand aus Befangenheit, die in den letzten Minuten verschwunden war, ist plötzlich wieder da, aufgebaut, meterhoch.

Wie auf seinen Einsatz wartend, tritt Paul aus der Bank, sieht uns und kommt fröhlich schlendernd auf uns zu. Von der aufgewühlten Atmosphäre bemerkt er nichts. Er gibt mir einen sanften Kuss auf den Mund und Erik selbstbewusst die rechte Hand. Plötzlich klopfen sich beide anerkennend auf die Schulter, so als wären sie die besten Freunde und nach langen Jahren der Trennung wieder vereint. Erik sieht mich für einen intensiven Moment lang an und ich kann seine unausgesprochenen Worte lesen: „Das also, Becca, ist dein neuer Freund: Paul Blumfeld!" Er ist mit meiner Wahl sehr zufrieden, das merke ich, trotzdem spüre ich auch ein unterschwelliges Knistern.

Paul und Erik unterhalten sich – markant, männlich – und ich stehe genau dazwischen, doch sie beachten mich gar nicht. Es ist, als wäre ich gar nicht vorhanden. Doch gerade weil ich da bin, spüre ich, dass ihre vermeintlich unbefangene Unterhaltung irgendwie aufgeladen ist. Wie bei zwei Löwen, die einander gut gesinnt sind, sich aber gegenüberstehen, taxieren, ihr Revier abstecken und ihre Beute fokussieren.

„Ich bin gerade an der Schilddrüse operiert worden und konnte wenig fliegen. Dazu noch die lästige Büroarbeit. Außerdem fliegen wir viele Stunden im Simulator, aber das ist nicht dasselbe“, höre ich Erik Paul erklären.

Paul nickt anerkennend. „Ja, das ist klar. So eine Maschine selber zu fliegen, bringt natürlich einen ganz anderen Erfahrungsmodus.“

Irgendwann kann ich der Unterhaltung nicht mehr folgen. Meine Gedanken sind zu wirr, als dass meine Ohren noch fähig wären, zuzuhören. Da stehen sich doch tatsächlich meine erste große Liebe und die Liebe meines Lebens gegenüber. Verrückt! Und als ich das erste Mal nach Hilberg kam, vor vielen Jahren, dachte ich, was kann mir dieser kleine Ort schon bieten!

Mit einem letzten Blick auf die Uhr verabschiedet Erik sich. Es ist eine Minute vor 18 Uhr. Er geht zum Eingang, dreht sich noch einmal um und sieht mich an. Ich winke nicht, sondern nicke nur lächelnd in seine Richtung. Als er die zwei Stufen zum Eingang hoch läuft, stolpert er beinahe gegen die Eingangssäule, rappelt sich aber wieder auf, winkt uns lächelnd zurück, versenkt seinen Blick für ein paar Sekunden noch einmal in meinem und verschwindet dann.

Ich steige wieder ins Auto. Es ist drückend heiß und meine Kopf- und Gliederschmerzen melden sich eindringlich und pochend zurück. Ich glaube, mein Fieber steigt gerade stark an. Paul sieht mich von der Seite an und schaltet in den dritten Gang hoch. „Liebst du ihn noch?“

Wir biegen gerade auf die Hauptstraße. Die nächste Ampel ist rot. Fassungslos und überfordert sehe ich Paul an. Ihn lieben? Erik? Nach allem, was passiert ist? „Paul, ich liebe dich! Ich liebe dich so sehr, wie ich noch nie jemanden geliebt habe. Du bist der wichtigste Mensch in meinem Leben. Und Erik … Erik ist ein Teil meines Lebens, ein wichtiger Teil, meine komplette Jugend. Ihn zu verleugnen, hieße einen Teil von mir selbst zu verleugnen. Das habe ich jahrelang getan, und es ging mir nicht gut dabei.“ Ich sehe zum Seitenfenster hinaus und spüre, dass das, was ich gerade gesagt habe, absolut wahr ist und es auszusprechen, fühlte sich so verdammt gut an.

„Ich weiß. Als ich dich kennengelernt habe, wurdest du seine Freundin – jahrelang. Klar, dass er dir nicht egal ist“. Paul dreht am Radioknopf. „Wie ist sie eigentlich?“

„Wer?“

„Eriks Frau …“

„Keine Ahnung, ich habe sie nie kennengelernt. Wahrscheinlich ist sie nett.“

„Meinst du?“

„Er hat sie geheiratet und sie sind immer noch zusammen. Mein Bauch sagt mir, sie ist ganz in Ordnung.“ Oh wow, das waren meine Worte und es fühlte sich gar nicht so schlimm an! Im Gegenteil. Und vor ein paar Jahren hätte ich ihr noch den Ebola-Virus an den Hals gewünscht! Oder zumindest die Hühnergrippe. Den dicksten Strauss Brennnesseln hätte ich ihr auch gepflückt …

Wir biegen in den Hof von Pauls Eltern ein, wo unser halbfertiger Wohnzimmertisch auf uns wartete. Himmel, bin ich froh mich gleich der Hobelmaschine widmen zu können. Sie macht ungeheuren Krach und lenkt meine Gedanken ab. Unglaublich, was für eine Begegnung! Und heute morgen habe ich noch über mein Tageshoroskop aus der Zeitung gelacht: *Steinböcke stehen vor einer Herausforderung, die einiges an Kraft kosten wird, aber auch große Aussicht auf Erfolg haben wird. Sie haben die nötige Kraft dazu dies zu schaffen.*

Oktoberfest 2004

Er fällt plötzlich um. Mitten auf die Straßenbahnschienen vor uns. Er ist über 1,90 Meter und trägt einen weinroten Anorak. Er scheint um die 50 zu sein und trägt keine Tracht, so wie wir und alle anderen. Es regnet heftig, und mir ist sehr kalt. Unser Zug nach Augsburg fährt in drei Minuten von Gleis 25 ab. Wir sind den ganzen Weg vom Hackerzelt Richtung Hauptbahnhof gerannt. Alle anderen laufen einfach weiter, um ihn und uns herum. Manche stolpern fast, von zu viel Bier und guter Laune. Paul hat die ganze Zeit feuchtfröhliche Oktoberfestlieder gesungen.

Ich musste ihn fest am Ärmel halten, um seinen schwankenden Kurs geradeaus zu richten. Beinahe wäre er gegen den Ampelmast gelaufen, aber ich konnte ihn im letzten Augenblick nach rechts ziehen. Als der Mann vor uns umfällt, bleiben wir beide geschockt stehen.

Paul beugt sich blitzartig über den Mann. Sein Blick ist wieder völlig klar. Wie macht er das nur? Gerade eben war er doch angetrunken! Entschlossen sieht er mich an. „Becca, komm, hilf mir! Wir müssen ihn in die stabile Seitenlage bringen. Aber zuerst müssen wir ihn auf diese Verkehrsinsel tragen! Die Ampel schaltet gleich wieder auf grün. Beeil dich! Ich fasse ihn unter die Schulter, und du trägst die Beine. Mach schnell!"

Seine Beine sind viel schwerer, als ich gedacht habe, und mich beschleicht das Gefühl, einen Betonklotz zu tragen. Die Ampel schaltet jetzt auf grün und die Autos fahren wieder an. Sehen sie uns denn gar nicht? Mit letzter Kraft legen wir den schweren Mann auf die Verkehrsinsel.

„Stabile Seitenlage, Becca! Das Bein hier herüber, den Kopf zur Seite." Gekonnt bringt Paul den großen Fremden in die richtige Position. Dann holt er sein Handy heraus. „Wir haben einen Notfall. Mein Name ist Blumfeld. Wir brauchen einen Krankenwagen. Jetzt! Sofort! Vor dem Hauptbahnhof. Ja, ein Mann. Um die Fünfzig. Nein, einfach umgefallen. Scheint nicht alkoholisiert zu sein. Ziemlich groß. Ja, bitte beeilen Sie sich! Nein, kein Blut, äußerlich. Ja, wir bleiben hier!" Er legt auf. Er zieht seine braune Trachtenweste aus und legt sie dem Fremden unter den Kopf. Die Fußgängerampel schaltet wieder auf Grün. Menschenmassen in Dirndln und Lederhosen laufen wieder um uns herum und grölen nicht jugendfreie Lieder. Dass ein Mann bewusstlos auf dem Boden liegt, interessiert sie gar nicht.

Ich weiß nicht warum, aber plötzlich laufen Tränen über meine Wangen, und ich wische sie mit dem Handrücken weg. Dann sage ich zu ihm: „Danke! Danke, dass du so bist, wie du bist!"

Der Zug nach Augsburg ist weg.

Nach einigen Minuten können wir beide die laute Sirene des

Rettungswagens hören. Paul winkt dem Wagen und atmet auf. Als er vor uns zum Stehen kommt, möchte ich mir am liebsten die Ohren zuhalten, so laut und schrill ist der Ton. Paul nickt mir aufmunternd zu, sagt aber nichts. Und plötzlich ist mir überhaupt nicht mehr kalt.

Kapitel 26

Dezember 2004, Meitingen

Sie kommt auf mich zu und lächelt mich an. Sie trägt einen knielangen schwarzen Bleistiftrock und hohe lila Pumps, sehr schick für eine Realschullehrerin. Ihre Haut ist blass, ihre Haare sind kinnlang und kohlrabenschwarz. „Heute ist ein ganz schöner Nebel, nicht wahr?“, sagt sie beiläufig, aber freundlich.

„Ja, es scheint kaum aufzuklaren. So einen Nebel habe ich noch nie erlebt.“

„Darf ich mich vorstellen? Ich heiße Heidrun Felbermann, Deutsch und Kunst, und ich glaube, wir kennen uns von früher.“ Sie gibt mir die Hand. Ein fester Händedruck.

Wir stehen direkt vor dem schwarzen Brett, an dem der Vertretungsplan für morgen und übermorgen hängt. Die Tür zum Lehrerzimmer geht auf und zu, Kollegen gehen hinaus und kommen herein, wie in einem Taubenschlag.

„Äh? Wir kennen uns?“, frage ich vorsichtig, und tatsächlich kommt mir ihr Gesicht irgendwie bekannt vor. Aber leider kann ich es nicht einordnen. Keine meiner sonst so zuverlässigen Gehirnschubladen geht auf.

„Ja, ich erinnere mich genau an dich, dein Gesicht mit den Sommersprossen und der geraden Nase, die langen blonden Haare, aber abgenommen hast du ein bisschen. Siehst blass aus. Das Referendariat ist ein ziemlicher Stress, nicht wahr? Ständig Unterrichtsversuche, Hospitationen, Seminartage, Lehrproben, Prüfungen … Ach, es war auch bei mir damals ein Riesentheater“, schimpft sie aufmunternd.

„Ja, das stimmt. Wobei mir das Unterrichten viel Spaß macht. Nur dieser Druck im Augenblick ist enorm.“

„Ja, das war bei uns allen so. Wenn du erst mal ein paar Jahre unterrichtet hast, wird es besser. Du heißt Becca, nicht wahr?“

Wieder laufen Kollegen und andere Referendare an uns vorbei.

Wir müssen ausweichen. Irgendwie stehen wir im Weg, aber Heidrun scheint es gelassen zu nehmen.

„Ja, ich bin die Becca Santini."

„Aber ja! Du bist doch die Kleine vom Sonnberg Erik! Er war in meinem Jahrgang. Wir waren auf demselben Gymnasium. Erik und ich waren zusammen in der Kollegstufe." Ihre Augen bleiben eine Weile auf den meinen heften.

Ich lächle freundlich zurück. „Erik und ich, wir haben uns vor Jahren getrennt. Er hat eine Amerikanerin geheiratet", erkläre ich und freue mich, dass ich so erwachsen und gelassen klinge.

Eine kurze Pause entsteht und Heidrun, eben noch selbstbewusst und souverän, wirkt plötzlich verlegen und völlig überrascht. „Oh, das tut mir leid. Das wusste ich nicht." Ihre Stimme klingt weicher als am Anfang und auch irgendwie besorgt. Wie die Stimme einer großen Schwester, die mit ihrer kleinen Schwester spricht.

„Oh, das muss dir nicht leidtun. Wir haben uns getrennt, und dann hat er seine Frau kennengelernt. Alles in Ordnung, wirklich. Ich habe einen sehr lieben Freund und ich glaube, das mit uns wird etwas ganz Großes." Irgendwie rechne ich damit, dass unser Gespräch nun beendet ist, aber das ist es nicht.

Heidrun bleibt stehen. Ihr Blick ist durchdringend, so als könnte sie in mein Innerstes sehen oder addiere irgendwelche Zahlen. „Das freut mich sehr. Du siehst sehr glücklich aus. Das habe ich mir schon das erste Mal, als du durch diese Lehrerzimmertür getreten bist, gedacht." Sie macht eine kleine Pause. „Aber Erik? Das hätte ich nicht gedacht, dass ihr euch mal trennt. Ihr wart so ein vertrautes, verliebtes, aufeinander abgestimmtes Paar. Hm, … habt ihr noch Kontakt?"

„Nein."

„Überhaupt keinen Kontakt? Aber das ist ja … wirklich schade. Woran liegt es denn?"

„Ach, keine Ahnung. Schwierig. Als wir uns trennten, hat er sich ziemlich schnell neu verliebt. Und außerdem …", unruhig suche ich nach den passenden Worten, als wären diese brennend heiße Kartoffeln in meinen Händen und ich wüsste nicht wohin damit.

„Und außerdem habt ihr euch nicht ausgesprochen", vollendet Heidrun den Satz für mich. Bingo! Mitten ins Schwarze getroffen.

Alles ist still. Nur das Telefon im Lehrerzimmer unterbricht diese Stille plötzlich.

„Nein, wir haben uns nicht ausgesprochen."

Mitfühlend und verständnisvoll nickt Heidrun ohne eine Wertung abzugeben. Zum ersten Mal kommt mir der Gedanke, dass nicht nur er mir, sondern auch ich ihm das Herz gebrochen habe. Wieso ist mir dieser Gedanke nie vorher gekommen?

„Weißt du, das ist wohl völlig normal. Ein Fakt, der vielen Trennungen eigen ist. Ehrlich gesagt, meine Eltern reden seit Jahren nicht mehr miteinander."

Die Lehrerzimmertür geht wieder auf, und ein plötzlicher Luftzug lässt die Blätter des Vertretungsplanes aufrascheln. Auf einmal merke ich, dass ich angefangen habe, an meinen Fingernägeln zu kauen. Das tue ich sonst nie. Mit einer raschen Bewegung nehme ich meine Finger aus dem Mund und verberge sie in einer kleinen Faust. „Ja, so ist das wohl manchmal."

Heidrun lächelt mich verständnisvoll an und berührt kurz meinen Arm. Eine sehr intime Geste, die ich in den Wochen und Monaten, die ich nun schon Referendarin an dieser Schule bin, bei ihr noch nie gesehen habe. Plötzlich schultert sie ihre lederne Schultasche, nimmt ein Arbeitsblatt heraus, deutet auf den Gang und sagt: „Irgendwann ist der richtige Augenblick dafür gekommen oder auch nicht. Gut, Becca. Es war schön mit dir zu reden. Aber die Pflicht ruft." Und dann ist sie weg, Richtung Kopierraum. Die Absätze ihrer tollen Pumps klacken hallend auf dem Boden.

Ein Blick aus den großen Fenstern verrät mir, dass es immer noch sehr neblig ist. Eine einzige weiße Suppe da draußen. Prima! Das wird eine tolle Heimfahrt bis nach Augsburg. Es ist ja schon fast zwei Uhr. Jetzt muss ich aber los. Eine Englischschulaufgabe der Klasse 9 b wartet auf meine Korrektur und es sind über dreißig Arbeiten.

Ich schalte in den 5. Gang hoch. Es herrscht dichter Verkehr – typisch B2 -, obwohl erst Nachmittag ist. Himmel! Der Nebel ist undurchsichtig und dicht. Alles kommt mir unwirklich vor. Wie in einem Gruselschocker, wo eine langsame Musik die Spannung bis ins unermessliche steigert, oder so. Einen derart dichten Nebel habe ich um diese Uhrzeit noch nie erlebt. Gerade schert ein schwarze Großlimousine kurz vor mir auf die rechte Spur. Sein Nebelscheinwerfer ist grell und blendet mich. Pauls uraltes schwarzes Auto schnurrt langsam vor sich hin.

Ich bin Paul unendlich dankbar, dass er seinen rostigen Zweitürer noch einmal durch den TÜV gebracht hat, nur damit ich mit einem eigenen Auto zu meiner Einsatzschule nach Meitingen fahren kann und nicht den Zug nehmen muss. Er weiß, wie sehr ich Zugfahren hasse. Ach, ich fahre einfach gern Auto und bin unabhängig. Ich streichele liebevoll und dankbar sein dünnes altes Lenkrad mit der linken Hand, während meine rechte auf der Gangschaltung liegen bleibt, eine sehr männliche Angewohnheit, ich weiß. Wollte mir mein Fahrlehrer schon austreiben. „Beide Hände ans Lenkrad!"

Ich fahre langsam hinter der Limousine her, nicht schneller als 50 km/h. Weiß umnebelte Felder und Wiesen ziehen an mir vorbei. Nervös drehe ich das Radio aus. Ich kann jetzt keine Musik hören. Jetzt ist er verschwunden, dafür ist jetzt ein silberner Kleinwagen da. Der Nebel ist noch dichter geworden. Hm, den richtige Augenblick, den gibt es wohl nie …

„Becca, du machst es dir viel zu schwer. Dabei ist es doch so einfach. Rede einfach mit mir", sagt seine Stimme. Oh, Eriks Stimme, sie hat sich in mein Bewusstsein geschlichen.

Na gut, dann rede ich einfach mit dir, jetzt so in Gedanken. Das ist sowieso viel einfacher als in echt. „Also, Erik, ich bin gekommen, weil ich mit dir reden muss. Ich hätte eigentlich schon viel früher kommen wollen, aber ich hatte keinen Mut dazu."

„Ist schon gut. Es ist schön, dass du jetzt da bist. Ich freue mich, dich zu sehen."

„Wirklich? Nach unserer letzten Begegnung vor der Bank war ich mir nicht so sicher."

„Na ja, ich war etwas schockiert. Schließlich hast du mir zum ersten Mal einen Mann präsentiert, bei dem ich fühlen kann, dass du ihn liebst."

„Ja, ich liebe Paul sehr. Ich fühle mich zu Hause bei ihm. Er ist der erste Mann, von dem ich mich nicht eingeengt fühle."

„Ja, das habe ich gesehen, und ich freue mich sehr für dich. Er ist ein großartiger Mann."

„Trotzdem hast du dich auch etwas seltsam benommen, Erik."

„Ach, Becca, was denkst du? Ich war eifersüchtig. Ich habe gesehen, wie viel er dir bedeutet."

„Eifersüchtig? Nein, das kann doch nicht sein."

„Doch, aber es steht mir eigentlich nicht mehr zu."

Ein paar Augenblicke sage ich gar nichts mehr. „Hm … Erik, ich muss dir noch etwas sagen."

„Ja?"

„Es tut mir leid, wie es damals zwischen uns gelaufen ist. Ich habe dich sehr verletzt, und das wollte ich nicht. Ich glaube, ich wusste damals nicht mehr, was ich wollte. Ich wollte an deiner Seite sein, und ich wollte zugleich frei sein. Ich wollte mit dir überall hingehen, und gleichzeitig wollte ich Abenteuer und Tanzen bis zum Morgengrauen. Ich wollte Spaß und Unabhängigkeit. Als du mich gefragt hast, ob ich mit dir überall hingehen würde, egal wohin die Bundeswehr dich einsetzt, da wollte ich ‚Ja' sagen, aber ich war wütend auf dich. Du hast mir die Pistole auf die Brust gesetzt. Ich habe dich bewusst in dem Glauben gelassen, ich hätte etwas mit Pascal gehabt. Das war gemein. Ich war furchtbar. Es tut mir unendlich leid. Ich wollte dich tief verletzen."

Eine Pause entsteht, und ich kann ihn lange ausatmen hören. „Das ist dir gelungen. Du hast mein Herz gebrochen."

Wir schweigen kurz. Er sieht in meine Richtung. Bleibt ruhig. „Warum hast du damals mit Pascal getanzt? So fing das Ganze doch überhaupt erst an."

„Ich wollte nicht mit ihm tanzen, er hat so lange auf mich eingeredet, da habe ich irgendwann nachgegeben. Ich hatte niemals irgendetwas mit ihm, das musst du mir glauben."

„Hm, es war kein schöner Anblick. Ich war rasend eifersüchtig. Und ich habe überreagiert."

„Ich hätte nicht mit ihm tanzen sollen. Er wollte dich, glaube ich, provozieren. Und dann bist du einfach weggelaufen!"

„Warum warst du so abweisend zu mir bei deinem letzten Besuch auf Sheppard Air Force Base?"

„Ich glaube, mir wurde unsere Beziehung zu eng. Du wurdest mir zu Besitz ergreifend. Ich hatte das Gefühl, zu ersticken."

„Warum hast du mir das nicht erklärt? Ich hätte etwas ändern können."

„Ja, das hätte ich tun können. Ich weiß heute nicht mehr, warum ich nichts gesagt habe … und Carrie. Wieso hast du mir damals von ihr erzählt? Mir Bilder von ihr im Krankenhaus gezeigt?"

Zerknirscht blickt er zu Boden. „Ich wollte dich eifersüchtig machen. Es war völlig falsch. Es tut mir leid, Becca. Ich wollte irgendeine Reaktion von dir. Eine Reaktion, die mir zeigt, was du für mich fühlst." Er steht jetzt direkt vor mir, und sein Blick dringt tief wie ein Skalpell in mein Innerstes.

„Und ich habe nicht reagiert", flüstere ich.

„Nein! Überhaupt nicht! Ich dachte, ich bin dir völlig gleichgültig."

„Du warst mir überhaupt nicht gleichgültig! Im Gegenteil! Wenn du gewusst hättest, wie sehr ich dich vermisst habe." Fassungslos schlage ich meine Augen nieder.

Erik hebt mein Kinn leicht an. „Oh, nein. Wir waren beide ziemlich bescheuert, was?", flüstert er.

„Ja, absolut richtig. Wieso haben wir damals nicht so aufrichtig miteinander gesprochen?"

„Tja, weil wir einfach noch so jung waren. Weil wir zu stolz waren. Weil wir Fehler gemacht haben."

„Ja, Fehler machen gehört wohl zum Leben."

„Becca, du bedeutest mir immer noch sehr viel. Wenn du wüsstest, wie viel. Ich wollte dich niemals verletzen. Ich habe so viel an dich gedacht. Ich war in Gedanken so oft bei dir. Es gab so viele Momente, an denen ich mich zwingen musste, nicht an dich zu denken. Verdammt! Es tut mir wirklich sehr leid, was alles passiert ist."

Plötzlich bremst mein Vordermann abrupt und ich kann gerade noch reagieren. Ein Lieferwagen ist rasant eingeschert, ohne jeglichen Sicherheitsabstand einzuhalten. Das war knapp! Der

Fahrer des silbernen Wagens hupt wütend.

Was für ein unglaublich realistischer Dialog. Oh mein Gott! Beinahe hatte ich das Gefühl, wir hätten in Wirklichkeit miteinander gesprochen! Würde er wirklich so antworten, wenn ich mit ihm spreche? Und woher kamen überhaupt all diese Antworten? Mir ist kalt, und ich drehe die Heizung auf. Ach nein, ich bin ja viel zu weit gefahren. Ich habe meine Ausfahrt verpasst vor lauter Gedanken. Wirre Gedanken. Wirre realistische Gedanken. Ungläubig fasse ich mir an die Stirn. Schüttele kurz meinen Kopf.

Ich war wirklich auf dem Weg zum Jagdbombergeschwader auf dem Lechfeld. Zumindest mein Unterbewusstsein. Was für ein Unsinn. Dort fliegt er doch schon seit zwei Jahren nicht mehr. Ich steuere die nächste Ausfahrt an, um nach Augsburg zurück zu kehren. Was für ein Nebel! Das letzte Mal, als ich in so einem Nebel gefahren bin, kam ich vom Fliegerhorst in Fürstenfeldbruck und hatte dann einen schlimmen Autounfall.

Konzentriert kneife ich meine Augen zusammen, drehe das Radio wieder an, drehe es wieder aus und schüttele diese schlimme Erinnerung ab.

Mit klammen Fingern sperre ich unsere Wohnungstüre auf. Ach herrje, es ist schon gleich halb drei! Meine Schultasche hängt schwer auf meiner rechten Schulter und schneidet mir schmerzhaft in die Haut. Lustlos streife ich sie ab und ziehe sie wie eine schwere Spielzeugente hinter mir her in unser Büro. Wir haben den Raum gelb gestrichen, neue Büromöbel gekauft, und unsere Flachbildschirme sind ebenfalls neu. Schick sieht es aus, denke ich, und lasse mich schwer in einen schwarzen Bürostuhl aus Leder fallen.

Unsere Regale sind voll gestellt mit Büchern, Heften und Ordnern. Thematisch sortiert, ordentlich aufgereiht. Pauls Maschinenbaubücher auf der linken Seite, meine Englisch- und Geschichtsbücher auf der rechten.

Geplättet ziehe ich meine braunen Lederstiefeletten aus, ohne den Reißverschluss zu öffnen. Irgendwie fühle ich mich schlagartig schlecht. Ausgepowert, müde, lustlos, kraftlos. Zum Essen habe ich plötzlich keine Lust mehr, und die Englischschulaufgabe der Klasse 9b liegt in einem dicken Stapel bereits vor mir: 32 Arbeiten mit jeweils fünf DIN-A4-Seiten. Sie riecht frisch kopiert, und angewidert rümpfe ich die Nase. Dass Druckerschwärze so stinken kann. Kopfschmerzen melden sich pochend an und ein unruhiges Gefühl im Unterbauch. Mit der linken Hand fasse ich mir an die Stirn, mit der rechten an meinen Bauch. Ist meine Stirn etwa heißer geworden? Habe ich Bauchschmerzen? Werde ich krank? Bitte nicht, ich hatte doch erst eine Erkältung. Mühsam krame ich einen Rotstift und ein Lineal aus meinem alten roten Schlampermäppchen, das mich schon durch die gesamte Studienzeit begleitet hat.

Die erste Seite besteht aus „Questions on the text“ und einem Text zu mobile phones. Doch die Buchstaben scheinen vor meinen Augen zu flimmern. Genervt ziehe ich meine Augenbrauen hoch. Mache meine Augen weit auf und zu. Immer noch wackeln alle Buchstaben hin und her. Ich atme tief durch und lehne mich zurück. Was ist denn nur los? Zum fünften Mal lese ich den gleichen Satzanfang: „Mobile phones have become more and more popular throughout …“

Mir ist plötzlich schlecht. Ich stehe schlagartig auf und gehe vorsichtig auf und ab. Öffne ein Fenster, immer noch Nebel. Brauche ich eine Pause? Frische Luft? Na gut, dann also eine kleine Pause. Fenster auf. Ich gehe zum Radio und drehe es auf. Antenne Bayern. Die Band ‚Juli’ singt gerade „*Geile Zeit*“ zu Ende, als die Kurzmelodie für die Nachrichten beginnt. Die Stimme des Nachrichtensprechers klingt wie immer.

„Soeben kam die Meldung, dass ein Bundeswehrflugzeug Typ ECR-Tornado des Lechfelder Jagdbombergeschwaders in der Nähe des Westerholzes bei Kaufering abgestürzt ist. Das Flugzeug war auf dem Weg von Lechfeld nach Ramstein, um taktische Manöver zu trainieren. Kurz nach dem Start brach der Funkkontakt ab. Beide Piloten waren auf der Stelle tot. Die Maschine war mit mehreren tausend Litern Kerosin voll betankt. Der Wald steht in Flammen. Angaben zu den Namen der Besatzungsmitglieder möchte die Bundeswehr nicht machen. Der Unfall ereignete sich kurz vor halb drei. Ein lauter Knall ließ die Einwohner der umliegenden Dörfer aufschrecken. Sofort wurden sämtliche Feuerwehren im Umkreis alarmiert. Genauere Angaben sind im Augenblick leider nicht möglich. Wenn wir Näheres erfahren, informieren wir Sie natürlich umgehend.

Nun zu den weiteren Nachrichten:

Etwa 10000 Arbeitsplätze werden in den nächsten Jahren in der Automobilbranche gestrichen, auch die Zulieferfirmen müssen drastische Personalmaßnahmen ergreifen. …

Fassungslos bleibe ich vor dem Radio stehen, die Worte des Nachrichtensprechers hallen wie Dolchstiche in meinem Kopf wider: „Soeben kam die Meldung, dass ein Bundeswehrflugzeug Typ ECR-Tornado des Lechfelder Jagdbombergeschwaders in der Nähe des Westerholzes bei Kaufering abgestürzt ist. Das Flugzeug war auf dem Weg von Lechfeld nach Ramstein …"

Eine Welle glutheißer Flut überschwemmt meinen Kopf, meine Wangen, meinen Bauch, meine Arme, meine Beine und ich habe das Gefühl, innerlich zu verbrennen. Brennende Hitze breitet sich schlagartig in meinem gesamten Körper aus. Taumelnd stütze ich mich an unseren Bücherregalen ab. Ich krümme mich nach vorn. Mein Herz hämmert wie wild gegen meinen Brustkorb und zieht sich krampfend zusammen. Klamme Angst erfasst meinen gesamten Körper. Mir ist gühend heiß, während ich gleichzeitig zittere. Mein Atem geht plötzlich schwer, so als säße jemand auf meinem Brustkorb. Ich fühle mich, als ob ich mit 180 km/h auf der Autobahn fahre, und ein heftiger Windstoß meinen Wagen gegen die Leitplanke drücken will. Ich setze mich hin, stehe auf, setze mich wieder hin, laufe hin und her, setzt mich, stehe wieder auf, sehe vor meinem inneren Auge das Flugzeug abstürzen, kämpfe mit mir selbst, versuche mich zu beruhigen, wähle die Nummer von Eriks Eltern, lasse es klingeln, lege wieder auf … Was sollte ich sagen? „Ist es euer Sohn?" – Nein, Erik ist in Ramstein. Nicht auf dem Lechfeld. Er kann es nicht sein! Ich fasse mir an die Stirn, sie ist heiß. Ich muss mich wieder beruhigen. Erik fliegt doch in Ramstein, nicht mehr auf dem Lechfeld. Der Nachrichtensprecher hat gesagt, der Tornado sei auf dem Flug von Lechfeld nach Ramstein gewesen und nicht umgekehrt. Es muss irgendein anderer armer Teufel sein. Nicht Erik. Es ist alles völlig normal. In Ordnung.

Blätter meiner Englischschulaufgaben sind irgendwie auf den Boden gesegelt. Das Fenster! Ich muss das Fenster wieder schließen. Verkrampft sammele ich die Arbeiten wieder auf, sortiere sie und lege sie akkurat auf einen DIN-A4-Stapel. Minuten vergehen. Wo ist mein Rotstift? Ich muss anfangen zu arbeiten.

Langsam wird mein Atem wieder etwas ruhiger, mein Puls normalisiert sich, aber diese innere Unruhe bleibt. Mein Magen ist ganz klein und zuckt. Wie viel Zeit ist vergangen? Eine halbe Stunde? Eine Stunde?

Ich beiße auf meinen Rotstift und beginne zu korrigieren. Es wird ein anderer Pilot sein, denke ich, und im Geiste schicke ich tausend tröstende Worte an seine Eltern und Freunde. Was für ein furchtbarer Verlust! Zum sechsten Mal lese ich nun den gleichen Satzanfang: „Mobile phones have become more and more popular throughout …“

Ich schließe die Augen und versuche bewusst an etwas Schönes zu denken. Einen Strand vielleicht? Aber es klappt nicht. Sobald ich das Bild in meinen Gedanken eingestellt habe, verschwimmt es wieder, und alles ist grau. Gelbe Blitze zucken vor meinen geschlossenen Augen, und ich öffne sie wieder.

Die Englischschulaufgabe der 9b liegt akkurat auf Kante gelegt vor mir, so als wäre nichts geschehen. „Beide Piloten waren auf der Stelle tot“, dröhnt die Stimme des Radiosprechers in meinem Kopf. Mit einer heftigen Handbewegung fege ich den Schulaufgabenstapel vom Schreibtisch, und alle Blätter landen wieder chaotisch auf dem Boden.

Lustlos sitze ich auf unserer neuen hellen Couch und lasse ich mich von einem Heimatfilm auf dem dritten Programm berieseln. Ich sehe junge Frauen in Dirndln und lachende Verehrer auf den Hügeln eines Berges sitzen, irgendeines Berges in Bayern. Keine Ahnung, worum es geht. Ich lasse den Film ohne Ton laufen.

Es hat nervtötende Ewigkeiten gedauert, die durcheinandergeratenen Schulaufgabenblätter wieder richtig zu sortieren. Aber es hat mich abgelenkt. Schließlich bin ich zu der Einsicht gekommen, dass ich völlig überreagiert habe. Es gibt hunderte Jetpiloten in Deutschland. Warum sollte es ausgerechnet Erik sein? Völlig absurd. Ich habe mit mir selbst geredet und mir erklärt, dass ich auf dem Holzweg bin, dass ich nur so heftig reagiert habe, weil Heidrun mich heute angesprochen hat. Das ist alles. Nachdem ich unser Gespräch in Gedanken durchgegangen bin, war ich einfach innerlich zu sehr ‚auf ihn eingestellt'. Aber es ist doch Unsinn, dass dieser Absturz etwas mit ihm zu tun hat. Es könnte jeder Pilot aus jedem Geschwader gewesen sein. Irgendeiner muss es wohl gewesen sein. Arme Eltern, sie tun mir wirklich sehr leid. Nach und nach habe ich mich wieder beruhigt, aber essen konnte ich leider nichts, weshalb mir jetzt wirklich flau im Magen ist. Mir ist plötzlich sehr kalt, und ich hole eine Decke, um mich darunter zu kuscheln, als ich plötzlich höre, wie Paul nach Hause kommt. Ich kann den Schlüssel im Schloss hören, ein klirrendes, klingendes Geräusch. Er war heute Abend in der Musikprobe, obwohl diese normalerweise immer montags stattfindet. Gott sei Dank, endlich. Wenn er da ist, werde ich mich an ihn schmiegen und diese schlimmen Gedanken vertreiben.

„Hallo, meine Süße", sagt er einfühlend und legt seine Trompete auf unserem Esstisch ab. Er sieht einfach umwerfend gut aus. So groß, so sportlich, so tolle blaue Augen. Augenblicklich füllt sich mein leerer Magen mit warmem Gefühl. „Was siehst du dir an?"

„Ach, nichts eigentlich. Ich musste mich irgendwie ablenken."

„Ablenken?"

„Ja, ich habe heute im Radio etwas Schreckliches gehört."

„Was war es denn?" Pauls Stimme ist weich und sanft, wie ein Stückchen Butter, das in der heißen Pfanne zerläuft. Er lehnt sich etwas zu mir herüber und beginnt, mir den Kopf zu streicheln. Ach, was für ein herrliches Gefühl. Was für ein wunderbares Gefühl nach diesem seltsamen, verwirrenden Tag. Ich lasse mich in seine Bewegung fallen, schließe kurz die Augen und fühle mich unendlich zu Hause, geborgen und wohl. Langsam entspanne ich mich, und meine Angst über die Radiomeldung kommt mir lächerlich und peinlich vor. Sollte ich Paul wirklich davon erzählen? Nicht, dass er am Ende denkt, Erik würde mir noch irgendetwas bedeuten. Minuten vergehen und keiner von uns folgt noch dem Heimatfilm. Ich lasse mich immer mehr fallen und die Gewissheit, dass Paul an meiner Seite ist, lässt sämtliche Angstgefühle verschwinden. Bald schon habe ich das Gefühl, mir diese Radiomeldung nur eingebildet zu haben. Der Abspann des Filmes ist jetzt zu hören – Paul hat den Ton leise wieder eingeschaltet –

und es muss mehr als eine halbe Stunde vergangen sein.

„Becca? Du wolltest mir von einer Radionachricht erzählen?"

Wir liegen inzwischen in Löffelchenposition auf dem Sofa, und ich schwanke zwischen Nachrichten sehen und einschlafen. „Ach ja, also … im Radio gab es eine Nachricht über einen Tornado, der in der Nähe von Kaufering abgestürzt ist. Schlimme Geschichte. Ein ECR-Tornado des Lechfelder Geschwaders. Die armen Eltern!"

Ich höre Paul geräuschvoll einatmen. Länger als bei einem normalen Atemzug. Paul streichelt meinen Kopf wieder. Es fühlt sich so sicher an. So geborgen. So gut. Ich kann meine Augen kaum noch aufhalten. Fast schlafe ich ein.

„Becca?", flüstert er viele Augenblicke später.

„Ja?", murmele ich, froh die Anspannung des Tages endlich hinter mir lassen zu können.

„Becca … ich … weiß … wer … in … diesem … Tornado … saß." Pauls Stimme ist nun fest wie ein Anker im Hafenbecken.

Ungläubig und müde drehe ich mich zu Paul um. Ulrich Wickerts Stimme im Hintergrund der Nachrichten. Woher sollte Paul schon wissen wer im diesem Tornado saß? Verunsichert starre ich in sein Gesicht. Richte mich auf, schaue in seine ernsten blauen Augen, spüre die glutartige Hitzewelle in meinen Körper zurückkehren wie eine betonharte Wand. Schüttele den Kopf, als Paul nichts sagt. Tausend Augenblicke in einer Sekunde. Blitzartige Bilder zischen hinter meinen Augen aus meinem Gedächtnis. Wie er lacht, wenn er einen schlechten Witz erzählt, wie er in Roth vereidigt wird, wie er aus seiner T38 steigt, wie er mich auf Händen trägt und meine Wange streichelt.

Paul sieht mich an, fürsorglich und geschockt. Ich schüttele ungläubig den Kopf. „Becca … Erik … war in diesem Tornado. Wir haben es heute Abend alle in der Musikprobe erfahren. Tina, sie spielt bei uns Klarinette, wir waren mit ihr auf Cabriotour, sie hat mitbekommen, wie ein Bundeswehrwagen vor Eriks Elternhaus gefahren ist."

Wieder schüttele ich meinen Kopf. Nein! Nein! Nein! Nein! Nein! Plötzlich krümme ich mich voller Schmerz nach vorn und schreie: „Nein! Nicht Erik! Nicht Erik! Das kann nicht sein! Er fliegt doch in Ramstein! Es muss ein Missverständnis sein! Er ist nicht tot! Das ist nicht wahr! Das ist niemals wahr! Oh mein Gott! Er hat mir versprochen, auf sich aufzupassen! Er hat es mir doch versprochen! Oh mein Gott! Oh mein Gott! Abgestürzt! Mehrere Tausend Liter Kerosin! Abgestürzt! Verbrannt!“

Ich sehe mich selbst von außen. Sehe mich schreien. Tränen schießen schlagartig aus meinen Augen. Ich krümme mich vor Schmerz nach vorn.

Ich spüre Pauls Arme. Dann wird alles schwarz.

Kapitel 27

Meitingen, einen Tag später

Was wollte er noch einmal?

„Hast du zugehört?" Der junge Mathematiklehrer sieht mich leicht vorwurfsvoll an. „Das ist wirklich wichtig, bitte Becca." Seine Stimme wird immer eindringlicher.

„Becca? Du wirkst so abwesend heute. Ist alles klar? Ich weiß, das Referendariat ist kein Zuckerschlecken. Ist eine ziemlich harte Zeit. Dauernd Unterrichtsbesuche, Lehrproben, Seminartage. Mir musst du nichts erzählen. Aber hey, das geht alles vorüber."

Verwirrt blicke ich ihn an. Seine Haare sind halblang mit einer großen Spur zu viel Haargel. Er hat eine kleine Stupsnase und ist – woher auch immer – leicht gebräunt. „Äh, was wolltest du noch einmal?" Beim Schminken habe ich mir heute sehr viel Mühe gegeben, um meine verweinten Augen zu kaschieren. Die Kälte hat kleine Eisblumen an die Fensterscheiben gezaubert.

„Hör mal, ich brauche wirklich deine Unterstützung heute. Die Stunde ist enorm wichtig. Nächste Woche schreibe ich eine Schulaufgabe in der 6b …"

Inzwischen ist es wieder hell geworden. Durch das geöffnete Fenster ist Vogelgezwitscher zu hören. Mein Kopf liegt eingekuschelt und geborgen in seiner Armbeuge und Eriks Hand streichelt meine Stirn. Er ist wach.

„Hallo du", flüstert er.

„Hi", flüstere ich zurück.

Seine Finger fahren nun meine Augenbrauen nach und ich habe das Gefühl, er überlegt sehr lange bevor er mich fragt: „Dein Studium, macht es dir Spaß?"

„Ja, es gefällt mir gut, ziemlich gut sogar. Vor allem die Sprachpraxis und die neueste Geschichte. Ich bin jetzt sogar Tutorin für den internationalen Sommerkurs der Uni."

„Das ist schön. Es ist wichtig, dass man Dinge tut, die man liebt."

Seine Finger umkreisen jetzt meine Schläfen und ich sehe ihn an. „Stell dir vor, ich habe mir überlegt, mich für ein Auslandsstipendium zu bewerben."

Er lächelt zurück, aber irgendwie überkommt mich das Gefühl, als ob sich etwas verändert hat. „Aha."

Ich richte mich schlagartig auf, öffne vorsichtig seine Hände und umfasse sein Kinn, was sich ungewohnt anfühlt, weil er normalerweise meines umfasst. „Hey, was ist? Habe ich etwas Falsches gesagt?"

Er nimmt meine Hand, legt sie an seine Wange und schließt lange die Augen. „Nein", wispert er. Dann führt er meine Hand langsam und zärtlich an seiner Wange auf und ab. Sie ist warm und kratzig. Er hält inne, sieht mich an und sein Blick ist voller Leiden und Schmerz. Hat er etwa Tränen in den Augen? Viele Augenblicke vergehen, in denen er meine Hand einfach nur an seine Wange presst.

Irgendwann atmet er lange aus. Seine Gesichtszüge verändern sich plötzlich von weichem, schmeichelndem Samt zu der Oberfläche von kühlem, aufgewühltem Wasser. „Becca, ich sollte jetzt gehen. Sofort." Er sucht plötzlich panisch seine Jeans und zieht sein Hemd über. Schnell und total ungeschickt. Ich kann nicht glauben, was ich gerade gehört habe. Er will gehen?!

„Ich muss los, Becca", stammelt er wieder. Er steht hüpfend mit einem Bein in seiner Jeans.

„Wieso musst du los? Das kannst du doch nicht machen?", frage ich mit flehender Stimme. Sie überschlägt sich. Ich bin so entsetzt, dass mir die Worte fehlen. Diese Nacht war doch keine Einbildung! Ich habe doch gespürt, wie sehr er mich liebt, oder?

„Es tut mir leid, Becca. Alles in mir wollte dich sehen, musste dich sehen, dich … Das war ein Fehler. Wenn ich hier bleibe, dann …", sagt er flehend. „Wenn ich noch eine Minute länger hier bleibe, dann …"

Oh mein Gott, er hat mich nur benutzt! Ich bedeute ihm gar nichts. Er hat mich nur benutzt! Diese Erkenntnis trifft mich wie ein Faustschlag eines Boxers in die Magengrube. Ich war nur eine

Fremde gewesen, für die er sich für eine Nacht interessierte.

„Ein Fehler?“, hauche ich. Ich bin nackt und wickele nun die Bettdecke um meinen Körper. Mir ist plötzlich entsetzlich kalt. Ich bin ein Fehler und er hat mich nur benutzt und jetzt wirft er mich weg. Ich bin so dumm. Unsagbar dumm! Wie ein kleines Mädchen habe ich mich verführen lassen. Und ich dachte, er empfindet immer noch etwas für mich.

„Um Gottes Willen! Was ist passiert? Morgen muss ich Carrie vom Flughafen abholen! Sie freut sich so, hierher zu kommen. Ich habe ihr versprochen für sie und ihre kleine Tochter da zu sein. Ich habe meine Versprechen doch bisher immer gehalten, ich muss … Ich hätte gar nicht erst kommen dürfen. Es tut mir so furchtbar leid. “

Ich will ihm alles sagen, alles vor ihm ausbreiten, alle meine Ängste und Hoffnungen und Sorgen. Alles, was sich seit unserer Trennung gefühlt habe. Aber das tue ich nicht. Ich bin wie erstarrt, steif und kalt. Mit einer Stimme, die ich kaum als meine eigene erkenne, frage ich: „Du gehst? Nachdem du die ganze Nacht mit mir geschlafen hast? Das ist nicht dein Ernst?“

„Ich muss gehen. Ich wollte dich nicht verletzen, niemals“, bricht es aus ihm heraus und er kann mir nicht mehr in die Augen sehen, aber ich erkenne den Schatten von Schuld, Verzweiflung und Unsicherheit in seinem Blick sofort. Dann ist er weg, einfach so, und lässt mich völlig verwirrt im Raum stehend allein.

„Ich bin ein Fehler“, wiederhole ich kaum hörbar. Plötzlich krampft sich mein Magen zusammen, und ich habe das Gefühl, erbrechen zu müssen. Mitten im Zimmer. Ich krümme mich nach vorn und würge und würge, aber es kommt nichts. Wir haben die ganze Nacht zusammen verbracht und nicht über Verhütung nachgedacht. Heilige Scheiße! Ich muss auf einmal schwer atmen, so als ob ein tonnenschwerer Fels auf meiner Brust läge. Dann sehe ich sein Bild – im Fliegerkombi vor der T-38. Ich nehme es von der Wand und spreche es an. „Ich habe dir vertraut.“ Tränen laufen jetzt sintflutartig meine Wangen hinunter. Mein ganzer Körper schmerzt. Irgendwann falle ich auf die Knie, mit seinem Bild in der Hand. Plötzlich schießen die Worte aus meinem Mund: „Wenn du mit deinem Scheißtornado abstürzt, dann ist es mir egal! Ja, genau! Ich wünsche mir, dass du abstürzt!“ Ich schluchze und halte die Hände vors Gesicht. Oh mein Gott, was sage ich da nur? Lieber Gott, nein! Die Decke rutscht herab. Mir ist kalt, so kalt. Ich kann nicht aufhören zu weinen.

Dann nehme ich sein Bild, lege es in den Karton zu seinen Briefen, verschnüre ihn wieder und schwöre mir, diese Kiste nie wieder zu öffnen, seinen Namen nie wieder zu sagen und mir jeden Gedanken an ihn zu verbieten. Die Übelkeit kommt wieder und ich renne ins Bad. Dieses Mal übergebe ich mich.

„Sag bloß, du hast schon wieder nicht zugehört. Was ist denn heute nur los mit dir? Verdammt, das ist echt wichtig für mich.“ Genervt breitet er seine Mathematikfolien vor mir aus, und im Hintergrund kann ich den Pausengong hören. Vier Töne, die nacheinander immer heller werden. „Also, du hast heute Vertretung in der 6b, und du machst heute Mathe und zwar Bruchrechnen. Ich bin leider nicht da, aber ich brauche diese Stunde für die Schulaufgabe nächste Woche. Bruchrechnen, 6. Klasse, das kriegst du doch hin, oder?“

Gedankenverloren ordne ich brav den Blätterstapel, nehme sein Buch und zeige auf die große Uhr im Lehrerzimmer. „Ich muss jetzt los, es hat schon gegongt. Ja, mache ich. Kein Problem. Kleinster gemeinsamer Nenner, oder?“, antworte ich mechanisch.

Sichtlich erleichtert nickt er. Draußen hat es wieder angefangen zu schneien.

Die 6. Stunde ist vorbei. Ich komme zurück ins Lehrerzimmer. Es ist überfüllt, laut, überall Stimmengewirr. Die Fenster sind beschlagen und kleine Adventskränze zieren die Tische. Ich höre einzelne Lehrer lachen, und die Luft ist erfüllt vom Duft der Lebkuchen und Mandarinenschalen. Vor dem großen Tisch neben dem Vertretungsplan bleibe ich stehen. Meine Schultasche rutscht langsam auf den Boden. Ein großer Haufen Zeitungen liegt dort. Ich nehme die oberste: Die Augsburger Allgemeine.

„Tornado-Absturz bei Landsberg: zwei Tote.

Maschine zerschellt nach Start auf dem Fliegerhorst Lagerlechfeld im Wald – Pilot und Waffensystemoffizier sterben.“

Drei Soldaten sind von hinten zu sehen, ein Einsatzfahrzeug

steht links von ihnen. Das Bild ist sehr dunkel. Unter dem Artikel steht: „Siehe dritte Seite." Ich blättere die Seite drei auf. Lehrer drängeln an mir vorbei, schubsen mich aus Versehen, entschuldigen sich lächelnd, gehen weiter. Wieder werde ich geschubst. Meine Augen heften sich an den Buchstaben fest, als wären es Hände, die nach mir greifen.

„Da lebt sicher keiner mehr"

Für die beiden Piloten des abgestürzten Tornados kommt jede Hilfe zu spät. Von unserem Redaktionsmitglied Sascha Burewski, Kaufering.

Die Männer der Freiwilligen Feuerwehr Scheuring geben gerade einem Kameraden auf dem Neuen Friedhof in Scheuring das letzte Geleit, als sie einen lauten Knall hören. ‚Es hat einen wahnsinnigen Schepperer getan', erzählt einer. ‚Wie ein Erdbeben.' Nur wenig später, als der Alarm aufläuft, wissen sie warum. Knapp drei Kilometer entfernt, mitten im Westerholz, ist ein Flugzeug abgestürzt. Eine Kampfmaschine, wie sehr schnell bekannt wird. Die Feuerwehrleute stürzen …

Ich kann nicht weiterlesen, sondern falte die Zeitung zusammen. Stecke sie in meine Schultasche, höre meine Schritte auf dem Gang, gehe zu dem Zimmer meines Rektors, klopfe an, trete ein, grüße ihn, lege die Zeitung so vor ihn auf den Schreibtisch, dass er sie lesen kann. Verwirrt blickt er auf, hält inne, nimmt seine Brille ab.

Ich spreche klar, deutlich und ungebrochen: „Es tut mir leid für die Störung, aber ich muss nächste Woche auf eine Beerdigung gehen. Kann ich dafür einen Tag frei haben?"

Gedenkfeier im Jagdbombergeschwader Lagerlechfeld

Heute ist Donnerstag. Eine Woche ist seit dem Unfall vergangen. Eine ganze Woche. Freitag, Samstag, Sonntag, Montag, Dienstag, Mittwoch. Ich kann mich an keinen einzigen der Tage erinnern. Sie sind wie ausgelöscht. Habe ich gegessen? Habe ich geschlafen? Habe ich unterrichtet? Paul war da, Pauls Arme. Seine Wärme. Sein Verständnis. Seine Liebe. Und meine zu ihm.

„Da vorne muss es sein." Die Stimme meiner Mutter dringt in mein Bewusstsein.

Wir laufen durch die Kaserne zu einer sehr großen Halle. Überall stehen Pkws, Busse und Militärfahrzeuge. Soldaten flankieren das Gebäude und weisen uns zu einem Seiteneingang. Als wir durch die Tür der Halle treten, stockt mir der Atem. In meinem ganzen Leben habe ich noch keine größere Halle gesehen! Sie ist viele Fußballfelder groß, mehrere Tornados stehen in Parkposition, die Mitte der Halle bilden zwei Felder voller Stühle, und im Zentrum stehen zwei Särge, hoch aufgebahrt mit der Deutschlandflagge auf dunklem Holz. Zwei riesengroße Portraits mit schwarzem Trauerflor von Erik und seinem Copiloten Constantin flankieren die Särge. Die Stuhlreihen sind durch Bänder abgetrennt und an ihrem Eingang steht auf einem Schild: „Familie und Freunde". Außerhalb der Stuhlreihen stehen hunderte von Soldaten in Uniform, eine Blasmusikkapelle, Journalisten und viele hunderte von Menschen, Schaulustige, Trauernde, Reporter. Ich bin völlig sprachlos und eingeschüchtert. Die ersten Sitzreihen sind gefüllt, und ich höre tiefes Weinen und Schluchzen. Mir ist unendlich kalt, obwohl ich meinen dicken, schwarzen Daunenmantel trage, der bis zum Boden reicht. Ich wünschte, der Mantel könnte mich verschlucken. Ich erkenne unseren Bürgermeister und andere Würdenträger in schwarzer Kleidung.

„Mama, ich kann mich dort nicht hinsetzen", flüstere ich.

Sie nickt verständnisvoll, und wir wollen gerade die Sitzreihen verlassen, als Eriks Vater auf uns zustürmt. Uns in die Arme schließt. Weint. Hemmungslos. „Becca, Ingrid! Bitte, setzt euch doch zu uns. Bitte."

Wie automatisch laufe ich hinter Conrad und meiner Mama her. Wir setzen uns in die fünfte Reihe an den Rand. Ich fühle, wie ich angestarrt werde, wie viele Blicke der Menschen hinter der Absperrung sich in mein Gesicht und meinen Rücken bohren. Wie sie sich fragen, woher ich die Piloten kannte. Wie sie verstehen wollen, in welcher Verbindung wir zu ihrem Tod stehen. Ein grässliches Gefühl. Ich blicke zurück. In ihre Gesichter. Ich kann nicht weinen. Ich kann es einfach nicht.

In der ersten Reihe sehe ich Eriks Frau sitzen. Sie ist so groß wie ich, hat halblanges, blondes Haar. Rechts und links von ihr sitzen ihre beiden Töchter. Eine ist sechs Jahre alt, Eriks Tochter. Die andere ist elf, aus erster Ehe. Eriks Mutter Maria sitzt bei ihnen und Eriks Schwester Isabella und deren Mann. Alle weinen und schluchzen. Mama weint auch. Mein Körper fühlt sich an wie aus Beton. Ich spüre meinen Herzschlag nicht. Meine Arme und Beine sind kalt und unbeweglich.

Ich starre auf den Sarg mit der Deutschlandfahne. Oh mein Gott! Dort liegt er drin. Oder das, was sie noch von ihm gefunden haben. Wieder sehe ich das Profil von Eriks Frau. Sie hat eine feine, spitze Nase, und sie weint. Wie in Trance erlebe ich diesen Augenblick. Und plötzlich fällt es mir wie Schuppen von den Augen! Dort vorne. Dort vorne in der ersten Reihe. Das wäre mein Platz gewesen! Oh mein Gott! Ja! Das wäre mein verdammter Platz gewesen, hätte ich Eriks Antrag angenommen! Hätte ich damals an Weihnachten gesagt: „Ja, ich gehe mit dir." Hätte er mir verziehen, hätte er sie niemals geheiratet, wäre ich nicht nach Florenz gegangen … Diese Erkenntnis trifft mich wie ein Blitz, und ich zucke kurz zusammen.

Mama sitzt neben mir. Sie weint. Immer wieder wischt sie sich ihre Tränen ab. Beruhigend lege ich meine linke Hand auf ihr Knie. Für sie war Erik wie ein Sohn. Ich blicke nach vorn. Auf den Sarg mit der Flagge. Dann auf den anderen Sarg. Es ist der Sarg des Waffensystemoffiziers Constantin Hufmann. Auch seine Familie ist da, eine Frau mit zwei Töchtern. Bleich und geschockt sitzen sie da.

Ich kann nicht weinen. In mir ist alles starr. Von hinten sehe ich wieder seine Frau, ihr halblanges blondes, gestuftes Haar ist perfekt frisiert. Ich greife in meine Handtasche und fühle den Brief. Seinen Brief, den er mir vor Jahren geschrieben hat. Den Brief, den ich achtlos zu den anderen Briefen in eine beliebige Kiste geworfen habe. Die Kiste, die ich mit einem Band verschnürt habe. Ich habe so viele Jahre nicht mehr an diesen Brief gedacht, und plötzlich kam er mir wieder in den Sinn. Ich konnte ihn nach all den Jahren nicht einfach so öffnen. Also habe ich ihn in meine Handtasche gesteckt. Aber ich muss ihn öffnen, noch mal seine Zeilen lesen. Heute. Später. Allein. Oder besser nicht?

Eine Stimme aus dem Mikrofon durchbricht die gespenstische Stille und reißt mich aus meinen Gedanken: „Liebe Familie Hufmann, liebe Familie Sonnberg, liebe Angehörige des Jagdbombergeschwaders 32, liebe Kameraden aus Ramstein, Bann und Trier, sehr verehrte Trauergäste. Last Thursday we lost two of our comrades in a tragic airplane crash. We all suffer greatly from this loss. We mourn the victims of an accident which was unforeseeable. And as yet, we don't know what caused the accident. We can't comprehend what has happened, and our thoughts are dominated by one question: Why? We cannot understand why exactly this Tornado was affected, we cannot understand why it was this crew that was torn from our midst. Our sympathy rests …"

Breite, staubumwölkte Sonnenstrahlen brechen sich in ihren Weg in die eiskalte Halle und ich muss meine Augen gegen das Licht abschirmen. Mein Blick folgt ihnen, bis sie irgendwo zwischen den Särgen und den geparkten Tornados auf den grauen Betonboden treffen. Unweigerlich muss ich nach oben sehen. Die Sonne scheint. Helle, klare Strahlen und dunkelbraune Särge. Es ist wie ein Bild, das nicht stimmig ist, weil die Figuren entweder zu klein oder zu groß für den Rahmen sind.

Lange Zeit später löst sich alles auf. Mir war, als hätte ich Axel Sommer irgendwo gesehen, Eriks Freund. Mehrere Menschen haben gesprochen, die Militärkapelle hat gespielt, Reporter haben Fotos gemacht, Schaulustige haben geschaut, die vielen Soldaten haben sich aus ihrer Grundstellung gelöst, die Angehörigen sind zu den von der Bundeswehr bereitgestellten Bussen gegangen. Die Särge wurden weggebracht.

Mama ist nach Hause gefahren. Ich nicht. Ich fuhr woanders hin. Und nun bin ich hier. Auf dem Friedhof. In unserem Dorf, Hilberg. Allein. Ich musste hierherkommen. Morgen ist seine Beerdigung, und ich muss mich der Sache stellen. Ich muss sein Grab sehen. Muss das Loch in der Erde sehen. Vor der Beerdigung. Ich muss sehen, wie das ausgehobene Grab aussieht. Mich konfrontieren. Ich kann meine Absätze auf dem Kies knirschen hören. Der Friedhof ist menschenleer.

Doch irgendwie gehe ich nicht zu der Stelle des Aushubs, sondern lande vor dem Aussegnungshaus. Es ist ein kleines Haus, weiß gestrichen. Über dem Eingang steht: *„Selig sind, die im Herrn sterben."* Die Tür ist offen. Ein Mitarbeiter des Bestattungsunternehmens werkelt in dem Raum herum. Fegt, bringt frische Blumen, Kränze. Ein Sarg steht mitten im Raum.

Groß und dunkelbraun. Das Holz glänzt und riecht frisch. Plötzlich stellt er ein Namensschild neben den Sarg. Mit kleinen, einzeln gedruckten Buchstaben. Dort steht: „ERIK ALEXANDER SONNBERG, * 5.2.1973, + 9.12.2004."

Sein Sarg ist bereits hier? So schnell? Ich höre mich tief einatmen und den Atem anhalten. Meine Beine sind ganz steif, und meine Seele ist es auch. Wie aus Stein. Ich bleibe im Türrahmen stehen, will die Schwelle dieses Raumes nicht übertreten. Draußen höre ich Vogelgezwitscher und leichten Wind. Keine Autos, keine anderen Menschen. Nichts. Es fühlt sich so an, als ob die Welt aufgehört hätte, sich zu drehen, und ich und der Bestattungshelfer in diesem Moment die einzigen Personen auf der Welt wären.

Der Bestattungshelfer, ein Mann Mitte vierzig mit schütterem braunen Haar, dreht sich plötzlich zu mir um und fragt: „Kannten Sie ihn?"

Meine Beine tragen mich nun doch in den abgedunkelten Raum mit den grauen Vorhängen bis zum Boden, und ich sage: „Ja."

„Mein Beileid", antwortet er schnell und ohne jegliche Emotion. „Kannten Sie ihn gut?"

Wieder trete ich ein Stück weiter in den Raum an Eriks Sarg heran. „Ja, ich kannte ihn gut."

Für einen kurzen Augenblick blitzt Mitgefühl in seinen Augen auf. „Wirklich tragisch. Sein Tod."

Mein Herz klopft nun immer heftiger, und ich kann nicht glauben, dass ich tatsächlich vor Eriks Sarg stehe. Nur er und ich. Ich wollte ihm doch noch so viel sagen. Erklären. Völlig starr lege ich meine rechte Hand auf das eiskalte Holz. Sonnenstrahlen finden wieder ihren Weg in den abgedunkelten Raum. Die Sonne. Wie kann sie nur jetzt scheinen?

Der Bestattungshelfer stellt drei große, dunkelrote Grabkerzen auf je eine Seite des Sarges. Die Kerzenständer sind kupferfarben und scheinen sehr schwer zu sein. Er zieht und schiebt, und durchbricht die unendliche, gespenstische Stille des Raumes. Dann hält er mir plötzlich ein riesiges Stabfeuerzeug hin. „Möchten Sie vielleicht seine Grabkerzen anzünden? Sie waren doch befreundet?"

Verwirrt löse ich mich aus meiner Starre, nehme das

Stabfeuerzeug entgegen. Befreundet! Ich blicke auf seinen Sarg, dann zünde ich alle Kerzen an. Was für ein Bild. Sechs brennende große Kerzen um den dunklen Sarg – einen Moment lang präge ich mir dieses Bild ein. Und bin dankbar, dass ich allein Abschied nehmen kann – ein Abschied für immer. Ohne Eltern, ohne Ehefrau, ohne Soldaten, ohne Reporter, ohne Tornados, ohne Fliegerkameraden, ohne Kameras, ohne Presse, ohne Blasmusikkapelle.

Und plötzlich ist der Mann mit den schmalen Schultern ohne Bartwuchs weg. Er hat die Tür hinter sich verschlossen. Wir sind allein. In diesem Raum. In einem Leichenhaus. Es ist jetzt vollkommen ruhig und die Luft umhüllt mich wie ein Vakuum. Ich höre nur mich. Spüre mich tief ein- und ausatmen, ob der Absurdität des Augenblicks. So habe ich mir unser Aussprechen nicht vorgestellt.

Der Brief! Ja, schon wieder habe ich ihn fast verdrängt. Dein letzter Brief, als wir noch ein Paar waren. Ob das der richtige Augenblick ist, ihn wieder zu öffnen? Nach all den Jahren? Hier im Leichenhaus? Nein, es ist der absurdeste Moment, den man sich nur vorstellen kann! Aber ich muss ihn noch einmal lesen. Mit klammen Fingern hole ich den Brief aus der Handtasche. Blaues Luftpostkuvert mit einem altmodischen Fliegerportrait als Briefmarke. Ich rieche daran und verziehe das Gesicht. Viele Jahre im Keller haben ihre Spuren hinterlassen. Er riecht modrig. Mit Blick auf den Sarg öffne ich vorsichtig den Umschlag. Meine Finger sind unbeholfen.

Sheppard Air Force Base, August 1995

Liebe Becca

Sie ist angezündet, meine Zigarette – eine Marlboro

Und die Musik läuft gerade an – „Living on a prayer“

Die langsame Version von Bon Jovi

Und ich denke an Dich.

All die Wochen, Monate und Jahre mit Dir
Waren unbeschreiblich. Ich sehe Dich,
wie Du vor mir stehst.
Mit deinen Sommersprossen auf der Nase
und Deinem lauten Lachen.
Und ich denke an Dich.

Niemand hat mich so berührt wie Du.
Niemand hat mich so wütend gemacht wie Du.
Niemand hat mich lauter zum Lachen gebracht als Du.
Niemand hat mich in meinem Traum, Pilot zu werden,
mehr unterstützt als Du.
Und ich denke an Dich.

Du bist in Deutschland und ich hier.
Um meinen Traum zu leben. Zu fliegen.
Aber mein Traum ist nichts – ohne Dich.
Nun sind wir getrennt, und mein Traum ist ein Nichts.
Und ich liebe Dich.

Wenn mein Traum vom Fliegen uns trennt, dann sag es mir.
Wenn die Meilen uns trennen, und wir
Missverständnisse entwickeln,
dann sag es mir. Ich gebe das Fliegen auf.
Und ich liebe Dich.

Die Zigarette ist aufgeraucht, ich habe geweint. Als Mann.
Das Lied ist zu Ende, Becca.
Soll ich aufhören?
Ich liebe Dich. Bis in die Ewigkeit.

Dein Erik.

Ich schlage die Hände vors Gesicht. Meine Beine zittern und wollen einknicken. Ich lasse den Brief fallen. Immer wieder schlage ich mir die Hände vors Gesicht. Höre mich schwer atmen, und plötzlich kommen Tränen. Viele Tränen. Bäche von Tränen. In einem Raum mit einem Sarg. Ich höre mich weinen und lege meine Hand auf den Sarg. „Erik. Es tut mir leid! Ich habe dir nie geantwortet. Wie konntest du nur abstürzen? Warum? Warum ist das passiert?"

Die Tränen wollen nicht aufhören. Langsam verschwindet das Sonnenlicht. Es wird immer dunkler. Nur das Licht der sechs Grabkerzen erhellt den Raum. Wir sind immer noch allein. In meinem Kopf ist alles wirr. Chaos. So viele Fragen. Keine Antworten. Nur die Entsetzlichkeit des Augenblicks.

Irgendwann ist es draußen dunkel. Ich hebe den Brief auf und stecke ihn in das Kuvert. Dann schließe ich die Tür, der altmodische Faltenvorhang schwingt ein wenig hin und her, und blicke ein letztes Mal zurück.

Ich blicke nach oben. Die Sonne scheint. Wieder. Als verhöhne sie mich. Siehst du, das Leben geht weiter. Alles geht weiter. Schlimme Dinge passieren, Menschen sterben, aber alles geht weiter. Ich scheine, und du kannst nichts dagegen tun.

Die Messe war sehr bewegend. Axel Sommer, er ist im gleichen Geschwader geflogen wie Erik, hat eine sehr berührende Rede gehalten. Es waren die Worte nicht nur eines Kameraden, sondern die eines besten Freundes.

Der Friedhof ist voller Leute. Kein Platz, keine Stelle, kein Kieselstein ist mehr frei, an dem nicht schwarz gekleidete Menschen stehen. Alles ist gedrängt und eng. Wieder viele Soldaten in blauen Luftwaffenuniformen. Kränze, wohin das Auge reicht. Ich kann kaum glauben, dass der gleiche Ort gestern menschenleer war. Beim Gang von der Kirche hierher läutete eine Totenglocke, bei deren Klang sich bei mir alle Haare aufstellten.

Paul und ich stehen in der dritten Reihe vor dem Leichenhaus, wo gerade Eriks Sarg von jeweils drei jungen Männern auf einer Seite geschultert wird. Verkrampft und dankbar drücke ich Pauls

Hand immer fester. Sein Blick ist fest. Geradeaus. Meine Eltern stehen direkt hinter uns. Mama weint immer wieder. Papa verzieht keine Miene, aber ich kann sehen, dass er mit den Tränen kämpft. Er hat Mamas Hand genommen und hält sie fest. „Che incidente tragico! Er war ein guter Junge“, sagt er zu mir und schluckt. Durch einen kleinen Spalt zwischen zwei schwarzen Mänteln hindurch sehe ich Eriks Eltern und Eriks Frau hinter dem Sarg gehen.

Carrie scheint vollkommen gebrochen zu sein. Oh mein Gott! Ihre Beine knicken ein, und sie fällt auf den harten Kies. Erschrocken schlage ich mir die Hand vor den Mund.

Vor vielen Jahren waren wir uns einmal zufällig auf der Straße begegnet. Dabei betrachtete sie mich mit leichter Abscheu. Ich fühlte mich wie Straßenköter, vor dem man die Straßenseite wechseln muss, weil er hässlich und verlaust ist. Es war schrecklich, aber heute ist nichts von diesen Gefühlen mehr in mir. Im Gegenteil.

Von irgendwoher greifen zwei starke Hände unter ihre Achseln und helfen ihr auf. Eine übergroße Welle von Mitgefühl überschwemmt meinen Magen, und ich starre auf die Kieselsteine zwischen den Grabsteinen. In Gedanken schicke ich ihr all meinen Trost.

Es hat geschneit, und über allen Gräbern liegt eine weiße, eiskalte Schneedecke.

Ich kann der ganzen Zeremonie kaum folgen. Das alles scheint so unwirklich, so gespenstisch. Irgendwann stehen Paul und ich in einer langen Schlange vor Eriks Grab. Die Menschen werfen je eine Rose in das Erdloch und gehen weiter. Jetzt sind wir dran. Ich trete vor und blicke hinab. Sein Grab ist tief. Viel tiefer, als ich dachte. Wird man wirklich so tief vergraben? Die Erde ist nass und riecht modrig. Kleine Wurzeln stehen heraus.

Eriks Vater steht zusammen mit Eriks jüngster Tochter Laura neben dem kleinen, hellen Holzkreuz.

Ich möchte ihm die Hand geben, doch plötzlich stürmt er auf mich zu und reißt mich in seine Arme. Er schluchzt. „Oh, Becca. Oh mein Gott! Komm her.“ Er erdrückt mich fast.

Meine Arme halten ihn fest, so als könnten sie durch ihren Druck Trost ausströmen. Ich muss schlucken, fühle Bestürzung,

Beklemmung und Schuld gleichzeitig. Die Schlange kommt nun zum Stehen. Alle sehen uns an. Mein Gott, ich erinnere mich, er hat mich damals vor die Wahl gestellt, mit dem Fliegen aufzuhören. Es fällt mir schwer, Conrad in die Augen zu sehen. Aber ich hätte dir doch niemals das Fliegen absprechen können! Es war dir doch so wichtig. Nein, das hätte ich niemals getan! Du und Flugzeuge, ihr gehörtet einfach zusammen.

Viele Augenblicke später löse ich mich, werfe eine Rose auf den Sarg und gehe zu Eriks Frau. Mein Herz klopft heftig. „I feel so sorry for you." Ich gebe ihr die Hand und sehe sie lange an.

Sie nickt verweint, und ihre Augen sagen: „Thank you so much."

Als ich einen Schritt zurücktrete, um weiter zu gehen, treffen sich unsere Blicke noch einmal und ihrer wird weicher, sodass sie für einen Moment wie ein ganz anderer Mensch aussieht. Sie tut mir so furchtbar leid. Ich hätte nie gedacht, dass ich das einmal tun würde. Dass ich das einmal sagen würde. Wie gern würde ich ihn ihr wiedergeben. Dann umarme ich Eriks Mama und sie nimmt mich dankbar in den Arm.

All die Jahre bei Sonnbergs waren wie ein zweites Zuhause für mich gewesen. Sie erscheinen jetzt blitzartig vor meinem inneren Auge, schnelle Bildfolgen ohne Ton, wie wir Pizza gegessen haben auf der Terrasse, und Maria Erik und mich ermahnt hat, wir sollten jetzt endlich Jacken anziehen, es wäre zu kalt.

Eriks Schwester Isabella wischt sich immer wieder die Tränen aus den Augen. Obwohl ich die Sonnbergs so viele Jahre kaum gesehen habe, spüre ich immer noch die Wärme und das Band zwischen uns. Dieser furchtbare Augenblick zwischen den Grabsteinen kommt mir so unwirklich vor, so als ob ich gar nicht real hier wäre. Nur eine Kopie von mir ist hier … auf seiner Beerdigung.

Paul und ich stellen uns nun ganz weit weg an den Rand der Friedhofsmauer. Die Reihe der kondolierenden Menschen setzt sich, nach unserer Pause, wieder fort. Rosen und Erde fallen ins Grab. Bille hatte verdammt noch mal unrecht, du hast es sehr ernst gemeint. Ob mit mir oder deiner Frau …

Ich nehme Pauls Hand und flüstere: „Danke, dass du jetzt bei mir bist."

Paul lächelt mitfühlend, und trotz der Kälte und Entsetzlichkeit, fühle ich ein warmes Gefühl in meinem Herzen. „Lass uns nach

Hause fahren“, sage ich mit leiser Stimme.

Er sieht mich an. „Gut, dann fahren wir.“

Kapitel 28

Nach Weihnachten 2004

Ich traue meinen Ohren nicht. „Und ihr wollt wirklich nach Ibiza fliegen? Ich hätte niemals gedacht, dass Papa mal in einen Flieger steigt. Wo er doch so an Flugangst leidet!"

Mama spült ein paar schmutzige Teller ab und taucht ihre Hände andächtig in den Schaum, so als meditiere oder bete sie. Sie hat Abwaschen schon immer geliebt. Ein Tick, den ich noch nie verstanden habe. „Ja, unglaublich, nicht wahr? Nächsten Frühling."

„Vor ein paar Jahren wolltet ihr euch noch scheiden lassen …"

„Ach, Becca, alte Bäume verpflanzt man nicht mehr."

Irgendwann wurden die Streitereien weniger. Hat der Besuch in Sizilien etwas bewirkt? Haben Nonna und Nonno mit ihrem Sohn gesprochen? Er wurde viel ruhiger und weniger explosiv. Mama parkt das Auto immer noch falsch in der Garage, aber er sagt nichts dazu. Auch Mama ist anders, vor allem seit der Krebserkrankung. Gelassener und nicht sofort beleidigt.

„Bist du glücklich?"

Sie hält kurz inne und sieht mich an. „Dein Vater und ich, wir hatten viele Eheprobleme, meine Krebskrankheit, die Chemotherapien, die Brustoperation, aber es wird schon. Ich glaube sogar, dass der Krebs uns beide wieder etwas nähergebracht hat. Stell dir vor, er hat aufgehört zu rauchen", schmunzelt sie. Sie taucht ihre Hände wieder tief in den Schaum des Spülwassers, und ihr Blick schweift in die Ferne.

Ich sitze am Küchentisch, und wie immer hat Mama eine roséfarbene, abwischbare Blumentischdecke aufgelegt. Ich fahre die Blütenstiele mit dem Finger nach. „Mama, habe ich Schuld an Eriks Tod?" Die Frage kommt aus mir herausgeschossen.

Eine eigenartige Stille entsteht. Plötzlich dreht sie sich um, trocknet ihre Hände an einem Geschirrtuch ab, setzt sich neben mich und fasst mich am Kinn. „Nein! So etwas darfst du nicht einmal denken! Es war ein fürchterlicher Unfall. Ein tragisches Unglück. Was solltest du damit zu tun haben?“

Ich nehme ihre Hände von meinem Kinn und stehe auf. Mein Magen fühlt sich winzig und erdrückt an. „Ich habe es dir nie erzählt“, beginne ich.

„Was genau meinst du?“

Ich atme tief ein, laufe hin und her, zögere. „Nach unserer Trennung war Erik noch einmal hier. Ihr wart im Urlaub. Wir unterhielten uns, wie lachten, wir kamen uns wieder sehr nah, und wir … schliefen miteinander. Es war wunderschön. Vertraut. Doch am morgen hat er mich zurück gelassen und meinte, einen Fehler gemacht zu haben. Es war so demütigend. So furchtbar. Ich habe ihn so sehr gehasst!“

Meine Mutter nickt, sagt aber nichts.

„Ich fühlte mich benutzt und weggeworfen. Da habe ich sein Bild genommen, es angeschaut und ihm den Tod gewünscht. In einem Tornado. Oder zumindest habe ich gesagt, dass es mir völlig egal sei, wenn ihm etwas passieren würde.“ Ich bleibe vor ihr stehen.

Meine Mutter erhebt sich. Sie ist viel kleiner als ich, und ihr Haar beginnt, an den Schläfen grau zu werden. Sie hat Tränen in den Augen. „Becca, es war ein Unfall und nicht deine Schuld. Wir haben diese Macht nicht. Du hast das zwar gesagt, aber nicht so gemeint. Du warst verletzt und geschockt. Kind, Menschen sagen viel, was sie nicht meinen. Es war ein schlimmer Unfall. Die Bundeswehr ist gerade dabei, herauszufinden, was passiert ist.“ Sie streicht mir über die Haare – ein tröstliches Gefühl. Kopfschüttelnd steht sie vor mir. „Mein Gott, du musst furchtbar gelitten haben! Wieso hast du nie etwas erzählt? Du hast dich völlig zurückgezogen, bist weggegangen, hast dich uns allen verschlossen.“

Tränen laufen mir über die Wangen, und sie sieht mich hilflos an. „Weiß nicht. Ich wollte erwachsen sein. Die Sache mit mir selbst ausmachen. Schließlich habe ich ihn zurückgewiesen. Ich dachte, ich hätte kein Recht darauf, verzweifelt zu sein.“ Es fällt mir schwer, vor ihr zu weinen, aber ich kann die Tränen nicht mehr zurückhalten. Der Kloß in meinem Hals schmerzt beim Schlucken.

Mama nimmt mich in den Arm. „Ach, Becca!“

Die Tränen kommen jetzt lautlos und fühlen sich befreiend an. Ich habe kein Taschentuch und meine Nase läuft. „Warum hat er das gemacht? Wieso lässt er mich zurück? Ich habe ihm vertraut!“

Mama geht einen Schritt zurück und nimmt mein Kinn wieder in ihre Hände. „Ich denke, Erik war völlig vernarrt in dich. All die Jahre. Vielleicht wollte er, dass du ihm nachläufst, ihn zur Rede stellst, ihm zeigst, dass du ihn liebst? Hast du das jemals getan?“

Überrascht starre ich sie an. Daran hatte ich noch nie gedacht.

„Es wäre möglich. Ich habe Erik immer als liebevollen Menschen gesehen. Dein Vertrauen so zu missbrauchen, das passt überhaupt nicht zu ihm.“

Wir setzen uns wieder. „Vielleicht wollte er auch Abschied nehmen oder dich deinen eigenen Weg gehen lassen, wer weiß? Aber dich benützt … Nein, ganz bestimmt nicht.“

Das Gefühl heißer Kohlen in meinem Bauch verschwindet langsam. Lange Zeit sagen wir beide nichts. Dann breche ich das Schweigen: „Morgen ist doch deine Krebsnachsorgeuntersuchung? Möchtest du, dass ich dich begleite?“

Mai 2005, E-Mail von Marcello

Von: Marcello Rossero

An: Becca Santini

Betreff: Du heiratest!!!!!!!!!!?

CC:

Datum: 05.05.2005

Ciao bella Becca,

wann hattest du vor, mir zu sagen, dass du einen Freund hast? Wann hattest du vor, mir zu sagen, dass du dich verliebt hast? Wann zum Teufel hattest du vor, mir zu sagen, dass du mit einem Mann zusammen wohnst?

Becca Santini, du bist unmöglich! Ich halte gerade die Einladung zu deiner Hochzeit in den Händen (!) und kann es immer noch nicht fassen. Wahnsinn! Becca Santini wird heiraten! Ich freue mich und bin sprachlos. Er muss ein Held sein! Er muss ‚Batman' sein! Oder der ‚Zauberer von Oz' der dich verzaubert hat. Oder ‚Hannibal Lecter' und er hält dich gefangen. Du bist wirklich unmöglich! Du hättest mich vorwarnen können! Mein Herz blutet ein bisschen, aber gut, Weiwei und ich werden kommen. Dieses Spektakel möchte ich mir nicht entgehen lassen! Möchte wirklich wissen, was an diesem Paul so besonders ist! ;-)

Becca vor dem Traualter in einem weißen Brautkleid! Incredibile!!!

Ciao ciao bellissima

Sei pazza!

Marcello

PS: Du bist doch nicht etwa schwanger???

August 2005, Augsburg

„Hast du die Liedblätter für die Kirche kopiert?", frage ich Paul. Ich habe unerträgliche Kopfschmerzen. Zwei große imaginäre Presslufthämmer meißeln unablässig hinter meinen Schläfen und obwohl ich meine Zeigefinger rhythmisch kreisend in meine Schläfen bohre, habe ich das Gefühl die Schmerzen werden immer noch schlimmer.

„Ja, habe ich", antwortet Paul gelangweilt.

„Und die kleinen Seidenbänder für die Liedblätter?" Ich sitze an unserem Esszimmertisch und sortiere Unterlagen für die Hochzeit.

„Ach die! Oh Mist, die habe ich vergessen."

„Vergessen? Wir heiraten in wenigen Tagen! Das ist nicht dein Ernst! Die habe ich farblich zum Papier abgestimmt", knurre ich und versuche nicht zu schreien.

„Entschuldigung. Ich habe so viel um die Ohren gerade. Unsere neue Maschine muss bald auf die Messe", erklärt Paul entschuldigend.

„Oh Mann. Ich habe den gesamten Blumenschmuck für die Kirche und den Saal allein organisiert! Bin bis nach Landsberg zu diesem besonderen Blumenladen gefahren, habe alles allein ausgesucht! Die Verkäuferin meinte, wenn die Bänder nicht abgeholt werden, sind sie weg. Eine andere Kundin hätte auch schon Interesse angemeldet. Alles musste ich allein machen. Du warst nie dabei! Heute Nachmittag habe ich mit dem DJ die Lieder besprochen, mit der Leiterin des Chors für die Kirche telefoniert und du kannst nicht einmal an eine Sache denken!“ Wütend stehe ich auf.

„Becca, es tut mir leid. Es sind doch nur irgendwelche Bänder.“

Jetzt reicht’ s. Ich baue mich vor ihm auf. Das ist nicht sein Ernst! „Ich hatte auch Stress in den vergangenen Wochen! Ich hatte mündliche Prüfungen für mein zweites Staatsexamen, ich habe meine zweite Zulassungsarbeit geschrieben, meine dritte Lehrprobe abgehalten und trotzdem die Hochzeit organisiert!“

Paul atmet tief durch und sieht nachdenklich auf mich herab. „Und viel zu wenig gegessen. Seit Wochen isst du kaum. Du bist viel zu dünn geworden!“ Seine Stimme bleibt fest und ruhig.

„Was soll das denn jetzt? Ich esse so viel wie ich will! Zurzeit habe ich eben keinen großen Hunger!“

„Du bist zu dünn geworden. Du machst dir in allem zu viel Stress. Immer muss alles perfekt sein.“ Jetzt ist seine Stimme etwas lauter geworden.

„Aha? Perfekt! Bin ich dir jetzt zu perfekt oder was? Zu dünn? Zu pedantisch? Zu spießig?“ Heiße Wut brodelt in mir, und ich kann mich kaum noch zurückhalten.

Paul sieht mich an, seine Augen verengen sich zu kleinen Schlitzen. Er hat sich vor mir aufgebaut wie ein Turm. Ein sehr hoher Turm. „Deine Nasenflügel beben“, sagt er gelassen, obwohl ich weiß, dass auch er aufgebracht ist.

Was? Scheiß drauf! Ich bin wütend! „Willst du mir etwa sagen, dass ich zu spießig bin?“ Jetzt muss ich laut einatmen.

Seine Miene ist ausdruckslos. „Seidenbänder! Für die Liedblätter in der Kirche! Wir können auch ohne die blöden Bänder heiraten!“

Ich halte es nicht mehr aus. „Blöde Bänder? Ich hatte sie farblich abgestimmt! Idiot! Ich habe in fünf verschiedenen Geschäften nach der richtigen Farbe und Breite gesucht. Du solltest sie lediglich abholen!“ Voller Zorn fege ich alle Blätter vom Esstisch, bemüht, dabei besonders viel Lärm zu machen.

„Heb sie wieder auf!“

„Nein, tu ich nicht!“

„Heb diese Blätter wieder auf, verdammt noch mal!“

„Nein, tu ich nicht. Heb sie doch selber auf!“

„Du bist stur, rechthaberisch und aufbrausend!“

„Und du hattest mir versprochen, zu helfen! Ich kann mich nicht auf dich verlassen! Du hattest es versprochen!“

„Du kannst dich immer auf mich verlassen. Das weißt du! Das sind doch nur blöde Bänder gewesen!“ Pauls Stimme ist nun dunkel und bedrohlich. Seine Augen lassen keinen Widerspruch mehr zu.

„Selbstgerechter Idiot!“, schreie ich.

„Du musst nicht so schreien, ich kann dich gut hören.“

Jetzt brechen alle Dämme, und ich trete vor ihn und schubse ihn.

Er tritt noch nicht mal einen kleinen Schritt nach hinten, Mann! Er ist einfach zu groß und zu kräftig!

Paul atmet hörbar ein. „Jetzt reicht es! Heb diese verdammten Blätter wieder auf!“

Meine Augen schicken böse Blitze, und ich kann fühlen, dass meine Nasenflügel gegen meinen Willen beben. „Einen Mann, auf den ich mich nicht verlassen kann, und der mich nicht ernst nimmt, den kann ich doch nicht heiraten! Niemals!“ Der Satz kam wie mit einer Kanonenkugel geschossen, und Paul hält plötzlich inne. Ich nehme meine Jacke, stürme zur Tür hinaus und werfe diese mit einem lauten Knall ins Schloss.

Ich laufe und laufe. Stürme den langen Gang hinunter. Nehme zwei Stufen auf einmal und stolpere fast, reiße die Eingangstüre unseres Wohnhauses auf, stoße mit unserer verwunderten Nachbarin Frau Keller zusammen, rappele mich auf, renne über den mittleren Graben, dann in die Altstadt – das Kopfsteinpflaster ist eine Zumutung für meine Absätze, aber heute ist es mir egal – weiter Richtung Elias-Holl-Platz, nehme die vielen Stufen zum

Rathausplatz und bleibe dann oben stehen. Völlig außer Atem!

Der Platz ist fast leer, nur hier und da streunen Nachtschwärmer herum. Ich kann nicht genau sagen, warum ich ausgerechnet hierher gelaufen bin, aber irgendwie musste ich einfach raus, weg, weg von Paul, weg von allem. Ich zwinge mich, langsam zu gehen und setze mich dann an den Augustus Brunnen, winkele die Knie an, verberge mein Gesicht in meinen Händen und weine. In der Öffentlichkeit. Ach du heilige Scheiße!

Kapitel 29

Jagdbombergeschwader 32, Lechfeld

Viele Bilder entstehen in meinem Kopf.

„Beeindruckend, nicht wahr?“ Axel Sommer steht neben mir und trägt einen Fliegerkombi mit vielen Flugzeugpatches drauf, ein Tornado ist auch dabei.

Das Wetter ist klar, nur ein paar Wolken tummeln sich am Himmel vom Jagdbombergeschwader 32. Wir stehen mit dem Blick zur Start- und Landebahn, und gerade sind zwei Tornados in Zweierformation gestartet. Auf einem weißen, quadratischen Schild zur Startbahn steht: „C 21“.

„Ja, sehr beeindruckend. Und sehr laut! Die Nachbrenner machen einen ganz schönen Krach“, schreie ich ihn an.

„Oh ja! Die sind ganz schön laut. Lange her, dass wir uns gesehen haben. War gar nicht so einfach, dich heute hier rein zu bekommen, aber ein paar Anrufe hier und da, und dann ging's.“

Endlich lässt der Krach nach, die Jets verschwinden langsam am Himmel, und wir müssen nicht mehr schreien.

„Ja, das letzte Mal war auf Sheppard Air Force Base in Texas.“

„Stimmt, lange her. Wieso habt ihr euch getrennt? Das habe ich nie verstanden?“

Ich lasse meinen Blick über den riesigen Platz um die Start- und Landebahn schweifen. Was für Flächen! Dort drüben links ist der Tower. Wahnsinn, ist das hier groß. „Weißt du, das ist kompliziert. Aber einfach gesagt, an Eriks Seite wäre mein Leben für die nächsten Jahre genau geplant gewesen: Verlobung, Heirat, Kinder, Familie. Das war Eriks Plan. Das hat mir damals Angst gemacht und mich eingeengt.“

Axel nickt verständnisvoll und kratzt sich am Kinn. Seine braunen Haare sind ganz kurz geschnitten. „Verstehe. Und jetzt möchtest du wissen, warum der Unfall passiert ist“, sagt er und zündet sich eine Zigarette mit einem Zippo an. Er hat eine Ray-Ban-Sonnenbrille auf – ganz wie in Top Gun.

„Ja, ich möchte es verstehen“, erkläre ich und lehne die Zigarette ab, die er mir anbietet.

Er nimmt ein paar Züge ohne zu antworten, und wir sehen, wie zwei weitere Tornados zur Startbahn rollen.

„Der offizielle Unfallbericht ist noch nicht raus, und ich dürfte eigentlich auch nicht mit dir sprechen, aber … scheiß drauf. Ich werde es dir sagen.“ Er nimmt weitere Züge und beobachtet die heranrollenden Tornados. „Also, an diesem Donnerstag war mieses Wetter. Der totale Nebel. Mehrere von uns sind schon in Zweier-Formation gestartet. Es sollte nach Ramstein gehen“, beginnt er, hält kurz inne und kickt einen Stein mit dem Fuß weg. „Ach! Es war eine ganze Reihe von Handlungsketten, die falsch liefen.“

„Zweier-Formation heißt, dass ein Jet die Führung übernimmt und der zweite Jet sich auf ihn einstellt – sozusagen der Flügelmann ist. Er fliegt nicht nach den Instrumenten, sondern nur auf Sicht“, fahre ich fort und sehe Axels Verwunderung.

„Stimmt. Vollkommen richtig. Ich hätte fast vergessen, dass du mit einem Piloten zusammen warst. Gut, Erik war Flügelmann und sollte Richtung Süden starten. In der Startposition war er links, und sein Führungsjet war rechts. Die Startposition wurde kurz vor dem Flug noch geändert. Zuerst sollte Erik rechts starten. Um nach Ramstein zu fliegen, mussten sie also eine Linkskurve nach Norden fliegen.“

„Verstehe.“

„Sie starteten und sollten den Nachbrenner gleichzeitig ausschalten, um dann in derselben Geschwindigkeit weiterzufliegen. Die Jets fliegen dabei nur wenige Meter voneinander entfernt. Die Nachbrenner wurden allerdings unterschiedlich ausgeschaltet – ein Fehler des Führungspiloten –, durch den Nebel verlor Erik seinen Führungsjet aus der Sicht. Der Führungsjet drehte nach rechts ab, wie er es in einem solchen Fall gelernt hatte.“

„Ein roll out“, füge ich hinzu.

„Ja, richtig. Erik zog seinen Jet nach links – wie er es in demselben Fall gelernt hatte – flog aber somit Richtung Boden. Er war ja auf Sicht geflogen und der Führungsjet hatte eine Vollbremse vollzogen. Er wollte auf keinen Fall den Führungsjet berühren. Der war aber schon weg. Als er unten aus dem Nebel herauskam und diese fatale Tatsache bemerkte, war er schon über den Baumwipfeln und konnte nichts mehr tun. Die Sinkgeschwindigkeit des Tornados ist enorm. Er hätte mehr Zeit gebraucht, um die Nase des Jets wieder nach oben zu bringen. Wessen Fehler war es nun? Der des Nebels? Der des anderen Piloten? Derjenigen, die die Startposition verändert hatten? Des Schicksals? Wie auch immer, es war zu spät. Erik und Constantin säbelten die Baumspitzen ab, stürzten nach unten und explodierten auf dem Boden. Der ganze Wald war ein Flammenmeer. Das alles geschah nur ungefähr 90 oder 95 Sekunden nach dem Start."

Die beiden Tornados vor uns bringen sich in Startformation. Axel wirft seine Zigarette schwungvoll auf den Boden und zerdrückt sie.

„Verstehe. Der Nebel, die Startposition, das Ausschalten der Nachbrenner, die Zweierformation, …", überlege ich laut und versuche, das alles einzuordnen.

Axel berührt mich kurz am Arm. „Ja, war eine Verkettung vieler Punkte. Aber wir sind alle nur Menschen."

„War er glücklich mit seiner Frau?", frage ich vorsichtig und ziehe meinen Schal enger.

„Ja, denke schon. Ich würde sagen, das war er. Erik war ja ein richtiger Familienmensch. Er wirkte sehr gelassen und zufrieden, vor allem als Vater. Und du? Du hast einen Freund, nicht wahr? Wie heißt er?"

Die zwei Tornados vor uns starten plötzlich in einer wahnsinnigen Geschwindigkeit, und der Lärm der Nachbrenner ist so groß, dass ich mir die Ohren – trotz Ohrstöpseln – zuhalten muss. Ich habe das Gefühl mein Trommelfell platzt gleich. Dieses Mal fliegen sie Richtung Norden und somit keine Kurve. Axel, ebenfalls mit Ohrstöpseln bewaffnet, sieht den beiden Jets nach, lacht mich aus und wartet auf meine Antwort.

„Paul!", schreie ich in seine Ohren. „Er heißt Paul!"

Die Jets sind verschwunden. Wir nehmen beide die Ohrstöpsel heraus. Axel hebt eine Augenbraue und fragt: „Hast du noch etwas Zeit, Becca? Ich habe Dienstschluss und möchte dir noch etwas zeigen."

Wir drehen der Startbahn den Rücken zu und laufen zurück.

„Klar, was ist es denn?", frage ich verwundert und hake mich bei ihm unter.

Er antwortet nicht. Wir laufen an einem hässlichen Betonflachbau vorbei – das Staffelgebäude der Flying Monsters –, bis wir schließlich bei seinem Motorrad stehen bleiben, einer schwarzen Ducati. Axel lässt die Maschine an, holt einen zweiten Helm und einen Nierengurt aus dem Kofferraum der Maschine und hält ihn mir hin.

„Ich soll mit dir Motorradfahren?", frage ich ungläubig.

„Hier zieh den Nierengurt an, bitte. Weiß dieser Paul, was für einen schönen Fang er gemacht hat?" Axel hilft mir, den Helm aufzusetzen und macht den Verschluss enger.

„Ja, ich denke schon", antworte ich brav und unentschlossen. Gott, als ich nach Hause kam, war Paul im Wohnzimmer und sah aus dem Fenster. Er war sichtlich froh, mich zu sehen, wollte schon aufspringen, tat es aber dann doch nicht und blieb stumm. Und ich sagte auch nichts, ging ihm aus dem Weg. Wie sehr mir seine Nähe fehlt! Seine Umarmung, sein Geruch, seine Zuversicht …

„Gut, lass uns losfahren. Ist nicht weit weg."

Ich setze mich hinter ihn auf das Motorrad, schlinge meine Arme um ihn. Wir fahren durch die Schranke und biegen rechts ab. Richtung Jesenwang. Jesenwang? Dort hatte ich vor vielen Jahren den schlimmen Autounfall …

Es geht weiter, vorbei an vielen Feldern. An der nächsten Kreuzung biegen wir wieder rechts ab und fahren eine Weile geradeaus. An einem Schild „Naturfreundehaus" biegen wir erneut rechts ab und fahren den schmalen Weg entlang bis zu einer Natursporthütte.

Axel hält an und schaltet den Motor ab. „Wir sind da", sagt er freundlich und nimmt mir den Helm ab.

„Aha? Wo sind wir denn? Und was möchtest du mir zeigen?"

Die Fahrt hat keine zehn Minuten gedauert. Der Weg geht in einen Waldweg über, der einen langen Bogen nach links macht, um dann im dichten Gehölz zu verschwinden. Es ist sehr still, man hört nur den Wind und das Rascheln der Blätter.

„Komm mit, dann zeige ich es dir", sagt Axel und nimmt mich an der Hand.

Wir gehen den Waldweg entlang. Der Wind ist lauter geworden. Meine braunen Lederstiefel mit Absatz bleiben bei jedem Schritt etwas im Boden stecken. Irgendwann sind wir mitten im Wald. Nach einigen Minuten bleibt er abrupt stehen und sieht mich an. Sehr viel ernster als vorhin.

Und plötzlich dämmert es mir. Er will mir die Absturzstelle zeigen. Oh mein Gott! Mir wird ganz komisch und ich lasse seinen Arm los. „Hier? Hier ist es passiert? Du willst mir die Absturzstelle zeigen?", frage ich fast stimmlos.

„Sie war lange Zeit Sperrgebiet und ist erst seit einiger Zeit wieder für jedermann zugänglich. Wenn du hier durchgehst, kommst du direkt zu der Stelle." Er zeigt mit dem Finger nach links. Mein Herz klopft etwas schneller. Gut, dann gehe ich los. Axel bleibt zurück.

Ich komme auf eine viele Fußballfelder große Lichtung. Überall ragen braunschwarz verkohlte Baumstümpfe hervor. Bäume wurden gefällt und alles ist verbrannt. Diese Lichtung – sie ist durch den Absturz entstanden! Der Boden dampft und weißer Nebel liegt über der ganzen Lichtung wie Rauch. Es sieht unwirklich aus. Ich drehe mich im Kreis, um alles genau wahrzunehmen, und plötzlich sehe ich das Flugzeug vor meinem inneren Auge abstürzen, sehe, dass der Jet von rechts kommt, die Baumwipfel absägt, dann tiefer fällt und explodiert. Flammen, überall Flammen! Alles brennt! Es ist heiß, extrem heiß. Die Hitze versengt alles.

Ich zucke zusammen. Axel steht plötzlich neben mir und legt mir die Hand auf die Schulter. „Es war ein schneller Tod. Die beiden haben nicht viel gespürt."

„Ja, wahrscheinlich", seufze ich und setze mich auf einen verkohlten Baumstumpf.

„Du wirkst sehr nachdenklich. Gibt es noch etwas, dass du ihm sagen wolltest?"

Ich blicke mich um und sehe die verbrannten Bäume. Überall schwarze Stümpfe! „Ich wollte mich mit ihm aussprechen. Ihm ein paar Dinge erklären."

„Es ist nie zu spät. Du kannst es ihm immer noch sagen. Ich bin sicher, er hört dich."

„Ehrlich gesagt, das habe ich schon", antworte ich und muss an die seltsame Autofahrt denken. „Es war ein Gespräch in Gedanken. Ein langes Gespräch, ein gutes Gespräch. Weißt du was wirklich schräg ist? Man denkt immer, man hat ein ganzes Leben lang Zeit. Aber das ist gar nicht so." Ich kicke einen Stein mit meinem Schuh weg und beiße mir auf die Unterlippe. Dann zupfe ich alle Blätter eines kleinen Astes ab, den ich aufgehoben habe, und werfe sie achtlos auf den Boden.

Ich schließe die Augen und sehe sein Gesicht vor mir. Mit den braunen Haaren und der kleinen Narbe auf der Nase. Wir blicken uns beide an und sagen nichts. Viele Minuten vergehen. Der Nebel zwischen unseren Füßen wird dichter.

„Warum die Sache mit Pascal damals?" Ah, Axel wusste also auch davon. Prima!

„Es gab keine Sache mit Pascal", antworte ich trocken. „Himmel Herr Gott noch mal!"

„Nicht?"

„Nein!"

„Aber?"

„Ich habe Erik nur in dem Glauben gelassen es sei so gewesen."

„Oh, nein."

„Ja, war falsch."

„Erik wurde einen ganzen Tag vom Fliegen gesperrt, als er davon erfuhr!"

„Wieso das denn?", frage ich völlig überrascht.

„Er war in einer Flugnachbesprechung und sollte Fragen beantworten. Dann kam Pascal herein. Mit so einem bescheuerten Grinsen im Gesicht. Dann hörte Erik einfach auf zu sprechen. Er war gerade an der Reihe die Abläufe des Fluges wiederzugeben, das Debriefing, und verweigerte den Befehl weiter zu machen. Er wurde wieder und wieder aufgefordert zu antworten, aber er starrte nur auf Pascal und sagte nichts. Der Ausbilder hatte ihn regelrecht angeschrien, aber nichts. Er war wie gelähmt. Dann wurde er gesperrt."

Völlig überrascht schnappe ich nach Luft und springe auf. „Das hat er mir nie erzählt!"

„Tja."

„Oh …"

„Egal. Ist lange her, Becca. Denk nicht mehr daran. Ihr ward beide noch so jung." Der Wind streift über die Lichtung und lässt die Äste und Blätter der angrenzenden Bäume rascheln.

„Ich glaube nicht, dass wir auf Dauer glücklich geworden wären. Dessen bin ich mir heute sicher", sage ich schließlich.

„Weshalb?"

„Ich war zu jung. Himmel, Erik wollte zwei Zahnbürsten im Becher, Heirat, Kinder, das volle Programm. Mit seiner Frau konnte er seinen Traum vom Leben sofort verwirklichen. Das war genau sein Ding."

Axel schmunzelt und nickt verständnisvoll. „Und dein Paul?"

Unwillkürlich muss ich lächeln. „Paul ist wundervoll. Anders als jeder Mann, den ich bisher kennengelernt habe. Großzügig und hilfsbereit, klug und humorvoll, charmant und loyal. Er lässt mir Raum, engt mich nicht ein, und er sieht umwerfend gut aus. Und er bleibt immer souverän und ruhig, man kann ihn gar nicht auf die Palme bringen. Ich liebe ihn wirklich sehr." Oh je, gerade wird mir die Bedeutung meiner eigenen Worte bewusst! Ja, so sehe ich Paul, aber erst vor zwei Tagen ist es mir gelungen, ihn wirklich auf die Palme zu bringen. Wieso mussten wir uns so streiten! Geht es wirklich nur um diese dämlichen Bänder?

„Klingt großartig. Klingt nach den zwei Zahnbürsten im Becher", meint Axel mit einem kleinen ironischen Lächeln.

Echt? Ein paar Augenblicke vergehen, und wir schweigen. Ich fege mir kleine Zweige von der Jacke. „Danke, dass du mir diesen Ort gezeigt hast. Es ist wichtig für mich. Hier kann ich Abschied nehmen." Ich drehe mich noch ein letztes Mal um. Mein Blick schweift über die verkohlte Lichtung und ich versuche ihn mir vorzustellen: den lustigen Jugendlichen mit dem Tennisschläger in der Hand, den rechthaberischen und leidenschaftlichen Nachbarn, den coolen Piloten mit verschränkten Armen vor seinem Motorrad und einem schiefen Grinsen im Gesicht.

Erik,

ich bin hier, um zu verzeihen. Dir und mir. Es ist schön zu hören, dass du in deinem Leben mit Frau und Kindern glücklich warst. Warum auch immer du bei mir warst und dann gegangen bist, es spielt keine Rolle mehr. Ich habe jetzt endlich einen Mann gefunden, den ich aufrichtig lieben kann. Du kennst ihn ja, meinen Paul. Ich möchte dir noch sagen, dass ich ihn in ein paar Tagen heiraten werde. Ich und heiraten! Kannst du dir das vorstellen?

Lebe wohl, wo auch immer du jetzt bist.

Vielleicht begegnen wir uns irgendwann wieder?

„Können wir?", frage ich Axel.

Er nickt. Beim Zurückgehen höre ich wieder unsere Schritte auf dem Kies des Feldweges knirschen, der uns aus dem Wald herausbringt, und den Wind, der durch die Tannen pfeift. Ich fühle mich irgendwie erleichtert, so als ob ich plötzlich 10 kg weniger wiegen würde. Gleichzeitig frage ich mich aber auch, wie ich reagieren werde, wenn ich Paul heute Abend wiedersehe.

„Weißt du was?", bemerkt Axel, als wir fast beim Motorrad sind. „Er war wirklich sehr gern Pilot. Er liebte das Fliegen über alles. Er war ein leidenschaftlicher Flieger, und ich möchte die Zeit mit ihm im Geschwader nicht missen. Ich bin mir sicher, würde er noch einmal geboren werden, er würde wieder Pilot werden."

Ich lächle kaum merklich zurück und versuche, nicht an Eriks Gedicht zu denken. Ich habe es zurück in die Kiste mit seinen Briefen getan, den Deckel daraufgelegt, die Kiste aber nicht mehr verschnürt. Nein, ich habe richtig entschieden. Das Fliegen war genau deins. „Ja, den Eindruck hatte ich auch. Fliegen bedeutete ihm wirklich alles."

Kapitel 30

Augsburger Rathausplatz

Oh bitte, lass mich einfach in Ruhe!

„Hier, möchtest du?“, fragt mich ein Mann, der neben mir auf den Stufen des Augustesbrunnen sitzt und hält mir ein ungeöffnetes Dosenbier hin. Kann man denn nicht mal allein irgendwo sitzen und nachdenken? Er ist vielleicht Mitte Zwanzig, hat schulterlanges, unglaublich zotteliges Rastahaar und eine Gitarre dabei. Ein klassischer Hippie.

Paul und ich sind uns die letzten Tage aus dem Weg gegangen. Wir haben kaum gesprochen. Bis auf heute Abend und da haben wir uns wieder gestritten. Nicht wegen der Bänder, sondern wegen Pauls letzter Aussage. „Du bist stur, Becca. Stur, aufbrausend und verstockt. Dauernd läufst du weg! Hast du vor irgendetwas Angst? Ich will das endlich klären und ich möchte mit dir reden!“

„Ich aber nicht mit dir!“, schleuderte ich ihm entgegen und drehe mich weg. Es fällt mir schwer ihm in die Augen zu sehen. Was sich bei Axel noch so einfach angefühlt hatte – reden - ist jetzt plötzlich ganz schwer. „Du verstehst mich einfach nicht.“

„Doch, das tue ich sehr wohl.“

„Was für ein Blödsinn! Du machst mir nur Vorwürfe!“

„Ach ja? Und ich dachte, du machst mir Vorwürfe? Ich wäre unzuverlässig und ein selbstgerechter Idiot!“

Ich wollte etwas Gemeines antworten, aber meine Stimme brach. Aus irgendeinem seltsamen Instinkt heraus bin ich wieder davongelaufen – Pauls verletzten, fast wütenden Gesichtsausdruck im Rücken. Und dann bin ich hier gelandet. Schon wieder. Der Augsburger Rathausplatz war immer einer meiner Lieblingsplätze in dieser Stadt gewesen, schon als Kind. Er strahlt so etwas Erhabenes, Souveränes, Sicheres und Tröstliches aus. Vielleicht bin ich deshalb wieder hierher gelaufen. Er bringt mich zum Nachdenken.

„Hallo, ich heiße Valentin, und du?“ Er streckt mir seine Hand hin. Viele Lederbänder hängen darum.

Ich seufze. „Becca“, sage ich und zische mein Dosenbier auf.

Er nimmt einen großen Schluck Bier und fragt: „Wie heißt der Kerl?“ Er zündet sich eine selbstgedrehte Zigarette an, nimmt einen genüsslichen Zug und bläst Ringe in die Luft.

„Paul“, antworte ich und sehe auf die Rathausuhr. Es ist schon fast dreiviertel zehn.

„Und was ist passiert?“, fragt er völlig unbekümmert, so als ob wir uns schon seit Jahren kennen würden.

„Wir haben uns gestritten.“

„Ist doch normal, dass man sich mal streitet, oder?“ Valentin nimmt wieder einen Schluck aus seiner Dose. Meine Gedanken laufen mir in einer Endlosschleife durch den Kopf und treiben mich fast in den Wahnsinn.

„Wir heiraten morgen. Paul und ich … eigentlich …“

Jetzt zieht er die Augenbrauen hoch und ruft: „Heilige Scheiße!“

Dann sagen wir beide eine Weile nichts. Es sind noch einige Nachtschwärmer unterwegs. Die Luft ist warm. Einige Bars sind beleuchtet, und irgendwo wird ein Partylied im Chor gesungen.

„Und du bist weggelaufen?“, fragt er mich plötzlich.

Ich sehe zu Boden und nicke. „Schon das zweite Mal. In einer Woche.“

„Zwei Mal? Oh je, der Arme! Und du hättest dir gewünscht, dass er dir nachläuft“, fügt er fast schmunzelnd hinzu.

Ich sehe ihn verwirrt an und schüttele vehement den Kopf.

„Doch, doch, ihr Frauen lauft nur weg, damit wir Männer euch hinterherlaufen.“ Überlegen lehnt Valentin sich mit seinem Rücken an den Brunnen. „Bist du weggelaufen wegen dem Streit oder hast du Angst vor dem Heiraten?“ Valentin sieht mich von der Seite an und wartet. Ich starre ihn an. Eine ganze Armada glühender Angstblitze treffen meinen Körper und setzen ihn lichterloh in Flammen.

Für einen Augenblick sage ich nichts.

„Aha. Also, Angst vor dem Heiraten“, schlussfolgert er lächelnd.

„Nein, äh … Ich war wütend! Wir haben uns gestritten, dann bin ich weggelaufen. Ich weiß eigentlich gar nicht genau, warum ich hierhergelaufen bin, und was ich hier eigentlich tue."

„Oh, das wissen Frauen nie." Er lacht laut. Dann prostet er mir mit seinem Bier zu. „Liebst du ihn?"

Wütend kicke ich einen Stein mit meinem Fuß weg. „Ja. Sehr sogar."

„Und warum bist dann weggelaufen?"

„Scheiße! Ich weiß es nicht. Ich war wütend."

„Willst du ihn denn heiraten?"

Eine Pause entsteht. Wir sagen beide nichts.

„Woher soll man denn wissen, ob man für ein Leben lang zusammen passt? Was, wenn wir uns in drei Jahren nicht mehr verstehen? Kann man sich wirklich für immer binden? Ich kenne nur die Ehe meiner Eltern, und die ist nicht gerade ein Vorbild!", sprudelt es aus mir heraus.

„Ich denke, das weiß man nie. Du kannst nur wissen, ob du ihn morgen heiraten willst", sagt Valentin gelassen und bläst einen großen Ring in die Luft.

„Ja, ich will Paul heiraten. Ich habe nur verdammt Schiss. Kann ich das, eine Ehefrau sein?"

„Das kann ich dir auch nicht sagen."

Valentin will sich gerade seine Gitarre umhängen, als er plötzlich innehält. „Äh? Ist dein Freund ziemlich groß?"

Ich nicke.

„Ist dein Freund sportlich gebaut?"

„Ja."

„Hat er kurze braune Haare?"

„Ja, verdammt. Wieso fragst du das alles? Paul hat breite Schultern, große kräftige Hände und einen knackigen Arsch. Willst du noch mehr wissen?"

„Äh, und ist er sehr aggressiv?", fragt Valentin nun zögerlich und steht samt Gitarre mit einem Ruck auf.

„Paul könnte keiner Fliege etwas zuleide tun", erkläre ich und schüttele den Kopf. Was hat er denn plötzlich? Ich stelle die Bierdose vorsichtig zur Seite und stehe ebenfalls auf. Und da sehe ich ihn auf uns zukommen. Mit großen Schritten. Und nachdenklichem Gesicht. Paul!

Er bleibt kurz vor dem Brunnen stehen. Einem Impuls folgend stehe ich rasch auf und gehe mit einem Wirbelwind der Gefühle auf ihn zu. Mein Herz klopft wild gegen meine Rippen. Die Rathausuhr schlägt halb elf. Valentin hat sich samt Gitarre aus dem Staub gemacht. Er ist wie vom Erdboden verschluckt. So, als hätte es ihn gar nicht gegeben.

„Wie hieß er?“, fragt Paul und sein Blick durchbohrt meine innersten Organe, wie ein Steakmesser.

„Wer?“

„Der Typ gerade.“

„Valentin.“ Will er mir Vorhaltungen machen?

„Was dagegen, dass ich mit ihm gesprochen habe?“

“Nein, du kannst reden, mit wem du willst. Von mir aus mit jedem Mann auf diesem Platz. Ich mache mir nur Sorgen. Du trinkst Alkohol?“ Seine Stimme klingt etwas weicher.

„Nur Dosenbier.“ Gott, was für eine dämliche Antwort!

„Du rauchst?“

„Nein, Valentin hat selbst gedrehte Zigaretten geraucht, wenn du diese Information als wichtig erachtest.“ Ich fühle mich elend, hässlich und viel, viel kleiner als 1,64 Meter, aber ich werde nicht die weiße Fahne schwenken! Niemals! „Was dagegen?“

„Nein, überhaupt nicht. Jeder soll das machen, worauf er Lust hat.“

„Aha“, schleudere ich ihm entgegen. „Also auch wichtige Sachen vergessen, die man dem Partner versprochen hat?“

Paul atmet hörbar aus, tritt näher und nimmt mein Kinn in seine Hände. Ich kann kleine gesprenkelte Punkte in seinen blauen Augen sehen. „Es tut mir leid, das war blöd von mir. Sie waren dir wichtig und ich habe es vergessen. Nicht mit Absicht. Aber ich möchte, dass du weißt, dass du dich immer auf mich verlassen kannst.“

Ich bin sprachlos. Er hat sich entschuldigt? Macht mir keine

Vorwürfe? Ich habe doch auch viel zu heftig reagiert … oder?

„Es wäre schön, wenn du niemals wieder von mir wegläufst. Vor ein paar Tagen musste ich mich zwingen dir nicht hinterher zu laufen. Ich war echt sauer. Aber heute. Verdammt, ich möchte dich an meiner Seite haben. Ich will nicht, dass du wegläufst, wenn wir etwas klären müssen. Schon gar nicht vor mir!"

Ich sage nichts. Blöderweise spiele ich nervös an seinem Hemd herum und fange an, mit dem Finger kleiner werdende Kreise auf seine Brust zu malen. Es ist das blaue Lieblingshemd, das mal seinem Vater gehört hat und das ich so an ihm mag. Es lässt seine Augen noch strahlender wirken.

„Ich habe dich seit anderthalb Stunden gesucht!"

Eine kleine Welle aus Schuldgefühl überschwemmt meinen Bauchraum.

„Ich liebe dich! Und deine Sommersprossen und deine Unfähigkeit, Treppen zu steigen, und deine Trotzigkeit und dein lautes Lachen und deine winzigen, kalten Füße und deinen scharfen Verstand und deinen knackigen Po. Ich liebe dich wie verrückt! Und ich will dich morgen heiraten. Mit oder ohne diese verdammten Scheißbänder!" Unwillkürlich ist seine Stimme lauter geworden. Seine Lippen sind nur noch wenige Millimeter von meinen entfernt.

Ich versuche, nicht auf meine Knie zu achten, die ganz wackelig sind, sondern auf mein Herz.

„Und ich will dich morgen in einem traumhaften weißen Kleid sehen. Ich möchte sehen, wie du am Arm deines Vaters zum Altar geführt wirst. Ich will dort auf dich warten und dir mein Versprechen geben. Vor meinen Brüdern, meinen Eltern, meinen Freunden, deinen sizilianischen Großeltern, deinem ominösen italienischen Freund Marcello … Aber ich weiß nicht, wie du über all das denkst. Willst du mich noch? Willst du morgen ‚Ja' sagen?"

Mein Herz hat aufgehört zu schlagen. Stattdessen schwenkt es in großen Bögen die weiße Fahne. Unaufhörlich. Ich habe ihn in den letzten Tagen so sehr vermisst, und dass, obwohl wir in einem Bett geschlafen haben. Neben ihm zu liegen und ihn nicht zu berühren, sein Atem zu hören und sich nicht an ihn zu kuscheln, war eine fürchterliche Qual gewesen.

Der Gedankenkreisel in mir hat plötzlich aufgehört sich zu drehen und es fühlt sich an, wie ein wundervolles, kostbares Geschenk.

„Ja, ich will dich morgen heiraten. Ich will dich an meiner Seite. Ich möchte deine Frau werden. Ich weiß nicht warum, aber ich hatte immer große Angst davor, diesen Schritt zu tun. Aber bei dir fühle ich mich sicher. Und geborgen. Ich weiß zwar nicht, ob ich eine gute Ehefrau sein werde, aber ich möchte es versuchen." Ich fühle, wie eine Welle warmer Honigmilch meinen Magen erreicht.

Paul beugt sich zu mir hinunter, zieht mich zu sich und küsst mich. Zuerst vorsichtig, dann leidenschaftlich, dann wild. „Und nach dem Fest möchte ich dir dieses weiße Kleid langsam wieder ausziehen. Es über deine schönen Schultern gleiten lassen und dich berühren. Dich riechen und schmecken. Und dann möchte ich dich ausfüllen und nie wieder damit aufhören."

Meine kleine weiße Fahne besteht nur noch aus winzigen Fetzen. Seine Lippen sind fest und weich. Er fühlt sich gut an. Fantastisch! „Ich habe", beginnt er und hält in seinem Kuss kurz inne – seine Augen funkeln verschmitzt - „deine Bänder noch besorgt."

Ich schaue ihn ungläubig an und ziehe die Stirn kraus. „Aber wie …?"

„Nichts leichter als das. Deine Unterlagen sind gut sortiert, die Nummer war leicht zu finden, ein kurzes Gespräch, mein Auftauchen im Geschäft, eine lange reumütige Erklärung …"

Ich lächele ihn an und schüttele den Kopf. Dann ziehe ich ihn sanft zu mir herunter, reibe sanft meine Stirn an seiner und küsse ihn auf den Mund.

Wir küssen uns lange und schauen uns an und küssen uns und schauen uns an. Langsam fängt es an zu regnen. Kleine feine Tropfen. Wind kommt auf und pfeift über den Platz. Natürlich haben wir keinen Regenschirm dabei. Die Tropfen werden dicker und platschen auf das Kopfsteinpflaster. Pfützen entstehen. Alle noch verbliebenen Nachtschwärmer nehmen nun die Beine in die Hand und laufen hektisch davon. Einige kreischen. Wir bleiben stehen. Das Geräusch der vorbeieilenden Menschen verstummt, der Regen verliert seine Kälte, ich spüre, wie mein Herz gegen all meine Organe trommelt, und dann öffnen wir unsere Lippen wieder. Schnelle und langsame Tropfen gleiten an unseren Wangen herunter. Er hält immer wieder meinen Kopf in seinen Händen.

„Paul?“

„Ja?“

„Ja, tausend mal ja. Ein ganzes ‚ja'. Auch ohne diese Scheißbänder.“

Pauls Lächeln durchdringt meinen ganzen Körper und er presst seine Lippen auf meine. Seine Berührung verströmt vollkommene Geborgenheit. Der Regen prasselt mit lautem Plätschern auf das Kopfsteinpflaster. Das Licht der Straßenlaternen zaubert tausend funkelnde Lichter auf den Platz. Inzwischen sind wir bis auf die Unterhose durchnässt, aber wir rühren uns nicht vom Fleck. Ich atme den wunderschönen, bezaubernden Moment ein und fühle Pauls Liebe.

Sein Kuss wird immer fordernder und heftiger. Und irgendwann schlägt wieder die Rathausplatzuhr.

Epilog

Mai 2006

Paul sitzt gebeugt am Schreibtisch, stützt sein Kinn mit seiner linken Hand und kaut hochkonzentriert auf einem alten grünen Bleistift herum, der so aussieht, als hätte er die 70er überlebt. Wie immer ist sein Schreibtisch total chaotisch. Bücher, Zettel, Rechnungen, alles kreuz und quer. Undefinierbare Haufen. Ich habe es aufgegeben ihn daran zu erinnern, die Zettel und Briefe sofort einzusortieren. Abgesehen davon, habe ich seit langem ‚Schreibtischaufräumverbot', zumindest was seine Hälfte anbelangt.

Vorsichtig komme ich näher und umarme ihn von hinten. „Was machst du da? Doch nicht etwa Ordnung?", flüstere ich neckend in sein Ohr und küsse seinen Hals.

Er dreht sich um, runzelt kurz die Stirn und lächelt mich an. „Ich versuche etwas zu schreiben", antwortet er trocken.

„Und was?", frage ich neugierig.

„Einen Liebesbrief."

„Aha. An wen, deine Geliebte?", scherze ich.

„Klar." Er grinst. In seiner Stimme schwingt Belustigung mit.

„Und was möchtest du ihr schreiben?", frage ich gespielt empört.

Er überlegt, schürzt die Lippen und flüstert: „Dass sie mir mehr bedeutet, als mein Leben."

Ich sehe ihn mit großen Augen an.

„Und, dass ich sie heimlich beim Schlafen beobachte. Da ist sie so friedlich und nicht so wild."

Ich schnappe kurz nach Luft und lasse mich sanft auf seinen Schoß gleiten. „In Sachen Liebesbriefe hast du dich bisher aber nicht mit Ruhm bekleckert. Aber diese Ansätze finde ich … sehr gut."

Er verstärkt den Griff um meine Taille und blinzelt. „Ach, ich glaube, ich kann einfach besser Maschinen bauen, als schreiben."

Dann streichelt er zärtlich über die kleine, kugelige Wölbung meines Bauches und ich spüre sanfte Tritte gegen Pauls Hand schlagen. Es reagiert auf ihn.

„Ich freue mich total auf unser Kind. Wenn es ein Mädchen wird, muss ich mir wohl einen Baseballschläger besorgen, um all die Verehrer in die Flucht zu schlagen."

Scherzhaft wuschele ich in seinen Haaren und ziehe seine Stirn zu meiner. „Wirklich? Die Arme. Na ja, vielleicht wickelt sie dich aber auch um den kleinen Finger", kontere ich.

Er lächelt spöttisch. „Höchstwahrscheinlich."

„Und vielleicht bekommt sie ja auch so freche Sommersprossen wie ich?"

Paul schüttelt scherzhaft den Kopf und küsst dann meine Stirn: „Was? Oh je! Dann bin ich schlimmer dran, als ich dachte."

Dann drückt er mich leicht von seinem Schoss hoch.

„Was ist?", frage ich überrascht.

Er zeigt auffordernd in Richtung Tür. „Los geh. Abmarsch! Ich muss hier noch etwas Wichtiges erledigen."

Widerwillig erhebe ich mich.

Paul winkt mich auffordernd nach draußen und raunt verschwörerisch: „Jetzt geh schon. Ich habe eine ziemlich herausfordernde Angelegenheit vor mir."

„Herausfordernd? Aha, soso …", grinse ich.

Paul deutet auf das große Chaos auf seinem Schreibtisch und auf ein weißes Blatt Papier dazwischen. „Ich möchte einen Liebesbrief schreiben." Dann beugt er sich nach vorn und hebt vielsagend eine Augenbraue: „An meine Geliebte."

Danksagungen

Die Erfahrung lehrt uns, dass Liebe nicht darin besteht, dass man einander ansieht, sondern dass man gemeinsam in gleicher Richtung blickt.“

Mit diesem Zitat von Antoine de Saint-Exupéry möchte ich zu allererst meinem Mann danken, meinem Fels in der Brandung und meinem ganz persönlichen Helden. Du hast dir tatsächlich alles angeschaut, kritisch und wie immer mit einem charmanten Augenzwinkern. „Diese Kussszene ist nichtssagend. Schreib sie um.“

Katrin Koppold („Aussicht auf Sternschnuppen“, „Zeit für Eisblumen“, „Sehnsucht nach Zimtsternen“), ohne deine unermüdlichen Fragen, wie z.B. „Wann bist du denn jetzt fertig?“ und deinen tolle Tipps, „Nein, so kannst du das nicht lassen“, wäre dieses Buch niemals so entstanden. Von dir habe ich viel gelernt, danke.

Philipp Bobrowski, meinem ersten Lektor. Vielen Dank für die grundlegenden, ehrlichen und zum Teil auch „harten“, aber hilfreichen Hinweise zum Romanschreiben. Ich weiß nun, dass man einen Spannungsbogen sehr viel früher eröffnen muss.

Ina Nahrath, meine erste Testleserin, vielen Dank fürs Aufdecken von kleinen, aber feinen Fehlern.

Uwe Cämmerer-Seibel, du hast Marcello deine Körpergröße und deinen Charakter geliehen, danke für die vielen Tipps und Hinweise. Unglaublich, dass du dir Zeit genommen und einen Frauenroman für mich gelesen hast.

Anne, für das Aufdecken von Tippfehlern und Christoph, für das engagierte Lesen der ersten Passagen.

Katja, meine liebe Freundin, vielen Dank für das Einbauen von Kommas in den ersten dreißig Seiten, sehr hilfreich.

Eva und Hubertus Schulz. Der gesellige und lustige Abend bei euch war wundervoll. Vielen Dank für die Einblicke in die Welt hinter einem Cockpit.

Thorsten „Axl“ Rose, vielen Dank für die intensiven Gespräche.

Steffi, vielen lieben Dank für das wunderschöne Goldcover. Ich liebe es.

Brigitte und Alois, für die tolle Unterstützung beim Babysitten. Ohne diese ‚Zeitinseln’ wäre ich niemals fertig geworden. Ihr seid tolle Schwiegereltern!

Meiner sechsjährigen Tochter, die das eine oder andere Mal meinen Laptop vor den Angriffen meines zweijährigen Sohnes gerettet hat. „Nein! Das darfst du nicht anfassen! Mama muss Buchstaben schreiben.“

Marita, Inge und Claus. Vielen Dank für die prägenden und warmherzigen Jahre bei euch.

Benni, meinem Bruder und Namensgeber für Beccas Puppe.

Und natürlich Isolde und Piero, meinen Eltern, die mich stets bei all meinen Vorhaben unterstützt haben. Mama, deine Meinung war mir wichtig. Als du dann angerufen hast und meintest, „das ist ein wundervolles Buch geworden“, war ich doch sehr erleichtert.

Und natürlich möchte ich allen Leserinnen und Lesern danken! Danke, dass Ihr Euch für mein Buch entschieden habt. Es bedeutet mir wirklich sehr viel und ist sozusagen mein erstes „Literarisches Baby“. Danke, dass Ihr mit Becca durch diese Zeit voller emotionaler Wirbel gegangen seid und diese Geschichte als das versteht, was sie ist: Eine erfundene Geschichte mit vielen wahren Begebenheiten.

Über die Autorin

Luisa Sturm, in den wilden 70ern an einem nasskalten Tag in der Nähe von Augsburg geboren, ist das Pseudonym einer deutsch-italienischen Autorin. Sie hatte bereits als Kind einen leidenschaftlichen Hang zu Büchern und verschlang mit acht Jahren jedes Buch in Reichweite. Nach ihrem Examen, machte sie zunächst eine journalistische Ausbildung. Doch eines hat sie nie losgelassen: Die Lust am Schreiben. Und wenn sie nicht gerade vor dem Laptop sitzt, joggt sie um die Felder (Ja, ich gebe es zu, vor allem bei gutem Wetter), tanzt mit ihren Kindern im Wohnzimmer (wetterunabhängig) oder lässt sich spontan auf Kissenschlachten ein.

Die Autorin schreibt, lebt, liebt, lacht und singt mit Mann, zwei kleinen blonden Wirbelwinden und einer Kampfkatze irgendwo im Süden Bayerns. "Ein ganzes Ja" - von vielen Testleserinnen begeistert verschlungen - ist ihr erster Roman. Im Augenblick schreibt sie an ihrem zweiten Roman, "Mondscheinmund".

Triff mich auf Facebook

www.facebookcom/Luisa.Sturm.Autorin

Leseprobe: „Mondscheinmund“

Er öffnet mir die Tür mit einem Gesichtsausdruck, der voller Wut, Sorgen und aufgewühlter Gefühle ist. Einem Gesichtsausdruck, der sagt: Ich habe die verdammten letzten fünf Stunden damit verbracht, wie ein Verrückter hier auf und ab zu tigern. Wo zur Hölle warst du? Es ist halb drei Uhr nachts!

„Hi“, krächze ich leise und fühle plötzlich eine Tonne von Schuldgefühlen auf meinen Schultern, schwer wie Blei, Granit und Stahl zusammen. Ich drücke mich an ihm vorbei, versuche ihn nicht zu berühren, als sei er ein hochgefährlicher Vulkan und ich könnte mich an ihm entflammen. Gott, einmal kommt er mir viel größer vor. Ist er wirklich einen Kopf größer als ich? Oder ist er gewachsen?

Er sieht mich ausdruckslos an, aber an der Art und Weise wie sich sein Brustkorb hebt und senkt, merke ich, dass er innerlich kocht.

Aus einem inneren Impuls heraus gehe ich in den Raum, indem unser blöder Streit begonnen hat: in die Küche. Die halbaufgegessenen Teller mit ‚Spaghetti alla Scampi' stehen noch da, die Rotweingläser sind halb angetrunken, aber der Stuhl liegt quer vor dem Fenster auf dem Boden. Oh je! Hatte er ihn dorthin geschleudert?

Er folgt mir und die Schwere jedes einzelnen seiner Schritte unterstreicht den Sturm, der wohl in ihm tobt. Und dann stehen wir in zwei unterschiedlichen Ecken des Raums. Er mit verschränkten Armen, angelehnt mit den Schultern an der Wand links. Ich mit rasenden Gedanken im Kopf und Halt suchenden Händen an der Theke rechts.

„Du bist betrunken“, beginnt er und seine tief sitzenden blauen Augen durchdringen mich ganz und gar.

Seine Stimme muss sich in den letzten Stunden um zwei Oktaven vertieft haben! Ist das möglich? Aus dem CD-Spieler im

Wohnzimmer höre ich harte Heavy Metal Musik, seit wann hört er denn so was?

'Du bist ein Vollidiot', hatte ich ihn angeschrien, war zur Tür gelaufen, hatte meine Jacke geschnappt und hatte die Tür so laut ins Schloss geworfen, wie ich nur konnte. Wischte die Tränen, die mir auf einmal über die Wangen liefen mit meinem Handrücken ab.

„Ja, ich habe was getrunken", bringe ich hervor und habe das Gefühl ihm etwas ganz Schlimmes beichten zu müssen.

Er fährt sich wütend mit der Hand durch seine lockigen, wuschligen Haare.

„Deine Strumpfhose ist am Knie zerrissen." Es war weniger ein Vorwurf, sondern eher eine Feststellung mit dem starken Unterton von Sorge.

Ja! Scheiße! Kurz vor seiner Wohnung bin ich übel gestürzt, weil mir schwindlig war, die kleine Erhöhung im Kopfsteinpflaster nicht bemerkt hatte und weil ich irgendwie Angst hatte, zu ihm zurück zu kommen. Meine Beine waren ganz zittrig. Würde er mir überhaupt aufmachen? Wie sauer würde er sein?

„Wo warst du?", seine Stimme schneidet tief in meine Seele und plötzlich kommt mir mein Verhalten sehr töricht vor. Was sich vor ein paar Stunden noch berechtigt und logisch angefühlt hatte, ist jetzt eine seltsame Mischung aus Missverständnis, Überstürzung, Jähzorn und Unreife.

„In einer Bar", antworte ich kleinlaut.

„Ach, tatsächlich?", kommentiert er ironisch, zieht gespielt fragend die Augenbrauen hoch und lacht für einen kurzen Moment bitter auf. Seine Arme sind immer noch vor der Brust verschränkt.

„Und?", hakt er fast unerbittlich nach und erwartet wohl weitere Ausführungen.

„Zuerst", beginne ich und suche panisch nach den folgenden Worten. Warum bin ich so aufgeregt? „Äh, wollte ich nur weg von dir."

„Und dann?"

„Habe ich mir den ersten Zombie bestellt."

Er atmet geräuschvoll aus, schüttelt fassungslos den Kopf, als spräche er mit einem kleinen Kind und berührt sich mit der Hand an der Stirn.

Himmel, wie er da drüben an der Wand lehnt, so aufgewühlt und sauer auf mich. In meinem Bauch zieht sich wirklich alles zusammen. Ich muss das klären, wie sehr er mir in den letzten Stunden gefehlt hat. Wir sind doch erst einen Monat zusammen.

„Warum gehst du nicht an dein Telefon?“ Seine Stimme klingt unerbittlich.

Ungläubig krame ich mein Handy aus der Gesäßtasche meines Jeansrocks. Zwölf Anrufe in Abwesenheit! Oh shit!

Meine Wangen fangen auf einmal an zu glühen und mir fällt es schwer seinem Blick standzuhalten.

„Ich hatte es auf lautlos gestellt, bevor ich heute zu dir kam. Niemand sollte uns stören.“

Je länger wir hier stehen, umso schlechter fühle ich mich. Womit hatte es denn nur angefangen?

Er wollte doch nur wissen, was ich nach meinem Abitur machen möchte. Eine ganz harmlose Frage, die ich nicht beantworten konnte, mich plötzlich unvorbereitet, chaotisch und naiv fühlte. Eigentlich blieb er lange ruhig und souverän, doch als ich ihm fünf Sätze später entgegenschleuderte ‚Du bist ein besserwisserischer, selbstgerechter, durchgeplanter Arsch!’, riss er beide Augen auf, sagte einen Moment zunächst gar nichts und legte dann - leider - los.

Dass er fünf Jahre älter war als ich, merkte ich an vielen Dingen. Er hatte eine ziemlich klare Vorstellung seiner Zukunft. Ein junger Mann, der genau wusste, was er wollte und mit einem Verstand, der messerscharf war. In seinem Bücherregal standen sämtliche Klassiker der Literatur: Von Günter Grass’ ‚Die Blechtrommel’ bis hin zu Franz Kafkas ‚Die Verwandlung’. Mathematische Rätsel mit der Aufschrift ‚Killerversion’ löste er innerhalb weniger Minuten und in Diskussionen blieb er ruhig, logisch und war somit immer auf eine natürliche Art überlegen.

Obwohl, er gab mir eigentlich nie das Gefühl, er wisse mehr als ich.

Mir fällt es unendlich schwer ihn anzusehen. Ja, er ist wütend auf mich, eindeutig. Und ich weiß, nicht weil ich ihn laut beleidigt habe, sondern weil ich einfach abgehauen bin, mich betrunken habe, seine Anrufe nicht beantwortet habe.

Irgendetwas in mir bröckelt und ich gehe kleine, zögerliche Schritte auf ihn zu, voll intensiver Scham.

Er zuckt kurz mit den Mundwinkeln, richtet sich auf und löst seine Arme, bleibt aber stehen. Das bin ich nicht gewohnt. Wenn ich mich mit Mama oder Felix zoffe, kommt immer einer von beiden zuerst auf mich zu.

Oh, ja, er ist wirklich der unwiderstehlichte Typ, den ich je kennengelernt habe.

Und dann sage ich Worte, die mir schon die ganze Zeit auf der Zunge liegen, aber die es wegen meinem Stolz nicht nach draußen geschafft haben.

„Kannst du mir verzeihen?"

Er atmet geräuschvoll aus, zieht mich mit einem heftigen Ruck in seine kräftigen Arme, schlingt seine Hände um meine Taille und legt sein Kinn auf meinen Kopf.

„Nur, wenn du nie wieder von mir davonläufst."

Ich schniefe in seinen Brustkorb und wünschte mir, ich hätte ein Taschentuch. „Versprochen."

„Ich hätte dich nicht provozieren sollen", flüstert er in meinen Hals. „Tut mir leid. Mit neunzehn wusste ich auch noch nicht, was ich wollte. Ich bin ein holzklotziger Idiot."

Ja, das dachte ich vor ein paar Stunden auch! Aber was für ein anziehender Idiot.

Ich ziehe seinen Kopf in einer leidenschaftlichen Bewegung zu mir und presse meine Lippen auf seine. Seine Zunge fährt intensiv in meinen Mund und lässt prickelnde Schauer und Blitze in meinem Unterbauch regnen. Mir wird furchtbar schwindlig.

„Schlaf mit mir!", hauche ich fordernd in sein Ohr und wundere mich über mich selbst. Niemals hätte ich mich früher getraut, so einen Satz zu sagen!

Er hält lange inne, studiert mein Gesicht, blitzt mich mit funkelnden Augen an, schüttelt langsam den Kopf und raunt atemlos: „Ja, Süße. Aber nicht jetzt."

„Was? Nein! Das ist Folter, das kann ich nicht aushalten!", beschwere ich mich fassungslos und kann nicht glauben, dass er das wirklich ernst meint! Alles in mir möchte ihn nur noch spüren, jeden einzelnen Zentimeter.

Doch er sieht mich mit erregten, aber ernsten Augen an, schwingt mich in einem Ruck hoch und trägt mich auf seinen starken Armen in sein Schlafzimmer. „Glaub mir, es fällt mir echt verdammt schwer."

„Bitte, ist doch egal", bettele ich, als er mich sehr sanft auf das Laken legt ohne das Licht anzuschalten und meine Schuhe für mich auszieht.

„Nein, ich möchte dich bei klarem Verstand, mit all deinen Sinnen", erwidert er mit einem Blick auf mein Gesicht und auf meinen Körper, der mich schon wieder ganz schwach werden lässt. Doch der Ton seiner dunklen Stimme war unmissverständlich und damit ist jede weitere Diskussion zwecklos.

Buchtipp Katrin Koppold: Sehnsucht nach Zimtsternen

Märchen hat Lilly schon immer geliebt, aber nach der Trennung von ihrem Mann scheint es für ihr Leben kein Happy End zu geben. Den Kummer über die Trennung kann sie nur mit einer Unmenge von Schokolade betäuben, die Wohnung muss sie sich mit Frauenheld Jakob teilen und dann meldet sich auch noch Jan bei ihr – der Kerl, der ihr vor über 15 Jahren das Herz gebrochen hat und den sie auf der Hochzeit ihrer Schwester wiedersehen wird. Einziger Lichtblick ist der attraktive Nachbar von gegenüber. Dabei hat Lilly gerade beschlossen, die Finger von Prinzen zu lassen und sich voll und ganz auf die inneren Werte bei Männern zu konzentrieren. Doch was wäre die Liebe, wenn sie sich Vorschriften machen lassen würde?

Romantisch, sommerlich, prickelnd - Ein Buch über die Macht der ersten Liebe, die Magie der Erinnerung und darüber, dass das Leben selbst das wunderbarste aller Märchen ist.

Liebe Leserinnen und Leser,

wenn Euch mein Buch „Ein ganzes Ja“ gefallen hat, schaut doch auf meiner Autorenseite vorbei:

luisasturm.de

Dort findet Ihr weitere Informationen zu meinem neuen Buchprojekt „Mondscheinmund“

und über mich.

Vielleicht habt Ihr auch Lust mich auf

Facebook zu besuchen?

www.facebook.com/Luisa.Sturm.Autorin